Marokko

Süden · Agadir · Königsstädte

Hartmut Buchholz

Gratis-Download: Updates & aktuelle Extratipps des Autors

Unsere Autoren recherchieren auch nach Redaktionsschluss für Sie weiter. Auf unserer Homepage finden Sie Updates und persönliche Zusatztipps zu diesem Reiseführer.

Zum Ausdrucken und Mitnehmen oder als kostenloser Download für Smartphone, Tablet und E-Reader.
Besuchen Sie uns jetzt!
www.dumontreise.de/marokko-sueden

short.travel/gevlj

DUMONT
Reise-Taschenbuch

Unterwegs in Südmarokko

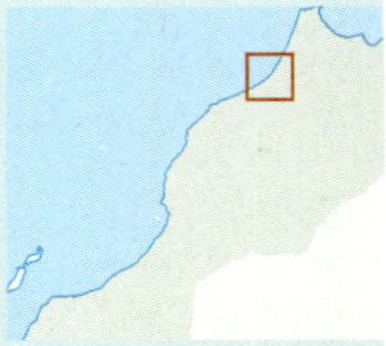

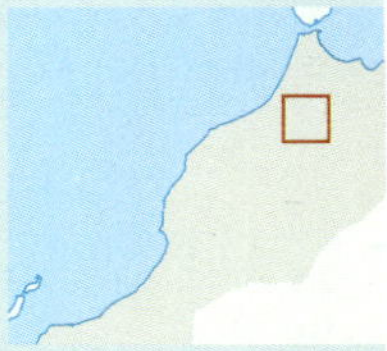

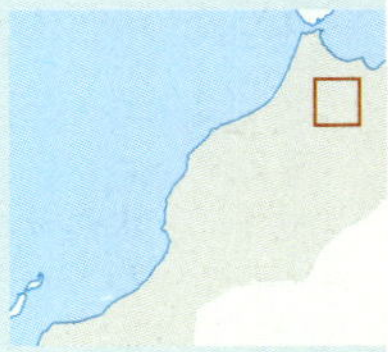

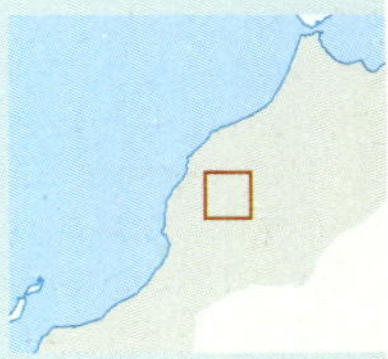

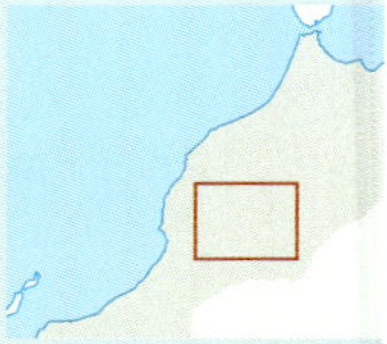

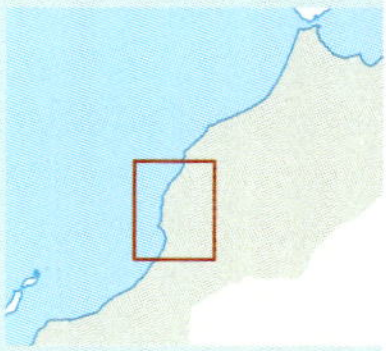

Auf Entdeckungstour

Karten und Pläne

s. hintere Umschlagklappe

▶ Dieses Symbol im Buch verweist auf die Extra-Reisekarte Marokko – Der Süden mit Agadir & den Königsstädten

Liebe Leserin, lieber Leser,

Sie wollen nach Marokko reisen? Eine kluge Entscheidung! Mag sein, dass Marokko zu den vergleichsweise ›schwierigeren‹ Reiseländern gehört, immerhin betritt man hier, jenseits des christlichen Abendlandes, den Kulturraum der arabisch-muslimischen Zivilisation, in dem andere Werte, Regeln und Ordnungen gelten als die aus Europa vertrauten. Das Alphabet ist ein kalligrafisches Mysterium, die Sprache – Arabisch oder eine der zahlreichen Berbersprachen – ein nie gehörtes Rätsel, es gibt keine Fixpreise, und der König, Staatsoberhaupt und höchste religiöse Autorität in einer Person, ist ein wahrer Souverän und Herrscher, letzte Instanz in allen Dingen. Fremd, anders, exotisch, bisweilen verstörend – das ist eine Sicht auf Marokko, aber dies ist eben nur eine Perspektive von vielen.

Ein Königreich für Ihren Urlaub – Marokko lädt ein mit einem Ensemble an Landschaften, das seinesgleichen sucht. Die Gebirgsriegel des Atlas mit ihren Viertausendern, die Oasen und die gewaltigen Kasbahkomplexe im Südosten, die Wüstengebiete mit ihren Dünenkämmen, die Zedernwälder im Mittleren Atlas, endlose Strände, verträumte Buchten, über allem ein unvergleichliches Licht. Die vier Königsstädte (Rabat, Meknes, Fès und Marrakesch) sind Juwelen einer uralten urbanen Zivilisation, reich an Kunstschätzen, Inbegriff der Medina, der arabischen Altstadt mit ihren Souks, mit ihren Gassenlabyrinthen und Karawansereien, Moscheen und Brunnen, Plätzen und Palästen.

Manchmal hat das Klischee Recht: Marokko, heute ein Land mit einem halben Dutzend an Millionenstädten, bewegt sich zwischen Mittelalter und Moderne. Es verfügt über vorzügliche touristische Infrastrukturen (Hotellerie, renommierte Gastronomie, Autobahnen, Banken, Internet). Leuchtende Farben, ein traumhaftes Klima, betörende Gerüche, eine raffinierte Küche – Marokko kann zu einer sinnlichen Sensation werden. Und bleibt ein Mysterium, ein Geheimnis, dem mit ›Bescheidwissen‹ nicht beizukommen ist. Selbst die Zeit hat in Marokko einen anderen Aggregatzustand – manchmal löst sie sich auf …

Sie reisen also nach Marokko? Ich beglückwünsche Sie zu dieser Entscheidung, Sie werden sie nicht bereuen!

Ihr

Hartmut Buchholz

Oasenlandschaft bei Tinerhir

Leser fragen, Autoren antworten

Südmarokko persönlich – meine Tipps

Nur wenig Zeit? Südmarokko zum ersten Kennenlernen

Wer in **Agadir** landet und nur etwa eine Woche Zeit hat, ist vermutlich gut beraten, die Stadt als Ausgangspunkt für diverse Tages- oder Halbtages-Ausflüge zu nutzen. **Tiznit** mit seinen sehenswerten Souks ist nur anderthalb Autostunden von Agadir entfernt, **Guelmim** (etwa 220 km von Agadir), schon in der ariden Zone der Hammada (Geröllwüste) gelegen, vermittelt eine konkrete Anschauung einer Siedlung in der Sahara-Randzone. Unbedingt zu empfehlen ist eine Exkursion nach **Taroudannt,** die alte Hauptstadt der Sous-Ebene, nicht umsonst als Klein-Marrakesch gepriesen, die hervorragend für den ›Marokko-Neuling‹ taugt. Gleiches gilt für die Küstenstadt **Essaouira,** deren übersichtlich strukturierte und sehenswerte Medina von der UNESCO auf die Liste des Weltkulturerbes gesetzt wurde. Hinzu kommen hier ein kleiner Fischereihafen und etliche hinreißende Riads. Essaouira ist inzwischen auch eine beliebte Destination für Surfer.

Wer in **Marrakesch** ankommt, sollte sich für diese Kapitale, eine der schönsten Städte des Landes, meh-

Nicht verpassen!

Im Jardin Majorelle in Marrakesch

rere Tage Zeit nehmen. Etwa 45 km südöstlich von Marrakesch beginnt das landschaftlich hinreißende **Ourika-Tal,** in das man bis zum Marktflecken Setti Fatma hineinfahren kann; die Asphaltstraße endet hier, mehrere Wanderrouten haben hier ihren Ausgangspunkt. Die Exkursion lässt sich sehr gut mit einem Abstecher in den Wintersportort **Oukaimeden** verbinden, auf einer Höhe von 2650 m gelegen; eine alpine Kontrastlandschaft zu den Sahara-Regionen – Marokko ist auch ein Hochgebirgsland! Wer von Marrakesch aus wenigstens einmal ans Meer möchte, sollte unbedingt etwa zwei Tage für das bereits erwähnte **Essaouira** einplanen – die Kleinstadt ist ein entspannendes Kontrastprogramm zum stets umtriebigen Marrakesch.

Welche Sehenswürdigkeiten sollte man nicht verpassen?

In **Agadir** präsentiert das Musée municipal d'Agadir eine der landesweit besten Ausstellungen zur Kulturgeschichte der verschiedenen berberischen Ethnien in Südmarokko.

In **Marrakesch** sollte man das Museum Dar Si Said, den Palais de la Bahia, den El-Badi-Palast, die Saadier-Gräber, die Medersa Ben Youssef, den Jardin Majorelle und einige der großen Gartenanlagen (etwa Agdal-Gärten, Menara-Gärten) gesehen haben; unbedingt zu empfehlen ist hier auch ein Besuch in der Maison de la Photographie mit Fotografien aus der Ära vor der Protektoratszeit.

In **Rabat** ist der Museumskomplex Kasbah des Oudaias einen Besuch wert, außerdem das Mausoleum Mohameds V., das Archäologische Museum und die Nekropole Chellah.

Das gewaltige Stadttor Bab el Mansour an der Place El Hedim, das Volkskunstmuseum Dar Jamai, die Medersa Bou Inania, das Mausoleum Moulay Ismails und besonders die von diesem Jahrhundertsultan angelegte Ville Impériale, die riesige Festungsstadt mit Stallungen, Getreidespeichern und Bewässerungsanlagen: Diesen Fundus an Sehenswürdigkeiten darf man in **Meknes** nicht verpassen.

Fès, die älteste der Königsstädte, sicherlich die an Kunstschätzen reichste, ist eigentlich ein einziges Freiluftmuseum. Mindestens den Kairaouine-Komplex, vermutlich die älteste Universität der Welt, das Musée du Batha, die Medersa Bou Inania, die Zaouia Moulay Idriss' II., das Gerberviertel und den Vieux Mechouar sollte man besuchen.

Pauschalreise oder individuell buchen – was ist geeigneter?

Das kommt auf den Reisenden an. Wer mit den Traditionen und Werten einer arabisch-muslimischen Zivilisation nicht vertraut ist, wer kaum oder gar kein Französisch spricht, wer zum ersten Mal nach Marokko kommt, ist vermutlich gut beraten, eine Pauschalreise zu buchen. Wer sich zutraut, seine Reiseroute(n) selbst zu wählen, eine geeignete Unterkunft ohne Hilfe zu finden, wer etwas Talent zum Improvisieren und Handeln mitbringt und über gute Französischkenntnisse verfügt, der sollte (Süd-)Marokko auf eigene Faust erkunden. Die hervorragenden touristischen Infrastrukturen (Verkehr, Hotellerie, Banken, Internet) kommen gerade Individualreisenden sehr entgegen. Und wer sich bemüht, ein noch so rudimentäres Arabisch zu sprechen – für den werden sich im Land oft unvermutet so manche Türen öffnen. Wenigstens die gängigen Höflichkeitsfloskeln sowie die fürs Handeln unerlässlichen Zahlen sollten sich Individualreisende einprägen.

Was ist beim Handeln zu beachten?

Wer in den Souks einkaufen will, muss handeln (s. auch S. 81) – Fixpreise gibt es hier nicht. Ein Besuch in einem staatlich kontrollierten *ensemble artisanal,* also einer Kunsthandwerksausstellung mit Fixpreisen, vermittelt mindestens einen Eindruck von einem leidlich realistischen Preisniveau. »Comme vous voulez« – das ist die Standardantwort auf die Frage nach dem Preis; man darf nie in die Falle tappen, den ersten Preis, der unter keinen Umständen mehr unterboten werden kann, selbst zu nennen. Bisweilen ist der erste Preis derart überzogen, dass selbst ein Drittel davon noch zu teuer ist. Dennoch darf als Faustregel gelten, dass man deutlich weniger als die Hälfte des zunächst genannten Preises aushandeln sollte. Gerade bei Teppichen hängt der Kaufpreis von einer Vielzahl von Faktoren ab (Knüpf- oder Webteppiche, Anzahl der Knoten pro Quadratmeter, Wollsorten, Borten, Färbetechniken etc.; s. S. 157).

Ist Marokko ein sicheres Reiseland?

Marokko ist eine der ältesten Monarchien der Welt, und der Alptraum wohl

Beim Teppichkauf sollte man Teppichkenntnisse und die Fähigkeit zu feilschen verbinden können (s. auch Tipp S. 157)

jeder absoluten Monarchie ist eine Volksbewegung, die der Kontrolle der staatlichen Sicherheitsorgane entgleitet. Im Kontext des Arabischen Frühlings von 2011 hat sich in Marokko die Bewegung 20. Februar gebildet, die freilich weniger gegen die Institution der Monarchie Front macht, als vielmehr politische Teilhabe einklagt, vor allem Reformen auf dem Arbeitsmarkt, im Familienrecht und in der Wohnungspolitik anmahnt. Die marokkanischen Sicherheits- und Geheimdienste sind nach meiner Einschätzung gut organisiert, bestens informiert und bei Bedarf schnell zur Stelle, dies gilt insbesondere für Aktionen gegen radikale Islamistenkreise sowie gegen die Schmuggelökonomie im Großraum Tanger und an der – im Prinzip – geschlossenen Grenze zu Algerien. Für Touristen ist eine spezielle Touristenpolizei zuständig *(brigade touristique);* die für Verkehrsdelikte zuständige *gendarmerie* ist im Allgemeinen Ausländern gegenüber sehr korrekt, gegenüber Marokkanern freilich oft nicht gerade zimperlich.

Auch wenn Attentate wie zuletzt 2011 in Marrakesch nie vollständig auszuschließen sind – Marokko ist eines der sichersten Reiseländer in der Arabischen Welt. Es gibt weder No-Go-Areas in den Metropolen noch militärische Sperrgebiete, freilich sollten Reisende, alleinreisende Frauen vor allem, nicht unbedingt spätnachts alleine in abgelegenen Winkeln der Medina zu Fuß unterwegs sein. Zurückhaltung bei einigen Tabuthemen (König und Königshaus, Islam, West-Sahara) ist zweifellos von Vorteil, zumal gegenüber Unbekannten; bei Reisen in den West-Sahara-Regionen sollte man sich grundsätzlich in keine politischen Debatten verwickeln lassen.

Wandern in Marokko

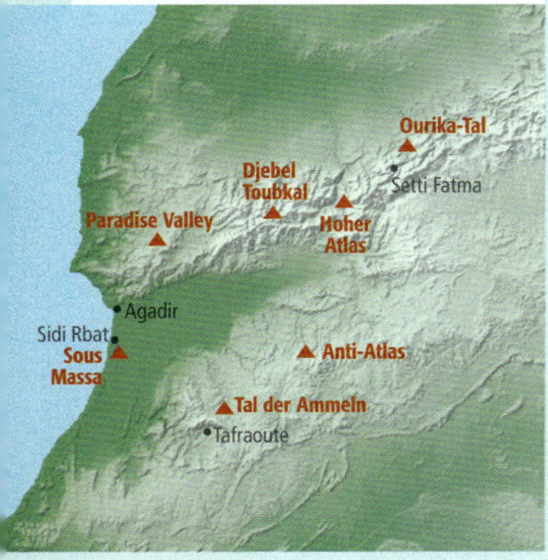

Wie sehr prägt der Islam ein Land wie Marokko?

Etwa 95 % der Marokkaner sind sunnitische Muslime; der Islam (s. S. 85) ist vermutlich die entscheidende Klammer, die das Kollektiv der Nation zusammenhält. Die Könige aus der seit 1667 herrschenden Dynastie der Alaouiten behaupten von sich, sie seien direkte Abkömmlinge des Propheten Mohammed (Scherifen).

Die Premierminister werden aktuell von der gemäßigt-islamistischen Partei PJD gestellt: im März 2017 wurde der 2011 gewählte Abdelilah Benkirane durch seinen Parteikollegen Saadeddine Othmani als Premierminister ersetzt.

Insofern ist der Islam durchaus ein Schlüssel zum Verständnis eines derart komplexen Landes wie Marokko. Wer den Koran in einer guten Übersetzung gelesen hat (hochgelobt wurde zuletzt die Übertragung von Hartmut Bobzin, München 2010), reist jedenfalls schon mal mit solidem Grundlagenwissen nach Marokko.

Wandern in Marokko?

Unbedingt. In den **Atlasregionen** kann man geführte Wanderungen, Bergtouren oder Maultierexkursionen unternehmen, Expeditionen in den Hohen Atlas, in das Gebiet um seinen höchsten Gipfel, den **Djebel Toubkal** (4165 m), sollte man, zumal im Winter, in Begleitung eines Bergführers angehen. Von **Setti Fatma,** wo die Straße ins Ourika-Tal endet, empfehlen sich Wanderungen zu den **Ourika-Wasserfällen,** hier beginnen etliche Wanderwege in den **Hohen Atlas.**

Von **Agadir** aus kann man entweder ins sogenannte **Paradise Valley** starten (mehrere, teilweise ausgeschilderte Wanderwege) oder in den **Nationalpark Sous Massa** (bis Sidi Rbat oder bis Massa fahren; der Nationalpark, ein für Ornithologen interessantes Gelände, ist ein Feuchtbiotop in einer semiariden Landschaft). Von **Tafraoute** aus erreicht man gut das **Tal der Ammeln** – diese Tour führt in eine überwältigend schöne Landschaft des **Anti-Atlas.**

Schöne Strände

Wo gibt es besonders schöne Strände?

Das ist sicherlich Geschmackssache. Meine persönlichen Favoriten wären allerdings: **Sidi Kaouki** (für Surfer), etwa 25 km südlich von Essaouira, **Taghazoute** (für Surfer) in der Nähe von Agadir, die Strände südlich des Nationalparks von Sous Massa (etwa **Aglou, Gourizim, Mirleft, Sidi Ifni** – nicht überlaufen, schöne Buchten), die **Plage Blanche, Tan Tan Plage** oder – wichtig für Surfer – **Dakhla** in der West-Sahara.

Und noch ein ganz persönlicher Tipp zum Schluss!

Wer den normierten Standard der großen Hotelketten satt hat, sollte unbedingt einmal in einem marokkanischen Riad logieren! Riads sind in der Medina gelegene, mehrgeschossige, alte Patriziervillen mit Dachgarten – Häuser, deren Zimmer sich nach innen, auf einen zentralen Innenhof hin öffnen. Dieser Innenhof ist zumeist bepflanzt (arab. *riad* = Garten) und nach oben offen – das Haus holt also gleichsam den Garten und den Himmel ins Innere. Vor allem in den Medinas von Marrakesch, Fès und Essaouira finden sich hinreißende, geschmackvoll eingerichtete Riads, die nicht einmal sündhaft teuer sind. In der Nebensaison kann man manchmal schon ab 60–70 € ein Doppelzimmer in einem Riad buchen. Leben in einem Riad – das ist eine urmarokkanische Variante des Wohnens!

NOCH FRAGEN?

Die können Sie gern per E-Mail stellen, wenn Sie die von Ihnen gesuchten Infos im Buch nicht finden:

buchholz@dumontreise.de

info@dumontreise.de

Auch über eine Lesermail von Ihnen nach der Reise mit Hinweisen, was Ihnen gefallen hat oder welche Korrekturen Sie anbringen möchten, würden wir uns freuen.

Wiege der marokkanischen Monarchie: Moulay Idriss, S. 138

Eine landschaftliche Sensation: die Passstraße des Tizi n'Tichka, S. 193

Lieblingsorte!

Wüste und Sternenhimmel erleben: Hotel SaharaSky bei Tinfou, S. 212

Eine der größten Oasen der Welt: das Dra-Tal, S. 208

Idealer Ort für Entdeckungen: die Medina von Essaouira, S. 246

Riad-Kultur auf höchstem Niveau im Anayela in Marrakesch, S. 178

Die Reiseführer von DuMont werden von Autoren geschrieben, die ihr Buch ständig aktualisieren und daher immer wieder dieselben Orte besuchen. Irgendwann entdeckt dabei jede Autorin und jeder Autor seine ganz persönlichen Lieblingsorte. Dörfer, die abseits des touristischen Mainstream liegen, eine ganz besondere Aussicht, Plätze, die zum Entspannen einladen, ein Stückchen ursprüngliche Natur – eben Wohlfühlorte, an die man immer wieder zurückkehren möchte.

Konserviertes arabisches Mittelalter: Blick auf Fès el Bali, S. 148

Zauberhafter Frühling im Ourika-Tal südlich von Marrakesch, S. 186

Schnellüberblick

Rabat
Rabat, seit 1912 Hauptstadt Marokkos, ist dank seiner übersichtlichen Medina ein idealer Einstieg in die Königsstädte. Sehenswert sind vor allem der Hassanturm, das Mausoleum Mohameds V., die Kasbah des Oudaias mit ihren Museen, der Königspalast, das Antikenmuseum und die Meriniden-Nekropole Chellah. S. 106

Marrakesch und Umgebung
»Paris der Sahara«, Oasenstadt und einstiges Karawanenzentrum vor der Kulisse des Hohen Atlas: Marrakesch ist die am häufigsten besuchte der vier Königsstädte. Die Place Djemaa el Fna, die Koutoubia-Moschee, die Medersa Ben Youssef, die Saadier-Gräber sind touristische ›Musts‹, aber auch die Souks, Paläste, Museen und Parkanlagen. S. 160

Atlantikküste und Südwesten
Gepriesen als mondänes Seebad mit Sonnengarantie, hat sich Agadir als Magnet für europäische Winterflüchtlinge etabliert. Hinreißend ist Essaouira mit seiner Medina, Ziele für Exkursionen sind Taroudannt, das Tal der Ammeln, das Paradise Valley, Tiznit sowie das spanisch geprägte Sidi Ifni. S. 238

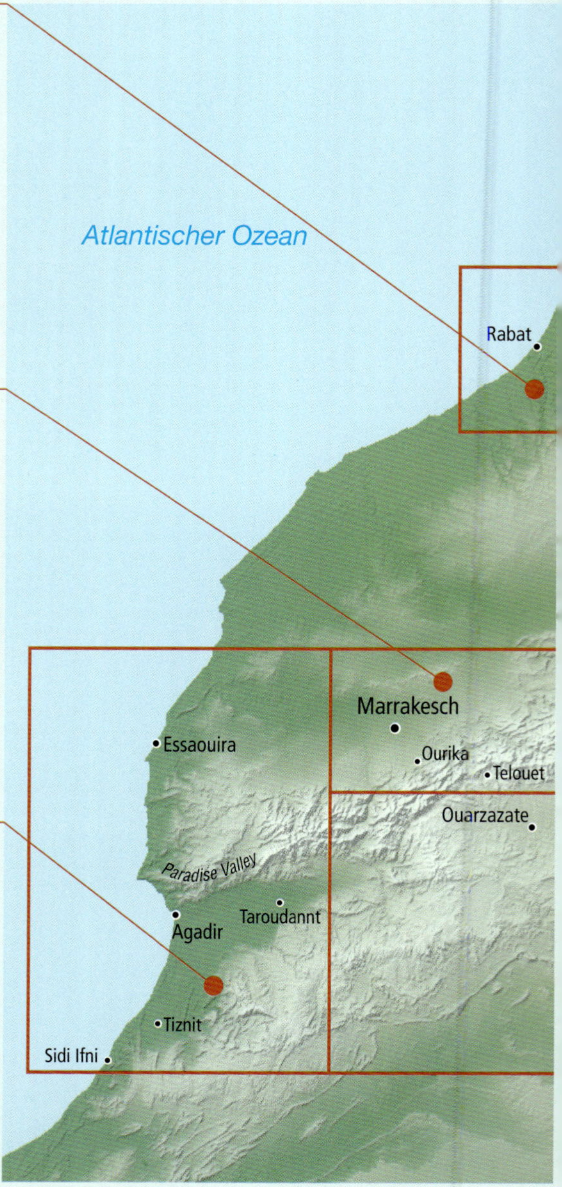

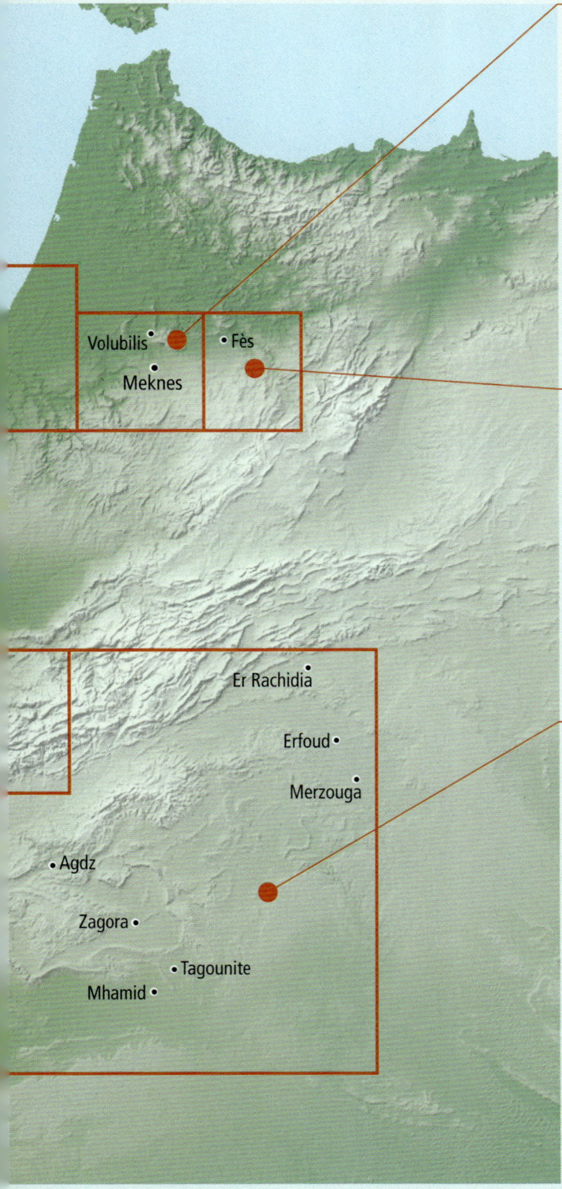

Meknes und Umgebung
Wohl keine Stadt ist so sehr durch einen einzigen Herrscher geprägt worden wie Meknes durch den Jahrhundertsultan Moulay Ismail. Die gewaltige Ville Impériale (Residenz und Festung Moulay Ismails), das Bab el Mansour, die Medersa Bou Inania und der Dar Jamai mit Museum bilden die wichtigsten Sehenswürdigkeiten. S. 122

Fès
Fès, mit der legendären Kairaouine Standort einer der ältesten Universitäten der Welt, ist bis heute das spirituelle Herz, das intellektuelle Zentrum des Landes. Der Fundus an historischen Sehenswürdigkeiten macht Fès zu einem Juwel der arabisch-muslimischen Zivilisation. S. 140

Der Südosten
Dattelpalmenoasen, Dünenkämme, die Festungsarchitektur der hoch aufragenden Kasbahs, Wallfahrtsorte und alte Pilgerzentren, steil abfallende Canyons und karstige Hochplateaus – eine Reise durch den Südosten Marokkos ist Zeitreise und Morgenlandfantasie zugleich. S. 194

Reiseinfos, Adressen, Websites

Zeit für eine Ruhepause in der Dades-Schlucht

Informationsquellen

Infos im Internet

www.mincom.gov.ma
Die offizielle Website des marokkanischen Informationsministeriums (frz. und arab.), tagesaktuelle Nachrichten, vor allem zu Politik und Wirtschaft.

www.marokko.com
Viele Links, Wirtschaftsforum etc.

www.marokko-ferien.de
Riesige Infohalde, auf der man etliche brauchbare Detailinformationen, aber auch allerhand Veraltetes findet.

www.visitmorocco.com
Offizielle Website des marokkanischen Fremdenverkehrsamts (ONMT) mit Städteinfos, außerdem Hinweise zu Sport- und Shoppingangeboten, zu Museen, Transport und Unterkünften.

www.oncf.ma
Informationen zum Eisenbahnnetz, Bahnstrecken, Tarife, hilfreich bei der Planung von Bahnreisen.

www.ctm.ma
Website der CTM, der staatlichen Busgesellschaft; eher eine Unternehmenspräsentation als eine wirkliche Handreichung zur Planung von Busreisen.

www.adm.co.ma
Informationen zum Autobahnnetz, zu Mauttarifen, Baustellen, Trassenführungen, auch Hinweise zu Straßenzuständen.

www.douane.gov.ma
Informationen zu den Details der aktuellen Zollvorschriften.

www.meteoma.net
Französische Website mit tagesaktuellen Wetterdaten zu etwa 70 marokkanischen Städten.

www.kasbah-online.de
Marokko-Reisemagazin, zwei Ausgaben pro Jahr, Reportagen, Hintergrundberichte, exzellente Fotostrecken, detaillierte Trecking-Informationen.

Hilfreiche Städte-Websites
www.visitagadir.com
www.marrakech-info.com
www.madein-marrakech.com
www.fescity.com
www.essaouiranet.com
www.ouarzazate.com

Weitere Links finden sich in den Info-Anhängen zu den einzelnen Ortsbeschreibungen.

Fremdenverkehrsämter

ONMT (Office National Marocain du Tourisme)

... in Deutschland
Graf-Adolf-Str. 59, 40210 Düsseldorf
Tel. 0211 37 05 51/52
marokko@mfva.de
Das marokkanische Fremdenverkehrsamt, seit Jahren kompetent und engagiert geleitet, bietet sehr instruktive Städtebroschüren (mit Stadtplänen und Regionalkarten), Themenbroschüren (etwa zu Wellnessangeboten, Nationalparks, Golf, sonstigen Sportmöglichkeiten oder Exkursionen) sowie Listen mit ausgewählten, klassifizierten Hotels und Riads (s. S. 31) an. Gerade die Städtebroschüren überzeugen durch gute Fotos und kenntnisreiche Texte – Informationsmaterial, das zur Reisevorbereitung hervorragend geeignet ist.

Infostellen vor Ort

Informationsmaterial halten neben den lokalen Fremdenverkehrsämtern (**syndicats d'initiative** – vornehmlich für örtliche Informationen) auch die Filialen des staatlichen Office National Marocain du Tourisme (einheitliches Logo, firmieren inzwischen unter dem Etikett **Délégation du Tourisme**) bereit.

Unter dem Kürzel **C.R.T.** (Conseil regional du Tourisme) existieren in etlichen marokkanischen Großstädten Dependancen des nationalen Dachverbandes von Hoteliers, Gastronomen und Tourismusunternehmern, die häufig mit professionellem Marketing und aktuellem Informationsmaterial überzeugen.

Detaillierte Verzeichnisse von klassifizierten Hotels und Restaurants (ohne Preisangaben) sind zumeist sowohl über die Délégations du tourisme als auch über die C.R.T.-Büros erhältlich; hier kann man sich in der Regel auch mit leidlich aktuellen Stadtplänen versorgen.

Karten und Pläne

Sehr zuverlässig ist die Marco Polo Kontinentalkarte Marokko (Maßstab 1 : 800 000, mit Übersichtskarte, Entfernungstabelle, Ortsregister und fünf Stadtplänen, 7. Aufl. 2013). Exzellent ist die Michelin-Karte No 742 Maroc (Maßstab 1 : 1 000 000, 8. Aufl. 2015). Die vom Marokkanischen Fremdenverkehrsamt in Düsseldorf vertriebenen Städtebroschüren (Königsstädte, Essaouira, Agadir, Ouarzazate, Casablanca, Tanger) enthalten jeweils einen Stadtplan, der gut zur ersten Orientierung taugt.

Lesetipps

Azzeddine, Saphia: Zorngebete, Berlin 2013. Die 1979 in Agadir geborene Autorin präsentiert hier einen tabulosen Monolog, die Geschichte eines Hirtenmädchens, das als Prostituierte zu Geld und Einfluss gelangt. Ein leidvoller Emanzipationsprozess in einer archaischen Männerwelt, gespiegelt in einer einzigartigen Prosa. Ein grandioses Debüt!
Lesenswert ist auch ihr 2016 im Wagenbach Verlag erschienener Roman »Bilqiss« um einen Prozess gegen eine junge Witwe.

Ben Jelloun, Tahar: Einer der wichtigsten marokkanischen Romanciers der Moderne, 1987 mit dem Prix Goncourt, dem bedeutendsten französischen Literaturpreis ausgezeichnet. Sein Gesamtwerk liegt weitgehend in deutschen Übersetzungen vor.

Binebine, Mahi: Die Engel von Sidi Moumen, Basel 2011. 2003 wurde Casablanca durch einen Anschlag jugendlicher Selbstmordattentäter erschüttert. Der Romancier und bildende Künstler Binebine entwirft auf der Faktenbasis dieses Ereignisses das Porträt der Täter, die als »Müllmenschen« in einem Slum leben und von den Imamen einer »religiösen Mafia« um ihre Jugend betrogen werden. Nabil Ayouchs Verfilmung, 2012 marokkanischer Wettbewerbsbeitrag beim Filmfestival in Cannes, war in Marokko ein Riesenerfolg. 2016 erschien im Basler Lenos Verlag von Binebine der in Marrakesch angesiedelte Roman »Der Himmel gibt, der Himmel nimmt« um ein »Mietbaby«, das gegen Gebühr zum Betteln vermietet wird.

Buchholz, Hartmut: Reise-Handbuch Marokko, Ostfildern 2017. Auf bewährt einfühlsame und respektvolle Weise beschreibt der Autor des vorliegenden Buches hier das gesamte Land, einschließlich des Nordens.

Canetti, Elias: Die Stimmen von Marrakesch, München 2002. Literarisch unerreicht, ein Meisterwerk aus betörender Sprache, poetischer Zartheit und unbestechlicher Beobachtungsgabe (und daher als Einstimmung vorzüglich geeignet) sind Canettis Prosaminiaturen (s. S. 97).

Choukri, Mohamed: Das nackte Brot, Zeit der Fehler, Nördlingen 1986. Vor allem Choukris proletarische Autobiografie »Das nackte Brot« hat in Marokko, dann auch in Europa für Furore und einen Skandal gesorgt: eine erschütternde, anrührende Lebensbeichte, zugleich Spiegel und Dokumentation der sozialen Abgründe im Marokko der späten Protektoratszeit.

Chraibi, Driss: Ermittlungen im Landesinneren, Basel 1992. Eine sarkastisch zugespitzte Groteske um die Untersuchungen zweier hochrangiger Polizeibeamter in einem Berberdorf im Atlas. In der Arroganz der Ermittler gegenüber den »Bergbewohnern aus dem Mittelalter, die die Regierung nicht kennen« skizziert der Autor eine Facette des Stadt-Land-Gegensatzes, der Marokko bis heute wesentlich prägt.

ders.: Die Zivilisation, Mutter!, Zürich 1989. Chraibi entwirft mit abgründigem Humor das Porträt einer marokkanischen Mutter, die, mit 13 Jahren zwangsverheiratet, mit zunehmendem Selbstbewusstsein sich ein eigenverantwortliches Leben erkämpft.

Kirchgäßner, Andreas: Anazarah – Abenteuer in der Wüste, Bad Honnef 2010. Spannend erzählt, klug aufgebaut, mit treffenden Dialogen, überraschenden Wendungen und anrührenden Charakteren: ein Jugendroman über eine Wüstentour, der unter der Oberfläche der Handlung enorm viel von Marokko vermittelt.

Leitess, Lucien (Hrsg.): Reise nach Marokko. Kulturkompass fürs Handgepäck, Zürich 3. Aufl. 2013. In der Art der Komposition aus Belletristik, Essay und Reportage auf dem deutschsprachigen Buchmarkt einzigartig: Klassiker der Moderne (Capote, Hofmannsthal, Canetti, Geertz mit einem Beitrag über die Region Sefrou) und marokkanische Autoren (Choukri, Chirbes, Mernissi, Binebine, Ben Jelloun) reagieren im Medium der Sprache auf ein Faszinosum namens Marokko.

Mernissi, Fatema: Die 1940 in Fès geborene Autorin, seit 1973 Beraterin der UNESCO, bis zu ihrem Tod 2015 Soziologieprofessorin an der Universität in Rabat, hat ein umfangreiches Œuvre publiziert, zu dessen wichtigsten Studien die Werke »Die Sultanin. Die Macht der Frauen in der Welt des Islam« (Frankfurt 1991), »Der politische Harem. Mohammed und die Frauen« (Freiburg 1992) und »Geschlecht, Ideologie, Islam« (1987) gehören. Wie kaum eine andere Wissenschaftlerin aus dem Maghreb widmet sich Mernissi in ihren Studien einer Korrektur der orthodoxen Koranüberlieferung; große Teile ihres Werkes zielen auf etwas, was es bisher kaum in Ansätzen gibt: eine entschieden weibliche Lesart des Koran.

Oufkir, Malika: Die Gefangene, Berlin 2001. Die Tochter des 1972 unter nie geklärten Umständen ums Leben gekommenen Putschgenerals Mohamed Oufkir legte mit ihrer Autobiografie eine erschütternde Innenansicht des Repressionsstaates unter Hassan II. vor.

Perrault, Gilles: Unser Freund, der König von Marokko – Abgründe einer modernen Demokratie, Köln 1992. Von ähnlicher Brisanz ist die exzellent recherchierte Hassan-Biografie. Eine vorzügliche Arbeit über die Ära der Regentschaft Hassans II., der sein totalitäres Regime mit einigem Geschick als Demokratie zu maskieren verstand.

Weiss, Walter M.: Im Labyrinth der Träume und Basare. Marokkanische Mosaiksteine, Wien 2004. Städteporträts, Reportagen, Begegnungen, Analysen: Eine Art subjektive ›Gebrauchsanleitung‹ für Marokko, tauglich als Einführung in das Land, auch wenn man manche Befunde nicht teilen mag.

Wetter und Reisezeit

Klima

Marokko kann das ganze Jahr über bereist werden. An der Atlantikküste wechseln extrem milde Winter mit warmen, sonnenreichen, durch die ozeanischen Winde angenehm temperierten Sommern. In Agadir ist ganzjährig Badesaison.

Die Ebenen im Landesinnern sind von einem trockenen Kontinentalklima mit geringen Niederschlagsmengen geprägt. Heiße Sommer und frostige Winter bestimmen die Jahreszeiten. Die kältesten Temperaturen werden in den Gebirgsmassiven des Hohen und Mittleren Atlas gemessen. Im Winter kann die Quecksilbersäule hier auf minus 20° Celsius fallen. Zu Frostperioden kann es während acht Monaten im Jahr kommen, oberhalb 1000 m fällt etliche Wochen im Jahr Schnee, und in Höhen ab 4000 m bleibt der Schnee von November bis Mai/Juni liegen. Die Sommer sind dagegen auch in den Gebirgsregionen angenehm warm.

Der Anti-Atlas, das Sahara-Vorland und der Südosten haben ein Halbwüsten- oder bereits Wüstenklima mit extrem trockenen, sehr heißen Sommern und klirrenden Nachtfrösten im Winter. Der Chergui, ein heißer Wüstenwind, kann die Temperaturen gelegentlich auf weit über 50° Celsius treiben – die relative Luftfeuchtigkeit beträgt dann kaum noch 30 %.

Die Winter an der nördlichen Atlantik- und Mittelmeerküste sind in der Regel mild und regenreich, manche Passstraßen (vor allem der Tizi n'Test zwischen Agadir und Marrakesch sowie der Tizi n'Tichka zwischen Marrakesch und Ouarzazate) können tief verschneit sein.

Reisezeit

Zwischen Weihnachten und Neujahr herrscht in Agadir und Marrakesch Hochbetrieb – etliche Hotels sind dann ausgebucht, während der marokkanischen Sommerferien sind häufig die Küstenstädte am Atlantik (in Südmarokko vor allem Essaouira) ziemlich überlaufen.

Wer in seiner Zeiteinteilung völlig frei ist, sollte die Monate Februar/März oder Oktober/November für eine Marokkoreise in Betracht ziehen – im südlichen Marokko herrscht dann touristisch mehr oder weniger Flaute, die Preise für Hotels, Mietwagen o. a. bröckeln oft ganz erheblich. Zauberhaft ist die Mandelblüte ab Anfang/Mitte Februar.

Während die großen Passstraßen nach Schneefällen zumeist sehr zügig geräumt werden (dies gilt auch für die N 13 von Er Rachidia nach Meknes),

Klimadiagramm Agadir

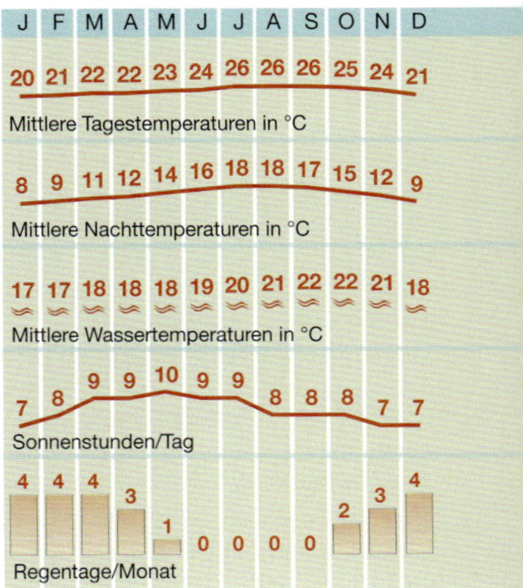

Im südlichen Marokko werden Entfernungen oft nach Tagen gemessen ...

sind Offroad-Touren per Landrover im Winter oft nur eingeschränkt möglich. Schnee und vor allem Schmelzwasser, das Bäche zeitweise zu reißenden Flüssen anschwellen lässt, machen ein Durchkommen selbst für Fahrzeuge mit Allradantrieb unmöglich.

Vor Expeditionen wie den beliebten Touren Tizi n'Tichka–Telouet–Ait Benhaddou oder Boumalne–Msemrir (Dades-Schlucht) sowie Tinerhir–Ait Hani (Todrha-Schlucht) sollte man sich unbedingt über die aktuellen Schnee- und Wetterverhältnisse informieren. Tückisch ist auch, zumal im Winter, die über Passhöhen von etwa 2800 m führende Verbindungsstrecke zwischen Dades- und Todrha-Schlucht.

Reisen während des Ramadan

Zu prüfen ist unbedingt, ob ein Marokko-Urlaub in den islamischen Fastenmonat Ramadan fällt. Wer etwas über religiöse Traditionen erfahren will, wen das im Ramadan außerordentlich lebendige Nachtleben mit seinen ganz eigenen Zeitrhythmen interessiert, wer marokkanisches Familienleben kennen lernen will, sollte nicht davor zurückschrecken, während des Fastenmonats durchs Land zu reisen. Wen freilich ein oft nachlässiger Hotelservice, die rigide eingeschränkten Öffnungszeiten (Banken, Läden, Museen) und die den Gläubigen tagsüber auferlegten religiösen Pflichten stören, der sollte einen anderen Zeitpunkt für seinen Marokko-Aufenthalt wählen.

Kleidung und Ausrüstung

Sinnvoll ist eine leicht waschbare, strapazierfähige Baumwoll- oder Leinenausstattung, die sich je nach klimatischen Bedingungen gut variieren lässt. Badekleidung sollte nur am Strand getragen, ein allzu provozierendes Bikini-Outfit unbedingt vermieden und eine Abendgarderobe für gediegene Hoteldinners mitgeführt werden. FKK ist an allen marokkanischen Stränden ein absolutes Tabu. Regenschutz, bei Bedarf gut eingelaufene Wanderschuhe sowie warme Sachen (Wüstennächte können empfindlich kalt und frostig werden!) gehören ebenfalls ins Gepäck.

Rundreisevorschläge

Zwei Wochen Südmarokko

Wer, wie die meisten Pauschaltouristen, in **Agadir** ankommt, sollte die Stadt als Ausgangspunkt für mögliche Tagestouren (etwa nach Tiznit, ins Paradise Valley, nach Taroudannt oder ins Tal der Ammeln – Tafraoute) nutzen. Agadir selbst, dessen altes Stadtzentrum 1960 durch ein Erdbeben weitgehend zerstört wurde, weist keinerlei ›klassische‹ Sehenswürdigkeiten und kaum historische Bauten auf; sehenswert ist aber das Musée municipal (Geschichte und Kultur der Berberstämme aus der Sous-Region), lohnend ist auch ein Abstecher in das Kunsthandwerkerdorf La Medina d'Agadir im Stadtteil Ben Sergao.

Die kurvenreiche, gut ausgebaute Küstenstraße N 1 führt ins etwa 170 km nördlich von Agadir gelegene **Essaouira,** das sich wie kaum eine andere Stadt als atmosphärischer Einstieg ins Land eignet und das man deshalb als frühes Etappenziel ansteuern sollte. Eine authentische, gut erhaltene, übersichtlich strukturierte Medina, sehenswerte Souks, edle Galerien, Boutiquen und Restaurants, angenehme Riads, eine reiche Tradition verschiedener Sparten des Kunsthandwerks (berühmt sind die vor Ort gefertigten Intarsien), vor allem aber das wohltuende Fehlen der oft recht penetranten selbst ernannten Reiseführer, der *guides noires*: In Essaouira kann man wunderbar Witterung aufnehmen für Marokko. Schon deshalb sollte man zwei, wenn nicht drei Tage hier verweilen.

Etwa 180 km östlich von Essaouira liegt **Marrakesch,** die südlichste der vier Königsstädte, eine pulsierende Metropole mit berberischer Bevölkerungsmehrheit, vor den Panoramen des Hohen Atlas in eine riesige *palmeraie* gebettet. Marrakesch erlebt derzeit als hippe Partydestination einen zweifelhaften Hype, die Metropole, reich an Baudenkmälern und Kunstschätzen, ist ein unverzichtbares ›Muss‹ eigentlich für jeden Marokko-Reisenden. Zwei bis drei Tage Aufenthalt sollte man sich auf jeden Fall in und für Marrakesch gönnen.

Die N 9 führt über den 2260 m hohen Tizi n'Tichka in die rund 200 km südöstlich von Marrakesch gelegene Großstadt **Ouarzazate,** eine Tour durch eine überwältigende Land-

Südmarokko in zwei Wochen

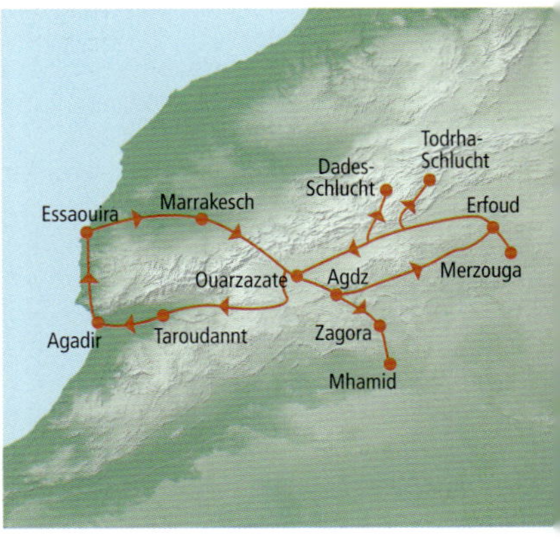

schaft, die mindestens eine Ahnung vom Gebirgsland Marokko vermittelt. In Ouarzazate ist allenfalls die Kasbah Taourirt wirklich sehenswert, weshalb man ohne längeres Verweilen über die N 9 weiter in Richtung Südosten durchstarten sollte.

68 km südöstlich von Ouarzazate liegt die Kleinstadt **Agdz,** hier beginnt eine der zauberhaftesten Landschaften Marokkos, die sich bis zur 96 km entfernten Provinzhauptstadt **Zagora** erstreckt. Die Strecke führt parallel zum Flusslauf des Dra, die Szenerie wird von wuchtigen Kasbahkomplexen, Oasengärten und den für die Region typischen, aus Stampflehm gebauten Wehrdörfern (arabisch *ksar*, Plural *ksour*) beherrscht. Zagora hat zuletzt einen stürmischen Aufschwung genommen und verfügt inzwischen, im Hotelangebot mehr als in der Gastronomie, über eine vorzügliche touristische Infrastruktur. Wer bis hierhin vorgedrungen ist, sollte die Tour noch bis in den 88 km von Zagora entfernten Grenzort **Mhamid** verlängern, wo die asphaltierte N 9 endet. Hier, im Grenzgebiet zu Algerien, präsentiert sich Marokko als echtes Wüstenland, schon bei Tinfou (7 km südöstlich von Tamegroute) tauchen die ersten Dünenkämme auf, bei Tagounite lockt ein Abstecher in den Erg Lihoudi, von Mhamid aus kann man ein Kameltrekking in den gewaltigen Erg Chagaga starten. Für den Parcours zwischen Ouarzazate und Zagora/Mhamid sollte man zwei bis drei Tage einplanen.

Von Zagora aus muss man die N 9 bis Tansikht zurückfahren (die N 12 von Zagora in Richtung Tazzarine ist noch nicht ausgebaut), hier zweigt man auf der R 108 in Richtung Nkob/Tazzarine ab; die N 12 führt von Tazzarine über Alnif nach Rissani, von dort sind es auf der N 13 noch 22 km bis **Erfoud,** wo man Quartier machen sollte (etwa eine Tagestour). Die N 13 ist inzwischen bis zum Grenzort Taouz komplett asphaltiert, sodass eine Tagestour von Erfoud nach **Merzouga,** zu den höchsten Dünen Marokkos (Erg Chebbi), logistisch kein Problem ist.

Um abzukürzen und das eher öde Er Rachidia zu vermeiden, fährt man von Erfoud auf der R 702 in westlicher Richtung bis Tinejdad; hier trifft man auf die N 10, die in ihrem Abschnitt zwischen Er Rachidia und Ouarzazate als *Route des Kasbahs* legendär ist. Wer die dringend zu empfehlenden Abstecher in die Todhra- und/oder Dades-Schlucht in Angriff nehmen will, sollte für den Parcours von Erfoud nach **Ouarzazate** mindestens zwei Tage veranschlagen. Die Strecke in die Todhra-Schlucht ist bis Ait Hani asphaltiert, die in die Dades-Schlucht bis Msemrir; die verbindende Passstraße zwischen den Tälern ist nur mit geländegängigen Fahrzeugen zu befahren.

Von Ouarzazate führt die N 10 über Tazenakht (landesweit berühmte Teppichproduktion), Taliouine, Aoulouz, **Taroudannt** (lohnender Zwischenstopp) und Ait Melloul zurück nach Agadir – nochmals fast eine Tagesreise.

Die hier skizzierte Rundreise ist problemlos auch mit öffentlichen Verkehrsmitteln (Sammeltaxis oder Busse) zu bewältigen – die CTM-Busse fahren bis Mhamid, die Supra-Tours-Busse fahren bis Merzouga! Einzig auf der Strecke Tansikht–Nkob–Tazzarine–Alnif–Rissani ist mit einer sehr geringen Taxi- und Busfrequenz zu rechnen; von Tazzarine aus startet – im Prinzip täglich gegen 16.30 Uhr – ein Privatbus, der über Rissani–Erfoud–Er Rachidia Kurs auf Meknes nimmt.

Drei Wochen Südmarokko

Diese Rundreise nimmt ihren Ausgangspunkt in **Marrakesch,** einer der faszinierendsten Städte des Landes, für deren Besichtigung man etwa drei Tage einplanen sollte. Zu erwägen ist, ob man von Marrakesch aus einen Tagesausflug in den 2650 m hoch gelegenen Wintersportort Oukaimeden (72 km, herrliches Panorama) und/oder ins Ourika-Tal (bis Setti Fatma in der Nähe der Ourika-Wasserfälle) unternimmt. Die Touren von Marrakesch über **Ouarzazate** ins Dra-Tal bis **Zagora/Mhamid** und in die Region des Tafilalet **(Merzouga/Erfoud)** sind auf S. 24 beschrieben; für den Gesamtparcours sind bis dorthin etwa zehn Tage zu schätzen.

Von **Erfoud** nimmt man die N 13, die über Er Rachidia, Rich, Midelt durch den Mittleren Atlas zum Berberort **Azrou** führt. Hier, inmitten ausgedehnter Zedernwälder, oder im mondänen Wintersportort Ifrane kann man einen Zwischenstopp einlegen. Von Azrou nimmt man die N 8 bis Fès.

Fès, eine Stadtgründung aus dem Jahr 808 und Sitz der wohl ältesten Universität der Welt, ist mit seinen Moscheen, Medersen, Palastanlagen und Festungen, mit seinen alten Karawansereien, den verwinkelten Souks und den prächtigen Brunnen die an Kunstschätzen reichste der vier Königsstädte, bis heute wohl das spirituelle Zentrum des Landes. Für eine Stadtbesichtigung sollte man sich um die drei Tage Zeit lassen.

Meknes, etwa 60 km westlich von Fès gelegen, hat vor allem als die Kapitale des Jahrhundertsultans Moulay Ismail Epoche gemacht, die in ihren Dimensionen gewaltigen Palast- und Festungsbauten der Ville Impériale gelten als eine Art marokkanisches Versailles. Wer eine Stadtbesichtigung mit einem Tagesausflug in die etwa 30 km von Meknes entfernte heilige Stadt Moulay Idriss sowie nach Volubilis, der bedeutendsten antiken Ruinenstätte Marokkos, verbinden will, sollte für dieses Besichtigungsprogramm drei bis vier Tage einplanen.

Von Meknes kann man die Autobahn nach Rabat/Casablanca nehmen. Für eine Besichtigung von **Rabat,** der politischen Hauptstadt des Landes, sollten zwei Tage ausreichen. Wer will, kann von Rabat kommend einen Kurzbesuch in der Sechs-Millionen-Metropole **Casablanca** einlegen (sehenswert sind besonders die Grande Mosquée Hassan II, das Habbous-Viertel, die Art-Déco-Gebäude im Zentrum und die Vergnügungsmeile in Ain Diab). Von Casablanca führt die N 9 via Berrechid, Settat, Ben Guerir und Sidi Bou Othmane zurück nach **Marrakesch;** parallel zur N 9 verläuft die mautpflichtige Autobahn.

Auch diese Rundreise lässt sich (mit der oben erwähnten Ausnahme) problemlos mit öffentlichen Verkehrsmitteln angehen. Wer Zeit sparen möchte, kann auf den Teilstrecken Fès–Meknes–Rabat, Rabat–Casablanca und Casablanca–Marrakesch die Autobahn nehmen.

Südmarokko in drei Wochen

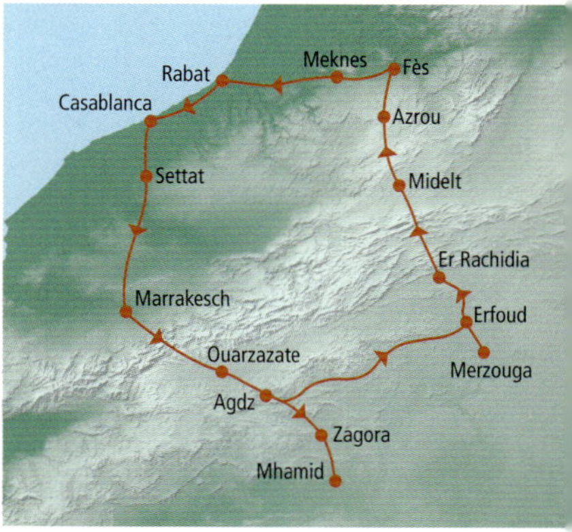

Anreise und Verkehrsmittel

Einreisebestimmungen

Reisende aus Deutschland, Österreich und den anderen EU-Ländern sowie der Schweiz benötigen einen Reisepass, der vom Tag der Einreise an noch mindestens sechs Monate gültig sein muss. Reisende, die eine Pauschalreise gebucht haben, brauchen nur einen gültigen Personalausweis (Achtung: Bei Polizeikontrollen wird immer nach dem Reisepass gefragt, man sollte dieses Dokument daher dabei haben). Seit 2012 benötigt jedes Kind, das ins Ausland reist, unabhängig vom Alter ein eigenes Reisedokument.

Nur in extremen Fällen (z. B. ›hippie-ähnliches‹ Aussehen) wurde Reisenden die Einreise nach Marokko verweigert – dies betrifft fast ausschließlich Jugendliche, die in Tanger oder Ceuta die Fähre verlassen. Die Flughafenkontrollen beschränken sich zumeist auf Stichproben. Zu den Einreiseformalitäten gehört das Ausfüllen einer *carte d'embarcation*, die u. a. die Angabe einer Adresse (Hotel) im Lande verlangt.

Zollvorschriften

Die **Landeswährung** darf bis zu maximal 2000 Dirham (DH) eingeführt werden (Stand: Frühjahr 2018). Dagegen ist die Einfuhr von Devisen in unbegrenzter Höhe möglich, allerdings sollten Beträge über ca. 1500 € (15 000 DH) deklariert werden. Diese Bescheinigung ist bei der Ausreise am Zoll wieder vorzulegen.

Überschüssige Landeswährung kann bis zur Hälfte der gewechselten Summe zurückgetauscht werden. Die Vorlage der Wechselquittungen ist erforderlich; daher sämtliche Bescheinigungen aufbewahren! Dieser Rücktausch erfolgt zu extrem ungünstigen Kursen, daher sollte man nur Summen in Dirham wechseln, die man im Land auch wirklich ausgeben will.

Zollfrei nach Marokko eingeführt werden können Artikel des persönlichen Bedarfs einschließlich Camping- und Sportausrüstung, zwei Fotoapparate (eine Filmkamera gilt als Fotoapparat), 200 Zigaretten oder 200 g Tabak, 2 l Wein oder 0,75 l Spirituosen, Reiseproviant. Surfbretter, Fahrräder und Boote müssen am Zoll angemeldet werden und werden zumeist durch Stempel im Pass eingetragen. Gleiches gilt in der Regel für hochwertige Videokameras sowie Laptops.

Haustiere benötigen ein amtstierärztliches Gesundheitszeugnis sowie eine Impfbescheinigung gegen Tollwut.

Verboten ist die Ein- und Ausfuhr von Waffen (Sonderregelungen für Jagdwaffen), Funkgeräten und Drogen.

Zoll bei der Ausreise: Zollfrei ausgeführt werden darf alles, was legal eingeführt wurde, zusätzlich Reiseandenken des Kunsthandwerks sowie zehn Fossilien. Die Ausfuhr von Artikeln des persönlichen Bedarfs sowie von Souvenirs ist keinen Beschränkungen unterworfen, doch gilt es, die europäischen Zollbestimmungen zu beachten. Danach liegt die Grenze für die zollfreie Einfuhr von Souvenirs und anderen Waren in Deutschland bei 300 € (unter 15 Jahren 175 €) bzw. bei Flugreise 430 €, in Österreich 300 € (unter 15 Jahren 150 €) und in der Schweiz bei 300 SFr. 200 Zigaretten, 1 l Spirituosen, 2 l Wein, 250 g Kaffee und 100 g Tee sind zollfrei.

Anreise

Mit dem Flugzeug

Deutsche Airlines fliegen derzeit die Flughäfen in Tanger, Casablanca, Marrakesch, Fès, Nador und Agadir an. Zentrum des internationalen Charterflugverkehrs ist der Flughafen Agadir Al Massira.

Es empfiehlt sich, je nach Saison und Airline die Flugpreise sorgfältig zu vergleichen und insbesondere die Angebote von Billigflug-Spezialisten und Last-Minute-Agenturen einzuholen. Flüge nach Agadir werden häufig auf dem Last-Minute-Markt schon zwischen 100 und 150 € angeboten. Die LTU (www.ltu.de), Condor (www.condor.de) und die TUI (www.tui.de) fliegen von etlichen deutschen Flughäfen aus nach Agadir Al Massira.

Die Royal Air Maroc (Rossmarktstr. 12, 60311 Frankfurt am Main, Tel. 069 92 00 14 61, www.royalairmaroc.com) und die Lufthansa (Infos: Tel. 0180 380 38 03) bieten Direktflüge von Frankfurt am Main nach Casablanca. Ryanair (www.ryanair.com), Eurowings (www.eurowings.com), Easyjet (www.easyjet.com) fliegen ebenfalls Marokko-Destinationen an (Marrakesch s. S. 184, Agadir S. 265).

Mit der Bahn

Im Sommer verkehren täglich zwei **Direktzüge von Paris** (Gare d'Austerlitz) zum spanischen Fährhafen Algeciras (über Bordeaux und Madrid). Die Fährverbindung nach Tanger, auf den Zug abgestimmt, hat Bahnanschluss nach Casablanca (Gare du Port). Die Fahrzeit von Paris nach Tanger beträgt etwa 40 Std., bis Casablanca etwa 48 Std.

Anschlüsse an diese Zugverbindung bestehen ab Frankfurt (nach Paris Gare de l'Est) und Köln (nach Paris Gare du Nord). Für Reisende unter 26 Jahren bieten Interrail-, Eurotrain- oder Transalpino-Tickets erhebliche Ermäßigungen.

Mit dem Bus

Zwei- bis dreimal wöchentlich verkehren **Europabus-Linien,** die etliche deutsche Großstädte über Lyon und Barcelona mit Malaga verbinden. **Direktbusse** der marokkanischen Gesellschaft **CTM-LN** fahren zweimal wöchentlich von Paris und Lyon nach Tanger, Casablanca, Marrakesch, Agadir und Tiznit.

Fahrzeit von Paris bis Agadir ca. zweieinhalb Tage. **Auskunft und Buchung:** Eurolines, Av. Charles de Gaulle, 75019 Paris, Tel. 00331 149 72 51 51, www.eurolines.fr.

Mit Pkw und Fähre

Zum südspanischen Fährhafen Algeciras führen zwei Autobahnstränge. **Von Norddeutschland** empfiehlt sich die Route über Lüttich (Liège), Paris, Tours, Bordeaux, Burgos, Madrid, Córdoba und Sevilla, **von Süddeutschland** sowie von **der Schweiz und Österreich** die Route über Lyon, Nîmes, Perpignan, Barcelona, Valencia, Alicante, Murcia, Granada und Málaga.

Die wichtigsten **Fährverbindungen** zwischen Südspanien und Marokko bestehen von Algeciras nach Ceuta (die kürzeste und billigste Verbindung) sowie von Algeciras nach Tanger.

Eine Vorausbuchung ist in der Regel nicht nötig. Vor allem an Juli- und Augustwochenenden kann es am Fährhafen von Algeciras zu längeren Wartezeiten kommen.

Verkehrsmittel in Marokko

Flugzeug

Marokko verfügt über ein dichtes Binnenflugnetz, Zentrum der Inlandsverbindungen ist der Flughafen Casablanca Mohamed V. Die meisten Inlandsverbindungen wickeln die **Royal Air Maroc** und deren Tochtergesellschaft **Royal Air Inter** ab. Flughäfen gibt es u. a. in Marrakesch, Fès, Tanger, Tetouan, Melilla, El

Hoceima, Taza, Nador, Oujda, Kenitra, Khouribga, Taroudannt, Essaouira, Er Rachidia, Zagora und Ouarzazate und in der West-Sahara in Tan Tan, Smara, Laayoune und Dakhla.

Flüge sind preiswerter als in Europa (Kinder bis zu zwölf Jahren ermäßigt).

Auskunft über die Flüge der Royal Air Inter erteilen die Büros der Royal Air Maroc (Zentrale: 44, Av. des Forces Armées Royales, Casablanca, Tel. 0522 31 41 41).

Bahn

Das marokkanische Schienennetz verbindet vor allem den Nordosten des Landes mit dem Südwesten (Oujda–Fès–Rabat–Casablanca–Marrakesch), ist also für Reisende im Süden Marokkos kaum von Bedeutung. Die meisten Züge verkehren zwischen Casablanca und Rabat, Casablanca und Marrakesch sowie Casablanca und Meknes/Fès (einige davon weiter bis Taza und Oujda). Außerdem gibt es die Zuglinien Tanger–Meknes/Fès sowie Tanger–Marrakesch, Fès/Meknes–Marrakesch, Casablanca–Tanger und Casablanca–Safi. **Schnellzüge** *(rapids)* legen je nach Strecke 50–80 km/h zurück, der **normale Zug** *ordinaire* kommt dagegen bisweilen über 30–40 km/h nicht hinaus. **Nachtzüge** führen zuschlagpflichtige Liegewagen, Platzreservierungen sind möglich. **Infos:** www.oncf.ma. An den Bahnhöfen gibt es auch Fahrplanbroschüren.

Bus

Selbst abgelegene Orte sind gut erreichbar, zwischen den großen Städten gibt es täglich mehrere Verbindungen. Die West-Sahara-Gebiete sind durch eine Buslinie von Agadir nach Dakhla in das Busnetz integriert. Die Tarife sind ausgesprochen niedrig, Fahrpläne werden zumeist recht zuverlässig eingehalten.

Neben der staatlichen **Busgesellschaft CTM-LN** (Compagnie de Transports Marocaine–Lignes Nationales) gibt es etliche private Gesellschaften. Die CTM-LN bedient vor allem die Hauptrouten. In Südmarokko wird sie von der **Satas** vertreten (Société Anonyme des Transports Automobiles du Souss). Die CTM-Busse nutzen auf Langstrecken meist Autobahnstrecken, wichtig für Reisende, die in kurzer Zeit größere Distanzen zurücklegen wollen (Informationen: www.ctm.ma).

Recht komfortabel und zuverlässig sind außerdem die als **Bahnbusse** eingesetzten Fahrzeuge von **Supratours,** die vor allem im südlichen Marokko zum Einsatz kommen.

Die **Busbahnhöfe** liegen meist am Rand der Altstadt oder im Zentrum der Neustadt. Die diversen Gesellschaften fahren in der Regel den gleichen Busbahnhof an. Die Schalter der einzelnen Linien liegen meist dicht beieinander, bei den neueren Busbahnhöfen sind sie innerhalb eines Gebäudes untergebracht. **Tickets** können am Schalter oder auch im Bus gekauft werden, eine Vorausbuchung ist – abgesehen von den Expressbussen auf Langstrecken – meist nicht erforderlich. Seit 2016 bietet die CTM auf Langstrecken gegen einen vergleichsweise geringen Aufpreis eine erste Premium-Klasse an.

Sammeltaxis

Sammeltaxis *(taxi-collectifs)* sind in Südmarokko sehr wichtige Ergänzungen des Überland-Busnetzes. Sie warten zumeist an den Busbahnhöfen oder den Marktplätzen und starten erst, wenn alle Plätze besetzt sind – oder wenn jemand bereit ist, für die noch freien Plätze zu zahlen. Die **Tarife** liegen 50–100 % über den jeweils entsprechenden Buspreisen (35–40 DH für 100 km, für Gebirgsstrecken und Wüstenpisten etwas mehr). Im Süden des Landes werden häufig Landrover als Sammeltaxis eingesetzt.

Mietwagen

Die Preise für Mietwagen können je nach Saison und Region erheblich differieren, Vergleiche lohnen sich (Tagespauschale Kleinwagen: zwischen 35 und 50 €). Die gängigsten Fabrikate sind Peugeot 206, Renault Clio, Citroën Saxo und Fiat Uno. Es werden auch Minibusse, Landrover (vor allem in Ouarzazate, Er Rachidia und Erfoud) sowie Motorräder (vor allem in Agadir) angeboten. Im mittleren Preissegment wird bei den Pkws derzeit besonders häufig der Renault Logan (Dacia-Lizenzproduktion) als Mietwagen angeboten: ein robuster, im Verbrauch recht sparsamer Viertürer der Kompaktklasse, in dem auch vier Passagiere auf Langstrecken leidlich komfortabel reisen.

Autovermieter unterhalten in den Großstädten und Tourismuszentren (in Südmarokko vor allem in Agadir, Marrakesch und Ouarzazate) zahlreiche Agenturen. Die Tarife sind in der Regel aus einer Tagespauschale sowie einer festen Summe pro Kilometer kombiniert. Dazu kommt eine Versicherungspauschale und, oft nur im Kleingedruckten ausgewiesen, Mehrwertsteuer von 19 % des Rechnungsbetrags. Gelegentlich wird eine Kaution verlangt. Es empfiehlt sich, Dreitages- oder Wochenpauschalen ohne Kilometerbegrenzung auszuhandeln. Bei größeren Firmen besteht oft die Möglichkeit, den Wagen an einem anderen Ort als dem Mietort abzugeben. Erkundigen Sie sich, ob dafür Gebühren berechnet werden.

Für Tagesausflüge ist es häufig günstiger, ein Sammeltaxi mit Fahrer zu einer festen Pauschale zu mieten.

Autofahren

Das marokkanische Straßennetz, wenngleich überwiegend nicht asphaltiert, gehört zu den dichtesten und besten in ganz Afrika. Geländegängige Fahrzeuge sind lediglich für abgelegene Gebirgsregionen, extreme Steigungen und einige Wüstenpisten erforderlich.

Von wenigen **Ausnahmen** abgesehen (so gilt die Vorfahrtsregel rechts vor links auch im Kreisverkehr und für viele Nebenstraßen, Rechtsabbiegen ist auch bei roter Ampel möglich) entsprechen die **Verkehrsregeln** den mitteleuropäischen: Die **Verkehrsschilder** sind zumeist auf Arabisch und Französisch beschriftet. Die **marokkanischen Autofahrer** zeichnen sich nicht eben durch Umsicht und Rücksicht aus, ein defensiver Fahrstil ist geboten. Unbeleuchtete Lastwagen, ungesicherte Baustellen, Schlaglöcher, sorglose Fußgänger, Tiere auf der Straße und schlingernde Eselskarren machen besonders **Nachtfahrten** anstrengend.

Das **Tankstellennetz** in Städten, an Hauptstraßen und der Atlantikküste ist recht dicht. In den Atlas-Regionen, im südlichen und östlichen Wüstenvorland sind Tankstellen sehr selten. Bleifreies Benzin *(sans plomb)* ist in Marokko fast flächendeckend erhältlich.

Autoreparaturen sind wegen der niedrigen Löhne meist relativ billig. Die Suche nach Ersatzteilen für deutsche Marken kann recht schwierig sein. Es empfiehlt sich, die gängigen Verschleißteile, ausreichendes Werkzeug sowie einen Reservekanister mitzunehmen.

Bei einem **Unfall** sollten Sie auf einem möglichst französischsprachigen polizeilichen Unfallprotokoll bestehen.

Mautpflichtige Autobahnteilstrecken bestehen von Tanger über Rabat/Casablanca bis El Jadida, von Fès (über Meknes) nach Rabat sowie von Casablanca nach Marrakesch und seit 2010 weiter von Marrakesch bis Agadir. Seit 2012 ist der Autobahnstrang von Fès über Taza bis Oujda an der algerischen Grenze fertiggestellt.

Kraftfahrzeugpapiere: Mitzuführen sind der Führerschein und die internationale grüne Versicherungskarte. Achten Sie darauf, dass die Versicherungskarte für Marokko gültiggeschrieben ist, andernfalls muss an der Grenze eine teure Versicherung abgeschlossen werden. Obschon die Mitnahme des Kraftfahrzeugscheins nicht vorgeschrieben ist, empfiehlt es sich, ihn parat zu haben, da seine Vorlage bei den recht häufigen Polizeikontrollen immer wieder verlangt wird. Fahrzeuge werden beim Grenzübertritt in den Pass eingetragen. Für Wohnwagen, Anhänger und Motorboote ist ein *carnet de passage* vorgeschrieben, das bei den Automobilklubs erhältlich ist. Im Übrigen empfiehlt sich – viele marokkanische Autofahrer sind nicht versichert – der Abschluss eines **Auslandsschutzbriefes** und/oder einer **Reisekaskoversicherung** (Automobilclubs: Touring Club du Maroc, 3, Av. des Forces Armées Royales, Casablanca, Tel. 0522 36 44 36, 0522 39 20 03; Royal Automobile Club Marocain RACM, 3, Rue Lemercier, Casablanca).

Übernachten

Falls nicht anders angegeben, gelten die Preise in diesem Band für ein Doppelzimmer (DZ) ohne Frühstück.

Hotels

Über die klassifizierten Hotels, Feriendörfer und Apartments informieren ein Hotelführer (»Guide des Hôtels«) und eine Preisliste für die Dienstleistungen in den klassifizierten Hotels (Ein- bis Fünf-Sterne-Hotels können die Preise selbst festlegen), die in unregelmäßigen Abständen vom Tourismusministerium neu aufgelegt werden (kostenlos in den *syndicats d'initiative* und beim Marokkanischen Fremdenverkehrsamt in Düsseldorf erhältlich).

Die Tourismus-Organisation ONMT stuft jährlich die Hotels (außer sehr einfache Unterkünfte) in fünf Kategorien ein, von einem Stern für die unterste Klasse bis zu fünf Sternen für Luxushotels. Die Höchstpreise der einzelnen Kategorien sind landeseinheitlich festgelegt und müssen an der Rezeption aushängen. Innerhalb einer Kategorie kann die Qualität erheblich schwanken: Dies gilt vor allem für die billigeren Hotels der Ein- und Zwei-Sterne-Kategorie.

Manche nicht klassifizierte Billighotels können es mit Sterne-Häusern aufnehmen, in einzelnen Fällen übertreffen sie diese sogar an Komfort. In anderen Etablissements ist Sauberkeit eher angepeiltes Fernziel denn Realität. Bei den Billighotels ist es durchaus üblich – zumal bei längeren Aufenthalten –, den Zimmerpreis auszuhandeln.

Individualreisende sollten, zumal wenn sie in der Nebensaison unterwegs sind, beherzt nach einem *bon prix* oder *tarif promotionel* fragen, dieses Anliegen freilich nicht dem Rezeptionisten gegenüber formulieren, sondern nach dem *chef de commerce* fragen. Es ist in Marokko keineswegs unüblich, je nach Saison und Auslastung der Hotels Preisnachlässe zu gewähren – wenn man danach fragt. Man sollte sich als Individualreisender stets vergegenwärtigen, dass der Pauschaltourist, der im gleichen Etablissement nächtigt, nur einen Bruchteil dessen bezahlt, was einem selbst abgeknöpft wird!

Apartments

Sie bilden eine Alternative für Langzeittouristen, die besonders in Agadir und

Mein Tipp

Wohnen im Riad – ein Erlebnis der besonderen Art

Riads bieten eine urmarokkanische Variante des Wohnens, die man kennen lernen sollte (Infos unter www.riadomaroc.com). Ein Riad liegt per definitionem immer in der Medina – und ist daher, zumal in Marrakesch, nur schwer, oft gar nicht mit dem Auto zu erreichen. Ein Riad ist ein mehrgeschossiges, auf einen zentralen Innenhof hin geöffnetes Haus mit Terrassen und Dachgarten. Der Innenhof, oft ein gepflegter arabischer Garten mit Springbrunnen, kommt einer Oase der Ruhe gleich und bietet Zuflucht vor der hektischen Betriebsamkeit in der Medina.

Riads waren in der Regel einst die Residenzen von städtischen Honoratioren oder wohlhabenden Kaufmannsfamilien, manchmal auch ehemalige Paläste von Paschas oder Wesiren. Seit einigen Jahren hat die arabische Medina, oft schon totgesagt und architektonisch verfallen, einen regelrechten Immobilienboom ausgelöst. Besonders in den Altstädten von Marrakesch, Fès und Essaouira – von der UNESCO sämtlich zum schützenswerten Weltkulturerbe erklärt – haben immer mehr ausländische, zumeist französische, aber auch deutsche Investoren die heruntergekommenen Patriziervillen gekauft und liebevoll wiederhergestellt. Es sind zumeist keine Spekulanten, sondern Marokko-Kenner am Werk, die Altbauten sanieren und Reisenden öffnen. Der diskrete Luxus, eine familiäre Atmosphäre und das stilvolle, bisweilen geradezu museumsähnliche Ambiente machen einen Aufenthalt in einem Riad zu einem besonderen Erlebnis.

Die meisten Riads in Marrakesch bieten gegen Aufpreis den Service an, Gäste vom Flughafen oder Bahnhof/Busbahnhof abzuholen. Man kann auch mit einem der Transporteure an der Place Djemaa el Fna in Verhandlung treten, die das Gepäck in einem Handkarren verstauen und das Ganze zumeist recht zielsicher zur gesuchten Adresse bringen (um die 30 DH, sicherlich die günstigere Variante).

Längst nicht alle Riads kommen ausschließlich für Reisende mit üppigem Budget in Betracht. In Marrakesch haben sich jüngst auch einige Häuser etabliert, die eher im mittleren Preissegment anzusiedeln sind, manche können sogar preislich mit einfachen Hotels konkurrieren.

Marrakesch einen Markt an *residences touristiques* vorfinden. Infos erteilt die jeweilige *délégation du tourisme.*

Jugendherbergen

Auskünfte über die Union Marocaine des Auberges de Jeunesse, 6, pl. Admiral Philibert, Casablanca, oder die Direction de la Jeunesse et des Sports, Av. Mohamed V, Rabat.

Campingplätze

In Südmarokko gibt es hinreißend gelegene Campingplätze mit passablen sanitären Anlagen. Da die Qualität erheblichen und abrupten Schwankungen unterworfen ist, sollten sich Camper und Touristen mit Wohnmobilen an die Büros der Délégation du tourisme wenden (gute Infos zu Campingplätzen der Region in Ouarzazate). Der Standard der Campingplätze hat sich im Dra- und Ziz-Tal sowie an der *Route des Kasbahs* deutlich verbessert. Dort gibt es die landschaftlich schönsten Plätze.

Der klassische Campingplatz für Camper mit Zelt wird in Marokko immer seltener, häufig – gerade an der Atlantikküste – sind die als Campingplätze ausgewiesenen Terrains nichts anderes als Stellplätze für Wohnmobilfahrer.

Nützliche Internetadressen

www.marokko-hotels.com: Große, allerdings oft recht willkürlich wirkende Hotelauswahl zu etlichen Städten, eher auf das Luxussegment konzentriert, Preisangaben, Möglichkeit der Onlinebuchung; auch Auswahl von Riads. Wenig geeignet für Backpacker oder Familien mit Kindern, die gezielt nach einer preisgünstigen Unterkunft suchen.

www.splendia.com: Große Auswahl von Riads – wobei zu beachten ist, dass etliche hier als »Riad« ausgewiesene Häuser nach der klassischen Definition keineswegs als Riad durchgehen können. Preisangaben, hilfreiche Stadtplanausschnitte zur Orientierung, Möglichkeit der Onlinebuchung.

www.tripadvisor.de: Portal mit privaten Hotelbewertungen.

Essen und Trinken

Volkstümlich und einfach

Die marokkanische Küche, ein kulinarisches Produkt sowohl der ethnischen Zusammensetzung des Landes als auch seiner Geschichte, vereint berberische, arabisch-andalusische und – etwa in der Einführung von Vorspeisen und Desserts – westlich-französische Einflüsse.

Wie in den anderen nordafrikanischen Staaten gilt **Couscous** als Nationalgericht. Der gedämpfte Hartweizengrieß kommt in den vielfältigsten Variationen auf den Tisch. Die scharfe Peperonipaste **Harissa** ist ebenfalls sehr beliebt. Raffiniert abgestimmte Gewürzmischungen (es gibt in den größeren Städten oft ausgedehnte Spezialsouks ausschließlich für Gewürze), frisches Obst und Gemüse sowie Hammel-, Rind- und Lammfleisch, außerdem Geflügel und Fisch sind bestimmende Komponenten. Der Koran verbietet Muslimen den Genuss von **Schweinefleisch,** das in Marokko so gut wie nie auf den Tisch kommt. **Alkohol** wird, von wenigen Ausnahmen abgesehen, in der touristischen Gastronomie fast überall ausgeschenkt (s. auch Kulinarisches Lexikon S. 289).

Frische Minze (arab. *naa-naa*) wird überall im Land, auch von fliegenden Händlern, verkauft: Minze ist der Grundstoff des Nationalgetränks *thé à la menthe*, das, manchmal mit grünem chinesischen Tee versetzt, stets heiß, stark gesüßt und aus kleinen Gläschen – drei sind für das Teeritual obligatorisch – getrunken wird.

Bei aller Vorsicht vor derartigen Verallgemeinerungen: Die Hotel-Gastronomie sowie Restaurants gehobenen Standards servieren im Allgemeinen eine wohlschmeckende, an westlichen Vorlieben orientierte und recht variantenarme Küche. Kenner der Materie wie Robert Carrier (»Die Kultur der marokkanischen Küche«, DuMont Buchverlag, Köln 1988) liegen wohl mit ihrer Einschätzung richtig, dass sich die wahre, im besten Fall in kulinarischen Offenbarungen gipfelnde Kochkunst in Marokko weder in den großen Hotels noch in den Spezialitätenrestaurants findet, sondern vor allem in den Privathaushalten.

Das Nationalgericht Couscous gibt es in vielerlei Variationen

Auf kulinarischer Spurensuche

Es empfiehlt sich, abseits von einem standardisierten Hotelfrühstück oder den immergleichen Büffets einmal auf eigene Faust auf Spurensuche zu gehen – morgens wird in den kleinen Cafés ein Frühstück *à la marocaine* gereicht, mit *café nous-nous* (halb Kaffee, halb Milch), köstlichen Pfannkuchen, frisch gepressten Fruchtsäften, exzellentem Joghurt (arab. *raibi*) und Spiegeleiern, die mit Brotstückchen direkt aus den heißen Pfännchen gegessen werden.

Auch abends sollte man einmal die von Einheimischen frequentierten Imbissstände aufsuchen, um etwa frischen Seefisch und Meeresfrüchte oder einfache marokkanische Gerichte zu probieren. Häufig wird als Vorspeise eine mit Fleischstückchen angereicherte Suppe (arab. *harira*) gereicht.

Wenn dieser *harira*-Einstand gut ist, wird in der Regel auch das weitere Speisenangebot nicht enttäuschen.

Selbstversorger können sich auf den Märkten günstig mit Lebensmitteln eindecken. Es ist durchaus üblich, sein Fleisch zu kaufen und es nach eigenem Geschmack in den Garküchen braten und zubereiten zu lassen.

Marokkanische Lokale

Die spartanischen **Imbissstände** unter freiem Himmel sind vielleicht nicht jedermanns Sache, obschon ihr hygienischer Zustand wie die Resultate ihrer Küche im Allgemeinen recht gut sind.

Einfache Restaurants präsentieren zumeist eine Speisekarte sowie diverse aus einer Suppe, einem einfachen Salat, einem Hauptgang und eventuell einem Dessert zusammengestellte Menüs. Diese bezeichnenderweise *menu touristique* genannten Gerichte kosten je nach Saison und Region unter 10 €. Einfache Restaurants haben in der Regel keine Alkohollizenz, es gibt Mineralwasser mit *(Oulmès)* oder ohne *(Sidi Harazem)* Kohlensäure.

Gediegenere Lokale sind eher in der *ville nouvelle* (Neustadt) als in der Medina angesiedelt. Sie liegen häufig – exquisite Hotelrestaurants fast immer – auf europäischem Preisniveau, vor allem dann, wenn sie sich wie in Agadir in den Touristikzonen konzentrieren.

Ein Erlebnis ist der Besuch in einer der zu Restaurants umgebauten oder umfunktionierten ehemaligen **Pascha-Residenzen**, wo in marokkanischem Mobiliar und Dekor (niedrige runde Tische, gepolsterte Sitzbänke, Wandteppiche, mit farbigem Glas verkleidete Lampen, Zedernholzschnitzereien, Kachelmosaike, Springbrunnen) regelrechte, sich über viele Stunden und Gänge hinziehende Gelage zelebriert werden, Bauchtanzeinlagen inbegriffen.

Cafés und **Teestuben** sind, zumal auf dem Land, bis heute streng gehütete Männerreviere – wobei manche dieser Lokalitäten mit Neonlicht, kargem Ambiente mit Plastikcharme und ewig plärrendem Fernseher nicht unbedingt zu längerem Verweilen einladen.

Die ›McDonaldisierung‹ der Esskultur macht auch vor Marokko nicht Halt – zumeist in den Zentren der *villes nouvelles* haben etliche Filialen internationaler **Fastfood-Ketten** neu eröffnet, einige sogar als Drive-in.

Tisch- und Trinksitten

Speisen ist in Marokko ein Gemeinschaftserlebnis. Es hat, vor allem im Familienkreis und anlässlich von Festen, eine wichtige soziale und kommunikative Funktion. Wer zu einem **privaten Essen** ins Haus einer Familie eingeladen wird, sollte der Einladung folgen und sich mit kleineren Gastgeschenken bedanken.

Marokkanische Mahlzeiten werden oft um ein oder zwei üppig bemessene *tajines* (langsam gegarte, köstliche Eintopfgerichte, die es in zahllosen Varianten gibt) herum arrangiert – was es problemlos ermöglicht, auch unangemeldet auftauchende Gäste in die Runde der Esser einzuladen.

Beim Eintritt in ein Privathaus sollte man unbedingt die Schuhe ausziehen, zu Beginn der Mahlzeit kreist eine Wasserkanne zum Reinigen der Hände, sodann spricht der Hausherr die *bismillah*-Formel – »Im Namen des Herren, im Namen Gottes«. Gläubige Marokkaner benutzen sie regelmäßig bei Zäsuren des Alltags, etwa zu Beginn einer gemeinsamen Mahlzeit, beim Betreten eines Gebäudes, beim Einsteigen in den Bus o. a.

Gegessen wird in zwangloser Runde mit der rechten Hand, gemeinsam aus der gleichen *tajine*, wobei europäische Gäste zumeist ein Besteck oder einen Löffel erhalten. Ein aufmerksamer Gastgeber – und das sind fast alle Marokkaner – wird immer bemüht sein, seinen Gästen die besten Köstlichkeiten, die größten Fleischstücke zu überlassen.

Manchmal essen Männer und Frauen getrennt. Konversation wird erst nach dem Essen gepflegt, es gilt als unfein, sich während des Essens zu unterhalten, ein guter Esser genießt und schweigt. Die Mahlzeit wird zumeist mit einem Dessert, mit Obst und/oder Gebäck abgeschlossen, schwarzer Kaffee und/oder Mokka können folgen.

Ähnlich wie in Japan oder China gibt es auch in Marokko eine ausgefeilte **Teezeremonie,** wobei der Tee aus einer silbernen Kanne aus großem Abstand in die auf einem runden Silbertablett platzierten Teegläser gegossen wird. Gemeinsames Teetrinken ist überall im Land eine Form der Kommunikation, ein sozialer Akt. Eine Familienfeier, ein Vertragsabschluss, ein Handel, ein Geschäft, eine wichtige vertrauliche Unterredung, die Begrüßung eines Gastes – all dies ist ohne die Teezeremonie undenkbar.

Alkohol

Der Koran untersagt den Muslimen den Genuss alkoholischer Getränke. Für Alkoholausschank ist eine Lizenz erforderlich. Abseits der touristischen Zentren bieten nur wenige Geschäfte und Restaurants alkoholische Getränke an. Fündig wird man am ehesten in den großen Hotelkomplexen und in den Supermärkten der von den Franzosen angelegten Neustädte.

Wein wird vor allem in der Region um Meknes angebaut. Das Gros der Weinproduktion ist für den Export bestimmt, Hauptabnehmer ist Frankreich. Einheimische Rot- und Weißweine, im Geschmack guten französischen Landweinen vergleichbar, sind relativ alkoholreich. Das marokkanische **Bier** (die gängigsten Marken sind Flag, Stork) ist nicht jedermanns Sache. Hochprozentige **Spirituosen** werden aus Europa importiert, sie sind entsprechend teuer.

Aktivurlaub, Sport und Wellness

Golf

Durch die Passion Ihrer Majestäten Hassan II., Mohamed VI. und dessen Bruder Moulay Rachid hat der Golfsport in Marokko einen rasanten Aufschwung erlebt. Die **Royal Golfs,** landschaftsgärtnerisch zumeist imposante Anlagen, sind – mit Handicap – öffentlich zugänglich. Die Green Fees betragen um 500 DH, in den meisten Anlagen können Schläger, Caddies und Elektroautos gemietet werden. Die größten Golfplätze im südlichen Marokko befinden sich in Agadir (Royal Golf, Golf Les Dunes, Golf du Soleil), Marrakesch (Royal Golf, Golf de la Palmeraie, Royal Golf d'Amelkis), Ouarzazate (Royal Golf) sowie in Rabat (Royal Golf Dar Es-Salam), Meknes (Royal Golf) und Fès (Royal Golf).

Informationen erteilt die Fédération Royale Marocaine de Golf in Rabat (Tel. 0537 75 59 60 oder 0537 75 56 36). Eine Broschüre erhält man beim Marokkanischen Fremdenverkehrsamt (ONMT, s. S. 18).

Trekking und Wandern

Trekkingtouren zu Fuß oder auf Skiern, Maultierexkursionen, Kletterpartien diverser Schwierigkeitsgrade – für derlei Aktivitäten bieten sich die landschaftlich überwältigenden Atlasmassive an. Höchster Berg des **Hohen Atlas** und auch gleichzeitig das meistbesuchte Bergsteigerziel ist der 4165 m hohe Djebel Toubkal, in dessen Umgebung weitere Gipfel mit fast 4000 m Höhe liegen. Aber auch der **Mittlere Atlas** bietet Trekkingfreunden eine Vielzahl an Bergen über 3600 m Höhe. Bei guter Kondition können die Bergwanderungen ohne nennenswerte Schwierigkeiten bewältigt werden, Schutzhütten gibt es in Marokko allerdings nur wenige.

Eine Menge hilfreicher Informationen und Adressen finden sich in der Broschüre »Maroc. Tourisme de Montagne et du Desert« (2004/05, nur auf Französisch erhältlich), die vom Tourismusministerium in Rabat vertrieben wird und geografisch nach den Regionen Toubkal, Mgoun, Haut Atlas Oriental, Saghro, Sirwa, Anti-Atlas, Mittlerer Atlas und Rif aufgefächert ist. Als Kontaktbörse für die Vermittlung von Bergführern hat sich das Hôtel Ali (s. S. 177) in Marrakesch etabliert.

Wassersport

Surfer finden um Essaouira (auch in der Bucht von Sidi Kaouki, 25 km südlich; Regionalbus), in Sidi Ifni sowie in Agadir und an den nördlich von Agadir gelegenen Stränden (z. B. Taghazoute) zumeist günstige Bedingungen, dort kann man auch Surfbretter leihen (Infos unter www.windsurfing-morocco.com).

In den Wadis des Hohen und Mittleren Atlas ist **Wildwassersport** (Kanu und Kajak) möglich, der Oum er Rbia bietet eine Raftingstrecke von 60 km, die das ganze Jahr über befahrbar ist.

Wasserski und **Paragliding** sind auf den Raum Agadir konzentriert.

Auskünfte über **Segelreviere** erteilt der Marokkanische Segelverband (Rabat, Tel. 0537 67 02 41).

Taucher finden in Südmarokko bei Essaouira, Agadir und Sidi Ifni geeignete Orte. Anders als an der ruhigeren Mittelmeerküste sollte man aufgrund der starken Brandung des Atlantiks äußerst vorsichtig sein. Tauchausrüstungen sowie -kurse werden in vielen Touristenzentren an der Küste angeboten.

Wellness

In Casablanca, Essaouira (La Medina Essaouira) und Agadir (Atlantique Palace) bieten große Hotelkomplexe **Thalassotherapie** an. In Moulay Yacoub (nahe Fès) ist eine landesweit berühmte **Thermalstation** mit medizinischer Versorgung an einen Hotelkomplex angegliedert. Eine Broschüre des Marokkanischen Fremdenverkehrsamtes (ONMT; s. S. 18) informiert über die Wellness-Angebote. Gerade im südlichen Marokko werden bei den Wellness-Angeboten immer mehr die hochwertigen Arganöle aus der Region bevorzugt angewendet.

Wintersport

Die marokkanischen Wintersportzentren (Skilifte, diverse Abfahrten) liegen um **Oukaimeden** (2600 m Höhe, ca. 60 km südlich von Marrakesch) im Hohen sowie um **Michliffen** (2000 m Höhe) im Mittleren Atlas. Je nach Schneeverhältnissen dauert der Liftbetrieb von November/Dezember bis März/April.

Informationen, auch über Langlaufloipen, sind über die Fédération Marocaine de Ski et Montagne (Parc de la Ligue Arabe, Casablanca, Tel. 0522 20 37 98, frmsm@iam.net.ma) erhältlich.

Feste und Unterhaltung

Religiöse Feste

Viele religiöse Feste werden in Marokko im Familien- und Freundeskreis begangen – im Gegensatz zu den regionalen *moussem*, die als öffentliche Spektakel zelebriert werden. Freilich haben die *moussem*, zumeist Feste zum Andenken eines Lokalheiligen, einen entschieden spirituellen Kern, der sich in gemeinsamen Gebeten, Gesängen oder Prozessionen offenbart.

Die *moussem*, vor allem, wenn auch nicht ausschließlich im ländlichen Raum und im berberischen Milieu anzutreffen, werden häufig in der Nähe von Grabstätten berühmter Marabouts abgehalten, oft sind sie mit Erntedankfesten verbunden. Aus Anlass von bedeutenden *moussem* werden zuweilen ganze Zeltstädte aufgebaut, wo für einige Tage riesige Märkte organisiert werden, die für Handel und Handwerk in der Region sehr bedeutsam sind. Über die genauen Termine der über das ganze Jahr verteilten *moussem* informieren die örtlichen *délégations du tourisme.* Der Besuch eines *moussem* kann außerordentlich eindrucksvoll sein, illustriert er doch,

Festkalender

Februar

Mandelblütenfest: Febr., Region Tafraoute. Alles ist mit zartrosa Blüten überzogen, der Stamm der Ammeln feiert für eine ertragreiche Ernte.

April/Mai

Ramadan: Beginn 5. Mai 2019, 24. April 2020, 13. April 2021. Islamischer Fastenmonat.

Rosenfestival: El Keelâ M'Gouna. Landesweit bekanntes Festival zu Ehren der hier gezüchteten Rosen (Grundlage für fast alle Rosenparfüme weltweit).

Aid es Seghir oder Aid el Fitr (kleines Hammelfest): 23. Mai 2020. Tag nach Ende des Ramadan.

Festival der geistlichen Musik: www.fesfestival.com, Fès. Musikfest mit Chören, Orchestern, Tanzgruppen und Solisten aus aller Welt (bestehend aus Anhängern des Islam, des Judentums und des Christentums).

Juni

Nationales Folklorefest: Anfang Juni, Marrakesch (Palais El Badi). Zahlreiche Sänger und Tänzer.

Aid es Seghir oder Aid el Fitr (kleines Hammelfest): 3. Juni 2019 (23. Mai 2020). Tag nach Ende des Ramadan.

Festival de Gnaoua: Ende Juni, www.festival-gnaoua.net, Essaouira. Gnaoua- und andere traditionelle Musik, auch Gruppen aus den USA und Europa.

Juli/August

Aid el Kebir oder Aid el Idha (großes Hammelfest): 16. Aug. 2018, 5. Aug. 2019, 25. Juli 2020. Größtes islamisches Fest.

Moussem de Moulay Abdallah: südlich von El Jadida. Einer der prächtigesten *moussem* des Landes, Wallfahrt mit wilden Reiterspielen, den *fantasias*, Höhepunkt der Pilgerfahrt zur Zaouia des Heiligen.

August/September

Moussem d'Imilchil: Heiratsmarkt bei den Ait Haddidou-Berbern.

Achoura: 20. Sept. 2018, 9. Sept. 2019, 29. Aug. 2020. Neujahrsfest.

Oktober/November

Dattelfest: Ende Okt., Erfoud. Dreitägiges Fest zur Dattelernte in den Hainen des Tafilalet. Begleitet werden die Feierlichkeiten von Tanz und Musik, auf den Märkten können verschiedenste Dattelsorten probiert werden.

Mouloud: 19. Nov. 2018, 8. Nov. 2019, 28. Okt. 2020. Geburtstag des Propheten.

dass und wie sich unter der Oberfläche des orthodoxen Islam vielfältige Formen einer vitalen Volksfrömmigkeit erhalten haben.

Zeitrechnung

Neben dem gregorianischen Kalender ist in Marokko die islamische Zeitrechnung (beginnend mit dem Jahr 622 n. Chr.) von Bedeutung, in der ein Jahr zwölf Mondmonate zählt. Das islamische Jahr ist zehn oder elf Tage kürzer als das gregorianische, die religiösen Feste werden für jedes Kalenderjahr nach dem Mondstand neu bestimmt.

Die genauen Daten werden Jahr für Jahr von den *ulema*, den islamischen Rechtsgelehrten, festgelegt. Die im Festkalender genannten Daten können sich daher um einige Tage verschieben.

Bunt und fröhlich: Gnaoua-Musiker beim gleichnamigen Festival in Essaouira

Nachtleben

Ein öffentliches Nachtleben erliegt, vom Ramadan (s. S. 86) abgesehen, selbst in größeren Städten bereits gegen 22 Uhr. Discogänger finden allenfalls in Agadir und Marrakesch entsprechende Locations. Discos sind dort fast immer ein räumlich separates Anhängsel der großen Hotels. Gesichtskontrolle durch Türsteher, oft hohe Eintrittspreise und – fast durchweg importierte – Spirituosen sowie ein westlichen Standards nachempfundenes Beschallungsprogramm sind die Regel.

Auch wenn in Südmarokko Zustände wie in Tanger oder Casablanca eher selten sind – manche Hoteldiscos sind Anlaufstellen von Prostituierten, die hier das Terrain nach Kunden sondieren. Prostitution ist in Marokko illegal und wird, besonders wenn Minderjährige betroffen sind, unter Umständen drakonisch geahndet. Hoteldiscos gehören zudem zu jenen Orten, die eine überaus wachsame Fremdenpolizei allnächtlich genau ins Visier nimmt.

Restaurants in den Altstädten und abseits der Hotelzonen schließen zumeist recht früh. In den Restaurants und Bars fast aller größeren Hotels wird Alkohol ausgeschenkt, nicht jedoch in den kleinen marokkanischen Restaurants und zumeist auch nicht in den Riads.

Unter dem Etikett *Cabaret Oriental* werden in den Städten Bauchtanzvorführungen angepriesen, zumeist ein für westliche Touristen arrangiertes, auf Folklore getrimmtes Spektakel – der Bauchtanz war vor der Ära des Tourismus in Marokko nahezu unbekannt und als öffentliches Ereignis verpönt.

Reiseinfos von A bis Z

Apotheken

Marokkanische Apotheken *(pharmacie)*, zumindest in den Großstädten recht gut sortiert, liegen häufig an den Hauptverkehrsstraßen der *villes nouvelles.* Sie sind an einem weißen Kreuz mit grüner Umrandung zu erkennen. Die Medikamente, zumeist westeuropäische Präparate, sind in der Regel rezeptfrei und oft erheblich billiger als in den Herkunftsländern. Apotheken führen auch die gängigen Hygieneartikel. **Öffnungszeiten:** Mo–Fr 9–12, 14.30/15–20, Sa meist 9–12 Uhr. In größeren Städten existiert oft ein Nacht- und Sonntagsdienst, über den ein Aushang informiert.

Ärztliche Versorgung

Die medizinische Versorgung durch niedergelassene Fachärzte ist in den großen Städten im Allgemeinen gut, gleiches gilt für den technischen Standard von Krankenhäusern und Polikliniken. Auf dem Land sowie in abgelegenen Regionen Südmarokkos (Ausnahme in der West-Sahara ist Laayoune) ist die Versorgung unzureichend.

Arztpraxen *(cabinet docteur)* sind an großen Messingschildern zu erkennen, auf denen das Spezialgebiet des Arztes ausgewiesen ist. Fast alle Ärzte in Marokko sprechen Französisch, viele Englisch, einige Deutsch. In einigen Büros der *délégation du tourisme* gibt es Listen mit deutschsprachigen Ärzten.

Bakschisch

Marokko ist ein vergleichsweise armes Land, Touristen gelten für die einheimische Bevölkerung, gerade auch für Kinder, meist als unermesslich reich – und die Verlockung, von Touristen auf irgendeine Art zu profitieren, ist immens. Für Dienstleistungen aller Art, auch für kleinste Gefälligkeiten, wird – zumal in den touristischen Zentren – ein Bakschisch erwartet, das dezent oder auch barsch eingefordert wird.

Bettler

Krüppel, Blinde, Mütter mit Säuglingen an der Brust, Schnorrer – Bettler sehr verschiedener Couleur werden Ihnen in allen marokkanischen Städten begegnen. In islamischen Gesellschaften werden sie keineswegs verachtet, und das Almosengeben gehört zu den religiösen Pflichten.

Man sollte bedenken, dass es um die staatliche Sozialfürsorge in Marokko recht dürftig bestellt ist und dass vor allem Alten und Kranken oft nur die Möglichkeit bleibt, ihren Lebensunterhalt aus Almosen zu bestreiten. Bettelnden Kindern sollte man kein Geld geben – wer einem Kind wirklich helfen möchte, sollte dies nach Möglichkeit im Sinne einer langfristig angelegten Patenschaft tun. Das Betteln wird ihnen sonst lukrativer als jede andere Tätigkeit erscheinen, einfacher auch als Schulbesuch oder Berufsausbildung.

Diplomatische Vertretungen

Marokkanische Botschaft in Deutschland
Niederwallstr. 39, 10117 Berlin
Tel. 030 206 12 40

www.botschaft-marokko.de (mit den wichtigsten Artikeln der marokkanischen Verfassung zu den Stichworten König, Parlament und Regierung)

Marokkanische Botschaft in Österreich
Hasenauerstr. 57, 1180 Wien
Tel. 01 586 66 50
emb-pmissionvienna@morocco.at

Marokkanische Botschaft in der Schweiz
Helvetiastr. 42, 3005 Bern
Tel. 031 351 03 62-3
www.amb-maroc.ch

In Marokko

Botschaft der Bundesrepublik Deutschland
7, Zankat Madnine
Postfach (BP) 235, 10000 Rabat
Tel. 0537 21 86 00
www.rabat.diplo.de

Konsulat der Bundesrepublik Deutschland
6, Rue de Madrid, 80000 Agadir
Tel. 0528 84 10 25
agadir@hk-diplo.de

Botschaft der Republik Österreich
2, Zankat Tiddas
Postfach (BP) 135, 10000 Rabat
Tel. 0537 76 40 03, 0537 76 16 98
rabat-ob@bmaa.gv.at

Botschaft der Schweizer Eidgenossenschaft
Square de Berkane
Postfach (BP) 169, 10000 Rabat
Tel. 0537 26 80 30/31
www.eda.admin.ch/rabat

Drogen

Obschon der Besitz und Genuss von und der Handel mit Drogen offiziell unter Strafe stehen, wird im Norden Marokkos in großem Stil indischer Hanf angebaut. Reisenden, die in Tanger oder Ceuta ankommen und mit dem Auto über das Rif-Gebirge nach Süden wollen, werden Haschisch und Marihuana hartnäckig angeboten. Zentren des Drogenhandels sind Tanger, Tetouan und Chefchaouen. Besonders berüchtigt ist die Region um Ketama. Die marokkanischen Gerichte ahnden Drogenbesitz bei Touristen mit drakonischen Strafen. Die ausländischen Botschaften sind meist machtlos.

Elektrizität

Gelegentlich noch 110–115 V Netzspannung, in den neueren Gebäuden und in fast allen Hotels 220 V.

Feiertage

1.1. Neujahr
11.1. Tag der Unabhängigkeitserklärung
1.5. Tag der Arbeit
14.5. Jahrestag der Armeegründung
23.5. Fête Nationale
30.7. Fête du Throne am Tag der Thronbesteigung Mohameds VI.
21.8. Fête de la Jeunesse am Geburtstag Mohameds VI.
6.11. Tag des Grünen Marsches
18.11. Fête de l'Indépendance, der Unabhängigkeitstag, anlässlich der Rückkehr von Mohamed V. aus dem Exil (1955)

FKK

Man sollte selbst in einsamen Buchten auf keinen Fall nackt baden; der Anblick des nackten menschlichen Körpers ist in muslimischen Zivilisationen mit einem Tabu belegt – und gerade für ältere Menschen eine ungeheure Provokation sowie ein Akt der Blasphemie.

Fotografieren/Filmen

Bedenken Sie, dass in einem islamischen Land das Abbild des Menschen mit einem Tabu belegt ist. Bei Personenaufnahmen – dies gilt besonders für ländliche Gegenden, wo Frauen oft extrem fotoscheu sind – sollten Sie stets die Erlaubnis zum Fotografieren einholen! Oft erwarten die Porträtierten ein Trinkgeld. Grundsätzlich ist es in unklaren Situationen besser, auf ein Foto zu verzichten. Betende Muslime sollten Sie auf keinen Fall aufnehmen, ebenso wenig alles, was auch nur im Entferntesten als militärisches Objekt gelten könnte (Häfen, Brücken, Flughäfen, Camps). Wer noch Filme nutzt: Diese sind in Marokko relativ teuer, oft sind die Verfallsdaten überschritten.

Frauen unterwegs

Reisende Frauen betreten in Marokko eine Männerwelt, in der sich ein ungebrochener Machismo bisweilen in rüder Anmache äußert. Vornehmlich in den touristischen Zentren (Agadir, Marrakesch) sind Frauen häufig Belästigungen ausgesetzt, die auf Dauer außerordentlich nervenaufreibend sein können. Was bei derartiger ›Kontaktaufnahme‹ freundliche Neugier ist und was nicht, wird eine Frau wohl nur von Fall zu Fall entscheiden können. Resolutes Auftreten und entschiedener, auch lautstarker Protest bereiten dreisten Annäherungsversuchen in der Regel ein schnelles Ende. In jedem Fall ist es angebracht, die Kleidung – auch und gerade die Garderobe für Strand und Strandpromenade – den strengen islamischen Moralvorstellungen anzupassen. Das Verhalten europäischer Frauen, die gewohnt sind, sich frei zu bewegen, kann von Marokkanern leicht als provokant eingestuft werden. Sehr empfehlenswert zu diesem Thema ist die Lektüre von Christine Polloks Buch »Kulturschock Islam«.

Fremdenführer

Selbst in den verwinkelten Altstädten – mit den Ausnahmen von Fès el Bali und den riesigen Souks von Marrakesch – wird man sich auch ohne Fremdenführer orientieren können. Ein Fremdenführer empfiehlt sich, wenn man für eine Stadtbesichtigung wenig Zeit hat und sich trotzdem zügig einen Gesamteindruck verschaffen möchte. Offizielle Fremdenführer können sich durch eine Plakette und ein Zertifikat ausweisen. Sie sprechen häufig ausgezeichnet Deutsch und kennen das Gelände wie ihre Westentasche.

Ansonsten agieren Heerscharen von illegalen Amateuren, die mit allerlei Tricks auf Kundenfang gehen und Reisende in Läden zu lotsen versuchen, wo sie Provisionen erhalten. Man ist gut beraten, die eigenen Wünsche für ein Sightseeing-Programm präzise mitzuteilen, Preise im Voraus klar auszuhandeln (ein Fremdenführer erhält für einen halben Tag 100–150 DH, für einen ganzen Tag um 200 DH) und unmissverständlich klarzustellen, ob man in den Souks einkaufen will oder nicht.

Für ausgedehnte Hochgebirgstouren oder Expeditionen auf abgelegenen Wüstenpisten sind Fremdenführer oft unerlässlich, besonders wenn man allein unterwegs ist. Vermittlung von Bergführern über Trans-Maroc, 213, Av. Mohamed V, Marrakesch, Tel. 0524 44 81 39, oder Association Nationale des Guides et Accompagnateurs en Montagne du Maroc, Angamm, Marrakesch, Tel. 0524 44 49 79.

Geld

Landeswährung ist der Dirham (DH), unterteilt in 100 Centimes. Im Umlauf sind Münzen zu 1, 5, 10, 20 und 50 c sowie zu 1, 5 und 10 DH. Banknoten gibt es zu 5 (selten), 10, 50, 100 und 200 DH. Die jährliche, inoffizielle Inflationsrate liegt zwischen 5 % und 10 %.

Reiseschecks werden von marokkanischen Banken kaum noch eingelöst, auf dieses Zahlungsmittel sollte man nicht vertrauen!

Außerhalb der Geschäftszeiten (s. S. 44) können Sie Devisen (manchmal nur Bargeld) auch in größeren Hotels und Restaurants sowie in privaten Wechselstuben umtauschen.

Wer in Marokko, warum auch immer, unversehens in Geldnöte gerät, sollte sich Geld aus dem Ausland über **Western Union** schicken lassen – dichtes Filialnetz, schneller und zuverlässiger Service, allerdings deftige Überweisungsgebühren.

Bewahren Sie sämtliche Wechselquittungen auf. Sie benötigen sie zum **Rücktausch** von Dirham in Devisen.

In allen größeren Städten kann man an **Bankautomaten** mit Bank- oder Kreditkarten Bargeld abheben.

Die Akzeptanz von **Kreditkarten** ist in Marokko zuletzt beständig gestiegen, gängige Kreditkarten (vor allem Visa und Mastercard) werden in ›besseren‹ Hotels, bei landesweit agierenden Autovermietern sowie in gehobenen Restaurants zumeist problemlos anerkannt.

Wechselkurse

(Stand Mai 2018)
1 €/1 SFr = 11,14/9,78 DH
10 DH = 0,88 €/ 1,02 SFr
Aktuelle Kurse auf: www.oanda.com

Gesundheitsvorsorge

Für Reisende aus Deutschland, der Schweiz und Österreich besteht derzeit keine Impfpflicht. Empfehlenswert sind Schutzimpfungen gegen Typhus/Paratyphus, Tetanus, Polio und Hepatitis A (Gelbsucht).

Südmarokko wird als beschränkt malariagefährdet ausgewiesen. Im Sommer kann eine Malaria-Prophylaxe durchaus sinnvoll sein. Auch Cholera-Fälle sind örtlich nicht auszuschließen. Erkundigen Sie sich über die eventuell betroffenen Regionen beim Gesundheitsamt.

Die Reiseapotheke sollte Medikamente gegen Durchfallerkrankungen (bewährt und in Marokko rezeptfrei erhältlich ist z. B. Intetrix) und Magenverstimmungen enthalten, außerdem Schmerz- und Grippemittel. Empfehlenswert sind ein Antiallergikum gegen Insektenstiche und Ausschläge, Sonnenöl mit hohem Lichtschutzfaktor, Jodtinktur, eine antibiotische Wundsalbe und eventuell ein Antibiotikum gegen schwere Infektionen.

Es empfiehlt sich, eine Auslandskrankenversicherung abzuschließen. Krankenhausbehandlungen in Marokko sind in der Regel kostenlos. Die Konsultationen privat praktizierender Ärzte werden nach der einheimischen Gebührenordnung abgerechnet. Die Honorare müssen zumeist sofort beglichen werden. Voraussetzung für eine Erstattung der in Marokko vorgestreckten Summen ist eine detaillierte, französischsprachige Abrechnung mit Stempel, Datum und Unterschrift des behandelnden Arztes. Gleiches gilt für Medikamente, die vom Patienten selbst bezahlt werden.

Magen- und Darmbeschwerden sind die häufigsten gesundheitlichen Probleme, die Marokko-Reisenden zu schaffen machen. Meiden Sie nach Möglichkeit ungeschältes Obst, Salate, Speiseeis und rohes Fleisch. Vorsicht ist auch bei Muscheln und – in abgelegenen Landesteilen – bei Leitungswasser geboten.

Die intensive Sonneneinstrahlung wird oft, vor allem wenn eine kühle Meeresbrise weht, unterschätzt. Schützen Sie sich mit einem Sonnenöl mit hohem Lichtschutzfaktor, gegebenenfalls mit einer Kopfbedeckung. Bei starken Temperaturschwankungen (klimatisierte Hotelzimmer, Übernachtungen in der Wüste) drohen Erkältungen.

Wunden sollten sofort desinfiziert werden, bei Tierbissen sollten Sie möglichst umgehend einen Arzt aufsuchen (Tollwutgefahr). Baden Sie nicht in stehenden oder langsam fließenden Gewässern und Oasenkanälen (Gefahr von Bilharziose und Hepatitis). Geschlechtskrankheiten sind in Marokko sehr verbreitet. Aids ist im Land aber ein absolutes Tabuthema. Mindestens in den Prostitutionszentren Tanger, Casablanca, Agadir und Marrakesch gibt es längst erhebliche, wiewohl offiziell geleugnete Aidsprobleme.

Handeln

Es ist in Marokko üblich, um Waren und Dienstleistungen zu handeln (s. S. 9, 81). In den staatlich geführten Kunsthandwerkskooperativen *(ensemble artisanal)* gelten Festpreise – eine gute Gelegenheit, sich vor größeren Anschaffungen eine Vorstellung von realistischen Preisen zu machen.

Kinder

Die Auskunft, dass man ohne seine Kinder Urlaub macht, würde kein Marokkaner verstehen, geschweige denn gutheißen. Marokko ist ein junges, ungemein kinderfreundliches Land. Kinder sind ein Geschenk Allahs, der Segen der Familie, Sicherung des Alters und eine Verheißung für die Zukunft.

Eine Reise nach Marokko ist auch mit Kleinkindern problemlos möglich, allenfalls Touren mit Säuglingen in abgelegene Regionen des Südens sind aufgrund der hygienischen Verhältnisse etwas heikel.

Reisenden mit Kindern eröffnen sich meist vielfältige Kontakte zur Bevölkerung, die anderen verschlossen bleiben. Hotels gehobenen Standards bieten häufig Kinderanimationsprogramme an und verfügen über Planschbecken für die Kleinen. Die raue Brandung und ein hoher Wellengang machen das Baden im Atlantik allerdings für Kleinkinder äußerst gefährlich. Überall im Land werden zuverlässige Babysitterinnen vermittelt.

Marokko bietet für Kinder unvergesslich schöne Erlebnisse und wichtige Erfahrungen in einem fremden Land, freilich auch Bilder und Eindrücke, die zunächst etwas erschrecken können (zerlumpte Bettler, abgeschlagene Hammelköpfe etc.).

Kommunikation

Telefon

Am sinnvollsten ist das Telefonieren mit einer **Telefonkarte,** die in diversen Guthabenkategorien in Postämtern erhältlich ist. Landesweit gelten **zehnstellige Telefonnummern,** die auch bei Ortsgesprächen komplett gewählt werden müssen (die früheren Vorwahlen sind jetzt, um eine Ziffer ergänzt, Teil der Rufnummern, es gibt nur noch zwei Regionalzonen, deren Vorwahlen mit den Ziffern 052 oder 053 beginnen). Die Notrufnummern blieben unverändert.

Fern- und Auslandsgespräche lassen sich in den Großstädten per Direktwahl herstellen, ansonsten werden sie von Postämtern vermittelt. Hotelrezeptionen berechnen für Auslandsgespräche oft horrende Zuschläge – erkundigen Sie sich vorher nach den Tarifen.

Von Sa 14 bis Mo 7 Uhr gelten um ca. 40 % reduzierte Tarife, an Werktagen von 0 bis 7 Uhr. Zwischen 22 und 24 Uhr telefoniert man um 20 % billiger.

Vorwahlen

Nach der Landesvorwahl entfällt die 0 der Ortsnetzvorwahl (bzw. im Falle von Marokko die 0 der früheren Ortsnetzvorwahl, die jetzt Bestandteil der Teilnehmernummer ist).
Marokko: 00212
Deutschland: 0049
Österreich: 0043
Schweiz: 0041

Internet

In technisch zumeist recht gut ausgerüsteten Cyber-Cafés kann man im Internet surfen, E-Mails empfangen oder versenden, manchmal auch Faxe verschicken. Wer sich längere Zeit im Land aufhält und häufig im marokkanischen Netz telefoniert, sollte sich unbedingt eine marokkanische Sim-Karte für sein Handy besorgen, um die oft horrenden Roaming-Gebühren zu sparen.

Medien

Fernsehen und Radio

Die elektronischen Medien unterliegen der staatlichen Aufsicht der Radiodiffusion Télévision Marocain (RTM). Die Deutsche Welle kann man in Marokko auf mehreren Kurzwellenfrequenzen empfangen (u. a. tagsüber 31 m, 9545 kHz, abends auf 49 m, 6075 kHz). Der erste Fernsehkanal sendet täglich um 19.15 Uhr Nachrichten auf Französisch. Das Programm wird überwiegend mit französisch synchronisierten oder französisch untertitelten Spielfilmen bestritten. Beliebt sind neben Fußballübertragungen arabische Familienserien.

Zeitungen und Zeitschriften

Die wichtigsten französischsprachigen marokkanischen Tageszeitungen sind Le Matin du Sahara, Maroc Soir, Al Maghrib, Libération und L'Opinion.

Französische Tageszeitungen und Magazine sind in den größeren Städten (Ausnahme: West-Sahara) erhältlich, englischsprachige Zeitungen nur in den Tourismuszentren. Ebenfalls nur dort liegen deutsche Zeitungen aus. Gut aufgemacht und vergleichsweise kritisch ist das Wochenmagazin Le Temps du Maroc. Jeune Afrique, eine exzellente französische Zeitschrift, ist immer dann in Marokko nicht erhältlich, wenn die Pariser Redaktion wieder mal marokko-kritische Reportagen veröffentlicht hat.

Moscheebesuch

Marokkanische Moscheen dürfen von Nicht-Muslimen nicht betreten werden. Ausnahmen im südlichen Marokko sind die Grabmoschee des Moulay Ismail in Meknes sowie einige nicht mehr benutzte Anlagen.

Notruf

Polizeinotruf: Tel. 19
Ambulanz, Krankentransport: Tel. 15
Gendarmerie Royale: Tel. 177
Unfallhilfe: Tel. 15
Feuerwehr: Tel. 150
Sperrung von Handys, Bank- und Kreditkarten: +49 116 116

Öffnungszeiten

Banken: Mo–Fr 8.30/9–12, 14/14.30–16.30 Uhr. Sa/So in der Regel nur an internationalen Flughäfen und an den Landesgrenzen geöffnet.
Behörden: Mo–Fr 8.30–12, 14.30–16.30 Uhr. In den Sommermonaten wird die Mittagspause länger ausgedehnt, dafür

bleiben offizielle Dienststellen nachmittags oft bis etwa 17.30 Uhr geöffnet.

Geschäfte: Es gibt kein Ladenschlussgesetz, die Öffnungszeiten schwanken erheblich. Geschäfte in der Neustadt sind meist Mo–Fr 9–12, 14.30/15–20/21 Uhr geöffnet, Sa 9–13 Uhr. Die Läden in den Souks legen meist eine längere Mittagspause ein, sind abends dafür bis gegen 22 Uhr geöffnet. Freitags bleiben viele Marktgeschäfte geschlossen.

Museen: Mi–Mo 9–12, 14–18 Uhr (manche schließen früher).

Post: Im Allgemeinen Mo–Fr etwa 8.30–12, 14.30/15–18.30 Uhr, Sa etwa 8.30–12 Uhr. In den größeren Städten sind die Telefonzentralen meist von 8–21 Uhr geöffnet, auch an den Wochenenden.

Während des **Ramadan** gelten stark eingeschränkte Öffnungszeiten.

Polizei

Zu unterscheiden ist zwischen der **Gendarmerie**, die für Verkehrsangelegenheiten zuständig ist, und der **Sûreté**, die Kriminalfälle bearbeitet. Rechnen Sie in Marokko mit häufigen, bisweilen intensiven Polizeikontrollen. Führen Sie bei Fahrten im Land außer den Autopapieren auch den Reisepass mit. Vorsicht bei Radarkontrollen, die oft perfide Radarfallen (bisweilen Attrappen) sind: unbedingt kühlen Kopf bewahren und nach Möglichkeit den Führerschein nicht aus der Hand geben! Häufig wird eine Strafgebühr *(amende)* von 400 DH verlangt, die sofort *cash* zu begleichen ist – lässt sich eventuell herunterhandeln.

Post

Die marokkanischen Postämter heißen PTT (Abkürzung für *Poste, Télégraphe, Téléphone)*. Um lange Postlaufzeiten zu vermeiden, sollte man Sendungen aus Marokko per Luftpost *(par avion)* verschicken. Große Hotels sowie die meisten Tabak- und Schreibwarenläden verkaufen auch Briefmarken *(timbres)*. Die gelben Briefkästen mit der Aufschrift *Postes* sind reichlich vertreten und werden gelegentlich auch geleert. Auf jeden Fall zuverlässiger: Post bei den Hauptpostämtern einwerfen oder aufgeben.

Beliebtes Souvenir: die Babouches

Rauchen

In Marokko gibt es weder in öffentlichen Gebäuden, Supermärkte ausgenommen, noch in Hotels oder Restaurants ein Rauchverbot – dies ließe sich in diesem Land der passionierten Raucher auch kaum durchsetzen. Touristinnen sollten nach Möglichkeit beim Besuch einheimischer Familien auf das Rauchen verzichten. Im Fastenmonat Ramadan sollte man tagsüber in der Öffentlichkeit eher diskret rauchen oder, besser noch, erst gar nicht zur Zigarette greifen. Tabakwaren sind in Marokko zumeist erheblich billiger als in Deutschland. Kioske, die Tabakwaren verkaufen, sind landesweit an einem Schild mit drei blau unterlegten, weißen Ringen zu erkennen.

Reisekasse und Preise

Aus Sicherheitsgründen sollte man möglichst wenig Bargeld mit sich führen. Reiseschecks lassen sich nur in Ausnahmefällen eintauschen, Bank- und Kreditkarten garantieren eine zuverlässige Versorgung mit Bargeld. Es empfiehlt sich, einen geringen Bargeldbetrag in kleineren Noten parat zu haben, um auch an abgelegenen Orten oder an Sonn- und Feiertagen kleinere Summen wechseln zu können.

Wer in einfachen Herbergen nächtigt, mit Bussen unterwegs ist und in den Souks isst, kann mit einem Tagesbudget um 25 € über die Runden kommen. Mit dem doppelten Tagessatz lässt sich recht komfortabel reisen. Übernachtungen in nicht klassifizierten Hotels kosten unter 100 DH, ein einfaches *menu touristique* kostet um 50 DH, für etwa 35 DH kann man 100 km im Sammeltaxi zurücklegen. Wie arg die Reisekasse strapaziert wird, hängt auch davon ab, wie geschickt man handelt.

Reisen mit Handicap

Marokkoreisen sind auch für Behinderte, etwa Rollstuhlfahrer, möglich, müssen aber gründlich vorbereitet und geplant werden. Einige Hotels der Vier- und Fünf-Sterne-Kategorie sind behindertengerecht konzipiert. Die Bereitstellung von Rollstühlen an internationalen Flughäfen muss vorab geklärt werden. Grundsätzlich gilt, dass Behinderten eine herzliche und spontane Hilfsbereitschaft entgegengebracht wird – vermutlich mehr als in der Heimat.

Sicherheit

Verwahren Sie größere Geldbeträge (auch Reisepass und Flugtickets) in einem Brustbeutel oder Geldgürtel. Hantieren Sie in der Öffentlichkeit nicht mit größeren Devisenbeträgen oder Bündeln von Dirham-Hundertern, halten Sie ausreichend Kleingeld in einer separaten Geldbörse bereit. Deponieren Sie Wertsachen in einem Hotel- oder Banksafe und achten Sie auf Taschendiebe im Gedränge der Souk-Gassen und in öffentlichen Verkehrsmitteln.

Bewachte Parkplätze gibt es meist überall dort, wo man als Tourist seinen Wagen abstellt. Autos werden, zumal in den Tourismuszentren, häufig aufgebrochen, für wenige Dirham achten Parkwächter auf die Wagen.

Die Grenzen zwischen Übervorteilung und Betrug sind beim Handeln orientalisch fließend. Es empfiehlt sich, die Preise für alle Arten von Dienstleistungen (etwa ein Sammeltaxi) im Voraus auszuhandeln. Lassen Sie an derartigen Abmachungen nicht mehr rütteln. Viele Fremdenführer (Meister ihres Faches sind die *guides* in Marrakesch) werden versuchen, Sie in Läden zu lotsen und dort unter Kaufdruck zu setzen.

In Marokko ist die Kriminalitätsrate erheblich niedriger als in Westeuropa. Die meisten Konflikte, in die ausländische Reisende verwickelt werden, entstehen im Zusammenhang mit Drogenkriminalität.

Souvenirs

Die spitz zulaufenden Lederpantoffeln, die Babuschen *(babouches)*, Ledertaschen und -koffer, Kaftane und Lampen, Fossilien und Keramik, getriebene Kupferplatten und Holzeinlegearbeiten – dies alles gehört zu den beliebtesten Mitbringseln aus Marokko, wie auch Arganöle, Parfüms, Kosmetika, Silber- und Goldschmuck, Gewürzmischungen, Hennaprodukte, Lederjacken, *djellabahs* (Kapuzenmäntel), eingefärbte Wolldecken oder Holzskulpturen.

In den Souks betört den Reisenden ein unübersehbares, durchaus exotisch anmutendes Warenangebot. Bevor man in größere Kaufverhandlungen einsteigt, sollte man sich in einer Kunsthandwerks-Kooperative *(ensemble artisanal*; Fixpreise!) einen Überblick über die Sparten des marokkanischen Kunsthandwerks – und vor allem über ein leidlich realistisches Preisniveau verschaffen. Auch ein Besuch in einem der riesigen, meist an die Peripherie der Städte ausgelagerten Marjane-Supermärkte ist dabei recht aufschlussreich.

Teppichkauf ist auch in Marokko eine Wissenschaft für sich. Hier muss man sich, bevor man sich auf konkrete Verhandlungen beim Kauf wertvoller Einzelstücke einlässt, unbedingt etwas mit der komplexen Materie vertraut machen (s. Tipp S. 157). Man sollte sich zudem in etlichen Teppichkontoren umtun und den Teppichkauf ans Ende einer Marokkoreise verlegen, wenn man – im besten Fall – die größte Ahnungslosigkeit etwas abgelegt hat.

Sperrzonen

Offiziell gibt es derzeit in Marokko keine militärischen Sperrgebiete. Derartige Regelungen können sich allerdings abrupt ändern. Seit 1994 sind einige Grenzübergänge nach Algerien (Visumpflicht!) geschlossen.

Trinkgeld

In besseren Restaurants sind ca. 10 % des Rechnungsbetrages üblich (Achtung: Häufig empfiehlt sich eine Überprüfung der Rechnung!), in einfachen Restaurants und Cafés sind Trinkgelder unüblich, wenn auch gern gesehen.

Verhalten im Alltag/ Umgangsformen

Vergegenwärtigen Sie sich stets, dass Sie in Marokko Besucher in einem islamischen Land sind, dessen Sitten und Moralvorstellungen von westeuropäischen Gepflogenheiten stark abweichen.

Halten Sie sich in Gesprächen – vor allem, wenn Sie sich mit Unbekannten unterhalten – mit Kritik am Königshaus, an der marokkanischen West-Sahara-Politik sowie an der Religion strikt zurück!

Respektieren Sie in Marokko als Mann die in islamischen Gesellschaften geltende Trennung der Geschlechter. Berücksichtigen Sie – vor allem als Frau – mit Ihrer Kleidung die landesüblichen Moralbegriffe. Während des Ramadan sollten Sie tagsüber in der Öffentlichkeit nicht essen, trinken oder rauchen. Beachten Sie, dass alte Leute besonders respektvoll behandelt werden.

Gut zu wissen ist ferner, dass man für den Umgang mit Behörden außerordentliche Geduld benötigt. Wer in marokkanischen Amtsstuben den arroganten Europäer herauskehrt, wird nicht ans Ziel kommen.

Panorama – Daten, Essays, Hintergründe

Vor dem Wasserbassin des Jardin Menara in Marrakesch

Steckbrief Marokko

Daten und Fakten

Lage: Marokko bildet den Nordwestzipfel des afrikanischen Kontinents. Die Küstenlinie des Mittelmeers markiert die nördliche, die des Atlantik die über 2000 km lange westliche Grenze. Marokko hat gemeinsame Landesgrenzen mit Algerien und mit Mauretanien.

Fläche: 458 730 km^2 (West-Sahara: 252 120 km^2)

Hauptstadt: Rabat (seit 1912), die mit Abstand größte Stadt und wirtschaftliche Kapitale des Landes ist allerdings Casablanca (mit Vororten um die 6 Mio. Einw.).

Einwohner: ca. 34 Mio.

Amtssprache: Arabisch, als Geschäfts- und Bildungssprache ist Französisch von großer Bedeutung, verbreitet sind außerdem zahlreiche Berbersprachen.

Zeitzone: Rabat MEZ – 1 Std., während der europäischen Sommerzeit – 2 Std.

Vorwahl: 00212

Internetkennung: .ma

Währung: Marokkanischer Dirham (DH); 1 DH = 100 Centimes.

Geografie und Natur

Die Oberflächenstruktur des Landes wird durch die Gebirgsriegel des Mittleren Atlas, des Hohen Atlas (der höchste Berg Marokkos ist mit 4165 m der Djebel Toubkal) und des Anti-Atlas bestimmt, die von Nordosten nach Südwesten verlaufen und eine Klima- und Wetterscheide bilden. Im Norden ist das schroff zerklüftete Rif-Gebirge mit seinen Zedernwäldern vorgelagert, die am dichtesten besiedelte und landwirtschaftlich am intensivsten genutzte Region ist die Zentralmeseta. Südlich des Anti-Atlas beginnt die Übergangszone zur Wüste, südöstlich des Hohen

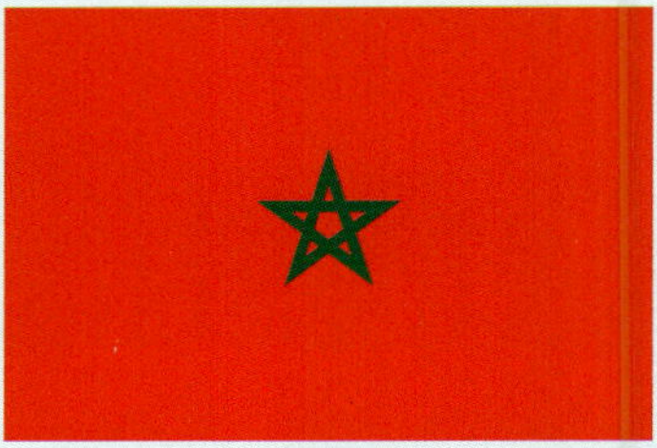

Atlas folgt eine von Oasenketten (Dra- und Dades-Tal, Tafilalet) durchsetzte Halbwüstenlandschaft. Die ostmarokkanische Meseta im Grenzgebiet zu Algerien prägen karge, steppenartige Hochplateaus.

Geschichte und Kultur

In der Antike erfolgte die Besiedlung durch Phönizier, Karthager und Römer. Im 8. Jh. begann die Arabisierung und Islamisierung der ansässigen Berberstämme. Um 788 gründete Idriss I. das erste marokkanische Reich; auf ihn bezieht sich die Tradition der marokkanischen Monarchie bis heute. Die Landesgeschichte ist ganz wesentlich Dynastiengeschichte (Idrissiden, Almoraviden, Almohaden, Meriniden, Saadier); die Alaouiten regieren seit 1667. 1912 wurde Marokko französisches und (in der Nordzone) spanisches Protektorat. Ein verlustreicher, jahrelanger Befreiungskrieg führte 1956 zur Unabhängigkeit.

Als Reaktion auf das im Koran implizierte Verbot einer konkret-realistischen figürlichen Darstellung dominiert in der Kunst eine abstrakte Formensprache, deren wesentliche Elemente die Kalligrafie, die Arabeske und das Ornament sind. Fast alle kunstgeschichtlich bedeutenden Baudenkmäler sind Sakralbauten – ein Indiz für den religiösen Bezugspunkt einer Architektur, die besonders in den Moscheen und Medersas (Koranschulen) einzigartige Zeugnisse künstlerischer Vollendung geschaffen hat.

Staat und Politik

Marokko ist nach seiner Verfassung eine konstitutionelle Monarchie, der König – als Staatsoberhaupt zugleich die höchste politische und religiöse Instanz – genießt zahlreiche dirigistische Vollmachten. Staatsoberhaupt ist seit 1999 König Mohamed VI., der 1963 geborene, älteste Sohn des langjährigen Königs Hassan II. (1961–99).

Seit 1997 agiert ein Zweikammerparlament (Unterhaus und Senat) mit stark eingeschränkten legislativen Befugnissen. Durch die Tumulte im Kontext des Arabischen Frühlings genötigt, zog Mohamed VI. die Wahlen zum Unterhaus um ein Jahr vor: 2011 waren die gemäßigten Islamisten des PJD die unbestrittenen Wahlsieger. 2016 konnte der PJD seinen Vorsprung noch ausbauen; nachdem es Abdelilah Benkirane (PJD), seit 2012 Premierminister, nicht gelang, eine Regierung zu bilden, ernannte Mohamed VI. im März 2017 Saadeddine Othmani (PJD) zum neuen Premierminister.

Die Verfassung garantiert nominell alle bürgerlichen Freiheitsrechte – in der politischen Realität ist Marokko zwischen einer ›gelenkten Demokratie‹ und einer nahezu absolutistischen Monarchie anzusiedeln.

Wirtschaft und Tourismus

Marokko ist bis heute im Wesentlichen ein Agrarland mit wenigen industriellen Kernen, vor allem im Großraum Casablanca/Mohammedia. Dürreperioden, sinkende Weltmarktpreise für Rohstoffe, steigende Kosten für Rohölimporte, eine chronisch defizitäre Handelsbilanz (Außenhandelsdefizit 2016: 18,8 Mrd. US-$), eine hohe, Investitionen hemmende Auslandsverschuldung, hohe Arbeitslosenquoten: Dies sind die zentralen Herausforderungen, mit denen die Volkswirtschaft konfrontiert ist.

Die wichtigsten Erwerbszweige sind eine exportorientierte Landwirtschaft (Gemüse, Obst), Fischerei (Sardinen), Bergbau (Phosphatabbau und -export), verarbeitende Industrie (Textilien, Leder, Chemie, Metall) sowie der Dienstleistungssektor. Das Bruttoinlandsprodukt (BIP) pro Einwohner lag 2016 bei 3004 US-$, für 2018 werden 3368 US-$ geschätzt (Quelle: gtai). 2013 besuchten 10,05 Mio. (die Statistik zählt hier allerdings auch die ›Auslandsmarokkaner‹ mit, die im eigenen Land Urlaub machen) Touristen das Land (2012: 9,37 Mio.), darunter waren 547 000 Deutsche (2012: 485 000).

Bevölkerung, Sprache und Religion

Berber, arabisierte Berber und Araber bilden die Bevölkerung Marokkos. Die größten Berberethnien sind die Chleuh (Sprache: Tachelhait), die Beraber (Sprache: Tamazirht) und die Rif-Kabylen (Sprache: Tarifi).

Der Islam ist Staatsreligion, etwa 95 % der Marokkaner sind sunnitische Muslime der malekitischen Rechtsschule. Daneben gibt es vor allem jüdische und christliche Minderheiten. Unter der Oberfläche des offiziellen Islam haben sich im ganzen Land verschiedene Formen der Volksfrömmigkeit (religiöse Bruderschaften, Reliquienverehrung, Maraboutismus etc.) erhalten.

Geschichte im Überblick

	Prähistorische, phönizisch-karthagische Zeit
ab 2000 v. Chr.	Die Berber besiedeln Nordafrika.
Mitte 5. Jh. v. Chr.	Die Karthager, die historischen Erben des phönizischen Reiches, gründen Handelsniederlassungen an der Atlantikküste.
146 v. Chr.	Zerstörung Karthagos durch die Römer.
	Römische Herrschaft
ab 31 v. Chr.	Augustus gliedert das westliche Nordafrika in das römische Imperium ein.
42 n. Chr.	Aufbau der römischen Provinz Mauretania Tingitana (das heutige Nordmarokko) mit den Hauptorten Tingis (Tanger) und Volubilis.
3. Jh.	Beginn der Christianisierung.
285	Verfall der römischen Provinzialherrschaft.
	Arabische Invasion und Islamisierung
622	Flucht des Propheten Mohammed von Mekka nach Medina (Hedschra). Beginn der islamischen Zeitrechnung.
683–711	Mit den arabischen Eroberungsfeldzügen in Marokko beginnt die Islamisierung der Berber.
	Die Idrissiden
788	Moulay Idriss I., ein Nachkomme des Propheten Mohammed, gründet das erste unabhängige marokkanische Reich.
808	Moulay Idriss II. gründet Fès, die älteste marokkanische Königsstadt. Nach seinem Tod 829 zerfällt das marokkanische Reich.
ab 920	Omajaden, Abbasiden und die tunesischen Fatimiden kämpfen um das Erbe der Idrissiden.
	Die Berberdynastien der Almoraviden, Almohaden und Meriniden
ab 1061	Die aus Mauretanien stammenden Berber des Almoraviden-Ordens gründen das erste marokkanische Großreich. Missionierung im Sinne der asketischen Grundprinzipien des Islam.
1070	Gründung der neuen Hauptstadt Marrakesch.

1140–1147	Eroberung des Almoraviden-Reiches durch die Almohaden. Abd el Moumen lässt Marrakesch zur almohadischen Hauptstadt ausbauen.
1185–1199	Durch die Eroberungen unter Yacoub el Mansour erreicht Marokko die größte Ausdehnung in seiner Geschichte.
ab 1200	Nach der christlichen Rückeroberung Andalusiens fliehen zahlreiche sephardische Juden nach Marokko, eine kulturelle Blütezeit beginnt.
1269	Die Meriniden beherrschen das gesamte Land, Fès wird zur neuen, prächtig ausgebauten Hauptstadt.
um 1400	Spanier und Portugiesen gründen Handelsniederlassungen in Marokko.
	Die Saadier
1548	Mit den Saadiern regiert die erste arabische Dynastie in Marokko. Hauptstadt des Reiches wird wieder Marrakesch.
1578	Die Saadier-Heere besiegen die Portugiesen in Nordmarokko.
1578–1603	Unter Ahmed el Mansour Höhepunkt saadischer Prachtentfaltung, Eroberung Timbuktus (Mali), Blütezeit des Gold- und Sklavenhandels.
	Die Alaouiten
1667	Übernahme der Regentschaft durch die arabischen Alaouiten. Die Dynastie herrscht bis heute.
1672–1727	Unter Moulay Ismail wird Meknes zur neuen Hauptstadt.
1830	Beginn der französischen Besetzung Algeriens.
1873–1894	Sultanat von Moulay Hassan I. Die Konferenz von Madrid (1880) garantiert die Handelsrechte der nach Nordafrika expandierenden Großmächte Frankreich, Spanien und England.
	Die Protektoratszeit
1912	Marokko wird französisches und – im Norden – spanisches Protektorat, Rabat neue Hauptstadt des Landes.
1926/27	Der von Abd el Krim koordinierte Aufstand der berberischen Rif-Kabylen wird von den Protektoratsmächten mit Bomberstaffeln und Giftgas vernichtet.
1927–1961	Sultanat von Mohamed V.

1943 Gründung der Istiqlal-Partei (arab. *istiqlal* = Unabhängigkeit), die zur Keimzelle des nationalen Widerstands gegen die Franzosen wird.

1947 Mohamed V. erklärt sich in Tanger mit den Zielen der Istiqlal solidarisch.

1956 Mit der Unabhängigkeitserklärung der französischen und der spanischen Zone erfolgt die Auflösung der Protektoratsverträge.

Das unabhängige Marokko

1957 Mohamed V. nimmt den Titel eines Königs an, ›Remarokkanisierung‹ des Landes.

1961 Tod Mohameds V., sein ältester Sohn wird als Hassan II. König.

1962 Marokko wird mit der ersten Verfassung konstitutionelle Monarchie.

1963 Marokko ist Gründungsmitglied der Organisation der Afrikanischen Einheit. Grenzgefechte mit Algerien. Wahlen zum ersten Parlament des unabhängigen Landes Marokko.

1971/72 Hassan II. überlebt zwei Putschversuche der Armee. General Mohamed Oufkir, als Rädelsführer angeklagt, soll im Königspalast von Rabat Selbstmord verübt haben. Es folgen schwere Repressalien gegen die politische Opposition.

1975 Mit der ersten Etappe des Grünen Marsches, als Wiederherstellung der territorialen Integrität propagiert, beginnt die Annexion der rohstoffreichen (Phosphat, Uran), ehemals spanischen Kolonie West-Sahara.

1976 Die Unabhängigkeitsbewegung Polisario ruft in Algier die Demokratische Arabische Republik Sahara aus. Seit 1976 kämpfen bis zu 150 000 Mann starke marokkanische Armeeeinheiten in einem verlustreichen und milliardenteuren Krieg gegen Guerilla-Verbände der Polisario.

1988 Plan für einen Waffenstillstand in der West-Sahara. Ein von der UNO (Minurso) überwachtes Referendum in der Region steht bis heute aus.

1990/91 Massendemonstrationen gegen die Irak-Politik Hassans II., der Truppen gegen Saddam Hussein an den Persischen Golf entsendet.

1996 Aufbau eines Zwei-Kammer-Parlamentes (Unterhaus und Senat).

1998 Abderrahmane Youssoufi steht als erster sozialistischer Premierminister einer Mitte-Links-Regierung vor.

Hassan II. mit seinem ältesten Sohn und Nachfolger, Mohamed VI.

1999 Tod Hassans II., sein ältester Sohn wird als Mohamed VI. neuer König.

Marokko unter Mohamed VI.

ab 2000 Politik der *alternance* (Wechsel): Liberalisierung des Familienrechts, neues Parteiengesetz.

2004/05 Nach Vorbild der südafrikanischen Truth Commission versucht Marokko, die Menschenrechtsverletzungen in der Ära Hassan II. aufzuarbeiten.

2009/10 Neues Energiegesetz: Marokko wird Teilnehmer an dem gigantischen Industrieprojekt Desertec (Produktion von Solarstrom aus der Sahara).

2010 Tumulte in der West-Sahara, besonders im Großraum Laayoune.

2011 Im Kontext der arabischen Revolution in Tunesien, Ägypten und Libyen kommt es auch in Marokko zu Massendemonstrationen – und zu mehreren Selbstverbrennungen. Mit Abdelilah Benkirane von der PJD hat Marokko erstmals einen gemäßigt islamistischen Premierminister.

2014 Das Parlament in Rabat kassiert den umstrittenen Artikel 475 des Strafgesetzbuchs, der Vergewaltigern Straffreiheit zusichert – für den Fall, dass das Opfer in eine Heirat mit dem Täter einwilligt!

2016 22. UNO-Weltklimakonferenz tagt in Marrakesch.

2017 Saadeddine Othmani (PJD) wird neuer Premierminister.

2018 In den Medien als Pioniertat gefeiert, als Beweis nationaler Größe inszeniert: Marokkos erster Satellit im Weltall.

Die Wüste – eine Landschaft von barbarischer Schönheit

Die Wüste ist eine Landschaft der Extreme, nicht nur klimatisch. Auch wenn im südlichen Marokko mit dem Etikett Sahara inflationär geworben wird – Marokko ist kein Wüstenstaat. Allerdings locken im Südosten des Landes mehrere große Wüstenareale mit gewaltigen Dünen. Wo, wie im Erg Chebbi, die Wüste zu einer Art Disneyland zugerichtet wird, bestätigt sich eine alte Wahrheit: Dem Faszinosum Wüste begegnet man in der Einsamkeit – oder gar nicht!

Sand in der Nase, Sand zwischen den Zähnen, Sand in den Haaren. Die Sonne von einem grauen Staublicht verdunkelt, über die Plätze wirbeln Fetzen von Zeitungspapier. Dieser feine Flugsand fährt wie Schmirgelpapier über die Haut. Dabei ist das noch völlig harmlos und allenfalls der Vorgeschmack eines wirklichen Sandsturms.

In Mhamid, etwa 90 km südöstlich von Zagora, ist die Welt endgültig zu Ende. Der Ort, noch im 17. Jh. ein wichtiges Karawanenzentrum,

markiert heute den Südrand der Dra-Oasen. Durch die Gassen des trostlosen Marktfleckens fegt der Sand. Vereinzelt streben Gestalten dem Ortsausgang zu – und verlieren sich, kaum haben sie die letzten Gehöfte passiert, in der Einöde. Ein Soldat stapft zielstrebig in die Dünen – unterwegs wohin? Die Grenze zu Algerien verläuft irgendwo dahinten, eine von der französischen Kolonialmacht einst mit dem Lineal gezogene Kartenlinie, nah und unsichtbar. In Mhamid hat es jahrelang nicht geregnet, die Dürreperiode hat zahlreiche Einwohner gezwungen, den Ort ein für allemal zu verlassen. Jetzt ist er vom Einsanden bedroht, nach den Stürmen werden regelmäßig die Gassen freigeschaufelt. An den Rändern dieser gottverlassenen Siedlung nagt die Wüste.

Ein Meer aus Sand

Szenenwechsel zum Erg Chebbi: Die *auberge* ist längst hinter den Dünen verschwunden. Wir stapfen schweren Schrittes die Kammlinie entlang, unbeirrt dem höchsten Punkt entgegen. Gewellt, gekräuselt: Die Dünen bilden jetzt, in der tief stehenden Sonne, dunkle Schattentäler, das Licht ist ein geädertes Violett, ein dunkles Orange. Ein Meer, die Gezeiten aus Sand. Erstarrte Dünung. Die Geräusche sind verebbt, keine Stimmfetzen mehr, es herrscht absolute Lautlosigkeit – bis auf den Wind, der an den Ohren entlangstreicht. Konzentrierte Stille. Die Zeit hat sich aufgelöst. Eine Landschaft aus Leere und Sand, welche die geläufigen Raum- und Zeitwahrnehmungen außer Kraft setzt. Die Wüste – eine Ahnung von erbarmungsloser Unendlichkeit.

Sehr beliebt: Kamelritte für Touristen im Erg Chebbi

Wüstenfeeling zum Pauschalpreis

Frühmorgens, eine Stunde vor Sonnenaufgang, rollen die Landrover aus Erfoud und Rissani an. Auch der Erg Chebbi im Südosten des Tafilalet, das größte Sanddünengebiet Marokkos, ist inzwischen als touristische Attraktion ausgewiesen. Was Reisende mit dem Stichwort Wüste gemeinhin assoziieren, das wird hier im Erg Chebbi zum landschaftlichen Ereignis. Das Nachtblau bleicht allmählich aus, der weit gespannte, schier unvorstellbare Sternenhimmel verliert sein Funkeln. Im Osten beginnt es zu lodern. Die Natur tut ihre Schuldigkeit. Eines steht allerdings fest: Ob Landrover-Exkursion, Kamelausritt, Schnuppern in den Dünen – die Wüste ist längst zum Pauschalpreis zu haben, Erlebniswert inbegriffen.

Die Wüste lebt

Das Tafilalet, das größte zusammenhängende Oasengebiet Marokkos, ist von Austrocknung und Versandung bedroht. Zahlreiche Dörfer sind verlassen, die Dattelpalmen-Kulturen haben in den letzten Jahren schweren Schaden erlitten, die Ära der großen Karawanen nach Timbuktu ist verblichene Legende, die Bevölkerung ist von etwa 100 000 nach dem Zweiten Weltkrieg auf heute etwa 30 000 geschrumpft.

Wo, wie in Merzouga, unter den Dünen eingeschlossene Wasserreservoirs lagern, verwandelt sich die Wüste unvermittelt in einen blühenden Garten Eden. Durch unterirdische, über Schächte zugängliche Kanäle *(foggaras)* geleitet, wird das Leben spendende Grundwasser an der Erdoberfläche in ein weit verzweigtes Grabensystem eingespeist, dessen Rinnen je nach Bedarf geöffnet oder mit Lehm verschlossen werden. Am Rand des Erg Chebbi gibt es in Merzouga eine in Kleinstparzellen angelegte Plantagenwirtschaft, wo unter anderem Peperoni, Möhren, Paprika, Minze, Kartoffeln angebaut werden.

Auserwählt oder verflucht

Auch wenn es zunächst abwegig scheint: Es spricht einiges für jene Überlegungen von Peter Scholl-Latour (»Allah ist mit den Standhaften«, 1983), der die extremen Lebensbedingungen in der Wüste mit dem Geist religiösen Eiferertums, mit dem Ingrimm missionarischer Unbedingtheit in Zusammenhang bringt. In der Wüste, in diesem Extrem an Landschaft und Klima, mag sich der Einzelne sehr wohl von Allah auserwählt oder, je nachdem, verstoßen und verflucht wähnen. Es kann kein Zufall sein, dass der Maraboutismus gerade im Tafilalet kräftige Wurzeln hat, dass der als Heilige verehrte Mahdi Ma el Ainin um die Wende vom 19. zum 20. Jh. die Region unter seine Kontrolle bringen konnte, dass die Propheten-Nachfahren und Begründer der bis heute herrschenden Alaouiten-Dynastie vom Tafilalet aus ansetzten, den Norden Marokkos zu unterwerfen. Allah ist mit den Standhaften, und Standhaftigkeit bewährt sich nirgends so wie in der Wüste.

Unterwegs von Merzouga nach Rissani, auf einer Wüstenpiste, deren Verlauf nur der einheimische Führer kennt, rufen die von kleinen Jungen feilgebotenen Versteinerungen das Unfassbare ins Bewusstsein – dass die Wüste vor Urzeiten einmal ein Meer gewesen ist, ein Meer mit Seegetier und Korallenriffen.

Der West-Sahara-Konflikt

Tausende von Marokkanern waren beim Grünen Marsch dabei

Militärisch ist der Konflikt wohl kaum zu gewinnen, eine politische Lösung, die den völkerrechtlichen Status der von Marokko annektierten West-Sahara-Provinzen definiert, steht immer noch aus. Marokko hat in dem umkämpften Gebiet längst Fakten geschaffen: Nicht de jure, wohl aber de facto ist die West-Sahara heute ein integraler Bestandteil des Landes.

Das umkämpfte Gebiet der West-Sahara, mit 252 120 km^2 etwa so groß wie Zweidrittel Deutschlands und reich an Bodenschätzen (geschätzte Phosphatlager von 10 Mrd. t, Erdölvorkommen, vermutete Uranlager), war bis 1975 spanische Kolonie. Ab den frühen 1970er-Jahren hatte Marokko mit beträchtlichem diplomatischen Aufwand den Nachweis zu führen versucht, dass die West-Sahara, die im 19. Jh. Marokko gegenüber tributpflichtig war, integraler Bestandteil des Landes sei. Ein Urteil des Internationalen Gerichtshofs in Den Haag stellte 1975 allerdings fest, dass sich aus dem einstigen Abhängigkeitsverhältnis keine territorialen Ansprüche ableiten ließen.

Der Grüne Marsch von 1975

Die Marokkanisierung der West-Sahara begann 1975 mit dem Grünen Marsch. 350 000 marokkanische Zivilisten, darunter viele Arme und Arbeitslose, zogen damals in die spanische Kolonie ein. Der Coup, in der marokkanischen Geschichtsschreibung als Friedensmarsch gefeiert, war von langer Hand vorbereitet und logistisch bestens organisiert. Hassan II. rechnete damit, dass Spanien, wenige Wochen vor dem endgültigen Rückzug aus der Kolonie, einen militärischen Eklat zu vermeiden suchte und den letzten verbliebenen Legionären nicht befehlen würde, auf unbewaffnete Zivilisten zu schießen.

Dem Grünen Marsch folgte die militärische Besetzung, die inzwischen in eine kräftezehrende Auseinandersetzung mit der saharouischen Volksbefreiungsarmee Frente Polisario übergegangen ist. Am 29.2.1976 rief die Polisario aus dem algerischen Exil die Demokratische Arabische Republik Sahara (DARS) aus. In einem Geheimabkommen von 1974 bereits vorweggenommen, teilten Marokko und Mauretanien die West-Sahara im April 1976 offiziell unter sich auf. Mauretanien zog sich 1979 aus dem zermürbenden und immer teurer werdenden Konflikt zurück. Noch im gleichen Jahr schloss es einen Friedensvertrag mit der DARS, der den Verzicht auf alle Territorialforderungen festschrieb, und nahm 1984 diplomatische Beziehungen mit dem Nachbarstaat auf. Nach dem Rückzug der mauretanischen Truppen erhob Marokko Anspruch auf die gesamte West-Sahara und marschierte in das Gebiet ein.

Ein Referendum als Phantom

Die einzige Konfliktlösung kann heute nur eine politische sein – militärisch ist der Krieg zwischen der Polisario und der marokkanischen Regierung von keiner Partei zu gewinnen. Ein von UNO und AU seit Jahren angemahntes Referendum, nach dem das saharouische Volk in freier Selbstbestimmung über seine politische Zukunft entscheiden soll, ist bisher vornehmlich an den marokkanischen Vorbedingungen und der Uneinigkeit über die Anzahl der Stimmberechtigten gescheitert. Freilich: Welches Volk sollte auch abstimmen, wo es ein Volk kaum noch gibt, wo Zehntausende saharouischer Flüchtlinge unter elenden Bedingungen in den Auffangcamps um Tindouf hausen, bemüht, ihr Zusammenleben dort nach demokratischen Prinzipien zu organisieren.

Jeder Lösungsentwurf müsste außerdem berücksichtigen, dass der West-Sahara-Konflikt mit innenpolitischen Problemen der marokkanischen Monarchie in Verbindung steht. Mit der Marokkanisierung der West-Sahara hatte Hassan II. in einer für ihn brisanten innenpolitischen Situation das Ideal eines Groß-Marokko formuliert: Ein Ideal, das seinerzeit nicht nur nationale Begeisterung auszulösen vermochte, sondern auch von allen Parlamentsparteien einschließlich der Linken mitgetragen wurde. So gelang es dem König, innere Krisenpotenziale durch die Suggestionskraft eines außenpolitischen Fernziels zu neutralisieren.

Ein Erbe der Kolonialzeit

Auf der pragmatischen Seite bindet der Konflikt große Armeekontingente fernab von den Zentren der politischen Macht. 1971 und 1972 überlebte der König zwei Putschversuche von Teilen der Generalität; 1971 wurde das erst 1970 eingesetzte Parlament aufgelöst, eine Verhaftungswelle rollte über das Land; 1972, nach dem zweiten Attentat, sah sich die Opposition schweren Repressalien ausgesetzt, Todesurteile wurden vollstreckt, eine neue Verfassung trat in Kraft, die Parlamentswahlen wurden abermals verschoben. Auch vor diesem Hintergrund ist die marokkanische

Stimme des saharouischen Volkes – die Polisario

Die Polisario, 1979 in einer UNO-Resolution als einzige rechtmäßige Vertretung des saharouischen Volkes anerkannt, hat in den letzten Jahren mit einigem Erfolg eine Politik der Nadelstiche verfolgt, die den Phosphatabbau um Bou Craa zu blockieren versucht. Der West-Sahara-Konflikt kostet Marokko nach Schätzungen ausländischer Korrespondenten jährlich zwischen 400–600 Mio. US-Dollar, die die hochmodernen Waffensysteme, die Stationierung einer in Krisenzeiten bis zu 150 000 Mann starken Armee sowie der Ausbau eines über 2500 km langen, mit amerikanischen Radarsystemen ausgerüsteten Schutzwalls verschlingen.

Die Übergriffe des marokkanischen Militärs auf Zivilisten, die Massenflucht der saharouischen Bevölkerung vor allem ins algerische Tindouf, die wachsende diplomatische Anerkennung der Polisario (durch inzwischen knapp 100 Nationen; seit 1982 ist die Polisario auch Mitglied der AU), das belastete Verhältnis zum Nachbarland Algerien, das die Polisario unterstützt: All das hat sich für Marokko zu einer schweren Hypothek entwickelt. Mag sein, dass die von der UNO seit Jahren geforderten, 1989 in Marrakesch aufgenommenen Verhandlungen zwischen der marokkanischen Regierung und einer Polisario-Delegation wenigstens einen Hoffnungsschimmer andeuten. Mag auch sein, dass die im gleichen Jahr in Marrakesch unterzeichnete Proklamation der Union des Arabischen Maghreb (Mitgliedsstaaten: Marokko, Mauretanien, Algerien, Tunesien, Libyen) »die Türen geöffnet« hat »für den Beitritt der DARS zu dieser Union, und damit auch für eine Lösung des West-Sahara-Konfliktes ohne Sieger und Besiegte«, wie es Mohamed Abdelaziz, der Generalsekretär der Frente Polisario und Staatspräsident der DARS, zuversichtlich formuliert hat.

West-Sahara-Politik zu sehen. Und so kann es nicht verwundern, dass Mohamed VI. bei den Direktverhandlungen mit der Polisario bisher wenig Kompromissbereitschaft signalisiert. Zwar hat der Monarch mehrfach, vor allem nach Übergriffen marokkanischer Sicherheitskräfte auf die saharouische Zivilbevölkerung, von einem »Autonomiestatut« mit begrenzter finanzieller Selbstverwaltung gesprochen, diese wolkigen Ankündigungen haben am Verhandlungstisch freilich nie zu Konsequenzen geführt. Zudem hat die Veto-Macht Frankreich alle Versuche, die *marocanité* der West-Sahara sowie die Forderungen der Polisario von der UNO prüfen und in bindende Resolutionen fassen zu lassen, regelmäßig zugunsten Marokkos blockiert. Der Status quo der vier West-Sahara-Provinzen verweist bis heute auf ein völkerrechtlich ungelöstes Problem der Kolonialära in Afrika. Somit ist die West-Sahara faktisch heute ein Teil Marokkos – allen Forderungen nach einem Referendum zum Trotz. Wie fragil die Situation trotz der UN-Blauhelm-Präsenz (Minurso) in der West-Sahara tatsächlich ist, zeigte sich wieder im November 2010. Ein von der Polisario an der Peripherie von Laayoune errichtetes Protest-Camp wurde von marokkanischem Militär geräumt und niedergebrannt. Bei den anschließenden Tumulten gab es zahlreiche Todesopfer und Hunderte von Verletzten.

Mohamed VI. – zum Erfolg verurteilt

Von Mohamed V. zu Kronprinz Hassan III.: vier Generationen marokkanischer Royals

Als ältester Sohn Hassans II. hat Mohamed VI. 1999 ein extrem schwieriges politisches Erbe übernommen. Der 18. regierende Monarch der Alaouiten-Dynastie, als »König der Armen« gefeiert und von der Jugend statt mit schüchterner Ehrerbietung eher mit burschikoser Begeisterung »M 6« tituliert, wurde wie eine Pop-Ikone vergöttert. Nach fast 40 Jahren ›Hassanismus‹ schien ein Regent endlich eine Politik der Alternance (Wechsel) umsetzen zu wollen. Längst ist die Euphorie verflogen, inzwischen ist in der Öffentlichkeit Ernüchterung eingekehrt, wenn nicht Verbitterung.

Es ist heikel genug, die marokkanische Monarchie in ihrer Gleichzeitigkeit des Ungleichzeitigen zu analysieren, in ihrer singulären Mischung aus Feudalismus und Moderne, Gottesgnadentum und Parlamentarismus, Absolutismus und Parteienvielfalt, höfischem Zeremoniell und demokratischer Öffentlichkeit. Artikel 23 der marokkanischen Verfassung verkündet lapidar: »Die Person des Königs ist heilig und unverletzlich«, nach Artikel 28 sind die königlichen Dekrete (arab. *dahir*, in der frz. Übersetzung ist von *messages* die Rede) an das Parlament und die Nation jeder öffentlichen Debatte entzogen; nach Artikel 101 gilt die monarchische Staatsform für alle Zukunft – ein Königreich für immer. Marokkos König ist Staatsoberhaupt und – als Nachfahre des Propheten – höchste religiöse Instanz in einer Person. Alle königliche Politik lässt sich somit in einem geradezu heilsgeschichtlichen Kontext inszenieren, alle politische Kritik an der

Person des Monarchen lässt sich als ein Akt von quasi Blasphemie kassieren und juristisch verfolgen.

Schon weil in der absoluten Machtfülle des Führers der Gläubigen (arab. *amir al mouminin)* die Grundzüge der Gewaltenteilung außer Kraft gesetzt sind, ist Marokko alles andere als eine konstitutionelle Monarchie – ebenso wenig wie eine Monarchie etwa nach englischem oder spanischem Vorbild, in der das Staatsoberhaupt als Repräsentationsinstanz agiert. Mohamed VI. ernennt alle Schlüsselministerien (Inneres, Äußeres, Justiz, Verteidigung, Islamische Angelegenheiten) am Parlament vorbei. Undenkbar, dass eine parlamentarische Gesetzesinitiative das Veto des Monarchen passieren könnte. »M 6« ist zudem der wichtigste Unternehmer und mächtigste Großgrundbesitzer des Landes, ganze Branchen der Nationalökonomie (Phosphat- und Agrarwirtschaft, Schwerindustrie und Medienunternehmen, Transport- und Minengesellschaften, Banken und Immobilienfirmen, nicht zuletzt die Börse in Casablanca) werden direkt durch den *makhzen* (Regierung, königliche Zentralgewalt) oder indirekt über den Holdingverbund Omnium Nord Africain (ONA, 1980 von Hassan II. erworben) monopolisiert und damit jedem Wettbewerb entzogen. Das Wirtschaftsmagazin Forbes schätzte das Privatvermögen Mohameds VI. zuletzt auf rund 2 Mrd. €!

»M 6« – ein Reformpolitiker?

Für eine fundierte, erste Bilanz der Regentschaft von »M 6« ist es womöglich noch zu früh, dennoch lassen sich einige Trends ausmachen. Jede Bilanz der politischen Reformprojekte hat zu berücksichtigen, dass eine echte *alternance* im Sinne einer entschiedenen Demokratisierung die Grundfesten der als ›Hassanismus‹ staatsrechtlich verknöcherten, absoluten Monarchie aufgeben müsste. Zugespitzt formuliert: Um als Reformpolitiker zu bestehen, müsste »M 6« in letzter Konsequenz abdanken.

Wenn nicht alles täuscht, sind die großen, von Mohamed VI. lancierten Reformprojekte der *alternance*-Epoche eher pseudodemokratische Manöver als entschlossene Ouvertüren zu einem echten politischen Strukturwandel. Das seit 2002/03 radikal liberalisierte Familienrecht sieht in Fragen der Polygamie, des Scheidungs-, Sorge- und Unterhaltsrechts zwar eine erhebliche Verbesserung weiblicher Rechtspositionen vor, im juristischen Alltag ist dieses gut gemeinte Projekt freilich noch längst nicht angekommen – schon deshalb, weil es kaum Familienrichterinnen gibt.

Auch der Versuch, die vielen Menschenrechtsverletzungen in der Ära Hassan II. aufzuarbeiten (etwa die unvorstellbaren Gräuel im Konzentrationslager Tazmamart im Mittleren Atlas), hat sich als zweifelhafte Unternehmung erwiesen. Zwar wurde nach dem Vorbild der südafrikanischen Truth Commission 2004 eine Enquete-Kommission eingesetzt – solange die Namen von Folterern aber nicht veröffentlicht werden dürfen und solange die Opfer mit geringen Entschädigungen abgespeist werden, ohne strafrechtliche Verfahren einleiten zu können, lässt sich kaum von einer Aufarbeitung der Geschichte sprechen. Symbolpolitik wird letztlich auch mit dem Parteiengesetz von 2005 betrieben, das die interne Organisation der politischen Parteien reformiert, diese Parteien als ›Systemparteien‹ aber gleichzeitig zur Manövriermasse des *makhzen* stempelt.

Eine Opposition von des Königs Gnaden

Ein Schulbeispiel, wie der Monarch in die Parteienlandschaft hineinregiert, waren die Kommunalwahlen vom Juni 2009. Erst 2008 auf Geheiß von Mohamed VI. gegründet, war der von Fouad Ali al Himma – früherer Schulfreund und Kabinettschef von »M 6« – geführte *Parti Authenticité et Modernité* (PAM, ein bemerkenswerter Parteienname!) mit 18,7 % der Stimmen der große Gewinner der Gemeinderatswahlen. Zwei Wochen vor der Wahl hatte sich der PAM flugs zur Oppositionspartei erklärt, um sowohl die nationalkonservativen Kräfte der Istiqlal-Partei von Premierminister Abbas el Fassi als auch die gemäßigten Islamisten der *Parti de la Justice et du Développement* (PJD) in Schach zu halten. Die Rechnung ging auf: So lässt Seine Majestät im Land nach seinem Gusto Demokratie spielen, selbst die Opposition ist eine Opposition von des Königs Gnaden.

Von dem einst angekündigten Autonomiestatut der vier West-Sahara-Provinzen will Mohamed VI. offenbar nichts mehr wissen, die Pressezensur gegen regimekritische Blätter wie Al Massae, Demain, Tel Quel, Nichane, Akhbar Al Youm, Journal Hebdo oder Al Michaal hat seit 2008/09 unverkennbar zugenommen, nach den Anschlägen in Casablanca 2003 und in Marrakesch 2011 hat sich die innenpolitische Repression drastisch verschärft, von einer wirkungsvollen Bekämpfung von Korruption, Arbeitslosigkeit und Analphabetentum sind Monarch wie Regierung weit entfernt.

Mohamed VI. wird im Zeitalter der Globalisierung langfristig nur bestehen können, wenn er die – freilich herkulische – Aufgabe meistert, die Gewichte zwischen Monarchie, Politik und Islam neu auszutarieren. Nicht nur die islamistischen Kräfte um den charismatischen Scheich Abdessalam Yassine (1928–2012) fragen seit Langem, ob sich Marokko auf Dauer eine milliardenteure Monarchie (die jährliche staatliche Apanage für Mohamed VI. beträgt 250 Mio. €) leisten kann, die eine wirkliche Demokratisierung konsequent blockiert. So wird es darauf ankommen, wie viel an *alternance* Mohamed VI. wagen kann, was er seinem Volk zuzumuten gedenkt und welche Politik er gegenüber den in fast 40 Jahren ›Hassanismus‹ erprobten konservativen Machtkartellen in Armee, Verwaltung und Regierungsapparat durchsetzen kann. Ein neuer Herrschaftsstil vermag keine neue Politik zu ersetzen – und genau daran mangelt es in Marokko. Der Machtkampf in der Arena der Politik hat womöglich gerade erst begonnen.

Lesetipps

Ali Amar: Mohamed VI – Le grand malentendu. Paris 2009. Calmann-Levy. Der bekannte regimekritische marokkanische Journalist skizziert eine vernichtende Bilanz des ersten Jahrzehnts der Regentschaft von Mohamed VI.

Pierre Vermeren: Le Maroc de Mohamed VI. La transition inachevée. Paris 2009. La Découverte. Vermeren (französischer Historiker und Maghreb-Spezialist) würdigt die Reformen von Mohamed VI. im Familienrecht und im Wirtschaftsleben, überführt die Reformbemühungen Seiner Majestät aber insgesamt als unvollendetes Projekt.

Divide et impera – der ›Löwe des Atlas‹

Die Ruinen der ehemaligen Residenz von El Glaoui in Telouet

Zwischen 1912 und 1955 beherrschte er den Süden Marokkos als souveräner Regent – der Berberfürst El Glaoui, historischer Gegenspieler von Sultan Mohamed V. Seine autonome Machtstellung verdankte er einem bedenkenlosen Paktieren mit den politischen und militärischen Repräsentanten des französischen Protektorats. Teilen und Herrschen – diese zynische Maxime der Protektoratsverwaltung zielte auf eine Politik, die die Macht des Sultans pulverisierte und bedenkenlos auf die Komplizenschaft von Emporkömmlingen setzte.

Wer hier residiert, dem liegt das Land zu Füßen. Der Blick durch die schmiedeeisernen Fenstergitter schweift kilometerweit, über die Hochebene, die Karsthänge, die Schneegipfel der Dreitausender im Hohen Atlas. Ein überwältigendes Panorama. Ein Blick in die Ferne, der Proportionen zurechtrückt. Wer hier residiert, auf hoher Warte, hat Überblick, ist bemüht, alle kleinlichen Händel anderen zu überlassen. Die bröckelnden Fassaden, die verfallenden Außenmauern lassen den Prunk im Innern kaum vermuten. Weißer Carrara-Marmor, Kachelmosaiken, Wandfriese, Gipsstukkaturen, geschnitzte Flügeltüren, arabeskengeschmückte Holzdecken. Wer hier residierte, beschäftigte Spezialisten ihres Faches. Telouet, etwa 20 km östlich des Tizi n'Tichka, liegt in 1800 m Höhe. Telouet verfällt, die Residenz ist verwaist, der Hausherr ist Legende. Von hier aus beherrschten die mächtigen *caids*, die Stammesfürsten der Glaoua, das Land, im Norden bis Marrakesch, im Süden bis in die Region des heutigen

Ouarzazate. Von hier aus kontrollierten sie den ›Weidepass‹, den 2260 m hoch gelegenen Tizi n'Tichka, die wichtigste Nord-Süd-Verbindung im Hohen Atlas. Von hier aus trieben sie Steuern ein, erhoben Abgaben, führten Kriege gegen die rebellischen Stämme des Südens und unterjochten die sesshaften Bauern des Umlands. Die zinnenbewehrte Kasbah von Telouet, ein Mahnmal der Despotie, beherbergte noch bis in die frühen 1950er-Jahre einen fürstlichen Hofstaat von annähernd 1000 Personen. Ein kühler Hauch weht heute durch das in Ruinen liegende Gemäuer.

Ein beiderseitiger Pakt

Pascha von Marrakesch, Sultan des Südens, Löwe des Atlas – die Beinamen lassen Rang und Macht des legendären El Glaoui ahnen, der den Süden Marokkos zwischen 1912 und 1955 als souveräner Regent beherrschte. 1875 geboren, gehörte Thami Ben Mohamed el Mezouari Glaoui beim Abschluss der Protektoratsverträge zwischen Marokko, Frankreich und Spanien zu den ersten, die mit der Besatzungsmacht kollaborierten. Von den Franzosen zum Pascha von Marrakesch ernannt und mit weit reichenden, vor allem wirtschaftlichen Privilegien ausgestattet, stellte El Glaoui im Gegenzug den französischen Kolonialherren seine Berberheere für jene blutigen Feldzüge zur Verfügung, die die Geschichtsschreibung der Sieger seit jeher Befriedung nennt und die auch in Marokko jahrzehntelang das genaue Gegenteil waren. So kämpften Berbertruppen Seite an Seite mit französischen Legionären gegen die Rebellen in den Städten und gegen die aufrührerischen Stämme des Vorsahara-Gebiets. Ein Pakt, der sich für beide Seiten auszahlte. Die Franzosen verpflichteten sich einen willfährigen Helfer und sorgten ihrerseits dafür, dass die Einheimischen untereinander zerstritten blieben. El Glaoui, anders als der Sultan in Rabat ein wahrhaft autonomer Potentat, ernannte im Süden Marokkos Beamte und Minister, zog Steuern ein, vergab Schürfrechte für Phosphat und Eisenerz, verteilte Grund und Boden und diktierte die Handelskonditionen. Anders als der legendäre Rif-Kabylen-Führer Abd el Krim, der im Norden die Spanier von 1921 bis 1927 in einen verlustreichen Stellungskrieg verwickelte, der eine selbstständige Rif-Republik proklamierte und drauf und dran war, den Spaniern eine vernichtende militärische Niederlage beizubringen – anders als Abd el Krim versuchte El Glaoui ohne jeden Skrupel, seine Machtstellung durch die Komplizenschaft mit den Protektoratsherren zu sichern und auszubauen.

Schicksal eines Kollaborateurs

Das Scheitern des 1930 von den Franzosen erlassenen und 1934 wieder kassierten Berberediktes, nach dem das islamische Recht der Scharia durch das Gewohnheitsrecht der Berberstämme ersetzt werden sollte, war ein erstes Indiz dafür, dass der in den 1930er-Jahren erstarkende marokkanische Nationalismus neue, politische Organisationsformen suchte. Träger dieser Widerstandsbewegung waren weniger die einzelnen Stämme, sondern landesweite Zusammenschlüsse – eine Tendenz, die schließlich 1943 in der Gründung der Istiqlal-Partei gipfelte, dem Sammelbecken des bürgerlichen Nationalismus. Die Partei fand in Mohamed V. eine Integrationsfigur, als sich der Sultan 1947 in einer Rede in Tanger mit den Zielen der Istiqlal (Unabhängigkeit) solidarisch erklärte.

El Glaoui, inzwischen ein Patriarch hoch in den Siebzigern, hat diese Zeitströmungen in ihrer Sogwirkung kaum richtig einschätzen können. 1952 bemühte er sich vergeblich, den von den marokkanischen Gewerkschaften als Reaktion auf die Ermordung des tunesischen Gewerkschaftsführers Ferhad Hachet ausgerufenen Generalstreik zu unterminieren. 1953 wurde auf Betreiben El Glaouis Ben Arafa zum Gegensultan ernannt. Am 20. August desselben Jahres schickten die Franzosen Mohamed V., nun vollends ein nationaler Märtyrer, ins Exil, zuerst nach Korsika, dann nach Madagaskar. Der Aufruhr im Land entwickelte sich schnell zu einem Flächenbrand, dessen das französische Militär nicht mehr Herr wurde. Als Mohamed V. 1955, emphatisch gefeiert, als Triumphator und nationaler ›Befreier‹ aus dem Exil zurückkehrte, war der Zusammenbruch der Protektoratsherrschaft und damit auch das Schicksal El Glaouis besiegelt. In Paris warf sich der greise Berberfürst dem Sultan zu Füßen und erflehte dessen Verzeihung – eine hoch dramatische Szene und eine Demütigung, die El Glaoui nur um wenige Monate überlebte. Das märchenhafte Vermögen der Sippe wurde vom Staat konfisziert, die Erinnerung an El Glaoui aus der offiziellen Geschichtsschreibung getilgt.

Eine ›barocke‹ Figur

Gäbe es Vergleichbares in der marokkanischen Epochengeschichte, man könnte ihn eine barocke Figur nennen. Prunkvoll seine Hofhaltung, legendär seine Feste, autokratisch-herablassend sein Gebaren. Ein Potentat, der noch Leibeigene und Sklaven hielt; ein Machtmensch, um den herum nur Subalterne denkbar waren. Er hinterließ tiefe Spuren in der Geschichte Marokkos. Als Despot und machtgieriger Kollaborateur wird er von offizieller Seite totgeschwiegen – und ragt gerade deshalb weit in die marokkanische Gegenwart hinein.

Französisches Protektorat

Seit dem Inkrafttreten der Protektoratsverträge 1912 baute die französische Kolonialisierung Marokkos auf ein System des *divide et impera:* ein in seinen Konsequenzen perfides System. Durch das Paktieren mit einflussreichen, machtgierigen Kollaborateuren gelang es den Franzosen über Jahrzehnte, sowohl die Souveränität einer politischen Zentralgewalt – in Marokko das Sultanat – einzuschränken als auch den Aufbau eines vereinten nationalen Widerstandes zu verhindern, der in der Lage gewesen wäre, gegen die Kolonialmacht aufzubegehren. Ob El Glaoui als Prototyp des Kollaborateurs gelten kann, lässt sich kaum entscheiden – schon deshalb, weil es pure Spekulation ist, ob er überhaupt in derartigen Kategorien dachte. Der Feind meines Feindes ist mein Freund: Nach dieser Devise hat El Glaoui offenbar stets gehandelt, in durchaus bemerkenswerter Skrupellosigkeit. Es ist zu vermuten, dass er sich zuerst und vor allem als Berber gesehen hat – und nicht als Marokkaner. So war er für die französischen Kolonialherren ein idealer Komplize.

Wer hier in Telouet residierte, schaute auf alle und alles herab. Was Wunder, dass El Glaoui den einzigen Kniefall seines Lebens nie verwand.

Die Epoche der Meriniden-Sultane im späten Mittelalter markiert in Marokko eine einzigartige Hoch-Zeit von Kultur und Wissenschaft. Vor diesem Hintergrund erlebten die muslimischen Forschungsreisenden Europa mit seinem – gemessen an den zeitgenössischen Errungenschaften der islamischen Kultur – dürftigen Standard städtischer Zivilisation als eine Art Dritte Welt. Heute sind etliche Staaten der islamischen Kulturwelt mit dem Stigma eines ›Entwicklungslandes‹ behaftet. Offenbar hat die Blütezeit des maurischen Mittelalters in der Moderne keine historische Fortsetzung gefunden.

Hoch-Zeit von Kultur und Wissenschaft

Die in der arabisch-islamischen Welt des 13. und 14. Jh. selbstverständlichen Angebote einer hoch entwickelten städtischen Infrastruktur – Bäderkultur und Lebensmittelhygiene, Krankenhauswesen und Schulunterricht – waren im Europa jener Zeit nahezu unbekannt. Was für abendländische Touristen heute etliche islamische Staaten sind, dies war für maurische Reisende des Mittelalters der europäische Norden: eine Art Dritte Welt.

Maurisches Mittelalter

Die muslimischen Kaufleute und Forschungsreisenden, die im Mittelalter Europa besuchten, waren entsetzt – und dies aus gutem Grund. In ihren Reiseprotokollen beschrieben sie den Standard städtischer Zivilisation in Europa als das, was er in ihren Augen nun einmal war: eine einzige Katastrophe. Erschüttert über den Schmutz, die Unwissenheit, die Barbarei in den christlichen Ländern des Nordens, wähnten sie sich ein ums andere Mal am Ende der Welt. Diese Reiseberichte lesen sich heute wie frühe Dokumentationen eines Kulturschocks.

Der Innenhof der Medersa Bou Inania in Fès veranschaulicht eindrucksvoll die kulturelle Blüte der Meriniden-Zeit

Im Marokko der Meriniden-Dynastie, vornehmlich im späten 13. und 14. Jh., erlebten Wissenschaft, Literatur, Philosophie und Architektur eine kulturelle Hoch-Zeit wie nie zuvor – und niemals danach. Diese Ära war, mit einigen zeitlichen Verschiebungen in anderen arabischen Ländern, eine Blütezeit der islamischen Kultur. Sie war eine Epoche der Erfindungen und Entdeckungen, der exakten Naturwissenschaften, der experimentellen Forschung, der logischen Abstraktion. Die Erfindung von Dezimalsystem und Logarithmus fiel in diese Zeit, die Entwicklung einer medizinischen Diagnostik, die Entdeckung des Blutkreislaufs, die Hypothese einer heliozentrischen Weltordnung (die Kopernikus 200 Jahre später wieder aufgreifen sollte) und (lange vor Charles Darwin) die These einer durch Anpassung und Selektion gesteuerten Entwicklung der Arten.

Die Reiseberichte des Ibn Batouta (14. Jh.) gehören bis heute zu den Standardwerken des Genres, und die Aristoteles-Kommentare des Marokkaners Averroes (12. Jh.) übten einen gewaltigen Einfluss auf die abendländische Aristoteles-Rezeption, ja auf die abendländische Philosophie überhaupt aus. Die Araber dieses maurischen Mittelalters kannten den bargeldlosen Zahlungsverkehr ebenso wie die Ortsbestimmung durch Sextanten, die Herstellung von Papier war ihnen ebenso geläufig wie die Mixtur des Schwarzpulvers.

Universalgenie und gläubiger Materialist

Zu den vielleicht revolutionärsten Neuerungen des 14. Jh. gehört freilich das Konzept einer rationalen, das heißt politologisch sowie sozial- und wirtschaftswissenschaftlich orientierten Universalgeschichte, das der geniale Jurist, Diplomat, Poet, Mathematiker, Verwaltungsspezialist und Historiker Ibn Khaldoun (1332–1406) entwickelte. Knapp 500 Jahre vor Karl Marx postulierte Ibn Khaldoun die Dialektik von Basis und Überbau, beschrieb er, am Beispiel der in den arabischen Städten des Maghreb etablierten Wirtschaftsstrukturen, die Besitzverhältnisse an den Produktivkräften sowie den im Arbeitsleben erwirtschafteten Mehrwert als Faktoren, die den historischen Prozess steuern. Als Rationalist führte Ibn Khaldoun das Gestrüpp historischer Zufälligkeiten auf einleuchtende Kausalzusammenhänge zurück. Als gläubiger Muslim begründete er die Mechanismen der historischen Gezeiten mit dem allmächtigen Wirken Allahs.

Das Spannungsverhältnis zwischen Sesshaftigkeit und Nomadentum thematisierte Ibn Khaldoun als erster Geschichtsschreiber als ein Phänomen der islamischen Kultur. Er formulierte als historisches (Bewegungs-)Gesetz, was die Geschichte Marokkos in der Tat jahrhundertelang geprägt hat: die Ablösung einer in dynastischer Erbfolge geregelten Zentralregierung durch unabhängige, kriegerische Nomadenstämme, die von außen eindringen, die Macht der Metropolen brechen, sich in den Städten ansiedeln und beginnen, ihrerseits eine neue Dynastie, eine neue Zentralregierung zu errichten. Die Blüte städtischer Kultur – Ibn Khaldoun hatte dies am Meriniden-Hof in Fès aus nächster Nähe erfahren – treibt die Keime ihrer Zersetzung aus sich selbst hervor.

Im geschichtsphilosophischen Konzept des Ibn Khaldoun, das die Heilsgewissheit aufgrund göttlicher Vorsehung mit den materialistischen Bedingungen geschichtlichen Seins verbindet, sind die Nomaden die Träger eines historischen Fortschritts, der durchaus skeptisch begriffen wird. Sie sind es so lange, bis sie – selbst sesshaft geworden – in den Städten ihre Macht zu konservieren suchen, die sie nach dem Gesetz der Geschichte wieder an eine aus der Wüste hereinbrechende Sippe verlieren, die ihrerseits nur eine Etappe im Prozess der Geschichte sein wird. Dass die Dialektik von Sesshaftigkeit und Nomadentum, von Statik und Dynamik, von bodenständigen Ackerbauern und vagabundierenden Viehzüchtern ein Ferment afrikanischer Kulturen ist, hat in der Moderne besonders Bruce Chatwin mit seinem Buch »Traumpfade« eindrucksvoll nachgewiesen.

Ruf nach Aufklärung und Emanzipation

Man mag sich fragen, warum die kulturellen Errungenschaften des maurischen Mittelalters in der Gegenwart kaum Fortsetzungen gefunden haben, ja warum mehrere Staaten der islamischen Kulturwelt heute mit dem Stigma des Entwicklungslandes behaftet sind. Das Schicksal der Kolonialisierung allein ist kein Grund, der die Misere eines Dritte-Welt-Landes hinreichend erklärt. Womöglich führt ein Gedanke weiter, der die Entwicklung des Islam selbst in den Blick nimmt. Immerhin kennt der Islam keine der europäischen Aufklärung verwandte oder auch nur vergleichbare geistesgeschichtliche Revolution, keine derart radikale Neuorientierung und auch nichts von dem, was sie im Europa des 18. und 19. Jh. an emanzipatorischem Aufruhr zu entfesseln vermochte. Es gibt kein ›1789‹ in der islamischen Welt.

Die Gefahren, die dem Islam heute vornehmlich drohen – doktrinäre Erstarrung und die politisch-ideologische Willkür fundamentalistischer ›Revolutionsführer‹ –, gewinnen aus diesem Blickwinkel eine ganz eigene Dimension. Vorsichtig formuliert: Im Geistesleben der islamischen Staaten, in denen das Religiöse ein Politikum ersten Ranges und umgekehrt politisches Handeln religiös motiviert ist, fehlt jene aufklärerisch-demokratische Tradition, die für das moderne Europa konstituierend geworden ist.

Doch in den Revolutionen und Umbrüchen, die im Frühjahr 2011 den gesamten Maghreb – auch Marokko – und den Nahen Osten erschüttert haben, rumort ein Aufbegehren, das ein ›1789‹ in der islamischen Welt womöglich vorbereitet. Echte Gewaltenteilung, faire Wahlen, Teilhabe an politischen Prozessen, demokratische Öffentlichkeit, Stärkung der Parlamente und der Legislative, das Kassieren dirigistischer Vollmachten: Was hier an politischen Forderungen eingeklagt wird – gerade von der arabischen Jugend, gerade von Frauen – macht Front gegen jene verordnete Unmündigkeit, die auch im Europa des 18. und 19. Jh. den Protest auf die Barrikaden trieb.

Mein Tipp

Die Medersa – Einblicke in die islamische Welt
Mit Ausnahme der Moschee Hassan II. in Casablanca, des Mausoleums von Mohamed V. in Rabat und des Mausoleums von Moulay Ismail in Meknes sind die marokkanischen Sakralbauten für Nicht-Muslime tabu. Um dennoch eine konkrete Vorstellung von der formvollendeten Architektur gerade der Meriniden-Zeit zu gewinnen, sollte man eine der prächtigen Medersen (Koranschule und theologische Lehranstalt) besichtigen, etwa die Medersa Bou Inania in Meknes (s. S. 125), die nach demselben Meriniden-Sultan Abou Inan benannte Medersa Bou Inania in Fès (s. S. 146) oder die Medersa Ben Youssef in Marrakesch (s. Entdeckungstour S. 174).

Moulay Ismail – von der Logistik des Krieges

Wohl keine Stadt Marokkos ist derart von einer einzigen Herrscherpersönlichkeit geprägt, ja eigentlich erst geschaffen worden, wie die Königsstadt Meknes durch den zweiten Alaouiten-Sultan Moulay Ismail. Das riesige Gelände der Ville Impériale ist ein Architektur gewordenes Mahnmal absoluter Machtvollkommenheit und zeigt steinerne Insignien der Despotie. Moulay Ismails Regentschaft illustriert eine orientalische Variante des Absolutismus, in dem sich die Armee als eigenständiger Machtfaktor zu behaupten beginnt.

Eine Figur, die überlebensgroß die Epoche der frühen Neuzeit beherrscht: Moulay Ismail, der zweite Sultan aus der Alaouiten-Dynastie, wurde immer wieder mit seinem Zeitgenossen Ludwig XIV. verglichen. Wie der französische Sonnenkönig hat Moulay Ismail ungewöhnlich lange regiert (55 Jahre, 1672–1727), er hat gegenüber den zentrifugalen Kräften in seinem zersplitterten Reich (aufrührerische Berber-Nomaden, selbständige Korsaren-Stadtstaaten, religiöse Bruderschaften) die Gewalt einer neuen politischen Zentrale (Meknes) durchgesetzt, er hat ein riesiges, 150 000 Mann zählendes,

Heute noch imposant: die Mauern der Ville Impériale in Meknes

stehendes Heer zwangsrekrutiert – und er hat ein durchaus absolutistisches Hofzeremoniell sowie eine geradezu gigantomanische, monumentale Palastarchitektur als Zeichen selbstherrlicher Souveränität inszeniert. »L'état, c'est moi« (Der Staat, das bin ich) – der Ludwig XIV. zugeschriebene Ausspruch kennzeichnet auch das Selbstverständnis dieses Jahrhundert-Sultans, der außer Allah keine Instanzen neben oder über sich duldete, denen er zur Rechenschaft verpflichtet war.

Der Inbegriff des Unvorstellbaren

Er gehört zu jenen Gestalten der Geschichte, die sich, obschon oder gerade weil quellenmäßig verbürgt, jeder historischen Rekonstruktion kategorisch entziehen. Moulay Ismail ist der Protagonist einer tumultuösen Epoche, vor dem jede Vorstellungskraft zu versagen hat. Selbst wenn man versucht, das Fransenwerk der Legenden beiseite zu räumen – die Quellen ermöglichen keine Perspektive auf einen Menschen, mit dem sich der nachgeborene Chronist vertraut machen könnte. Die Person wird auch in den Rastern des gemeinen Verstehenwollens als historische Vorstellung nicht fassbar.

Oder wie soll man sich einen Regenten vorstellen, der mit offenkundiger Liebe zum Detail grausige Folter-Reglements aufstellte und der, wenn man den Quellen Glauben schenken kann, höchstselbst Tausende seiner Untertanen völlig willkürlich mit einem Schwertstreich zum Tode beförderte? Wie hat man sich einen Mann vorzustellen, der sich an die 500 Haremsdamen hielt und der Vater von um die 700 Söhnen gewesen sein soll? Wie einen Militärstrategen, der sein Heer durch regelrechte Zuchtanstalten (Haras-Gestüte) aufstocken ließ – 10 000 Sklavinnen aus dem Senegal soll Moulay Ismail eigens für diesen Zweck von arabischen Sklavenhändlern erworben haben. Wie einen Baumeister, der 30 000 bis 60 000 Sklaven dazu verurteilte, in der Ville Impériale der neuen Hauptstadt Meknes die gigantischen steinernen Insignien absoluter Machtvollkommenheit zu errichten? Wie einen Despoten, der seine Untertanen bis aufs Blut auspresste, der exorbitant hohe Steuersätze erhob – und sie, dank eines barbarischen Eintreibungssystems, zumeist auch erhielt?

Moulay Ismail muss einen ausgeprägten Instinkt für Bedrohung gehabt haben. Seine Militärarchitektur, die Speicherstadt von Meknes eingeschlossen (in ihr spiegelt sich das Trauma des Belagertwerdens), spricht dazu eine beredte Sprache. Er hat, auch darin mit Ludwig XIV. vergleichbar, das Land mit einem Netz von Festungen überzogen. Er schuf sich mit seinem riesigem Heer ein gewaltiges Machtinstrument, das er offenkundig zu disziplinieren verstand. Moulay Ismail, militärisch außerordentlich erfolgreich, bot dem Ansturm der Türken an der Ostgrenze seines Reiches Paroli. Er entriss den Engländern Tanger und den Spaniern Larache. Er pflegte diplomatische Kontakte zum französischen Hof in Versailles – 1699 empfing Ludwig XIV. eine Gesandtschaft des marokkanischen Sultans.

Primat des Militärischen

Die Ära Moulay Ismails markiert jene Epoche, in der sich die Armee als eigenständiger Machtfaktor zu etablieren beginnt, in der sich der Primat des Militärischen in der Politik wie im ökonomischen System ausdrückt. Kaum ein Sultan hat jemals so viel Macht besessen wie Moulay Ismail, von kaum einer Hauptstadt ist eine derart straffe Zentralgewalt ausgegangen wie von Meknes. Freilich erwies sich die Einheit des Reiches schon unmittelbar nach Moulay Ismails Tod als Phantom: Marokko versank nach 1727 in entsetzlichen Diadochenkämpfen, in einer fast 30 Jahre währenden Anarchie.

Moulay Ismail gehört zu jenen Herrscherfiguren, die bei allem Bemühen um Rekonstruktion unvorstellbar bleiben, die Gestalt wird nicht fassbar, obschon ihre Existenz verbürgt, ihr Wirken belegt ist. Der Historiker wird sich hier damit abzufinden haben, dass es Ereignisse und – in der Summe dieser Ereignisse – ganze Epochen gibt, die unvorstellbar bleiben, obwohl sie historisch ›wahr‹, jedenfalls in den Quellen dokumentiert sind. Allenfalls als eine Art marokkanischer Soldatenkönig wird Moulay Ismail kenntlich, als Repräsentant eines orientalischen Absolutismus, in dem Staatskunst und Kriegshandwerk, höfisches Zeremoniell und kameralistische Ökonomie zusammenfallen, in dem der Monarch, durch Gottesgnadentum und dynastische Geburt an der Macht, das Gesetz und den Staat nicht vertritt, sondern in dem er Gesetz und Staat *ist*. Ein Militär auf dem Thron – Moulay Ismail muss ein talentierter Stratege und Feldherr gewesen sein, für den der Krieg vermutlich eine Fortsetzung der Politik mit anderen Mitteln war, zudem offenkundig eine charismatische Figur, – anders wäre er wohl der zwangsrekrutierten Soldateska, die seine Armee war, kaum Herr geworden.

Stadtmauern, Festungen, Kasernen, Kerker, Gestüte, Stallungen, Stadttore mit mehrfach geknickten Wehrgängen, ganze Speicherstädte: Die Herrschaftsarchitektur seiner Epoche illustriert eine Art Logistik des Krieges, die Ville Impériale in Meknes war demzufolge eher eine zentrale, in größenwahnsinnigen Dimensionen angelegte Festung als eine Hauptstadt.

Pointe der Geschichte

Es ist eine bizarre Pointe der Geschichte, dass sich Moulay Ismail gerade beim ebenso bewunderten wie herzlich verachteten Sonnenkönig Ludwig XIV. eine herbe Abfuhr einhandelte. Der Sultan plante, eine Tochter des französischen Königs – Anne-Marie de Bourbon, Prinzessin de Conti – seinem Harem einzuverleiben, und ließ durch seinen Botschafter Ben Aicha in Versailles offziell um ihre Hand anhalten. Man werde das Ansinnen wohlwollend prüfen, lautete die Antwort aus Frankreich – wenn Moulay Ismail zum katholischen Glauben übergetreten sei ...

Desertec – Solarstrom aus der Wüste

An Superlativen wurde wahrlich nicht gespart: Die Rede ging von einem der ambitioniertesten Infrastrukturprojekte der Welt, von einer der größten Industrieinitiativen aller Zeiten. Das Investitionsvolumen – in der internationalen Presse wurde die Summe von 400 Mrd. € genannt – sprengt jeden Vergleich. Desertec steht für ein Projekt von geradezu pharaonischen Dimensionen, das nicht weniger als die Solarrevolution im arabischen Maghreb und im Nahen Osten einleiten soll. Noch lässt sich freilich kaum entscheiden, was hier rhetorisches Getöse, planerischer Bombast – und was eine zukunftsfähige Stromproduktion, eine energiepolitische Wende ist.

Trotz industrieller Kerne wie etwa im Großraum Casablanca-Mohammedia, trotz einer ökonomisch bedeutenden Phosphatförderung und moderner, leistungsfähiger Industriesektoren, wie etwa in der Metall- und Kunststoffverarbeitung sowie in der Textilindustrie, ist Marokko bis heute letztlich ein Agrarland geblieben. Seine volkswirtschaftlichen Bilanzen hängen entscheidend von den Unwägbarkeiten des Klimas (Regenverteilung, Desertifikation) und den Turbulenzen an den internationalen Rohstoffmärkten (Marokko ist weltweit der größte Exporteur von Rohphosphaten) ab. Zudem sieht sich die marokkanische Volkswirtschaft mit einer chronisch defizitären Handelsbilanz, mit alarmierenden Arbeitslosenraten (in den Großstädten bis zu 30 %), mit einer hohen, die Investitionspolitik lähmenden Auslandsverschuldung und einer extrem ungleichen Verteilung des Wohlstands konfrontiert – alles strukturelle Hindernisse, die wirtschaftliches Wachstum sowie soziale Entwicklung blockieren.

Marokko muss derzeit etwa 95 % seines Bedarfs an fossilen Energieträgern importieren – eine zusätzliche Hypothek, die auch politische Implikationen hat, weil etwa der Erdöllieferant Algerien die in der West-Sahara agierende Widerstandsbewegung Polisario unterstützt und Marokko sich damit immer wieder gezwungen sieht, Erdöl aus Saudi-Arabien oder den Golf-Emiraten zu importieren, wobei längere Transportwege auch höhere Kosten bedeuten. Die Polisario hat zuletzt mehrfach die Förderanlagen in Bou Cra lahmgelegt, mit der Folge, dass der Phosphatabbau in der West-Sahara heute ungleich teurer ist als etwa in der Region um Khouribga im Nordwesten Marokkos.

Partnerschaft unter Gleichen?

2009 als Desertec Foundation gegründet und von der von deutschen Investoren dominierten Projektgesellschaft Desertec Industrie Initiative (Dii GmbH; Gründungsgesellschafter u. a.: Deutsche Bank, Eon, Münchner Rück, RWE,

Spaniens Solaranlagen sind Vorbild für das nordafrikanische Projekt Desertec

Siemens, HSH Nordbank) flankiert, setzt Desertec mit einem Verbund von Solarkraftwerken, Fotovoltaik und Windkraftanlagen auf erneuerbare Energien und ein Konzept ressourcenschonender Stromproduktion. Schon in der Pilotphase will Desertec in Marokko mehrere Solaranlagen bauen (geeignete Standorte werden derzeit geprüft, einige sollen offenbar in der West-Sahara liegen), was bereits die Gesellschaft für bedrohte Völker auf den Plan gerufen hat, die befürchtet, dass deutsche Fördermittel in diesem Fall die völkerrechtswidrige Annexion der West-Sahara durch Marokko sanktionieren könnten. Marokko, das seinerseits von den immer teureren Energieimporten wegkommen will und in der Straße von Gibraltar bereits über eine Hochspannungsverbindung nach Spanien verfügt, erhofft sich von den Desertec-Projekten Investitionen und Arbeitsplätze im eigenen Land. Die damalige marokkanische Ministerin für Energie, Bergbau und Minen, Amina Benkhadra, versuchte offenbar den Desertec-Strategen bereits klarzumachen, dass hier an eine Partnerschaft auf Augenhöhe gedacht ist. Marokko will in die Planung, den Bau und die Vermarktung der Solarkraftwerke einbezogen sein – und nicht auf die dienende Rolle eines Rohstofflieferanten reduziert werden, auf dessen Territorium mit ausländischem Geld und mit ausländischem technischem Know-how Strom für den Export erzeugt wird!

Für und Wider

Überhaupt ist Desertec hochumstritten – ob sich hinter dem Etikett tatsächlich eine energiepolitische Revolution und ein epochaler Beitrag zum Klimaschutz verbirgt oder lediglich hochsubventionierte Lobbypolitik und grandiose Schaumschlägerei, ist derzeit kaum seriös zu entscheiden. Kritiker verweisen auf die instabile politische Lage in etlichen Ländern, in denen Desertec tätig werden will, etwa in Libyen und im Nahen Osten, hier sei eine prekäre Abhängigkeit von Energieimporten zu befürchten, die in Erpressbarkeit gipfeln könne. Zudem sei auf Jahre mit extrem hohen Subventionen zu rechnen, über deren Summe sich die Desertec-Verantwortlichen bisher ausschweigen, die Projekte seien durchweg zu teuer, technische Probleme der Umwandlung von Gleichstrom in Wechselstrom, der Energiespeicherung und besonders des Energietransports seien nicht einmal in Ansätzen geklärt. Außerdem, so das Credo der Kritiker, entstünden hier nur neue Monopole, die den Aufbau einer dezentralen Energiewirtschaft in den Partnerländern entscheidend behindern würden.

Die Befürworter kontern, dass mit Desertec auf eine klima- und ressourcenschonende Zukunftstechnologie in der Energieerzeugung gesetzt wird, eine sanfte Technologie, die, konsequent angewandt, den Einsatz fossiler Energieträger wie Kohle und Öl langfristig dramatisch reduzieren könne, zumal in einer Region, die klimatisch für die Produktion von Solarstrom geradezu prädestiniert sei. Desertec ziele auf eine Art euro-mediterrane Partnerschaft, die politisch ausgleichend wirke und die nordafrikanischen Partnerländer Marokko, Algerien, Tunesien und Libyen ökonomisch wie politisch eher stabilisiere denn destabilisiere. Alle diese Länder hätten ein hoch entwickeltes Eigeninteresse an funktionierenden, belastbaren Stromnetzen sowie an modernen Konzepten der Energiegewinnung. Auch die staatlichen Subventionen würden eines Tages entbehrlich, wenn es gelinge, die Produktionskosten von Wüstenstrom auf das Niveau gängiger Marktpreise zu bringen; zudem sei gerade in Deutschland, etwa über die Steinkohleförderung, der Abbau fossiler Energieträger ebenfalls hoch subventioniert.

Die marokkanische Solarrevolution

Während der Streit um Desertec tobt und gelegentlich als ideologisch-grundsätzliche Debatte geführt wird, hat Seine Majestät »M 6« bereits seit Oktober 2009 Fakten geschaffen und im Land, unabhängig von Desertec, eine Solarrevolution eingeleitet. In Ain Benimathar, etwa 90 km südlich von Oujda im marokkanisch-algerischen Grenzgebiet, entsteht derzeit mit einem Investitionsvolumen von umgerechnet 9 Mrd. € die Pilotanlage eines Solarkraftwerks, das zunächst auf eine Kapazität von 20 Megawatt ausgelegt ist, die freilich in Zukunft noch ganz erheblich ausgebaut werden soll. Die einheimische Presse feierte den Kraftwerksbau, dem weitere folgen sollen, als den »Beginn der marokkanischen Solarrevolution«. Wo sein Vater Hassan II. noch in den 1990er-Jahren öffentlich über den Bau von Atomkraftwerken nachdachte, scheint Mohamed VI. gewillt, die Potenziale des Landes zur Erzeugung von Solarstrom auch zu nutzen. Welche energiepolitische und ökonomische Zukunft die Desertec-Projekte in Marokko haben werden, steht einstweilen noch dahin. Sicher ist nur: Die Zukunft der erneuerbaren Energien hat, so oder so, begonnen.

Im Frühjahr 2016 schien das gesamte Projekt gefährdeter denn je: Prominente Partner kehrten der Dii GmbH den Rücken, in den Chefetagen des Managements tobten heftige Macht- und Richtungskämpfe, Referenzprojekten drohte das Scheitern, das Investitionsvolumen, in der Planungsphase noch mit 400 Mrd. € beziffert, war auf 900 Mrd. € explodiert. Nicht auszuschließen, dass Desertec auf Sand gebaut ist …

Die arabische Medina – von Fassaden und Labyrinthen

Während der Protektoratszeit galt sie den Franzosen als ein Hort des Aufruhrs, des antikolonialen Widerstands: die arabische Medina, die Altstadt mit ihren labyrinthisch verzweigten Gassen. Das arabische Haus, nach außen abwehrende Fassade, öffnet sich nach innen auf einen zentralen, oft nicht überdachten Innenhof, auf den die Zimmerfluchten ausgerichtet sind. Manche Viertel der Medina, selbst in den Königsstädten, sind heute vom Verfall bedroht.

»In blinde Mauern eingeschlossene Intimität, jedes Eindringen aus der überfüllten Straße wird durch die kleinen Türen verwehrt, die man nie ganz, immer nur einen Spalt weit öffnet, und die schwere Schlösser haben.«

Claude Ollier, »Marrakch Medina«

Die lyrischen Meditationen des französischen Autors Ollier, der jahrelang in Marokko gelebt hat, kreisen um den Versuch, die Altstadt von Marrakesch als Inbegriff der arabisch-islamischen Stadt schlechthin zu kennzeichnen. In immer neuen Variationen konkretisiert Ollier den für jeden Europäer vorherrschenden Eindruck einer »in blinde Mauern eingeschlossenen Intimität« als Charakteristikum der arabischen Medina. Schrundige Außenmauern, bröckelnde Gesimse, rissiger Verputz, hier und da ein Gitterfensterchen, Türen, die eher Einstiegsluken sind: Die Fassaden des arabischen Hauses wehren Besucher ab, sie errichten einen Schutzschild zwischen Innen und Außen.

Purer Innen-Raum

Der Anlage des antiken römischen Patio verpflichtet, welche die Araber bei der Eroberung Nordafrikas vorfanden, sind die Räume des arabischen Hauses in der Regel auf einen zentralen Innenhof ausgerichtet – eine Oase der Ruhe, ein Ort der Kontemplation, der dem lärmigen Getriebe draußen auf der Straße entrückt ist. Wer die Medina von Marrakesch durchstreift und ein paar Schritte aus den Gassen heraustritt, wer einen Blick durch die spaltbreit geöffneten Türen erhascht oder durch ein nur angelehntes Tor tritt – den kann es treffen wie ein harter Filmschnitt. In den engen Schattengassen draußen ein Getöse, und hier, in den Innenhöfen, vollendete Ruhe, lichtdurchflutete Stille. Die Fenster des Hauses öffnen sich auf den Innenhof. Springbrunnen plätschern, Kachelmosaiken und geometrisch arrangierte Gartenanlagen gliedern den Raum, Vogelgezwitscher in den Baumwipfeln.

Das arabische Haus ist – jenseits seiner architektonischen Konstruktion – purer Innen-Raum. In seinen Höfen vermittelt sich immerhin eine Ahnung davon, wie sehr die nahezu heiligen Bezirke des Privaten, der Familie, der

Intimität hier gegen eine als feindlich empfundene Außenwelt abgeschirmt werden.

Manchmal machen die Fassaden – hässlich wie sie sind – in Understatement. So lassen etwa die blinden Mauern des Dar es Salam im Südteil der Medina von Marrakesch (bis 1950 die Residenz des Paschas Ben Daoud und inzwischen in ein schönes Restaurant umgewandelt) den üppigen Prunk des maurischen Dekors im Innern nicht vermuten.

Die meisten Häuser der Medina jedoch sind Wohnstätten der Armen. Wer es sich leisten kann, zieht eine Wohnung in den von den Franzosen oder Spaniern angelegten *villes*

In den Gassen der Medina in Marrakesch fällt die Orientierung nicht leicht

nouvelles den düsteren Gelassen der Medina allemal vor. Gerade der aufstrebende marokkanische Mittelstand ist bemüht, soziales Prestige zu signalisieren, indem er sich in den Neustädten ansiedelt, in Marrakesch vor allem im Stadtteil Guéliz. Wer in der Medina wohnt, ist oft genug mit dem schieren Überleben beschäftigt. Undenkbar, dass diese Menschen Gelder in die Erhaltung wertvoller Altbausubstanz investieren könnten. So verfallen allmählich ganze Stadtviertel oder gehen unaufhaltsam in Slums über. In einem groß angelegten Projekt wird derzeit der Versuch gestartet, Teile der Altstadt von Fès mit Finanzhilfen der UNESCO zu retten.

Ein labyrinthisch verzweigtes System

Hallende Schritte, huschende Schatten, irgendwo maunzt eine Katze, Stimmengemurmel, ein quäkendes Transistorradio. Eine Bogenlampe wirft fahles Licht, eine tief gebeugte Gestalt schlurft vorbei und taucht in das Dunkel eines Hauseingangs, in den Winkeln Geraschel. Die nächtliche Medina, spärlich illuminiert, hat etwas Beklemmendes, ja Gespenstisches. Von keinem Straßenschild geleitet, irren Fremde in wachsender Unruhe durch ein Gewirr verwinkelter Gassen und Gässchen, das sich zunehmend labyrinthisch verzweigt, sie vom ursprünglichen Kurs auch immer weiter zu entfernen droht. Sie tasten sich an feuchten Wänden entlang, schleichen durch überwölbte Gänge, biegen erneut um eine Ecke – und stehen wieder nur vor einer Mauer.

Die arabische Medina, sie ist und bleibt für Europäer ein unheimliches Labyrinth. Nicht zu Unrecht vermuteten die Franzosen während der Protektoratszeit die Nester des antikolonialen Widerstands im Gewirr der arabischen Altstädte. Und sie setzten mit der Anlage der *villes nouvelles* diesem unbotmäßigen Chaos eine aus dem Geist planender Vernunft schöpfende, europäische Stadtkonstruktion entgegen: mit breiten Avenuen, schachbrettartig geführten Straßenzügen, mit behäbigen Villen und ausladenden Vorgärten, mit Terrassen, Veranden und Balkonen.

Die Medina, fast immer von einer wuchtigen Stadtmauer eingeschlossen, ist in ihrem Kernbereich eine autofreie Zone. Allenfalls Eselskarren können ihre Gassen passieren, an den engsten Stellen müssen Fußgänger sich sogar an die Hauswände pressen, um ein Mofa durchzulassen. Hier liegen geradezu mittelalterlich anmutende Werkstätten, in denen nach alter Überlieferung in Handarbeit gefertigt wird, kaum schrankgroße Läden, in denen Kesselflicker oder Schneider auf ihrer Ware thronen, winzige Kammern, in denen gehämmert und gefeilt, gesägt und geleimt wird.

Schätzungsweise 30 000 Kunsthandwerker sind in der Medina von Marrakesch zu Hause, ohne deren Produktion für den Tourismusmarkt die Stadt längst dem wirtschaftlichen Ruin überantwortet wäre. Freilich, das quirlige Leben in der Altstadt, zumal im touristischen Teil der Souks, kann nicht darüber hinwegtäuschen, dass sich die Zentren der politischen Macht, der Verwaltung, der Ökonomie im Zuge der Kolonialisierung in die Ville Nouvelle ausgelagert haben. Die Medina, obschon hartnäckig als alterslos schön gepriesen, verrottet derweil in stiller Würde. Man sollte sich davor hüten, sie und das alltägliche Leben in ihr allzu sehr zu romantisieren.

Handeln und Feilschen – marokkanischer Alltag

Nicht nur in den Souks findet sich der Reisende mit einem ökonomischen System konfrontiert, das keine Festpreise kennt. Es gilt also, sich im Gespräch, im Wettstreit von Handeln und Feilschen, auf einen halbwegs realistischen Preis für eine Ware oder eine Dienstleistung zu einigen. Eine uralte Prozedur der Verständigung – und zugleich die Hohe Schule angewandter Psychologie.

Wer auch nur einen Augenblick stehen bleibt und zögert, um den ist es schon geschehen – und wer unbedacht einen Preis nennt, der hat den Handel schon eröffnet. Handeln und Feilschen gehören untrennbar zum marokkanischen Alltag, als Selbstverständlichkeit, sich über den Preis von Waren und Dienstleistungen im Gespräch zu verständigen, nach Maßgabe der spezifischen Eigenschaften der Ware und der Situation des Kunden. Auch wenn Kaufen und Verkaufen durch feststehende Rituale geprägt werden – etwas Einmaliges wird den Vorgang in der Regel begleiten. In den Souks, so Elias Canetti (»Die Stimmen von Marrakesch«), hat jede Ware unendlich viele Preise, hier entsteht das erste Angebot des Händlers auf rätselhafte Weise, ist es eine Kunst, den endgültigen Preis zu erringen. In Ländern mit Preisbindung hingegen, so Canetti, schafft es »jeder Dummkopf«, nicht übers Ohr gehauen zu werden.

Kein Kuhhandel – auch der Viehmarkt ist ein Ort engagierten Feilschens

Eine uralte Prozedur

Vor allem die Souks konfrontieren Käufer mit einem ökonomischen System, in dem die Gepflogenheiten des westlichen Warentransfers außer Kraft gesetzt sind. In den Souks gibt es weder einheitliche Handelsmarken noch objektive Güteklassen, es gibt keine Werbung außer den Anpreisungen des Verkäufers, es gibt keine Verbraucherorganisationen, die als Ratgeber fungieren könnten. Wo darüber hinaus verlässliche Informationen über das Warenangebot rar sind, da tappen Käufer, zumal Touristen, fast immer im Dunkeln. Bestenfalls können sie Kennerschaft vortäuschen, um beim Verkaufsgespräch, etwa beim Handeln um Teppiche oder Silberschmuck, einen möglichst ebenbürtigen Gegenpart abzugeben.

Ursprünglich stand der Versuch, auf einem unüberschaubaren Markt gültige Informationen über Material, Verarbeitung, Herkunft und Qualität einer Ware zu erhalten, im Zentrum allen Feilschens. Auch das begleitende, oft weitschweifende Geplänkel hatte seinen guten Grund, galt es doch, die Persönlichkeiten von Käufer und Verkäufer zu taxieren, also etwas über die familiären Hintergründe, die biografischen Umstände, die beruflichen Perspektiven der an dem Handel Beteiligten in Erfahrung zu bringen. So versuchten beide Parteien, durch einen auf gegenseitigem Vertrauen basierenden Austausch eine dauerhafte Wirtschaftsbeziehung aufzubauen. Es mag sein, dass diese Feinheiten einer immerhin uralten Prozedur längst einem unverhohlenen Preisschacher gewichen sind, bei dem astronomisch überhöhte Ausgangsforderungen lediglich dazu dienen, den ahnungslosen Touristen

gehörig das Fell über die Ohren zu ziehen.

Wo Preise nicht festgelegt sind, werden Kauf und Verkauf zur Improvisationskunst, bei der psychologischer Instinkt, rhetorisches Geschick, gestische wie mimische Theatralik, die Lust an der Überrumpelung und der lange Atem der Beharrlichkeit einem an sich simplen Vorgang geradezu die Weihen des Erhabenen verleihen können. Zeit spielt dabei keine Rolle – Geduld ist alles. Die Gefahren, bei einem solchen Handel gnadenlos übertölpelt zu werden, lauern überall.

Verhaltensregeln beim Handeln

Nicht gezielt suchen, sondern zufällig finden: Für Marokko-Neulinge kann

In den für Touristen oft unüberschaubaren Souks ist Handeln ein Muss

das eine brauchbare Devise sein, bevor sie sich ins Getümmel der Souks begeben. Wer einen wirklich schönen Gegenstand findet, sollte dann auch in Verkaufsverhandlungen eintreten; die Chance, genau diesen Laden später wiederzufinden, ist eher gering. Die Frage nach dem Preis wird der Verkäufer in der Regel mit der Gegenfrage kontern, was der Gegenstand dem Käufer denn wert sei. Es empfiehlt sich, auf der Eingangsfrage zu beharren – und nicht in die Falle zu tappen, selbst den ersten Preis zu nennen, den man unter keinen Umständen mehr unterbieten kann. Das Gejammer des Verkäufers, man wolle ihn wohl ruinieren, gehört zum Geschäft. Der Käufer kann seinerseits jammern, auf sein karges Gehalt und die ständig steigenden Preise verweisen. Im Hin und Her des Gesprächs (marokkanische Händler beherrschen alle Sprachen der Welt!) wird der Preis dann allmählich eingekreist, kontrovers diskutiert und endlich bestimmt. »Donne l'argent« (»Gib mir das Geld«): Mit dieser finalen Formel ist der Handel besiegelt. Wer wirklich handelt und nicht nur schachert, sollte Grundsätze der Fairness beachten. So wie es unverschämt überhöhte Ausgangsforderungen des Verkäufers gibt, so gibt es auch beleidigend niedrige Preisangebote des Käufers. Touristen sollten sich beim Handeln niemals unter Zeit- und Kaufdruck setzen lassen, stets eine Art Maximalpreis, den man selbst nicht mehr überbieten will, im Auge behalten und einen Laden auch mal beherzt verlassen, wenn man sich nicht einigen kann. Oft genug eilt der Verkäufer dem Käufer, der schon entschwindet, noch auf die Gasse nach: »Donne l'argent!«

Der Islam – Grundlage der marokkanischen Gesellschaft

Wenn es – bei aller Vorsicht vor derartigen Verallgemeinerungen – eine verbindende Klammer gibt, die das Kollektiv der marokkanischen Nation zusammenhält, so ist es zweifellos der Islam. Spirituelle Heilslehre und konkrete Handlungsanweisung für den Alltag in einem, sozialer Kodex wie umfassendes Gesetzbuch gleichermaßen, ist der Islam (zu dem sich um die 98 % aller Marokkaner bekennen) die entscheidende historische, sozio-kulturelle, mentale, ja sogar politische Prägekraft des Landes. Ohne Grundkenntnisse des Islam bleibt dem Reisenden vieles in Marokko verschlossen, bleibt vieles noch rätselhafter als es ohnehin ist.

»Das hier ist eine klare Botschaft für die Menschen, rechtes Geleit und Mahnrede für die Gottesfürchtigen« (Sure 3, 138): Diese im Koran, dem durch Mohammed offenbarten Wort Gottes, ausgesprochene Selbstcharakterisierung skizziert die für den Islam grundlegende Verschränkung von weltlicher und religiöser Sphäre. Konkrete Handlungsanweisungen für den Alltag (wie Speiseverbote oder Kleidervorschriften), detaillierte Erörterungen erb- oder familienrechtlicher Fragen und lyrische Meditationen über das Wesen Allahs finden sich im Koran stets in für uns verwirrend unverbundener Abfolge.

Auf den Straßen Marrakeschs zu finden: Koranschreiber bei der Arbeit

Die dem christlich-abendländischen Denken geläufige Trennung von Profanem und Religiösem ist dem Islam fremd. Der marokkanische König ist politischer Führer und religiöses Oberhaupt. Seine Erlasse zur Tagespolitik finden ihre Rechtfertigung vor dem Angesicht Allahs. Der Koran bildet die Grundlage der gesamten arabisch-islamischen Weltsicht und Kultur. Seit über 1300 Jahren hat er das Denken, Handeln und Fühlen der Muslime entscheidend bestimmt.

Die Hedschra – der Beginn einer neuen Zeit

Mohammed (570–632), der letzte der Propheten Allahs, begann um 610 in öffentlichen Predigten in Mekka die Grundzüge einer neuen, monotheistischen Religion zu entwerfen. Aus ärmlichen Verhältnissen stammend und früh verwaist, machte der strebsame junge Mann als Händler Karriere im Geschäft der wohlhabenden Kaufmannswitwe Khadija. Im Jahr 595 heiratete er die 15 Jahre ältere Frau. Aus der Ehe gingen sechs Kinder hervor.

Die Legende berichtet, dass Mohammed in der Einsamkeit der Wüste durch den Erzengel Gabriel zum Propheten berufen wurde. Seine ersten Predigten geißelten unmissverständlich den unlauteren Lebenswandel der Mekkaner Oligarchen, die aus Gewinnsucht am zentralen Heiligtum, der Kaaba, einen durch Wallfahrts- und Massen-›Tourismus‹ profitablen Götzendienst eingerichtet hatten. Mohammeds Kritik traf den wirtschaftlichen Nerv des Wallfahrtszentrums. Kein Wunder, dass die Mekkaner Kaufmannschaft den unliebsamen Störenfried verfolgte und immer neuen Schikanen aussetzte.

Die Situation eskalierte im Jahr 622, sodass der Prophet gezwungen war, mit seinen Getreuen Mekka zu verlassen, um im etwa 400 km entfernten Yathrib Zuflucht zu suchen. Die Hedschra markiert den Beginn der islamischen Zeitrechnung. Einer Legende zufolge gab sich die Stadt Yathrib beim Einzug des Propheten einen neuen Namen: Medina, abgeleitet von Medinat an Nabi, Stadt des Propheten. Religionsstifter und Machtpolitiker in einem, zog Mohammed 630 mit seinem Heer und großer Gefolgschaft in Mekka ein. Er ließ die Götzenbilder zerstören und bestimmte die Kaaba zur höchsten Kultstätte der neuen Religion, die auch in der Heimatstadt des Propheten immer mehr Anhänger fand. Mohammed starb 632 in Medina.

Orthodoxie und Sufismus

Im Zentrum der islamischen Lehre (Islam bedeutet sinngemäß Unterwerfung unter den Willen Gottes), die heute weltweit etwa 1,3 Mrd. Gläubige zählt, steht das Bekenntnis zu Allah, dem einen und einzigen Gott. Die Allmacht und Schöpferkraft Allahs werden im Koran in immer neuen Wendungen zu anderen denkbaren Gottheiten abgegrenzt.

Unter der Oberfläche des offiziellen Hoch-Islam hat sich von Anbeginn, obschon von orthodoxen Schriftgelehrten immer wieder vehement bekämpft,

Ramadan – Fasten der Sinne

Der Ramadan gilt Muslimen als heiliger Monat, in dem der Koran auf die Erde herabgesandt wurde. 30 Tage lang ist es den gläubigen Muslimen von Sonnenaufgang bis Sonnenuntergang verboten, zu essen und zu trinken, zu rauchen und Geschlechtsverkehr zu haben – eine strenge religiöse Pflichtübung, auszehrend, wenn der Ramadan in die heißen Sommermonate fällt. Freilich ist der Ramadan mehr als nur ein vierwöchiges Bußprogramm. Er verlangt von den Gläubigen Einkehr, Meditation, Läuterung, Versenkung in den Willen Allahs. Der Ramadan, richtig verstanden, fordert ein vollkommenes Fasten der Sinne.

Die marokkanischen Städte liegen vier Wochen lang tagsüber im Halbschlaf, das alltägliche Leben verläuft in permanenter Zeitlupe, Läden und Behörden sind, wenn überhaupt, nur wenige Stunden geöffnet. Kaum hat jedoch der erlösende Sirenenklang das Ende des Fastengebots verkündet, beginnen in den Häusern die Festessen – es ist ein Schmausen bis in den frühen Morgen hinein. Kaum jemand schläft in den Nächten des Ramadan, in diesen fiebrig-lebendigen Nächten, in denen die religiösen Exerzitien aufgehoben sind, »bis ihr in der Morgendämmerung einen weißen von einem schwarzen Faden unterscheiden könnt« (Sure 2, 187). So gelähmt das Leben tagsüber darniederliegt, so ausgelassen, ja entfesselt gibt es sich während der Nacht.

ein mystischer Grundzug behauptet, der in zahlreichen Sekten und in den Traditionen des Volksglaubens, in der Heiligenverehrung des Maraboutismus (s. Entdeckungstour S. 218) sowie in Reliquienkulten und magischen Praktiken bis heute Bestand hat. Diese verschiedenartigen mystischen Bewegungen werden mit dem Begriff Sufismus zusammengefasst.

Die fünf Säulen des Islam

Das Glaubensbekenntnis (Sahada): »Es gibt keinen Gott außer Allah, und Mohammed ist sein Prophet« – verpflichtet auf gläubiges Vertrauen in Allah.

Das rituelle Gebet (Salat): Jeder Muslim ist aufgefordert, 5x täglich (in der Morgendämmerung, mittags, nachmittags, abends, bei Einbruch der Nacht) Zwiesprache mit Allah zu halten. Eine rituelle Waschung muss diesem in Richtung Mekka zu sprechenden Gebet vorausgehen. Lediglich für das Mittagsgebet am Freitag, dem Feiertag der Muslime, ist der Besuch einer Moschee vorgeschrieben. Ansonsten benötigen die Gläubigen für das Gebet keine sakralen Orte. Die Gebetszeiten werden durch den Ruf des Muezzin angekündigt.

Das Almosengeben (Sakat): Die Unterstützung Armer und Bedürftiger (früher eine Steuer) ist für Muslime ein moralisches Gebot ersten Ranges. Das Almosengeben wird nach dem Koran mit reichem Lohn im Jenseits vergolten.

Der Fastenmonat (Ramadan): Der neunte Monat der islamischen Zeitrechnung erinnert an die Niedersendung des Koran, in diesem heiligen Monat soll der Erzengel Gabriel Mohammed erschienen sein. Während eines Zeitraums von 30 Tagen ist Muslimen zwischen Morgendämmerung und Sonnenuntergang Essen und Trinken verboten. Dieses Fastengebot gilt nicht für Alte, Kranke, Schwangere, Kinder und Reisende. Notfalls kann das Fasten verschoben und nachgeholt werden. Wegen des kürzeren arabischen Mondjahres verschiebt sich der Beginn des Ramadan jährlich um etwa zehn Tage nach vorne.

Die Pilgerfahrt nach Mekka (Hadsch): Jeder erwachsene Muslim soll einmal im Leben die heilige Kaaba in Mekka besuchen und an den für die Pilgerfahrt vorgeschriebenen religiösen Zeremonien teilnehmen. Allerdings sind nur wenige Marokkaner finanziell in der Lage, auf Wallfahrt ins weit entfernte Saudi-Arabien zu gehen. Ein siebenmaliger Besuch der heiligen Stadt Moulay Idriss im Norden Marokkos wird als Ersatz angesehen.

Djihad – ein großes Missverständnis

»Tötet sie, wo immer ihr sie antrefft, und vertreibt sie, von wo sie euch vertrieben haben! Denn die Versuchung ist schlimmer als das Töten. Kämpft jedoch nicht gegen sie bei der heiligen Anbetungsstätte, bis sie dort gegen euch kämpfen, und wenn sie gegen euch kämpfen, dann tötet sie! Genauso ist der Lohn der Ungläubigen« (Sure 2, 191). Koran-Passagen wie diese lesen sich wie Aufforderungen, die neue Religion mit Feuer und Schwert zu verbreiten. In der Tat gründet die Ausbreitung des Islam – bereits um 683 stoßen die ersten arabischen Heere nach Marokko vor – im militanten Glaubenseifer der Anhänger Mohammeds. Dabei interpretieren sie den Djihad als Aufruf zum Heiligen Krieg gegen die Ungläubigen. Ursprünglich jedoch zielt der Begriff (am ehesten mit Einsatz oder

Engagement zu übersetzen) auf die Verpflichtung, den Glauben gegen Verächter zu verteidigen – und bedeutet gerade nicht ein blutrünstiges Kriegshandwerk. So hat der klassische Islam einen weit reichenden Minoritätenschutz ausgebildet und Andersgläubigen – wie Christen und Juden – die Ausübung ihrer Religion, gegen eine Art Toleranzsteuer, gestattet.

Zwangfreier Glauben

Die militanten Züge des Islam sind schwerlich mit dem Koran zu rechtfertigen, sondern eher als Reaktionen blindwütiger Fundamentalisten zu verstehen, die gegen eine Verwestlichung sowie gegen die Übernahme demokratisch-parlamentarischer Regierungsmodelle in unabhängig gewordenen islamischen Staaten Front machen. In einer derartigen Re-Islamisierung formiert sich manchmal der Protest gegen eine nach der Kolonialzeit erzwungene Säkularisierung. Dabei steht die Demagogie der Fundamentalisten zur ursprünglichen Toleranz-Tradition des Islam in Widerspruch. »Kein Zwang ist in der Religion« (Sure 2, 256). Dieses im Koran mehrfach ausgesprochene Gebot wird von Meinungsführern der Fundamentalismusbewegungen in den letzten Jahren gänzlich ignoriert.

Der Islam kennt weder einen institutionalisierten Priesterstand noch eine verbindliche Liturgie. Hohe religiöse Würdenträger, etwa die islamischen Rechtsgelehrten *(ulema)*, sind bisweilen noch heute als Richter oder Staatsbeamte gleichzeitig mit wichtigen politischen Ämtern betraut.

Die **Scharia**, das im Koran niedergelegte religiöse Recht, ist noch immer, wenngleich ergänzt durch die moderne, französisch geprägte Rechtsprechung, Grundlage der marokkanischen Prozessordnung. Nicht zuletzt im Rechtswesen offenbart sich die dem Islam kennzeichnende Aufhebung aller Trennungen zwischen profaner und religiöser Sphäre. Muslime glauben an eine gemeinsame Wurzel von Islam, Christentum und Judentum, die auf einer verschollenen heiligen Ur-Schrift aufbauen. Freilich wirft der Koran Christen wie Juden immer wieder vor, diese Überlieferung verfälscht zu haben. Der Koran gestattet dem Mann außerdem, bis zu vier Frauen zu heiraten (vgl. Sure 4, 3).

Der Koran wurde nach Mohammeds Tod (632) von seinen Anhängern in zahlreichen Varianten zusammengestellt und erstmals in Buchform gebracht – der Prophet selbst war Analphabet und hatte zu Lebzeiten seinen Schreibern nur vereinzelte Offenbarungen diktiert.

Sunnitischer und schiitischer Islam

Der Koran wird durch die **Sunna (Gewohnheiten des Propheten)** ergänzt – eine Sammlung von Aussprüchen Mohammeds und legendenhaften Berichten über sein Leben. Zunächst als mündliche **Erzählungen (Hadithen)** überliefert, wurden sie erst im 9. Jh. schriftlich festgehalten. Von der Sunna leiten die Sunniten – etwa 98 % aller Marokkaner bekennen sich zu dieser Glaubensrichtung – ihren Namen ab. Da Koran und Sunna zu etlichen theologischen Grundfragen widersprüchliche Aussagen enthalten, kommt den Auslegungen prominenter Schriftgelehrter besondere Bedeutung zu.

Nach Auffassung der Muslime ist der Koran das Wort Gottes, das Mohammed, dem letzten der Propheten, Wort für Wort durch den Erzenge

Das Leben im Islam wird durch den Koran bestimmt

Gabriel offenbart wurde. Als vollkommener Ausdruck des göttlichen Willens kann und darf der Koran für die strenggläubigen Muslime nicht übersetzt werden – Allah hat sich auf Arabisch offenbart und kann von den Gläubigen daher auch nur auf Arabisch verstanden werden.

Schon bald nach Mohammeds Tod, im Jahr 656, kam es in der islamischen Gemeinde zu einer bis heute andauernden Spaltung. Die Fehden innerhalb des Frühislam entzündeten sich dabei weniger an religiösen Kontroversen als an Machtansprüchen – ein Indiz dafür, dass sich die Kalifen, die Nachfolger des Propheten, nicht nur als Oberhaupt der Gemeinde verstanden, sondern dass sie stets auch ein politisches Erbe verwalteten. Im Mittelpunkt der Auseinandersetzungen stand der Kampf um die Rechtmäßigkeit der Prophetennachfolge, dies um so mehr, als Mohammed ohne männlichen Nachkommen geblieben war. Seine beiden Söhne waren bereits im Kindesalter gestorben.

Die unterschiedlichen Auffassungen darüber, wer der wahre Führer der Gläubigen sei, führten im Frühislam zur Trennung der **Schiiten** von den **Sunniten**. Die Schiiten (abgeleitet von *schia* = Partei), die die Sunna ablehnen, verlangen, dass der Kalif aus der Familie des Propheten stammen müsse, und erkennen nur Ali, den Vetter und Schwiegersohn Mohammeds, sowie dessen Nachfolger als legitimes Oberhaupt der islamischen Gemeinde an. Dagegen ist für die Sunniten rechtmäßiger Kalif, wer zum Stamm des Propheten gehört.

Die Schiiten verehren in den sogenannten Imamen (Vorbeter, Führer) die unfehlbaren Statthalter Allahs auf Erden und damit die kanonisch anerkannten Lehrer der Gläubigen. In Marokko gewann die schiitische Fraktion der Kharedjiten zwischen dem 8. und 10. Jh. erheblichen politischen Einfluss. Moulay Idriss I., der 788 das erste marokkanische Reich gründete, bekannte sich zur Schia. Seit dieser Ära spielen die Schiiten in Marokko freilich keine Rolle mehr. Heute sind etwa 8 % aller Muslime Schiiten, die vornehmlich im Iran und Irak einen streng hierarchischen Gottesstaat propagieren.

Oum el Banine – ein Frauenhaus in Agadir

Frauen sollen in Marokko auch heute noch vor allem eines sein: Ehefrau und Mutter

2001 gegründet, widmet sich die Nichtregierungsorganisation Oum el Banine jenen, die ihre Rechte kaum einklagen können, die sozialer Ächtung unterliegen und sich oft in besonders prekären Notlagen befinden: jungen unverheirateten Müttern und ihren Babys. Aus islamistischen Kreisen immer wieder angefeindet, verfolgt die Organisation ein zutiefst humanes Anliegen: verzweifelte junge Frauen zu betreuen und zu beraten, ihnen Arbeit und Ausbildung zu verschaffen, kleinen Kindern Schutz und Geborgenheit anzubieten.

Ein Hinterhaus im Industrieviertel von Agadir, vor dem Eingang eine beeindruckende Phalanx von Kinderwagen. Über eine stählerne Außentreppe geht es in die Räume im ersten Stockwerk – ein mit Mobiles dekorierter Schlafraum, darin fast ein Dutzend Gitterbettchen, ein Spiel- und Krabbelzimmer, durch das Kleinkinder wuseln, ein Wasch- und Wickelraum mit Namensschildchen an den Wänden sowie Fächern für Kinderkleidung und Spielzeug, dazu diverse Empfangs- und Büroräume. Hier ist die Zentrale einer ganz besonderen Organisation angesiedelt – Oum el Banine (Mutter der Kinder) ist der Name eines Frauen- und Kinderhauses, gegründet mit dem Ziel, jungen ledigen Müttern und ihren Kindern in ihren vielfältigen Nöten zu helfen.

Gesellschaftliches Tabu

Eine Schwangerschaft außerhalb der Ehe ist in Marokko bis heute ein Skandal ersten Ranges, der die Ehre der Familie bedroht – nicht nur in den traditionellen Milieus auf dem Lande und in strenggläubigen Kreisen, sondern auch im vergleichsweise liberaleren sozialen Gefüge der Großstädte. Die Juristin Djamila, Mitglied im elfköpfigen Exekutivkomitee von Oum el Banine, berichtet im Gespräch von etlichen Fällen, in denen Mädchen oder junge Frauen auf windige Heiratsversprechen hereingefallen sind, schwanger und dann von ihren Partnern sitzen gelassen wurden. Bis heute hat eine Marokkanerin kein Recht, über eine DNA-Analyse den Vater ihres Kindes feststellen zu lassen und damit Unterhaltsforderungen einzuklagen. Um ein Heiratsversprechen gerichtsverwertbar nachzuweisen, bedarf es einer ganzen Serie von Zeugenaussagen, deren Einholung für die betroffene Frau fast unmöglich ist. Bei außerehelichen Schwangerschaften wird fast immer die Frau sozial geächtet und skandalisiert – und solange es in Marokko so gut wie keine Familienrichterinnen gibt, werden gerichtliche Sorgerechtsentscheidungen meist zugunsten der Väter gefällt.

Ein gesellschaftliches Tabu sind zudem die oft entsetzlichen Schicksale der *petites bonnes,* jener minderjährigen, oft noch kleinen Mädchen, die von ihren Familien, häufig in erbärmlichem Elend auf dem Lande lebend, in die Haushalte der großen Städte regelrecht verkauft werden, manchmal im guten Glauben, dies sei das Beste für das Kind. Djamila erzählt von etlichen Fällen, in denen diese Hausmädchen gnadenlos ausgebeutet, vom Hausherrn vergewaltigt und dann auf die Straße geworfen wurden. Mit Petitionen, Informationskampagnen und Unterschriftenaktionen (bis zu 1 Mio. Unterschriften!) versucht Oum el Banine auf derartiges Unrecht hinzuweisen und eine Art von Gegenöffentlichkeit aufzubauen.

Parteinahme für die Rechtlosen

Etwa 15 festangestellte Fachkräfte arbeiten in der Organisation, die sich fast ausschließlich über Spenden und Zuwendungen internationaler Hilfswerke, etwa *terre des hommes,* finanziert. In den Agadirer Stadtteilen Dakhla und Essalam betreibt Oum el Banine zwei Frauenhäuser, wo ledige Mütter nach der Entbindung zunächst einmal für 40 Tage erstversorgt werden. Diese Versorgung umfasst medizinische Betreuung wie juristische Beratung, Bereitstellung

www.oumelbanine.net
Auf der Website der Organisation finden Sie weitere Informationen zur Struktur und zu Projekten.

von Babynahrung, Hilfe bei der Suche nach Arbeit und Wohnung. Oum el Banine ergreift so kompromisslos Partei für diejenigen, die ihre Rechte weder artikulieren noch durchsetzen können und arbeitet an der Reintegration der sozial Geächteten, indem man versucht, den jungen ledigen Müttern über Arbeit oder Ausbildung einen Einstieg ins Erwerbsleben und damit in eine relative Selbständigkeit zu vermitteln und indem man versucht, die Kontakte zu Familien und Vätern neu aufzubauen und damit die Rückkehr der Mütter in die Ordnung eines Gemeinwesens zu ermöglichen. In der Kinderkrippe der Organisation können bis zu 40 Kinder betreut werden, bis sie im Alter von drei Jahren in einen Kindergarten wechseln.

Das neue Familienrecht

Das neue, vom König seit 2003/04 auf den Weg gebrachte Familienrecht verbessert manches für die Kleinkinder, nicht aber für die ledigen oder geschiedenen Mütter, sagt Madame Mahjouba Edbouche, die Oum el Banine im Mai 2001 gegründet hat und seitdem als Direktorin leitet. Nach ihrer Einschätzung enthält der neue *code familiale* zweifellos richtige Ansätze – etwa das Verbot von Polygamie und Zwangsehen, die Annullierung des männlichen Rechts der Verstoßung der Frau oder die zivilrechtlichen Regelungen im Fall einer Scheidung –, die aber bis heute in der alltäglich praktizierten Rechtsprechung nicht eingelöst werden. Die Kernelemente des neuen Familienrechts sind gut gemeint – an der Misere der Frauen, zumal der jungen ledigen Mütter, ändern sie gleichwohl nichts.

In diesem gesellschaftlichen Kontext, der über familienrechtliche Fragen weit hinausreicht, indem er grundsätzlich die Geschlechterrollen in einer islamischen Zivilisation tangiert, wird die Arbeit von Organisationen wie Oum el Banine auch in Zukunft unverzichtbar sein – auch wenn sie als militante Vorkämpferinnen für weibliche Emanzipation von islamistischen Kreisen schon mehrfach attackiert worden sind.

Neues Selbstbewusstsein mit Kopftuch: Frau in einem Internetcafé in Rabat

Umweltprobleme in Marokko

Marokko sieht sich derzeit mit einer Vielzahl brisanter Umweltprobleme konfrontiert, von denen etliche durch den Tourismus noch verschärft werden. Nur sehr zögerlich beginnt sich im Land so etwas wie ein ökologisches Bewusstsein zu entwickeln, das auch die politische Entscheidungsebene erreicht und dort zu konkreten Konsequenzen führt. Staatliche Maßnahmen laufen häufig ins Leere, solange es keinen anerkannten nationalen Umweltverband gibt.

Unmengen schwarzer Plastiktüten treiben im Wind, verfaultes Holz, Essensreste, Papierklumpen, Klärschlamm, Autobatterien, Bauschutt, Industrieabfälle, Hausmüll, Elektronikschrott aller Art, halbverrostete Metallfässer – eine riesige Abraumhalde, ein trostloses Gelände, kokelnde Feuer, beißender Rauch und Gestank, einige Ziegen knabbern an undefinierbaren Plastikresten, am Horizont stochern einige in Lumpen gehüllte Gestalten mit großen Mistgabeln in den Abfallbergen herum, durchwühlen die Müllhalden offenbar auf der Suche nach Gegenständen, die noch halbwegs verwertbar sind. Undenkbar, dass hier, an dieser Endstation des Materiellen, etwas noch brauchbar sein könnte, rückführbar in einen Kreislauf des Recycling.

Hausmüll, einmal weggeworfen, gilt in Marokko bis heute damit als quasi entsorgt. An der Peripherie der Großstädte – nicht mehr lange, und es wird etwa ein Dutzend Millionenstädte geben – wuchern diese offenen, ungesicherten Mülldeponien unkontrolliert vor sich hin, aber auch in der Provinz, am Rande der Dörfer, auf den Hochebenen, am Saum der Fernstraßen. 2007 wurde ein nationales Abfallgesetz verabschiedet, das nach der Meinung etlicher Experten der deutschen Gesellschaft für technische Zusammenarbeit (GTZ), die in kommunalen Umweltprogrammen beratend mit den zuständigen marokkanischen Behörden kooperiert, durchaus ambitioniert und zukunftsweisend ist. Wie so oft in Marokko ist der Behördenweg von der obersten administrativen Instanz – federführend ist das in Rabat ansässige Ministerium für Energie, Minen, Wasser und Umwelt – bis zur untersten Ebene der Kommunen weit und holprig. Bei aller Vorsicht angesichts derartiger Verallgemeinerungen: Die Umweltschutzbehörden der Gemeinden, Landkreise und Provinzen sind in der Regel unzureichend vernetzt, personell ausgedünnt und finanziell bestenfalls karg ausgestattet.

Unkontrollierter Bauboom

Es gibt im Parlament, dessen legislative Befugnisse ohnehin dürftig sind, bis heute keine dezidiert grüne ökologische Partei. Es gibt vor allem keinen nationalen Umweltverband, der etwa bei Großprojekten der Bauwirtschaft oder geplanten Industrieansiedlungen Umweltauflagen formulieren und in der Realität auch einklagen und juristisch durchsetzen könnte. Der entfesselte Bauboom an etlichen Abschnitten der Atlantikküste, aber auch in anderen Regionen, folgt zumeist einem erbarmungslosen ökonomischen Kalkül, das gerade auf Belange der Umwelt keinerlei Rücksicht nimmt. Da werden dann großflächige Rodungen, selbst in den ökologisch einzigartigen Zedernwäldern des Mittleren Atlas und der Südhänge des Rif-Gebirges, angeordnet, da werden riesige Flächen Nutzland versiegelt, da wird wie im Großraum Marrakesch ein alarmierendes Absinken des Grundwasserspiegels hingenommen (allein die Pflege der in üppige, weiträumige Gartenanlagen gebetteten Golfplätze verbraucht Unmengen an Süßwasser) oder wie in der Region Agadir eine immer stärkere Versalzung des Grundwassers.

Solange sich freilich ein ökologisches Bewusstsein sowie ein darauf aufbauendes ökologisches Engagement nahezu ausschließlich in privat organisierten, lokal agierenden Bürgerinitiativen artikuliert und (noch) nicht in einer professionellen und damit zur Lobbyarbeit fähigen nationalen Umweltbehörde, solange wird es in Marokko kaum möglich sein, im Sinne eines konsequent angewandten Verursacherprinzips die Umweltfrevler zur Rechenschaft zu ziehen. Und da gäbe es so manches, was sich zu einem Katalog an Auflagen bündeln ließe: Aufforstungsprogramme etwa, Filter- und Klärtechnik, Ressourcenmanagement, Gewässerschutz, Bodensanierung, Energiesicherung oder behördlich genehmigte und kontrollierte, kommunale Müllverbrennungsanlagen.

Gewässerschutz

Auch auf dem Sektor des Gewässerschutzes türmen sich gewaltige Probleme. Marokko ist bis auf einige industrielle Kerne bis heute weitgehend ein Agrarland – die Landwirtschaft, die riesigen Obst- und Gemüseplantagen, aber auch die gigantischen Tourismuskomplexe binden immer mehr Süßwasserreserven, die zur Versorgung der einheimischen Bevölkerung fehlen. Da die volkswirtschaftlichen Bilanzen in hohem Maße von den Ernteerträgen abhängen und diese wiederum von der Ergiebigkeit und Verteilung der Niederschläge, kommt den Herausforderungen durch Klimawandel und Desertifikation (Versteppung der Böden) existenzielle Bedeutung zu. Schon heute gibt es Gebiete in Südmarokko, etwa im Anti-Atlas, im Tafilalet, im Dra-Tal oder in der Djebel-Bani-Region um Foum Zguid, in denen der Grundwasserspiegel zuletzt um 20–40 m gesunken ist. Die drastisch zurückgehenden Wasserreserven markieren für die Zukunft ein ökologisches Problem ersten Ranges – und ein brisantes Politikum gleichermaßen.

Die Verschmutzung der Oberflächengewässer, vor allem aber die ungeklärt in Flüsse und Meer geleiteten Abwassermengen aus Industrie, Großstädten und Tourismuskomplexen verschärfen die Situation noch zusätzlich. In Marrakesch und Fès sind gegenwärtig Systeme von Kläranlagen geplant, die ökologischen Standards der Abwasseraufbereitung standhalten sollen. Dies ist landesweit die Ausnahme, in den meisten marokkanischen (Groß-)Städten werden Abwässer ungeniert ins Meer oder in die Natur befördert, in kleineren Kommunen ist dies die Regel.

Die Nutzung der kostbaren Ressource Wasser unterliegt beim klein parzellierten Feldbau der Oasenlandwirtschaft im südlichen Marokko komplexen sozialen Regelungen. Wasser- und Bodenrechte sind häufig nicht kongruent: So kommt es häufig vor, dass ein Kleinpächter *(khames)* Wasserrechte auf einer Parzelle besitzt, die ihm gar nicht gehört oder umgekehrt Grund und Boden dort bestellt, wo er die Wasserrechte erst einholen muss. Dieses verworrene System sowie die mächtige Position alteingessener Großgrundbesitzer erschweren es, die Patrone der oft riesigen Latifundien für die Nutzung von Wasser bezahlen zu lassen.

Herausforderungen

Gerade für ein Land, das in so hohem Maße von Tourismuserlösen abhängt wie Marokko, ist eine intakte Umwelt ein entscheidender Standortvorteil, zumal in Zeiten, in denen ein ökologisch bewusstes Reisen gegenüber dem herkömmlichen Bade- und Massentourismus immer mehr an Bedeutung gewinnt. Wenn der Eindruck nicht völlig täuscht, beginnt sich diese Gewissheit immer deutlicher zu formieren – in Bürgerinitiativen, in lokalen Umweltverbänden und allmählich auch in der offiziellen Politik auf Ministerebene. So wäre es an der Zeit, dass etwa der Office Chérifien des Phosphates (OCP), die nationale, einem staatlichen Monopol unterstehende Phosphat-Agentur, immerhin einer der größten Arbeitgeber im Land, endlich ein Umweltschutzprogramm verabschiedet, das diesen Namen verdient. Und es wäre an der Zeit, im Umweltbereich eine straff organisierte Genehmigungs-, Kontroll- und Sanktionsbehörde aufzubauen, in der Korruption keinen Platz hat.

Die ökologischen Herausforderungen, mit denen Marokko konfrontiert ist, sind enorm – Luftverschmutzung, Verkehrsinfarkt in den Metropolen, Überfischung der küstennahen Atlantikgewässer kommen hinzu. Ein entschlossenes Krisenmanagement ist geboten, um Marokko eine Zukunft, auch eine auf dem hart umkämpften Tourismusmarkt, zu sichern. »Ein Königreich für Ihren Urlaub«: Noch gilt der Slogan, mit dem das Land um die deutsche Klientel wirbt – wer weiß, wie lange noch.

Erneuerbare Energien
Immerhin scheint Mohamed VI. bisher nicht gewillt, an die abenteuerlichen Pläne seines Vaters Hassan II. anzuknüpfen und im Land auf den Bau von Atomkraftwerken zu setzen. Angesichts der periodisch wiederkehrenden Engpässe in der Stromversorgung müssten die politisch Verantwortlichen eigentlich ein vitales Interesse an der Erschließung und am Ausbau alternativer Energieträger haben. Ob die gigantischen Visionen des multilateralen Großprojektes **Desertec** (s. S. 75), das eine Solarstromerzeugung in Nordafrika als langfristige Perspektive vorsieht und die wirtschaftliche Integration des Maghreb als Annäherung an die EU befördern will, lediglich energiepolitische Schaumschlägerei oder eine echte ökologische Zukunftsoption ist – dies steht noch dahin. In einigen Regionen, wo es tatsächlich sinnvoll ist – etwa im Raum Essaouira oder um Tanger – sind zuletzt mehrere Windparks entstanden, in denen Windenergie genutzt, gespeichert und in die regionalen Stromnetze eingespeist wird.

Elias Canettis »Die Stimmen von Marrakesch«

Canetti bei der Verleihung des Nobelpreises für Literatur 1981

Elias Canettis Aufzeichnungen »Die Stimmen von Marrakesch«, 1967 als erster Band der neugegründeten Reihe Hanser an exponierter Stelle erschienen, gehören mit Recht zu den Klassikern der deutschsprachigen Marokko-Literatur, ja zum Kanon der deutschen Nachkriegsliteratur überhaupt.

Canetti, Jahrgang 1905, war im März 1954 auf Einladung seines Freundes Aymer Maxwell für etwa drei Wochen in Marokko; Maxwell koordinierte zu dieser Zeit in Marrakesch die Dreharbeiten zu dem von ihm produzierten Film »Another Sky«, der 1956 in die Kinos kam. Mit dem Filmteam, das in Canettis Text immer wieder erwähnt wird, ist Maxwells Crew gemeint – und nicht etwa, wie die Legende hartnäckig behauptet, die Mannschaft um Alfred Hitchcock, der ebenfalls 1954 in Marrakesch drehte (»The man who knew too much«).

»Aufzeichnungen nach einer Reise«

Canettis Reisebericht, in der Beschreibung von topografischen Details konkret bis hin zum Reportagehaften (es ist erstaunlich, dass die Süddeutsche Zeitung den Text 2004 in einer »50 große Romane des 20. Jahrhunderts« überschriebenen Publikationsreihe präsentierte, denn ein Roman liegt hier sicherlich nicht vor), ist im Untertitel als »Aufzeichnungen nach einer Reise« ausgewiesen. Ein Großteil von Canettis gewaltigem Œuvre firmiert unter dem neutralen Etikett »Aufzeichnungen« – ein, auf das Marrakesch-Buch bezogen, schillernder Begriff, der zeitlich oder kausal gefasst werden kann: Es können sowohl Aufzeichnungen sein, die im zeitlichen Abstand nach einer Reise entstanden sind, als auch Aufzeichnungen, die, als sprachlicher Reflex auf ein fremdes Terrain, von einer »Reise«, und sei es von einer Reise ins Innere der eigenen Person, gesteuert werden.

Canettis Reisen, die hier skizziert werden, sind freilich nicht Touren durch Marokko, sondern Pirschgänge, Expeditionen, Sondierungen in den verschiedenen Stadtvierteln von Marrakesch. Ein überaus wacher, hellhöriger Flaneur ist hier unterwegs, der sich in einer betörenden, poetisch-präzisen Sprache einer besonderen Dialektik des Reisens stellt. Diese »Aufzeichnungen« vermessen nicht zuletzt, nach einer Reise und durch eine Reise, das Eigene im Fremden wie das Fremde im Eigenen. Dieser Zusammenhang wird, höchst bezeichnend, im Text nirgendwo so deutlich wie in den Schilderungen des jüdischen Viertels von Marrakesch, der berühmten Mellah. Canetti, in einem Winkel des Osmanischen Reiches geboren, ein exilierter jüdischer Autor deutscher Sprache, der jahrzehntelang in London lebte, begegnet beim »Besuch in der Mellah« sich selbst, indem er unvermittelt und daher auf eine besondere Weise schutzlos auf die Urgründe seiner jüdischen Existenz trifft. »Mir war zumute, als wäre ich nun wirklich woanders, am Ziel meiner Reise angelangt. Ich mochte nicht mehr weg von hier, vor Hunderten von Jahren war ich hier gewesen, aber ich hatte es vergessen und nun kam mir alles wieder.« Dieses »alles«, eher verdrängt als »vergessen«, markiert eine kardinale Erfahrung: In der Mellah von Marrakesch erkennt Canettis »Ich« die eigene wie eine kollektive jüdische Existenz als prinzipiell bedroht – mit einem Instinkt, der an Kafka oder auch an Celan gemahnt: Es ist der Instinkt, der Bedrohung schon dort wittert, wo andere sich noch sicher fühlen.

Die akustische Maske

Fast alle großen Marrakesch-Autoren zeigen sich in ihren Texten fasziniert von den und fixiert auf die sinnlichen Sensationen des Auges – gleißendes Licht, leuchtende Farben, majestätische Landschaft, eine Palmenoase vor den Kulissen des Hohen Atlas, illuminierter Orient ... Hugo von Hofmannsthal etwa schwärmt in einem Brief aus dem Jahr 1925 (Marrakesch, 11. März 1925, Brief an Gerty, Hofmannsthals »gutes Engerl«) in romantischer und also falscher Emphase von Marrakesch als dem »Paris der Sahara«, Inbegriff von Weltstadt und Süden.

Canetti setzt dagegen auf das Sensorium des Gehörs, sein Text zeichnet, bis ins Lautmalerische hinein, die »Stimmen« von Marrakesch auf, die Tierlaute und Geräusche, Schreie und Flüstern, Rufe und Gemurmel, Töne und Singsang, Namen und Worte, Suada und Gestammel. Wo andere Autoren poetische Sprache an die Rekonstruktion einer Optik aus Oberflächenreizen verschwenden, da konzentriert Canetti Sprache auf die Fixierung dessen, was er in Essays und Aufzeichnungen mehrfach als »akustische Maske« bezeichnet. Ein Text als Partitur, der die Symphonie einer Großstadt einfängt – Akustik also statt Optik, Horchen statt Starren, Komponieren statt Malen, Klingen statt Leuchten.

Im Kapitel »Die Rufe der Blinden« heißt es dazu: »Es sind akustische Arabesken um Gott, aber wieviel eindrucksvoller als optische.« Auf der Djemaa el Fna, dem vielbesungenen Zentralplatz von Marrakesch, erliegt Canetti, ohne ein Wort zu verstehen, den Wirkungen einer Kunst des Geschichtenerzählens, die deshalb so hinreißend ist, weil diese Geschichten im Erzählen aufgehen, im Akt des Vortrags, in der Performance ihrer Inszenierung, in der Stimmwerdung ihrer Aufführung. Canetti entdeckt hier, womöglich zum ersten Mal, die Wucht einer Dichtung, die ihre Existenz oraler Tradition, nicht schriftlicher Fixierung verdankt; er notiert im Kapitel »Erzähler und Schreiber«: »Hier fand ich mich plötzlich unter Dichtern, zu denen ich aufsehen konnte, weil es nie ein Wort von ihnen zu lesen gab.«

Eine tumultuöse Epoche

1953 war Sultan Mohamed V. von der französischen Protektoratsmacht ins Exil nach Madagaskar gezwungen worden, auf Betreiben des Kollaborateurs El Glaoui, des Paschas von Marrakesch, wurde Ben Arafa als willfähriger Gegensultan installiert. Das Attentat auf Ben Arafa wird in Canettis Journal eher beiläufig erwähnt. Es ist die einzige Passage, in der sich die tumultuösen Geschehnisse spiegeln, die 1954 eskalieren und 1955/56 das Ende der Protektoratsherrschaft einleiten. Gegenüber diesen zeitgeschichtlichen Implikationen sind die »Stimmen von Marrakesch« auffallend indifferent. Wer dies dem Autor ankreidet, verkennt freilich seine wichtigsten Intentionen – immerhin war es Canetti hier weder um journalistische Aktualität noch um politische Kommentierung, etwa zu Phänomenen des Spätkolonialismus, zu tun, sondern einzig um den Versuch, Figuren als »akustische Masken« zu erkennen und damit in ihrer und durch ihre Sprache entstehen zu

lassen. Noch der grandiose Schlusspassus des Buches ist diesem Konzept unverkennbar verpflichtet: »Aber es lebte, und mit einem Fleiß und einer Beharrlichkeit ohnegleichen sagte es seinen einzigen Laut, sagte ihn Stunden und Stunden, bis es auf dem ganzen weiten Platz der einzige Laut geworden war, der Laut, der alle anderen Laute überlebte.«

Canettis Marrakesch – eine versunkene Welt

Zwar hat Hubert Fichte, ein anderer großer Marrakesch-Kenner, Canettis Buch vehement abgelehnt, gleichwohl markieren »Die Stimmen von Marrakesch«, vom Feuilleton bei ihrem Erscheinen fast unisono in höchsten Tönen gelobt und seither vielfach neu aufgelegt, für Canetti – Literaturnobelpreisträger des Jahres 1981 – den Durchbruch im deutschsprachigen Raum, den Beginn seines Ruhmes als Literat.

Im Marokko Mohameds VI. ist gerade Marrakesch immer mehr zu einer hippen Destination des internationalen Jetset zugerichtet worden, zu einem Magnet für die *happy few* der Reichen und Schönen, die in der Medina die alten Riads aufkaufen, in denen sie nicht eigentlich wohnen, sondern sich ausstellen, in exotischem Ambiente. Nicht nur ist Canettis Text längst historisch geworden, war womöglich schon historisch bei seinem Erscheinen, auch das hier in Sprache aufgehobene Marrakesch ist eine längst versunkene Welt. Die »Stimmen«, die Canetti noch vernommen und in eine einzigartige Sprache gebannt hat, sind inzwischen wenn nicht verstummt, so doch von einem allgegenwärtigen Gelärme übertönt.

Auch heute noch ist die Djemaa el Fna in Marrakesch voller Leben

Der marokkanische Film – eine unbekannte Größe

Marokko ist als eine Art exotische Fototapete in internationalen Großproduktionen zwar häufig auf der Leinwand zu sehen, der marokkanische Film aber ist, gerade in Marokko selbst, nahezu unbekannt. Als Nabil Ayouchs Sozialdrama »Ali Zaoua« 2001 etwa 500 000 Zuschauer in die Kinos lockte, galt dies als Sensation. Unzureichende cineastische Infrastrukturen, vereinzelte Programmkinos, kaum einheimische Verleihfirmen und finanzstarke Produzenten, Auflagen durch die Zensur – marokkanisches Kino, im Ausland oft hochgelobt, fristet im Inland ein Nischendasein.

So hat man Casablanca noch nie gesehen: Metropolenporträt und surreale Ballade, Thriller und Melodram. Mit seinem grandiosen Spielfilm »WWW – What a wonderful world« hat der marokkanische Regisseur und Drehbuchautor Faouzi Bensaidi (geb. 1967) 2006 ein starkes visuelles Ausrufezeichen gesetzt. Bensaidi selbst spielt hier, in der Tradition eines Alain Delon in »Der eiskalte Engel«, den einsamen Auftragskiller Kamel, der seine Aufträge via Internet erhält. Als Kamel der Telefonstimme einer Unbekannten verfällt, beschließt er, diese Frau ausfindig zu machen. Betörende Bilder, raffinierte Montage, märchenhafte Choreografien und ein lakonischer, slapstickhafter Humor machen dieses Filmabenteuer zu einem Solitär im marokkanischen Kino. Als eine der ganz wenigen Produktionen aus Marokko hat es »WWW – what a wonderful world« bis in die deutschen Programmkinos geschafft.

Szene aus dem Film »WWW«

Unzureichende Infrastrukturen

Wer in einer marokkanischen Großstadt abends ins Kino gehen will, hat zumeist nur die Auswahl zwischen ägyptischen Schnulzen, indischen Bollywood-Melodramen und amerikanischen Blockbustern. Zwar gibt es in Ouarzazate landesweit berühmte Aufnahmestudios, in Rabat ein Centre Cinématographique Marocain (gegründet 1944, www.ccm.ma) und spezielle Studiengänge für Regie und Drehbuch – dennoch leidet das marokkanische Filmschaffen unter den unzureichenden Infrastrukturen im Land. Marrakesch hat seit 2001 sein internationales Filmfestival im Dezember und mit dem Colisée ein ausgewiesenes Programmkino, aber derartige Standards sind zumeist die große Ausnahme. Ohne professionelle Verleiher und unabhängige einheimische Produzenten sind die marokkanischen Filmregisseure fast immer auf ausländische Koproduzenten und/oder zumeist europäische Fernsehkanäle angewiesen. Ein vergleichsweise bescheidener Produktionsetat von etwa 2 Mio. €, wie er Nabil Ayouch für den Dreh von »Ali Zaoua – Auf den Straßen von Casablanca« 2001 zur Verfügung stand, bleibt in der Regel ein unerfüllbarer Wunschtraum.

Zensur oder Selbstzensur?

Mit »Mektoub« hatte Ayouch schon 1998 für Aufsehen gesorgt, »Ali Zaoua«, sein großartiger, halbdokumentarischer Spielfilm um eine Jugendgang im Hafen von Casablanca, war sogar für einen Oscar als bester nicht-englischsprachiger Film nominiert. In Marokko hat der Film, der sich weit vorwagt und Tabus wie Jugendgewalt, Drogen, Armut und Prostitution berührt, für Furore gesorgt – und eine Diskussion über das Schicksal der Straßenkinder entfesselt. Für seinen nächsten Film »Une minute de soleil en moins«, der das Tabuthema Homosexualität nicht eigentlich behandelt, sondern in einigen Szenen aufgreift, hat Ayouch in Marokko keine Abspielgenehmigung erhalten. Ein grandioser Roman, eine kongeniale Verfilmung: »Les Chevaux de Dieu«, Ayouchs Leinwandadaption von Mahi Binebines Roman »Die Engel von Sidi Moumen«, war 2013 ein überwältigender Erfolg. Vielfach ausgezeichnet, rekonstruiert er die Vorgeschichte des Terroranschlags vom Mai 2003 in Casablanca, skizziert in einem fast dokumentarischen Gestus das Milieu der jugendlichen Selbstmord-Attentäter. Ganz großes Kino! Dies gilt auch für seinen 2015 in Marrakesch gedrehten Film »Much loved«, das Porträt von vier Prostituierten, eine virtuos in Szene gesetzte Studie über den alltäglichen Machismo in der arabischen Welt.

Der Regisseur Hassan Benjelloun (»Das Urteil einer Frau«, 2002) hat mehrfach darauf verwiesen, dass Filmemacher in Marokko weniger einem eindeutigen Zensurkanon als vielmehr den Bedingungen einer subtilen Selbstzensur. Danach wären Tabuthemen also eher selbstauferlegte, quasi ›freiwillige‹ Einschränkungen, Zugeständnisse an das, was Benjelloun die »Mitte der Gesellschaft« nennt. Ein Kinobesuch ist in Marokko häufig eine Familienunternehmung – schon deshalb wird ein Filmemacher ein sehr feines Sensorium dafür entwickeln müssen, welche Grenzen der Schamhaftigkeit, der Empfindlichkeit es in einer muslimischen Gesellschaft zu respektieren gilt.

Marokkanische Regisseurinnen

Farida Ben Lyazid, 1948 in Tanger geboren, hat ihre cineastische Ausbildung in Frankreich absolviert. 1999 gelang ihr mit »Die List der Frauen«, einer marokkanisch-schweizerisch-französischen Koproduktion, ein vielbeachteter Leinwanderfolg. Ähnliches gilt für Yasmine Kassaris (geb. 1972) 2005 in der Rif-Region gedrehten Film »Das schlafende Kind«, der (angesiedelt zwischen Dokumentation und Spielfilm) das Schicksal jener Frauen behandelt, die von ihren als Wanderarbeiter nach Europa emigrierten Ehemännern oft über Jahre allein zurückgelassen werden. Der Film, die anrührende Illustration einer Frauengemeinschaft in einer von traditionellen Riten und patriarchalischen Strukturen geprägten, rauen ländlichen Welt, war auch in deutschen kommunalen Kinos zu sehen.

»Nos lieux interdits« (2009, Unsere verbotenen Orte), einer der wichtigsten Dokumentarfilme, wurde von einer Frau gedreht: Leila Kilani (geb. 1970) begleitete 2004 bis 2007 vier marokkanische Familien, die von der von Mohamed VI. eingerichteten Wahrheitskommission Aufklärung über das Schicksal ihrer Angehörigen erhoffen. »Nos lieux interdits« thematisiert die Menschenrechtsverletzungen in der Ära Hassans II. und dokumentiert das Bemühen der Wahrheitskommission, den Opfern der ›bleiernen Zeit‹, also der 38-jährigen Regentschaft Hassans II., Gerechtigkeit zu verschaffen. Auf dem Fespaco-Filmfestival in Burkina Faso wurde Leila Kilanis Regiearbeit 2009 als bester Dokumentarfilm ausgezeichnet. Mit »Sur la planche«, ihrem ersten langen Spielfilm, landete sie 2012 einen internationalen Erfolg: die Geschichte von vier jungen Frauen, die im Hafen und innerhalb der Freihandelszone von Tanger unter erbärmlichen Bedingungen schuften und von einem anderen, besseren Leben träumen.

Roadmovie und poetische Parabel

Auf einem alten Motorrad mit Seitenwagen sind sie unterwegs, von Rabat-Salé nach Azemmour, ein Alter und ein Junger, Tahar und Driss, Melancholiker beide, geprägt von der verzweifelten Heiterkeit der Verlierer, romantische Sinnsucher, auf einem unbestimmten Kurs, ein Weg in eine verklärte Ferne, hin zu einem Horizont, den die beiden vielleicht lieber als Sehnsucht bewahren denn als konkretes Ziel wirklich erreichen wollen. Mit seinem Spielfilm »Cheval de vent« (2002, Pferd des Windes) gelang Daoud Aoulad Syad (geb. 1953) ein berückendes Roadmovie und zugleich eine poetisch versponnene, märchenhaft-skurril entrückte, poetische Parabel. Eine Reise als Trip ins Innere der Protagonisten, die, je länger sie gemeinsam unterwegs sind, zusehends genauer mit sich selbst bekannt werden – und mit dem Anderen an ihrer Seite. Das Genre des Roadmovie wird hier gekonnt als eine Art Motivfolie benutzt, als Hintergrund, vor dem das reale Marokko, ein Land im Umbruch zwischen Tradition und Moderne, in aller Deutlichkeit gezeigt wird. Auch für »Cheval de vent« gilt: Ohne einen couragierten Verleih – in diesem Fall der Trigon-Filmverleih – hätte dieser wunderbar eigenwillige Film wohl nie seinen Weg in die europäischen Programmkinos gefunden. Ähnliches Engagement bewies Trigon, als der Verleih den Film »Le grand voyage« des marokkanischen Regisseurs Ismael Ferroukhi (geb. 1962) unter Vertrag nahm. Das bewegende Roadmovie um einen Vater-Sohn-Konflikt und eine Pilgerreise nach Mekka gewann 2004 bei den Filmfestspielen in Venedig einen Regiepreis als bestes Erstlingswerk.

Ein enormes kreatives Potenzial auf der einen, prekäre Produktions-, Finanzierungs- und Vertriebsbedingungen auf der anderen Seite: In diesem Spagat scheint sich das marokkanische Kino derzeit bewähren zu müssen. Den vergleichsweise schwierigen Bedingungen der Realisierung haben die jungen Regisseurinnen und Regisseure nach der ›bleiernen Zeit‹ freilich manche aufsehenerregenden Filme und im besten Fall sogar einige cineastische Meisterwerke abgetrotzt.

Programmkino Colisée
Das Colisée in Marrakesch (s. S. 183) ist eines der raren Programmkinos in Marokko, die nicht auf den cineastischen Mainstream fixiert sind. Mit etwas Glück kann man hier auch aktuelle marokkanische Produktionen sehen.

Unterwegs in Südmarokko

Vor dem prächtigen Stadttor Bab el Mansour an der Place El Hedim in Meknes

Das Beste auf einen Blick

Rabat

Highlight!

Rabat: Die Hauptstadt Marokkos eignet sich mit ihrer übersichtlich strukturierten Medina, einem reichen Fundus an klassischen Sehenswürdigkeiten, interessanten Museen und dem von repräsentativen Avenuen sowie gepflegten Parkanlagen geprägten Neustadtzentrum besonders gut als Einstieg in die Visite der Königsstädte. Eine moderne Behörden-, Beamten- und Universitätsstadt auf der einen, ein Relikt aus der Hochzeit der Almohaden-Ära (12. Jh.) auf der anderen Seite – für Stadtflaneure, die hier von Fremdenführern unbehelligt bleiben, ist Rabat ein geeignetes Gelände. S. 108

Auf Entdeckungstour

Der Friedhof Al Shouhada: Kein Ort für ein pietätvolles Mementum mori, sondern ein auf den ersten Blick wüstes Gräberfeld am Nordwestrand der Medina: Der weitläufige Friedhof Al Shouhada, der Friedhof der Märtyrer, fordert zum Nachdenken über Totenkult und Todesvorstellungen im Islam heraus. 3 S. 112

Kultur & Sehenswertes

Kasbah des Oudaias: In dem wuchtigen, die Medina von Rabat überragenden Festungskomplex sind heute mehrere Museen untergebracht. 4 S. 111

Mausoleum Mohameds V.: Einer der wenigen auch für Nicht-Muslime zugänglichen Sakralbauten und einer der prunkvollsten Bauten im neomaurischen Stil der Moderne. 8 S. 111

Archäologisches Museum: Das Musée d'Archéologie im Zentrum der Neustadt präsentiert den landesweit vermutlich reichhaltigsten Fundus an archäologischen Sammlungen. 10 S. 115

Aktiv unterwegs

Ausflug nach Sidi Bouknadel: Etwa 10 km nordöstlich von Salé lohnen die Tropischen Gärten einen Besuch. 1 S. 119

Genießen & Atmosphäre

Restaurant Widad: Das einfache Restaurant am Rande der Medina besteht seit 1931. Die Wände sind mit historischen Schwarz-Weiß-Fotografien dekoriert, ein schönes Panorama bietet sich von der Dachterrasse. 6 S. 118

Café Maure: Das traditionsreiche, im maurischen Stil gehaltene Café markiert einen angenehmen Ruhepunkt innerhalb der weitläufigen Kasbah des Oudaias. Man hat einen netten Panoramablick über die Mündung des Oued Bou Regreg und Salé. 4 S. 118

Abends & Nachts

Jahrmarkt der Eitelkeiten: Mit Einbruch der Abenddämmerung, der berühmten *heure bleue*, wird die Avenue Mohamed V zur Flaniermeile: In einem der Straßencafés wie dem Grand Comptoir kann man den Tag ausklingen lassen und die Menge beobachten. 4 S. 120

Marokkos Hauptstadt

Rabat! ▸ Q 3

Rabat ist mit seinen Museen, dem berühmten Hassan-Turm und seiner übersichtlich strukturierten Medina bestens geeignet für den Einstieg in die Welt der Königsstädte. Seit 1912, mit dem Inkrafttreten der Protektoratsverträge, Hauptstadt des Landes, ist es Verwaltungs- und Behördenzentrum, Sitz des Parlaments und der Ministerien, Hochschulort und eines der diplomatisch-kulturellen Zentren Marokkos. An der Mündung des Oued Bou Regreg gelegen, ist Rabat mit der Schwesterstadt Salé auf eine 1,5-Mio.-Einwohner-Kapitale angewachsen.

Als behäbige Beamtenstadt mit weitläufigen Villenvierteln (südlich des Stadtzentrums im Stadtteil Souissi), großzügigen Parks und eleganten Avenuen, wurde Rabat nicht zu Unrecht als das ›Bonn Marokkos‹ bezeichnet. Von der kleinen, übersichtlichen Medina abgesehen, gilt Rabat als eine der modernsten, europäischsten Städte des Landes, die jedoch wirtschaftlich im Schatten des nur 90 km entfernten Industriemolochs Casablanca steht.

Infobox

Touristeninformation

Délégation du Tourisme: 22, Av. d'Alger, Tel. 0537 66 06 63, Fax 0537 72 59 91, Mo–Fr 8.30–16.30 Uhr.

Magazin Clips: Das kostenlose, vierteljährlich erscheinende Magazin enthält zahlreiche Adressen zu Unterkünften und Restaurants, zu Ausgehmöglichkeiten und kulturellen Veranstaltungen (courrier@clipsmag.com).

Anreise und Weiterkommen

Rabat liegt verkehrstechnisch günstig im Schnittpunkt mehrerer mautpflichtiger Autobahnen: Die A 1 führt über Kenitra, Larache und Asilah nach Tanger, die A 3 über Mohammedia, Casablanca und Azemmour bis El Jadida, die A 2 über Khemisset und Meknes bis Fès. Rabat liegt im Einzugsbereich des Flughafens Casablanca-Nouaceur. Der Rabater Hauptbahnhof (ein zweiter Bahnhof steht in Rabat-Agdal) liegt im Zentrum der Neustadt; Bahnreisende, die hier ankommen, finden im Radius weniger Gehminuten etliche gute Hotels. Innerhalb von Rabat bewegt man sich am besten mit einem Stadttaxi *(petit taxi)* oder mit der Tramway.

Geschichte

Die Besiedlung des Bou-Regreg-Mündungsgebiets begann in der Altsteinzeit. Als phönizischer und karthagischer Ankerplatz wurde die Siedlung Sala im 3. Jh. v. Chr. von den Karthagern gegründet und, von den Römern bis ins 4. Jh. gehalten, zur Hafenstadt ausgebaut. Im 10. Jh. bauten die Zenata-Berber die Klosterburg, den Ribat, etwa an der Stelle der heutigen Kasbah. Salé am rechten Ufer des Bou Regreg wurde erst im 11. Jh. neu gegründet.

Um 1150 stieg Rabat unter dem Almohaden-Sultan Abd el Moumen zu einer wichtigen Stadt auf, und später erhob Yacoub el Mansour (1184–99) die Stadt Ribat el Fath (Kloster des Sieges) zur neuen Residenz. Die wuchtigen Stadtmauern, die Reste der Freitagsmoschee und das unvollendete

Beeindruckende Lage: die Kasbah des Oudaias in der Medina

Minarett des Hassan-Turms künden noch heute von den riesigen Dimensionen der Hauptstadtkonzeption.

Nach dem Tod des mächtigen Herrschers verfielen die halb fertigen Bauwerke; Salé stieg zum wichtigsten Atlantikhafen der damaligen Zeit auf. Ab 1609 erlebten Rabat und Salé als Zufluchtsort andalusischer Flüchtlinge eine stürmische Blütezeit. 1627 schlossen sich die Zwillingsstädte zur von der Zentralgewalt des Sultans unabhängigen Republik Bou Regreg zusammen, die in der Folgezeit als bedeutendste Piratenniederlassung Nordafrikas sowie als Zentrum des internationalen Sklavenhandels zu gefürchteter Berühmtheit avancieren sollte.

1666 wurde die Republik dann in das scherifische Alaouiten-Reich eingegliedert. Doch hatte die Piraterie weiterhin Konjunktur. Erst 1829 kaperten die Piraten das letzte Schiff. Nach dem Tod von Sultan Moulay Ismail 1727 wurden Rabat und Salé in die Wirren der Erbfolgekriege verstrickt. 1755 richtete das große Erdbeben schwere Schäden an und nur zehn Jahre später beschossen französische Fregatten die Städte als Vergeltungsschläge gegen die Piraterie.

Der französische Generalresident Marschall Hubert Lyautey (1854–1934, 1912–25 Chef der französischen Protektoratsverwaltung) machte die Stadt 1912 zur neuen Hauptstadt des Landes. Sultan Moulay Abdel Hafid (1908–12) sowie sein ihm auf den Thron folgender Halbbruder Moulay Youssef (1912–27) verlegten ihre Residenz von Fès nach Rabat.

Medina

Der günstigste Einstieg für die Erkundung der Medina ist der Kreuzungsbereich Avenue Mohamed V/Boulevard Hassan II beim Komplex des **Marché municipal** 1 . Die Avenue Mohamed V, Verbindungsachse zwischen Medina und Neustadt, führt bis zum muslimischen Friedhof am Nordwestrand der Medina. Von der 1197 vollendeten Almohaden-Stadtmauer im Norden

und Westen, im Süden von der Andalusier-Stadtmauer umschlossen, ist die Rabater Medina eine der übersichtlichsten des Landes. Sie wurde vornehmlich von den Andalusiern, den seit dem frühen 17. Jh. aus Südspanien vertriebenen Muslimen, geprägt.

Der Rue Souika und ihrer Verlängerung, der Rue Souk es Sebbat, folgend, erreicht man die **Große Moschee** 2 (14. Jh.), die während der Protektoratszeit vollständig restauriert wurde.

In der benachbarten **Rue des Consuls** – bis 1912 die Adresse der ausländischen Gesandten – finden Interessierte unzählige **Teppichbasare**. Auch heute noch konzentriert sich nahezu die Hälfte der marokkanischen Teppichproduktion auf Rabat und vor allem auf Salé (Do vormittags Teppichauktionen).

Im Südostwinkel der Medina, am Flussufer, befindet sich die **Mellah** (das alte jüdische Viertel), in der nur noch wenige Juden wohnen.

Friedhof Al Shouhada 3

s. Entdeckungstour S. 112

Rabat

Sehenswert
- 1 Marché municipal
- 2 Große Moschee
- 3 Friedhof Al Shouhada
- 4 Kasbah des Oudaias
- 5 Museum für Marokkanische Kunst
- 6 Volkskunstmuseum
- 7 Hassan-Turm
- 8 Mausoleum Mohameds V.
- 9 Große Moschee Es Sunna
- 10 Archäologisches Museum
- 11 Bab er Rouah
- 12 Königspalast
- 13 Chellah

Übernachten
- 1 Sofitel Rabat Jardin des Roses
- 2 La Tour Hassan
- 3 Le Diwan Rabat
- 4 Golden Tulip Farah Rabat
- 5 Hôtel Rabat
- 6 Hôtel Terminus
- 7 Mercure Sheherazade
- 8 Hôtel Majliss
- 9 Helnan Chellah Hôtel
- 10 Hôtel Bouregreg
- 11 Royal Hôtel
- 12 Hôtel Balima
- 13 Hôtel Majestic
- 14 Hôtel La Paix
- 15 Hôtel Splendid
- 16 Camping de la Plage
- 17 Camping de Temara

Essen & Trinken
- 1 Dinarjat
- 2 Le Goéland
- 3 L'Éperon
- 4 Le Ziryab
- 5 Ty Potes
- 6 Restaurant Widad
- 7 El Bahia
- 8 Espace Hassan

Einkaufen
- 1 Teppich-Souk
- 2 Marché municipal
- 3 Librairie Livre Service
- 4 Chocolaterie Majestic

Aktiv
- 1 Tropische Gärten in Sidi Bouknadel
- 2 Plage des Nations unies

Abends & Nachts
- 1 Biba Beach Club
- 2 Jefferson Nightclub
- 3 Diskothek Amnesia
- 4 Le Grand Comptoir
- 5 Le Trianon

Kasbah des Oudaias 4

Übergang Rue el Marsa/Bd. Mokhtar Gazoulet (stadtauswärts rechter Hand), Tel. 0537 73 15 37, Mi–Mo 8.30–12, 14.30–18 Uhr, 20 DH

Am nördlichen Ende der Rue des Consuls, an der Place Souk Ghezel, wird die Medina von der **Kasbah des Oudaias** überragt – Oudaia nannten sich die Nachkommen eines im 13. Jh. aus Arabien eingewanderten Stammes, die von Sultan Moulay Ismail (1672–1727) als Söldner verpflichtet worden waren.

Der Haupteingang der Kasbah, das **Oudaia-Tor,** soll aus der Ära Yacoub el Mansours stammen. Es wurde als monumentaler Schauplatz für Gerichtsverhandlungen genutzt. In den Erweiterungsbauten der Kasbah, die im späten 17. Jh. als Residenz Moulay Ismails angelegt wurden, sind das **Museum für Marokkanische Kunst** 5, das **Volkskunstmuseum** 6 und ein **Musikinstrumentenmuseum** untergebracht. Die Exponate der drei Museen (Koran-Handschriften, Teppiche, Keramik sowie Schmucksammlungen und historische Trachten) lohnen einen Besuch. Sehenswert sind auch die im andalusischen Stil angelegten Gärten im Innenhof des Kasbah-Anbaus. Von der Terrasse des zwischen 1915 und 1918 im orientalisch-maurischen Stil erbauten **Café Maure** hat man einen schönen Blick auf die Bou-Regreg-Mündung und auf das Rabat gegenüberliegende Salé.

Hassan-Turm und Mausoleum Mohameds V.

Folgt man dem Boulevard Hassan II Richtung Osten bis zum Hotel Golden Tulip Farah Rabat 4, erreicht man von dort über einen Treppenaufgang den Hassan-Turm, das von Weitem sichtbare Wahrzeichen der Stadt, sowie das auf einem marmorgepflasterten Plateau gelegene Mausoleum Mohameds V.

Dieses architektonische Ensemble bildet einen öffentlichen Platz, an dem nationale Geschichte ▷ S. 115

Auf Entdeckungstour: Friedhof der Märtyrer – Cimetière Al Shouhada

Für den gläubigen Muslim sind die Toten – gleichsam in ein jenseitiges Leben entrückt und doch auf besondere Weise noch im Alltag präsent – der Gnade und der Erlösung durch Allah teilhaftig geworden. Das Jenseits als Paradies, das irdische Leben als befristeter »Nießbrauch«: Al Shouhada vermittelt zumindest eine Ahnung vom muslimischen Totenkult.

Cityplan: S. 111
Dauer: ca. 1 Std.
Planung: Der **Friedhof Al Shouhada** 3 liegt westlich der Kasbah des Oudaias an der nördlichen Einfassung der Medina in unmittelbarer Nähe zum Strand. In dem ummauerten Areal des Friedhofs sollte man sich respektvoll bewegen – und nicht fotografieren.
Start: Man betritt den Friedhof entweder vom Boulevard Mokhtar Gazoulet, vom Nordende der Avenue Mohamed V oder vom Komplex der Kasbah des Oudaias 4 aus.

»Jede Seele bekommt den Tod zu schmecken. Doch euren Lohn bekommt ihr voll erstattet am Tag der Auferstehung. Wer dann vom Höllenfeuer abgewendet wird und in den Paradiesgarten eintreten darf, der hat gewonnen. Das Leben hier im Diesseits ist nur betörender Genuss.« (Koran, Sure 3, 185)

Ein weitläufiger Totenacker, der Atlantikbrise ausgesetzt, das Meer in Sichtweite, am Horizont ein Leuchtturm – profane Requisite oder ›sprechende‹ Metapher an diesem Ort? Die Gräber in langen Reihen ausgerichtet, etliche Grabstellen von Unkraut überwuchert, zerborstene und umgestürzte Grabsteine, manche unbehauen, andere mit Kachelmosaiken geschmückt, verwitterte Schriftzüge, verblichene Fotografien, Plastikblumenbuketts, Grabplatten in schrillen Farben zwischen Grün und Türkis. Der Friedhof der Märtyrer in Rabat ist auf den ersten Blick ein ordinäres, eher ungepflegtes Gelände, mit christlichen Friedhöfen kaum zu vergleichen.

Muslimische Bestattungsriten

Wenn ein Muslim stirbt, wird die Bestattung zumeist noch am Todestag vollzogen, nach den Vorschriften des islamischen Gesetzes, das für die obligatorischen Zeremonien kaum Varianten zulässt. Der Eintritt des Todes wird durch die Litaneien der Klageweiber bestätigt und bekanntgegeben, der Leichnam wird gewaschen und aufgebahrt, in weiße Tücher gehüllt, auf einer Bahre zum Friedhof getragen und zumeist ohne Sarg in ein offenes Grab versenkt. Kondolenzbesuche, ein gemeinsames Trauermahl der Hinterbliebenen und Koranlesungen im Namen des Toten (am 1., 2., 3. und 7. Tag nach seinem Tod sowie am 20. und 40. Tag, sodann regelmäßig zum Jahrestag des Todes) schließen sich an die Bestattung an. Nachdem die Trauernden den Friedhof verlassen haben, bleibt ein Geistlicher bei dem Verstorbenen zurück, der das Glaubensbekenntnis für ihn spricht und den Toten auf seine letzte Prüfung durch zwei Engel vorbereitet. Geburt und Tod sind für den gläubigen Muslim Stationen in einem ewigen Zyklus aus Werden und Vergehen, ein Toter kehrt heim zu Allah – schon deshalb wird dem Tod keineswegs nur mit Trauer begegnet. Ein Toter, besonders ein Familienvater, tritt gleichsam ein in den erlauchten Zirkel der Vorfahren, er nimmt seine Stelle ein in einer genealogischen Reihe, die womöglich bis in die Zeit des Propheten zurückführt.

Die Toten sind anderswo

Der Koran ist durchzogen von Paradiesschilderungen, die das Jenseits als einen Ort der Sehnsucht entwerfen. Eine ins Extrem gesteigerte Paradiessehnsucht und, damit verbunden, eine Geringschätzung irdischen Lebens als »trügerischen Nießbrauch« kennzeichnet noch die zynische Todesverachtung jener Selbstmordattentäter, die sich als Krieger Allahs inszenieren. Ein Friedhof ist für den gläubigen Muslim kaum mehr als ein bergendes Gehäuse für die sterblichen Überreste der Dahingegangenen, während ihr unsterblicher Teil, ihre Seele, allen irdischen Sphären auf immer entrückt ist. Während der Friedhof die Vergänglichkeit des Leibes, die Flüchtigkeit der Existenz, den Zufall der Biografie für Nachgeborene und Hinterbliebene gleichsam bestätigt, wird der im Paradies gewährte himmlische Lohn zum Garanten einer Ewigkeit im Angesicht Allahs. Was Wunder, dass muslimischen Gräberfeldern zumeist geringe Beachtung, wenig Anteilnahme und kaum Pflege zuteil wird. Die Toten sind anderswo …

Der Tod als Erlösung

Wo wie in Rabat ein Friedhof als letzte Ruhestätte von ›Märtyrern‹ ausgewiesen wird, erscheint der Tod als Befreiung, wenn nicht Erlösung von einem elenden, leidvollen Leben –

die irdische Existenz als Jammertal, der Akt des Sterbens damit gleichsam eine Revolte gegen die Zumutungen des Diesseits. Im Koran gibt es zahlreiche Passagen, die das Sterben als heroische Verabschiedung eines unwürdigen Daseins fassen: »Das Leben hier auf Erden ist nichts als Spiel und Zeitvertreib, und die jenseitige Wohnstatt ist wahrlich besser für die, die gottesfürchtig sind. Wollt ihr denn nicht begreifen?« (Sure 6, 32). »Wollt ihr euch mit dem Leben hier auf Erden zufrieden geben angesichts des Jenseits? Der Genuss des Lebens hier auf Erden ist doch nur gering – verglichen mit dem Jenseits.« (Sure 9, 38)

Das »jenseitige Haus«

Das »jenseitige Haus« Allahs ist die wahre Heimstatt der »Gottesfürchtigen« – und, so wäre zu ergänzen, eben nicht das diesseitige Haus eines Friedhofs. Wer durch die Gräberreihen des Friedhofs der Märtyrer in Rabat geht, wo Unkraut wuchert, Tiere streunen, Stein zerbröselt, Epitaphe verfallen, wo Vergänglichkeit vermodert und wo Fleisch verwest, der beginnt zu begreifen, dass das »jenseitige Haus« nicht von dieser Welt ist. Auf einem Friedhof lagern Gebeine, im »jenseitigen Haus« ruht sich die Seele aus – und kehrt heim zu Allah. Für den gläubigen Muslim vermutlich ein köstlicher Trost, Hoffnung und Zuversicht.

Herrscher werden prunkvoll begraben: Das Mausoleum von Mohamed V. wurde nach dem Vorbild traditioneller maurischer Grabstätten errichtet

in besonderer Weise als Dynastiengeschichte in pompöser Inszenierung vergegenwärtigt wird. Mit sicherem Instinkt wählte Hassan II. dieses geschichtsträchtige Gelände, um hier das Mausoleum seines Vaters zu errichten. Yacoub el Mansour und Mohamed V., zwei zentrale Persönlichkeiten der marokkanischen Geschichte, die hier in der Perspektive eines verklärenden Nationalismus einander angenähert werden, und die durch die Person Hassans II. auch in die Zukunft hineinwirken.

Der **Hassan-Turm** 7 (Hassane hieß der mittelalterliche Stadtteil) ist das unvollendete Minarett jener Großen Moschee, mit deren Bau um 1190 unter Yacoub el Mansour begonnen wurde. Der Almohaden-Sultan plante, zum höheren Ruhme Allahs in Rabat die zweitgrößte Moschee der islamischen Welt (nach der Moschee von Samarra/Irak) zu erbauen. Nach seinem plötzlichen Tod 1199 und der Verlegung der Sultansresidenz nach Marrakesch blieb der Bau unvollendet, aber selbst die Ruinen und der Wald der Säulenstümpfe vermitteln eine Ahnung von den gewaltigen Dimensionen des Projekts. Der quadratische Turm – 44 m hoch, wobei eine Höhe von über 80 m geplant war – weist an den Fassaden verschieden gearbeitete Ornamente und Blendarkaden auf. Eine Besichtigung der inneren Stockwerke ist derzeit nicht möglich.

Dem Hassan-Turm gegenüber, an der Stelle der einstigen Qibla-Mauer der Moschee, befindet sich heute das zwischen 1961 und 1967 erbaute, prachtvoll ausgestattete **Mausoleum Mohameds V.** 8. Nach dem Vorbild traditioneller maurischer Grabstätten errichtet, gehört zum Mausoleum noch eine kleine Moschee sowie ein als Museum und Bibliothek genutztes, weißes Arkadengebäude. Von einer Innengalerie – die Fassaden des Mausoleums sind aus Carrara-Marmor gearbeitet – blickt man auf den tiefer gelegenen Grabraum, der optisch vom Prunksarkophag für den am 26.2.1961 verstorbenen Sultan Mohamed V. beherrscht wird, ein blendend weißer Block aus Marmor-Onyx. In der Südostecke birgt ein kleinerer Marmorsarkophag die sterblichen Überreste von Prinz Moulay Abdallah, dem Sohn Mohameds V. und Bruder Hassans II., der 1984 verstarb. Mit seinen Marmorsäulen und Holzschnitzdecken, Gipsstukkaturen und Relieffriesen, Wabenkuppeln und Mosaiken gilt das Mausoleum Mohameds V. als einer der prächtigsten Kunstbauten im neomaurischen Stil der Moderne. Hassan II. wurde im Juli 1999 hier an der Seite seines Vaters beigesetzt.

Neustadt

Die sich südlich an die Medina anschließende Neustadt (die Grenzlinie markiert der in Ost-West-Richtung verlaufende Boulevard Hassan II) wird besonders durch die großzügigen Geschäfte an der Avenue Mohamed V und an der parallel verlaufenden Avenue Allal Ben Abdallah geprägt. Am südlichen Ende der Avenue Mohamed V befindet sich die **Große Moschee Es Sunna** 9.

Archäologisches Museum 10

23, Rue El Brihi, Tel. 0537 70 19 19, www.minculture.gov.ma, Mi–Mo 9–17 Uhr, 10 DH

In einer Seitenstraße ist das **Musée d'Archéologie** untergebracht. Die wohl reichhaltigste archäologische Sammlung des Landes lohnt auf jeden Fall einen Besuch. Sehenswert sind besonders Bronzeplastiken aus Volubilis, außerdem die prähistorischen und punischen Exponate aus der phönizisch-karthagischen Epoche sowie aus der Ära, als Teile Nordmarokkos als römische Provinz Mauretania Tingitana zum Imperium Romanum gehörten.

Bab er Rouah und Universität

Westlich der Moschee Es Sunna, am Ende der Avenue Moulay Hassan, liegt das mächtige **Bab er Rouah** 11 (Tor des Windes), Teil der alten Almohaden-Stadtmauer. Jenseits des Tores schließen sich die Hochschulgebäude an. Die **Université Mohamed V** gilt als eine der renommiertesten des Landes.

Königspalast 12

Auf der anderen Seite der Stadtmauer-Verlängerung liegt der dem **Königspalast** vorgelagerte, weitläufige **Mechouar,** ein Versammlungsplatz, von dem man alle zwei Stunden die Ablösung der königlichen Palastwachen – ein beliebtes Fotomotiv – beobachten kann. Eine Besichtigung des Palais Royal, der Hauptresidenz von Mohamed VI., ist nur dann möglich, wenn der Monarch außerhalb der Hauptstadt weilt. Der Wohnbereich ist für die Öffentlichkeit geschlossen.

Chellah

tgl. 8.30–18, Winter bis 17 Uhr, 20 DH
Lohnend ist ein Abstecher zur **Meriniden-Grabstätte Chellah** 13 außerhalb der Stadtmauern (zu erreichen über die von der Moschee Es Sunna Richtung Südosten führende Avenue Yacoub el Mansour). Römische Fundamente künden von der antiken Siedlungsstätte Sala, einer karthagischen Gründung. Eindrucksvoll präsentieren sich die Meriniden-Nekropole und die Ruinen ihrer Moschee inmitten halb verwilderter Gärten. Hier befindet sich auch das Grabmal des als Schwarzer Sultan bekannten Abou el Hassan (gest. 1351).

Seit dem 13. Jh., als der Meriniden-Sultan Abou Youssef Yacoub (1258–86) hier einen weitläufigen Friedhof anlegte, hat sich Chellah als Nekropole, als eine Art jenseitssüchtige Totenstadt entwickelt. Chellah war vermutlich über Jahrhunderte ein sakraler Ort, ein Gelände, auf dem sich die sogenannten *baraka,* die segensreichen spirituellen Energien, auf besondere Weise materialisieren. Noch heute werden jene Aale, die in einem Bassin unweit der beiden Marabout-Gräber gehalten werden, als heilige Tiere verehrt. Dieser heilige Bezirk war über lange Zeit ein Pilgerziel für Frauen, deren Kinderwunsch unerfüllt geblieben war.

Obschon längst nicht so spektakulär wie Volubilis, ist Chellah in seiner Verbindung von antiker Ruinenstätte und maurischem Mittelalter, von heidnischem Altertum und muslimischem Totenkult, in dieser Form in Marokko ziemlich einmalig.

Übernachten

An den Wochenenden, vor allem im Sommer, kommt es in Rabat immer wieder zu Engpässen bei Übernachtungen, z. B. wenn in der Stadt internationale Konferenzen oder Kongresse ausgerichtet werden. Wer dann in einem Hotel seiner Wahl logieren möchte, sollte unbedingt reservieren! Spartanische Billigstunterkünfte befinden sich beim Haupteingang zur Medina (etliche davon in der Rue Souika), beim Busbahnhof sowie beim Souk el Ghezel.

Nicht von dieser Welt – **Sofitel Rabat Jardin des Roses** 1: Quartier Souissi, etwa 2 km südwestlich des Palais Royal, Tel. 0537 67 56 56, www.sofitel.com, DZ 3800 DH (Superior), 4100 DH (Luxury), 5200 DH (Luxury Club), Suiten 10 000–40 000 DH, DZ *tarif promotionnel* um 2500 DH. Luxusherberge mit Fünf-Sterne-Komfort, mit etlichen Restaurants, weitläufigem Garten, Businesscenter.

Vom Feinsten – **La Tour Hassan** **2**: 26, Rue Chellah, Tel. 0537 23 90 00, www.latourhassan.com, *chambre supérieure vue ville* (3800 DH), *chambre supérieure vue jardin* (4500 DH), *chambre deluxe* (6000 DH), Suiten 10 000–19 500 DH, Frühstücksbüfett 200 DH, Halbpension (Frühstück/*petit déjeuner* und Abendessen/*dîner*, ohne Getränke 320 DH). Sehr elegantes, architektonisch gelungenes 1400-Zimmer-Haus mit renommierter Gastronomie, Hamam, Sauna, andalusischem Garten; empfehlenswert, aber nach der letzten Preisrunde leider vollkommen überteuert.

Überteuert – **Le Diwan Rabat** **3**: Pl de l'Unité Africaine, Tel. 0537 26 27 27, www.hotel-le-diwan-rabat.com, DZ 2600–2800 DH (Nebensaison 1500 DH), *tarif promotionnel* 1330 DH. Edles 100-Zimmer-Haus (MGallery Collection), Wellnesscenter allerdings ohne Schwimmbad, mit Restaurant und Bar.

Edel – **Golden Tulip Farah Rabat** **4**: Pl 16 Novembre, Tel. 0537 23 74 00, www.goldentulipfarahrabat.com, DZ 2400–2600 DH, *tarif promotionnel* um 1500 DH. Renoviertes 200-Zimmer-Hotel, diverse Restaurants, Dachterrasse mit grandiosem Rundum-Panorama, Panoramabar, Pool im fünften Stock, Fitnesscenter.

Angenehm – **Hôtel Rabat** **5**: 21, rue Chellah, Tel. 0537 70 00 71, www.hotel-rabat.com, DZ/ÜF 1480 DH. Hotelneubau in klassischer Patio-Anlage, geräumige, gut ausgestattete Zimmer, Spa, Hammam, Restaurants.

Klassiker – **Hôtel Terminus** **6**: 384, av. Mohamed V, Tel. 0537 70 06 16, Fax 0537 70 19 26, DZ 1270 DH. Beim Hauptbahnhof. Tel. 0537 21 29 00. Nach schier ewigem Um- und Ausbau wurde das Terminus Ende 2015 endlich neu eröffnet und ist nun ein schickes, modern-funktionales 4-Sterne-Haus mit Panoramaterrasse auf der 5. Etage, 118 elegant eingerichtete Zimmer.

Komplett renoviert – **Mercure Sheherazade** **7**: 21, rue de Tunis, Tel. 0537 72 22 26, www.mercure.com, DZ 1100–1450 DH. Gut geführtes, ruhig gelegenes Mittelklassehotel, Terrassenrestaurant mit Bar, Hamam, Spa, Massageangebote.

Direkt am Hauptbahnhof – **Hôtel Majliss** **8**: 6, Rue Zahla, Tel. 0537 73 37 26/27, www.majlisshotel.ma, DZ 1100 DH. Etwas steriler 65-Zimmer-Bau in Bahnhofsnähe, Restaurant, Pianobar, Konferenzsaal.

Gediegen – **Helnan Chellah Hôtel** **9**: 2, rue d'Ifni, Tel. 0537 66 83 00, www.helnan.com, DZ 1000–1700 DH, *tarif promotionnel* 810 DH. Gutes Mittelklassehotel,120 Zimmer, Restaurant mit internationaler Küche, Bar.

Solide – **Hôtel Bouregreg** **10**: Ecke Bd. Hassan II/Rue Nador, Tel. 0537 72 41 10, Fax 0537 73 40 02, DZ mit Frühstück 600 DH. Nach Komplettrenovierung wieder eine ernstzunehmende Alternative.

Ruhig und zentral – **Royal Hôtel** **11**: Ecke Rue Amman/Av. Allal Ben Abdallah, Tel. 0537 72 11 71, www.royalhotelrabat.net, DZ 500–700 DH. Zentral, günstig, ruhig.

Oft ausgebucht – **Hôtel Balima** **12**: Av. Mohamed V, Tel. 0537 70 79 67, www.hotel-balima.net (2017 wegen Renovierung geschlossen). Gutes Mittelklassehotel mit Restaurant und beliebter Panoramaterrasse, Nachtklub. Grandioses Panorama vom Balkon des Zimmers 564!

Ordentlich – **Hôtel Majestic** **13**: 121, av. Hassan II, Tel. 0537 72 29 97, www.hotelmajestic.ma, DZ 350 DH. 40-Zimmer-Haus, zentral gelegen.

Einfach – **Hôtel La Paix** **14**: 2, rue Ghazza, Tel. 0537 72 29 26, DZ 250 DH (mit Bad). 40-Zimmer-Haus.

Freundlich – **Hôtel Splendid** **15**: 24, rue Ghazza, Tel./Fax 0537 72 32 83, DZ 230 DH (mit Bad). Schöner lauschiger

Innenhof, einfaches Restaurant gegenüber, freundlicher Service.

Camping – **Camping de la Plage** 16: in Salé, Oued-Bou-Regreg-Mündung. **Camping de Temara** 17: ca. 15 km südwestlich von Rabat im Küstenort Temara Plage, im Sommer zumeist überfüllt.

Essen & Trinken

Etliche **Spezialitätenrestaurants** befinden sich im Stadtteil Agdal (etwa **L'Entrecôte,** 74, av. Al Amir Fal Ould Oumeir, Tel. 0537 67 11 08, lentrecote.ma, mittags, abends, Nudeln 80–160 DH, Hauptgerichte 130–260 DH; **Les Casseroles en folie,** 4, av. Al Atlas; Paul, 82, av. des Nations Unies, Tel. 0537 67 20 00, mittags, abends), mehrere dort in der Avenue Ibn Sina (z. B. **Le Puzzle,** Hausnr. 79, Tel. 0537 67 00 30, tgl. 17.30 bis spät, Restaurant/Lounge; **Le Margot,** Hausnr. 20, Tel. 0537 67 26 02) und in der Rue Okba (z. B. **Aux Délices d'Asie,** Hausnr. 17, Tel. 0537 77 94 79, vietnamesisch). **Fischrestaurants** am Strand (Plage des Oudaias) sind etwa **Borj Eddar** (Tel. 0537 70 15 00, www.borjeddar.com, tgl. bis 23 Uhr, Gerichte um 140–230 DH) und **Restaurant de la Plage** (Tel. 0537 20 29 28, 0537 72 31 48, tgl. 12–23 Uhr, Hauptgerichte ab ca.170 DH). **Günstigere Restaurants** gibt es u. a. in der Rue Souika (Medina) und beim Bab el Had inin der Nähe des **Marché municipal** 1.

Guter Ruf – **Dinarjat** 1: 6, rue Belgnaoui, nahe der Kasbah des Oudaias, Tel. 0537 70 42 39, 250–350 DH. Renommierte marokkanische À-la-carte-Gastronomie.

Für Fischliebhaber – **Le Goéland** 2: 9, rue Moulay Ali Cherif, Tel. 0537 76 88 85, www.restaurantlegoeland.com, Mo–Sa, 150–250 DH. Spezialität des Hauses sind Fischgerichte und Meeresfrüchte.

Solide – **L'Éperon** 3: 8, av. d'Alger, Tel.0537 72 59 01, im Ramadan geschl., um 150 DH. Marokkanische und französische Küche.

Marokkanische Spezialitäten – **Le Ziryab** 4: 10, rue des Consuls (Medina), Tel. 0537 73 36 36, www.restaurantleziryab.com, So geschl., um 150 DH. Marokkanische Gastro-Klassiker wie *tajines, couscous, brochettes.*

Biologisch – **Ty Potes** 5: 11, rue Ghafsa (Nähe Institut Français), Tel. 0537 70 79 65, http://typotes.com, Di–Sa mittags, So 11–15 Uhr Brunch, Do–Sa abends. Kleines Restaurant mit angeschlossenem Laden, Verkauf von Käse, Fleisch, Gänseleber, Tee, Honig, Konfitüren. Biologische Küche, die auf Produkte aus lokalem Anbau setzt.

Urmarokkanisches Lokal – **Restaurant Widad** 6: 133, rue Souika (hinter dem Bab Bouiba die erste Querstraße rechts, dann etwa 200 m linker Hand), Tel. 0537 26 31 34, tgl. bis etwa 23 Uhr geöffnet, *tajines* und *brochettes* 60–80 DH, *menu complet* (dreigängig) 150–200 DH. Gute marokkanische Küche, im Gebäude der früheren Post (schöne Dachterrasse) besteht dieses Restaurant seit 1931. Der Wirt hat ein Faible für historische Fotografien, eine interessante Sammlung findet sich an den Wänden.

Günstig – **El Bahia** 7: 4, av. Hassan II, nahe dem Bab el Had, Tel. 0537 73 45 04, tgl. bis ca. 22 Uhr, marokkanische Gerichte 50–100 DH. Eines der besseren günstigen Restaurants in der Gegend.

Allrounder – **Espace Hassan** 8: gegenüber dem Parc du Triangle de Vue, Tel. 0661 63 80 67, 0662 18 69 48, ca. 10–ca. 21 Uhr. In der Espace Hassan gibt es verschiedene Speisesäle, eine Terrasse, Arkaden, Alkoven und Pavillons; Frühstück, Mittag- und Abendessen, angenehmes Ambiente.

Orientalisches Terrassencafé – **Café Maure:** Jardin Andalou, beim Musée des Oudaias 5, tgl. 9–17.30 Uhr. Traditionsreiches Café mit maurischem Ambiente und Panoramablick. Die Küche bietet Kleinigkeiten wie Tee, Kaffee und Gebäck.

Einkaufen

Teppiche – Rabat ist ein Zentrum von Teppichproduktion und -handel. Etliche Teppichbasare finden sich in der Medina, etwa der **Teppich-Souk** 1 in der Rue des Consuls. Teppichkäufer sollten nach der Herkunft der Ware, nach Verarbeitung, Material (Wollsorten), Knüpftechnik sowie Knotenzahl/m^2 fragen – und unbedingt mit den Feinheiten beim Handeln vertraut sein.
Frischwaren – **Marché municipal** 2: Ein großes Angebot an frischen Lebensmitteln – Fleisch, Obst und Gemüse – präsentiert der Markt am Bab el Had in der Nähe des Haupteingangs zur Medina.
Bücher – **Librairie Livre Service** 3: 46, av. Allal Ben Abdallah, Tel. 0537 72 44 95. Vielleicht die bestsortierte Buchhandlung in Rabat, marokkanische und internationale Belletristik, moderne marokkanische Autoren, Bildbände, Sachbücher, islamische Theologie, Kinderbücher.
Süßes – **Chocolaterie Majestic** 4: 14, av. Allal Ben Abdallah, Tel. 0537 20 71 86. Große Auswahl an Kuchen, Torten, Gebäck, Pralinen, Teilchen, Eis etc., mit angeschlossenem Café – eine süße Verführung!

Aktiv

Tropische Gärten – Bei speziellem Interesse an der Flora Marokkos kann man einen Ausflug nach **Sidi Bouknadel** 1 (▶ Q 3, etwa 10 km nordöstlich von Salé an der N 1 Richtung Kenitra) unternehmen, um die **Tropischen Gärten (Jardins exotiques)** zu besuchen, ein 4 ha großes, sehr schönes Areal mit Teichen und Grotten sowie einem großen Sortiment an tropischen Pflanzen. Ausgeschilderte Rundwege erschließen die Anlage.

Beliebter Treffpunkt: die Stadtmauer von Rabat. Im Hintergrund der Hassan-Turm

Baden – Die Strände von Rabat und Salé sind klein und nicht sonderlich einladend. Es empfiehlt sich, auf die **Plage des Nations unies** **2** (▶ Q 3, ca. 15 km nordöstlich von Salé) oder einen der Strände südwestlich von Rabat (El Harhoura, Temara Plage/Plage Sables d'Or, Skhirat, Tahiti Plage ▶ Q 3/4) auszuweichen. Lohnend ist sicherlich auch ein (Strand-)Ausflug nach **Bouznika** (▶ Q 4).

Abends & Nachts

Für Nachtschwärmer ist Rabat ein recht unergiebiges Pflaster. Diskotheken und Nachtklubs finden sich fast nur in den großen Luxushotels.
Discos – Zwei Diskotheken liegen am Anfang der Rue Patrice Lumumba: **Biba Beach Club** **1** (Hausnr. 1, Rue Patrice Lumumba, Tel. 0537 20 46 74) und **Jefferson Nightclub** **2** (Hausnr. 3, Rue Patrice Lumumba, Tel. 0537 73 33 39).
Trendy – **Diskothek Amnesia** **3**: 18, rue Monastire (Neustadtzentrum), www.facebook.com/AmnesiaRabat. Modern gestylte In-Disco, an Wochenenden gut gefüllt, Eintritt/Getränke um 190 DH.
Beliebt – **Le Grand Comptoir** **4**: 279, av. Mohamed V, Tel. 0537 20 15 14, www.legrandcomptoir.ma. Auf mehrere Geschosse verteilt, präsentiert sich hier ein beliebter Treffpunkt als gelungene Kombination von Lounge, Bar und Brasserie. Pariser Chic im Herzen der Neustadt.
Bierkneipe – **Le Trianon** **5**: rue Alexandrie, Querstraße zur Avenue Allal Ben Abdallah, tgl. bis 1.30 Uhr. Reichhaltiges Spirituosensortiment, Flaschenbiere um 20 DH, Musikvideos.

Infos & Termine

Infos

Délégation du Tourisme: 22, Rue d'Alger, Tel. 0537 66 06 63, Fax 0537 72 59 91, Mo–Fr 8.30–16.30 Uhr. Einen guten ersten Überblick mit zahlreichen Adressen und Tipps sowie brauchbarem Stadtplan enthält das kostenlose, vierteljährlich erscheinende Magazin Clips (Tel. 0537 20 20 28, courrier@clipsmag.com).

Termine

Wachslaternenfest (Fête des Cires): Am Vorabend des *mouloud* (Geburtstag des Propheten, 19.11.2018, 8.11.19, 28.10.20). Eindrucksvolles traditionelles Fest, das in Rabats Schwesterstadt **Salé** begangen wird (s. Tipp, Abb. S. 121).

Verkehr

Flugzeug: Der **Flughafen Rabat-Salé** (keine Direktflüge von/nach Deutschland) ist für Touristen ohne Bedeutung. Sämtliche wichtigen Inlands- sowie Auslandsflüge werden über den **Flughafen Casablanca-Mohamed V** (in Casablanca-Nouaceur gelegen) abgewickelt.
Bahn: Der **Hauptbahnhof Rabat-Ville** (ein weiterer Bahnhof liegt im Stadtteil Agdal) liegt für Bahnreisende sehr günstig im Neustadtzentrum im südlichen Abschnitt der Av. Mohamed V; moderne Schalterhalle, Gleise ein Stockwerk tiefer. Schnellzugverbindung nach Casablanca (über Casa-Voyageurs weiter zum Flughafen) tagsüber etwa stündlich; mehrere Verbindungen tgl. u. a. nach Marrakesch, Meknes–Fès, El Jadida–Safi, Tanger und Taza–Oujda.
Bus: Der **Busbahnhof,** der sowohl von der **CTM-LN** als auch von den **Privatlinien** angefahren wird, liegt etwa 3 km westlich des Zentrums an der Ausfallstraße nach Casablanca; gute Verbindungen nach Tanger, Tetouan, Meknes und Fès, Casablanca, Agadir, Marrakesch, Oujda.
Sammeltaxi: Sammeltaxis nach Meknes starten von der Shell-Tankstelle

Bunte Zeremonie – das Wachslaternenfest in Salé
Seit über 400 Jahren wird in Rabats Nachbarstadt das Wachslaternenfest begangen. Die feierliche Prozession durch die ganze Stadt, die von Musikern, Bannerträgern, Handwerkern, Fischern und Kaufleuten in bunten Trachten begleitet wird, endet am Mausoleum des Sidi Ben Hassoun, des Schutzheiligen von Salé. Hier werden die Laternen bis Achoura (s. S. 37) niedergelegt.

gegenüber dem Hotel Bouregreg (Kreuzungsbereich Av. Hassan II/ Av. A. Annaggay); weitere Sammeltaxis vom Gelände des Busbahnhofs.

Mietwagen: Leihwagenfirmen sind zu finden an der Av. Mohamed V und den innenstadtnahen Nebenstraßen, außerdem gibt es Agenturen in den Luxushotels und am Bahnhof. Von Rabat gelangt man über das mautpflichtige Autobahnteilstück P 36 ins 90 km entfernte Casablanca. Die Autobahn ist inzwischen Richtung Süden bis Marrakesch und Richtung Südwesten bis kurz vor El Jadida fertiggestellt; das lange Autobahnteilstück zwischen Marrakesch und Agadir, eine technische Meisterleistung, ist seit 2010 für den Verkehr freigegeben.

Tramway und Stadtbus: Die neue Tramway mit den Linien **L 1** und **L 2** verbindet die westlichen Stadtteile L'Océan bzw. Madinat al Irfane mit dem Zentrum und mit Salé (ca. 6.15–22.30 Uhr, Tickets 6 DH, Infos www.tram-way.ma). Die meisten **Stadtbuslinien** starten am Vorplatz des Bab el Had oder in der Nähe des Bab Chellah.

Das Beste auf einen Blick

Meknes und Umgebung

Highlight!

Meknes: Die Ville Impériale, Festung und Residenz von Moulay Ismail, gilt nicht zu Unrecht als eine Art marokkanisches Versailles, die weitläufigen Souks in der sehenswerten Medina gehören zu den größten des Landes, das berühmte Monumentaltor Bab el Mansour an der Place El Hedim ist eines der bekanntesten ›Maroc typique‹-Fotomotive. Die Neustadt hat in den vergangenen Jahren unübersehbar an weltläufig-urbanem Flair gewonnen. S. 130

Auf Entdeckungstour

Volubilis – eine Zeitreise in die Antike: Volubilis, etwa 30 km von Meknes entfernt, ist die mit Abstand bedeutendste antike Ruinenstätte in Marokko. Die Anlage vermittelt mit ihren drastisch-realistischen Fußbodenmosaiken, mit Triumphbögen, Forum, Kapitol, Basilika und Privathäusern eine konkrete Vorstellung vom Alltag in einer römischen Provinzstadt. S. 134

Kultur & Sehenswertes

Medersa Bou Inania: Die während der Meriniden-Ära in der Mitte des 14. Jh. erbaute theologische Hochschule ist das bedeutendste Bauwerk in der Medina – und zugleich eine der architektonisch vollendetsten Koranschulen Marokkos. 5 S. 125

Die Ville Impériale mit dem Mausoleum Moulay Ismails: Der in seinen Dimensionen gewaltige Palast- und Festungsbereich markiert die Kernzone der alten, von Jahrhundertsultan Moulay Ismail angelegten Kapitale; besonders sehenswert ist hier das Mausoleum des Herrschers. 8 S. 128

Aktiv unterwegs

Mit der Kutsche durch die Ville Impériale: Um einen Eindruck von der Ausdehnung dieses Geländes zu gewinnen, empfiehlt sich eine Fahrt mit der Pferdekutsche durch die Ville Impériale. S. 129

Genießen & Atmosphäre

Transatlantique – die Medina zu Füßen: Von der Terrasse des Traditionshotels genießt der Betrachter bei einem Minztee ein superbes Panorama über die Medina. 3 S. 130

Restaurant Marhaba: Karges Dekor, einige wenige Klassiker auf der Speisekarte, kein Alkoholausschank – das Marhaba ist ein urmarokkanisches Lokal für die *meknassi*, die Einheimischen aus Meknes, geblieben. 6 S. 131

Abends & Nachts

Discogänger finden derzeit vor allem in den – weitab vom Stadtzentrum gelegenen – Discos der Hotels Zaki 2 und Menzeh Dalia 6 ein halbwegs interessantes Revier. Im Neustadtzentrum konzentrieren sich etliche Bars und Kneipen im Kreuzungsbereich von Av. Mohamed V/Av. des F.A.R. Gerade hier ist nachts eine erhöhte Wachsamkeit dringend geboten. S. 133

Das marokkanische Versailles

Meknes! ▶S 4

Meknes, die Residenz und Festung des mächtigen Alaouiten-Sultans Moulay Ismail, ist wie kaum eine andere Stadt des Landes mit einer einzigen Herrschergestalt verwoben. Die Ville Impériale kündet bis heute von verlorener historischer Größe.

Die Königsstadt liegt an den Nordwestausläufern des Mittleren Atlas, 550 m über dem Meeresspiegel in einer fruchtbaren und landwirtschaftlich intensiv genutzten Hügellandschaft. Vom Zentrum der marokkanischen Agrikultur exportiert man heute insbesondere Wein. Die 750 000 Einwohner zählende Provinzhauptstadt steht zwar touristisch im Schatten des nur 60 km entfernten Fès, hat sich aber zu einem ökonomisch bedeutenden Handels- und Handwerksstandort entwickelt.

Infobox

Touristeninformation
Délégation du Tourisme: 27, Place Administrative (gegenüber der Hauptpost), Tel. 0535 52 44 26.

Anreise und Weiterkommen
Meknes liegt an der mautpflichtigen Autobahn A 2, die Rabat und Fès verbindet sowie an der Nationalstraße N 6, die von Rabat bis Oujda führt. Der nächste Flughafen ist Fès-Sais, der derzeit auch von Deutschland aus angeflogen wird. Meknes hat zwei Bahnhöfe – die Gare Emir Abdelkader liegt direkt im Neustadtzentrum, etliche Hotels in unmittelbarer Nähe. Sammeltaxis nach Fès starten vom CTM-Busbahnhof, Sammeltaxis nach Moulay Idriss (von dort 3 km bis Volubilis) starten gegenüber vom Institut Français.

Geschichte

In der Streusiedlung Meknassa ez Zitoun siedelten sich im 11. Jh. die Meknassa, ein Stamm der Zenata-Berber, am Ufer des Oued Boufekrane an. Die später almoravidische Festung (um 1060 errichtet) ließ der Almohaden-Sultan Abd el Moumen 1145 weitgehend zerstören. Eine rege Bautätigkeit begann im 14. Jh. unter den Meriniden (Medersa Bou Inania, Anlage einer Kasbah, Bau von Moscheen). Bis in das 17. Jh. hinein setzte dann ein Verfall und Niedergang durch dynastische Erbfolgekriege ein, wobei die Stadt auch Opfer mehrfacher Plünderungen wurde.

Als der zweite Alaouiten-Sultan Moulay Ismail die Regierung übernahm, verlegte er 1672 die Residenz nach Meknes. Während seiner 55-jährigen Regentschaft ließ er die gigantische Ville Impériale (Königsstadt) als Zeichen seiner Macht erbauen. Nach dem Tode des mächtigen Herrschers 1727 wurde die Stadt erneut dem Verfall überlassen, verstärkt noch durch das schwere Erdbeben 1755. Andere Herrscher verlegten die Sultansresidenz nach Fès.

Ab 1920 begannen die Franzosen, die Ville Nouvelle (Neustadt) anzulegen. Nach der Unabhängigkeit von Marokko entwickelte sich Meknes zu einer bedeutenden Militärbasis und zu einem Zentrum der einheimischen

Nahrungsmittelindustrie. Von überregionaler Bedeutung ist außerdem die Produktion von Berberteppichen.

Neustadt

Die Neustadt von Meknes, von gesichtslos-funktionaler Architektur und ohne nennenswerte Sehenswürdigkeiten, liegt auf einem Plateau nordöstlich des Oued Boufekrane. Zur ersten Orientierung empfiehlt sich ein Abstecher zum **Hotel Transatlantique** 3, von wo aus man einen traumhaften Panoramablick auf die Altstadt hat.

Medina

Die Medina liegt westlich des Flusses, ihr südwestlicher Teil wird von der Alten und der Neuen Mellah eingenommen. Südlich an die Medina angrenzend erstrecken sich die prächtigen Palast-, Festungs- und Speicherkomplexe der Ville Impériale.

Bab el Mansour

Einen Rundgang durch die Medina startet man am besten an der zentralen **Place El Hedim** 1, dem quirligen Verkehrsknotenpunkt zwischen Mellah und Medina. An der Südostseite des Platzes steht das mächtige, 1732 vollendete **Bab el Mansour** 2, das nicht zu Unrecht als das schönste Stadttor Marokkos gilt (s. Abb. S. 104). Es markiert die Nahtstelle zwischen Medina und Ville Impériale.

Von zwei quadratischen Zierbasteien flankiert – ihre Marmorsäulen stammen aus den Ruinen von Volubilis – wölbt sich in der Mitte ein gigantischer Hufeisenbogen. Auffällig sind die grünen Keramik-Arabesken, das Flechtbandwerk, die mehrreihigen Inschriften und ein umlaufender Fries aus kleinen Blendzinnen. Das Bab el Mansour war Schauplatz von Gerichtsverhandlungen. In der Sultanszeit wurden die Köpfe der Hingerichteten hier aufgespießt.

Dar Jamai mit Museum für Marokkanische Volkskunst 3

Place El Hedim, Tel. 0535 53 08 63, Mi–Mo 9–12, 15.30–18.30 Uhr

An der nördlichen Stirnseite des Platzes liegt das Museum für Marokkanische Volkskunst – allein der **Dar Jamai,** ein Wesirspalast aus dem 19. Jh., in dem die Schaustücke (Holzschnitzereien, Berberschmuck, Keramik, Trachten sowie Leder- und Metallarbeiten) untergebracht sind, lohnt den Besuch.

Große Moschee und Medersa Bou Inania

Medersa: tgl. 9–12, 15–18.30 Uhr

In unmittelbarer Nähe des Dar Jamai befinden sich neben der Moschee Nejjarin (Almohaden-Bau aus dem 12. Jh., im 18. Jh. unter dem Alaouiten-Sultan Sidi Mohamed Ben Abdallah vollständig restauriert und mit einem neuen Minarett versehen) zwei bedeutende Sehenswürdigkeiten von Meknes: die **Große Moschee** 4 (almoravidische Ursprünge, Erweiterungsbauten der Almohaden aus dem frühen 13. Jh., die Gebetskanzel stammt aus der Regierungszeit Moulay Ismails) und die landesweit berühmte **Medersa Bou Inania** 5. Unter den Meriniden-Sultanen Abou el Hassan (1331–50) und Fariz Abou Inan (1350–58) erbaut, gehört diese theologische Hochschule mit Bronzetüren, künstlerisch vollendeten Fayencemosaiken, Zedernholzdecken, marmornen Reinigungsbrunnen und prächtigem maurischen Flächendekor zu den schönsten islamischen Architekturschätzen Marokkos. Auch eilig Durchreisende sollten eine Besichtigung der Medersa Bou Inania keinesfalls versäumen.

0
250
500 m
Sidi Kacem,
Moulay Idris, Volubilis
Rue Al Andalous
Rue El Meriniyines
3
Rue al Alaouyne
Rue al Mokhtar as Soussi
Avenue du 11 Janvier
Zankat Ferhat Hachehad
Institut Français
Bab Berdain
Place Berdain
Friedhof
Moschee El Berdaine
1
Boulevard Circulaire
Oued Boufekrane
Bab Tizimi
Rue Moussa
Boulevard el Haboul
Jardin el Haboul
6
Bab el Djedid
3
Schwimmbad
Carrefour Bou Ameir
MEDINA
Rue Akba Ziadin
Rue du Souk Bezzarin
Rue des Serairia
5
Souk es Sebbat
4
Friedhof
Souk en Nejjarin
3
Avenue M. Ismail
Rue Rouamzine
Bab Bou Ameir
Boulevard
Boulevard Circulaire
Bab Berrima
Rue Sekakine
Ziel
1
Rue Dar Semen
1
Rue Driba
Place Lalla Aouda
ALTE MELLAH
Avenue du Mellah
2
Friedhof Sidi Amar
Bd. El Mers
6
Bab el Khemis
Place Lalla Aouda
Rabat
Start
8
Av. Ibn Zaidoun
7
Bab Moulay Ismail
SIDI´AMAR
2
Bab er Rih
VILLE
Rue de la Palestine
Rue Al Qods
Königlicher Golfplatz
NEUE MELLAH
Avenue Zine el Abidine
IMPÉRIALE
Bab el Kari
9
Park
Kasbah Impériale
Muraille des Riches
Messe-
BENI M´HAMED
gelände
11
13
12
Agourai
Hri Al Mansour
13

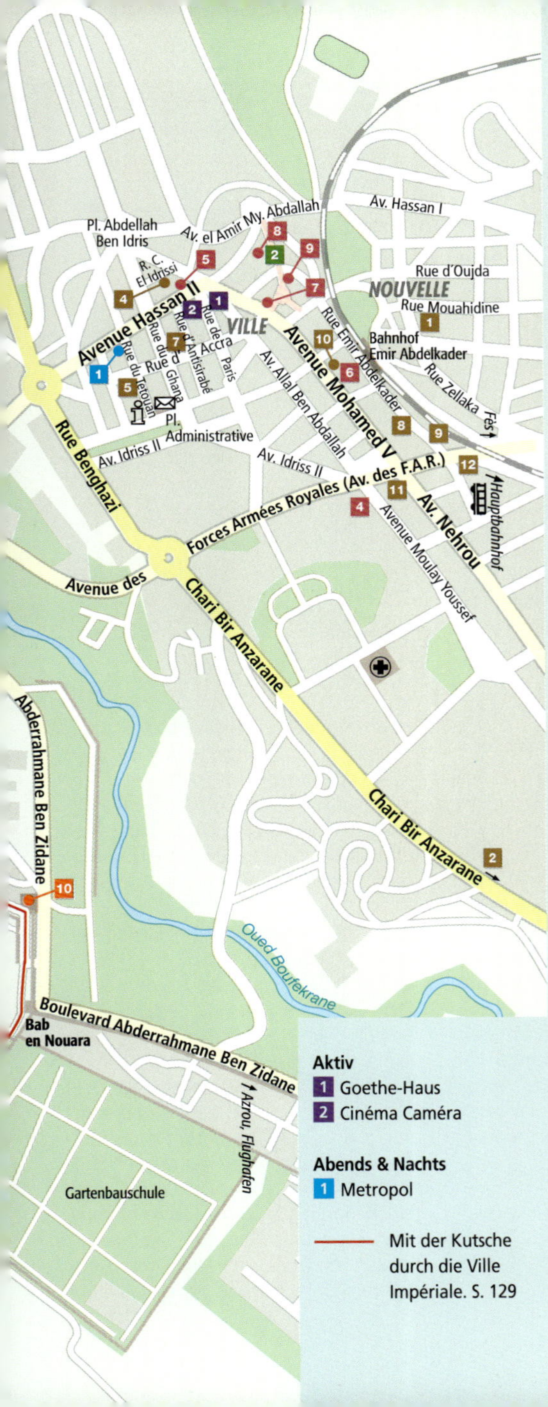

Aktiv

1 Goethe-Haus
2 Cinéma Caméra

Abends & Nachts

1 Metropol

Mit der Kutsche durch die Ville Impériale. S. 129

Meknes

Sehenswert

1 Place El Hedim
2 Bab el Mansour
3 Dar Jamai mit Museum für Marokkanische Volkskunst
4 Große Moschee
5 Medersa Bou Inania
6 Koubba Sidi Ben Aissas
7 Koubba el Khayatine
8 Mausoleum von Moulay Ismail
9 Dar el Makhzen
10 Borj el Ma
11 Bassin de l'Agdal
12 Getreidespeicher
13 Stallungen

Übernachten

1 Hôtel Le Grand Tafilalet
2 Hôtel Zaki
3 Hôtel Transatlantique
4 Hôtel Malta
5 Hôtel Rif
6 Hôtel Menzeh Dalia
7 Hôtel de Nice
8 Hôtel Bab Mansour
9 Hôtel Akouas
10 Hôtel Majestic
11 Hôtel Excelsior
12 Hôtel Continental
13 Camping municipal

Essen & Trinken

1 Le Collier de la Colombe
2 Riad Meknes
3 Restaurant Zitouna
4 La Case
5 La Coupole
6 Restaurant Marhaba
7 Café Opéra
8 Les Palmiers d' Aziza
9 Promenade Palace

Einkaufen

1 Töpferviertel
2 Fußgängerzone

Weitere Sehenswürdigkeiten

Im nordwestlichen Teil der Medina liegen, nach Waren sortiert, die **Souks** für Teppiche, Textilien, Babuschen und Musikinstrumente. Erwähnenswert sind auch die in die westliche Medina-Ummauerung eingelassenen Stadttore **Bab Berdain** (spätes 17. Jh., nach den Herstellern von Pferde- und Eselssätteln benannt), (eines der ältesten Stadttore aus der Almohaden-Ära) und **Bab el Khemis** (Fayenceornamente, Inschriften in Kufi-Schrift, spätes 17. Jh.).

Jenseits des Bab el Djedid befindet sich die **Koubba Sidi Ben Aissas** 6 inmitten eines großen muslimischen Friedhofs. Der Marabout, Gründer der Aissaoua-Sekte, lebte um 1500 und gilt heute als ihr Schutzheiliger.

Das **Bab Tizimi** am Nordostrand der Medina führt ins **Töpferviertel** 1. Rechter Hand lädt der schöne **Jardin el Haboul** zu einer Verschnaufpause ein.

Ville Impériale

Die Ville Impériale war die Residenz von Moulay Ismail, seine persönliche Stadt und steinerner Ausdruck seines absoluten Herrschaftsanspruchs. Obwohl heute von dem gewaltigen Palastbezirk nur noch Ruinen erhalten sind, vermitteln diese noch immer einen anschaulichen Eindruck von der imponierenden Größe der Palaststadt. Die Mauerringe, die Medina und Ville Impériale umschlossen, sind größtenteils erhalten. Mit einer Länge von insgesamt etwa 40 km lassen sie die Dimensionen, in denen Moulay Ismail seine Residenz anlegen ließ, erahnen.

Christengefängnis

Place Lalla Aouda, Besichtigung (nur mit Führung)

Den Zugang zur Ville Impériale bildet das Stadttor Bab el Mansour. Südlich davon findet sich die **Koubba el Khayatine** 7, ein Pavillon, in dem Moulay Ismail ausländische Gesandte empfing. In den unterirdischen Gewölbeverliesen des Gebäudes sollen bis zu 50 000 christliche Sklaven und Sträflinge geschmachtet haben. Gruselerlebnis garantiert!

Mausoleum von Moulay Ismail 8

Mo–Do, Sa/So 9–12, 15–18, Fr 15–18 Uhr, Schuhe am Eingang ausziehen

Dem Christengefängnis schräg gegenüber, linker Hand hinter dem Bab Moulay Ismail, liegt das Mausoleum des Monarchen, das bis auf den eigentlichen, gut einsehbaren Grabraum auch Nicht-Muslime betreten dürfen. Die unter Mohamed V. restaurierte Grabstätte beeindruckt durch ihre Stuckornamente und Mosaiken, ihre Prunktorfassade und die gefliesten Innenhöfe. Außer dem Regenten sind etliche seiner Nachfolger sowie eini-

Im Mausoleum des Moulay Ismail

ge Familienmitglieder hier bestattet, unter ihnen Lalla Khnouata, eine der Lieblingsfrauen Moulay Ismails. Die kostbaren Standuhren, ein Geschenk von Ludwig XIV., schaffen an einem der Zeit enthobenen, ins Heilige entrückten Ort ein ganz eigenes, ans Profane gemahnendes Raum-Zeit-Gefühl – ein höchst merkwürdiger Effekt.

Wasserfestung, Getreidespeicher und Stallungen

Südöstlich des Mausoleums, hinter dem Bab er Rih (Tor der Winde), erstreckt sich, von wuchtigen Mauern umgeben, der **Dar el Makhzen** 9, der Wohn- und Palastbereich der Sultansresidenz (Erweiterungsbauten im 18. und 19. Jh.). Nordöstlich des ihm vorgelagerten Mechouar und der Gartenbauschule stößt man auf die **Borj el Ma** 10 (Wasserfestung), südwestlich auf das **Bassin de l'Agdal** 11, das der Bewässerung der Sultansgärten diente. Hier befinden sich auch die **Getreidespeicher** 12 (Heri Souni) von Moulay Ismail – riesige, kathedralenartige Vorratsgewölbe aus Stampflehm – sowie die überdimensionierten **Stallungen** 13 (Rouah/Heri el Mansour), die nicht weniger als 12 000 Pferde beherbergt haben sollen.

Mit der Kutsche durch die Ville Impériale

Start/Strecke/Dauer flexibel, ca. 70–100 DH/Std., wir starten am Mausoleum Moulay Ismails

Um eine Ahnung von den gewaltigen Dimensionen der Ville Impériale mit ihren ausladenden Getreidespeichern und Stallungen zu gewinnen und um sich einen im Sommer schweißtreibenden Fußmarsch zu ersparen, empfiehlt sich die Erkundung des Geländes mit einer Pferdekutsche *(calèche)*. Die Kutschen starten an der Stirnseite der **Place El Hedim** 1, an der **Place Lalla Aouda** und am **Mausoleum von Moulay Ismail** 8. Man sollte das Programm vor Fahrtantritt unmissverständlich absprechen – und vor allem an Preisabsprachen im Nachhinein nicht mehr rütteln lassen!

Eine Art **Kompakt-Rundkurs,** der einen recht guten Überblick über das Terrain verschafft, kann am **Mausoleum von Moulay Ismail** 8 starten, durch das **Bab Moulay Ismail** und das **Bab er Rih** (Tor des Windes) am Sultanspalast, dem **Dar el Makhzen** 9, entlang in Richtung **Borj el Ma** 10 (Wasserschloss) führen. Am **Bab en Nouara** hält man sich rechts, passiert den alten Kasbahbezirk (Kasbah Impériale) und nimmt Kurs auf die weitläufigen **Getreidespeicher** 12 mit ihren Gewölben und Pfeilerhallen. Unmittelbar an die Heri Souni grenzt das **Bassin de l'Agdal** 11 an, ein rechteckiges, etwa 4 ha großes Wasserbecken, aus dem früher die Palastgärten bewässert wurden. Von hier kann man entweder die Fahrt durch die Anlagen der Gartenbauschule fortsetzen oder aber, wie hier vorgeschlagen, vorbei an den **Stallungen** 13 und dann über die Muraille des Riches auf der Avenue Zine el Abidine zur Place El Hedim zurückkehren.

Übernachten

Hoch hinaus gebaut – **Hotel Le Grand Tafilalet** 1: Ecke rue Abdelmoumen Mouahidine/rue Ouakat Zellaka, Nähe Gare Emir Abdelkader, Tel. 0535 51 96 96, www.hoteltafilalet.com. DZ (Standard) 800–950 DH (saisonaler *tarif promotionnel* um 850 DH), Juniorsuite 1700 DH, Suite Royale 2800 DH. Nach schier ewigen Bauarbeiten wurde das 4-Sterne-Haus 2015 endlich eröffnet: 144 Zimmer, 16 Suiten, drei Restaurants (Panoramarestaurant auf der 11. Etage!), Konferenzräume, Cafés und Teesalons, Spa, Fitnessräume, Tiefgarage und eher kleiner Pool. Der Trumpf des Hauses, inzwischen die erste Adresse im Neustadtzentrum, ist eindeutig das Panorama ab der 6./7. Etage – daher nach den entsprechenden Zimmern verlangen!

Gepflegte Anlage – **Zaki Hôtel & Spa** 2: av. Bir Anzarane, 3 km südöstlich des Zentrums, Tel. 0535 51 41 46/49, zaki-hotelspa-meknes.com, DZ je nach Standard und Saison 1050–1450 DH, Juniorsuite bis 2900 DH, Suiten bis 9500 DH. Vier-Sterne-Haus, gepflegte Gärten, an den Wochenenden stark frequentierte Hoteldisco. Restaurant, Café, Bar, Hammam, Pool.

Bröckelnde Tradition – **Hôtel Transatlantique** 3: rue El Meriniyine, Tel. 0535 52 50 50/51, www.hoteltransatlantique.com, DZ um 1200 DH, *tarif promotionnel* um 900 DH. Etwas in die Jahre gekommenes Traditionshaus aus den 1920er-Jahren mit schönem Panorama über die Medina. Wer hier absteigt, sollte auf jeden Fall ein Zimmer mit Balkon im alten Gebäudetrakt nehmen. Drei Restaurants, zwei Pools, gepflegter Garten.

Gediegen – **Hôtel Malta** 4: 3, rue Charif El Idrissi, Tel. 0535 51 50 20/21, www.hotel-malta.ma, DZ um 900 DH, Junior-/Seniorsuite 1100/1500 DH. 60-Zimmer-Neubau im Zentrum der Neustadt, 2 Suiten mit atemraubendem Balkonausblick auf die Medina (1500 DH), gutes Preis-Leistungs-Verhältnis.

Grundsolide – **Hôtel Rif** 5: rue Omar Ben Chemsi, Tel. 0535 52 25 91/94, www.hotel-rif.com, DZ um 690 DH. 120-Zimmer-Haus mit kleinem Pool, Nachtklub und zwei Restaurants.

Ruhige Randlage – **Hôtel Menzeh Dalia** 6: Domaine Izmar, 5 km außerhalb des Zentrums, an der N 6 Richtung Rabat, direkt beim Marjane-

Supermarkt, Tel. 0535 46 85 78, 0535 46 85 95, www.hotelmenzehdalia.com, DZ/ÜF 600–1200 DH. Luxuriöses 150-Zimmer-Haus, 2 Restaurants, Disco, Pianobar, Spa, Schwimmbad, Sauna, Hammam, Tennis.

Im Zentrum der Neustadt – **Hôtel de Nice 7:** Ecke rue Omar Ben Chemsi/rue d'Antisirabé, Tel. 0535 52 03 18, www.hoteldenice-meknes.com, DZ 530 DH. Starke Alternative im Mittelklassesegment. Restaurant, Bar, gutes Preis-Leistungs-Verhältnis.

Günstig gelegen für Bahnreisende – **Hôtel Bab Mansour 8:** 38, rue Emir Abdelkader, Tel. 0535 52 52 39/40, www.facebook.com/hotelbabmansour, DZ 440 DH. Oft von Reisegruppen belegtes 80-Zimmer-Haus nahe Stadtbahnhof, gutes Preis-Leistungs-Verhältnis.

Allrounder – **Hôtel Akouas 9:** 27, rue Emir Abdelkader, Tel. 0535 51 59 67, www.hotelakouas.com, DZ 440 DH. Gutes Mittelklassehotel, Restaurant und Diskothek, winziges Hallenbad.

Seit Jahren ein Klassiker – **Hôtel Majestic 10:** 19, av. Mohamed V, Tel. 0535 52 20 35, www.hotelmajesticmeknes.ma, DZ/ÜF 375 DH. Gut geführt, ausgezeichnetes Preis-Leistungs-Verhältnis, bei den einfachen Hotels vermutlich die beste Adresse in Meknes.

Einfache Hotels – An der Avenue des F.A.R. liegen etliche einfache Hotels: **Hôtel Excelsior 11**, Hausnr. 57, Tel. 0535 52 19 00, in plüschiger Würde verwittert, DZ/Dusche 210 DH); **Hôtel Continental 12**, Hausnr. 92, Tel. 0535 52 54 71, DZ 160 DH.

Camping – **Camping municipal 13:** Jnane Benhalima, Agdal.

Essen & Trinken

Exquisit – **Le Collier de la Colombe 1:** 67, rue Driba (an der Place Lalla Aouda), Tel. 0535 55 50 41, lecollierdelacolombe.com, 150–250 DH. Französische und marokkanische Küche. Schönes Panorama über die Medina.Auch Gästezimmer.

Stilvoll – **Riad Meknes 2:** 79, Ksar Chaacha, Dar Lakbira, Tel. 0535 53 05 42, www.riadmeknes.com, um 200 DH. Edel speisen im gediegenen Ambiente eines aufwendig restaurierten Riads (auch Gästehaus) in der Ville impériale.

Hier isst auch das Auge mit – **Restaurant Zitouna 3:** 44, Jamaa Zitouna, nahe Bab Tizimi, Tel. 0535 53 02 81, 150–200 DH. In einem ehemaligen Wesirspalais. Marokkanische Gerichte, kein Alkohol, mittags manchmal von Reisegruppen belegt.

Äußerst bodenständig – **La Case 4:** 8, av. Moulay Youssef, Tel. 0535 52 40 19, Di–So, um 150 DH. Französische Küche.

Für großen Appetit – **La Coupole 5:** 2, av. Hassan II, Tel. 0535 52 24 83, 80–

Mein Tipp

Urmarokkanisches Lokal

Karges Dekor, einige wenige Klassiker wie *harira* oder exzellente *brochettes* auf der Speisekarte, kein Alkoholausschank – das Marhaba im Herzen der Neustadt ist, obwohl vom renommierten Guide Routard seit Jahren völlig zu Recht empfohlen, ein urmarokkanisches Lokal für die sogenannten *meknassi*, die Einheimischen aus Meknes, geblieben. Hier ist wahrlich kein Ort, wo der *haute cuisine* gehuldigt wird, wohl aber eine Art Ankerplatz für jene, die marokkanische Hausmannskost in Vollendung zu schätzen wissen – ziemlich viel Restaurant fürs (Klein-)Geld.

Restaurant Marhaba 6: 23, av. Mohamed V, ca. 12–20 Uhr, während des Ramadan durchgehend geschl., 30–50 DH.

100 DH. Großes Pizzasortiment und darüber hinaus auch etliche marokkanische Gerichte.

Urmarokkanisches Lokal – **Restaurant Marhaba** 6: s. Mein Tipp S. 131.

Elegante Tagescafés – Zwei schicke Tagescafés befinden sich im Bereich der **Fußgängerzone Rue de Tarfaya/Sahat Lahri** 2: direkt um die Ecke vom **Café Opéra** 7 (7, av. Mohamed V) liegen **Les Palmiers d'Aziza** 8 (9, Rue de Tarfaya) und ein Stück weiter das Café-Restaurant **Promenade Palace** 9 (Residence Azza, Ecke Rue de Tarfaya/Sahat Lahri, www.promenadepalace.com, Tel. 0535 52 34 20); ca. 10–22 Uhr.

Einkaufen

Töpferwaren und Keramik – Interessierte sollten solche Waren direkt im **Töpferviertel** 1 erstehen, s. Mein Tipp S. 133.

Teppiche – Meknes ist ein Zentrum der **Teppichproduktion**. Wer in den Souks in Kaufverhandlungen um Berberteppiche einsteigt, sollte ein wenig vom Metier verstehen (Verarbeitungsvarianten, Dekorkunst, verschiedene Arten von Wolle, Zahl der Knoten pro Quadratmeter etc.) sowie mit den Gepflogenheiten beim Handeln vertraut sein.

Lebensmittel und mehr – Moderne Geschäfte, einige Boutiquen sowie auch mehrere große Supermärkte befinden sich im Zentrum der Neustadt, dort besonders in der kleinen **Fußgängerzone** 2. Die Region Meknes ist zudem für ausgezeichnete **Rotweine** bekannt: Verkosten in einem der besseren Restaurants lohnt sich!

Aktiv

Kulturaustausch – **Goethe-Haus** 1: Immeuble 4, rue de Paris, Tel. 0535 52 11 58. Hier widmet sich (noch) ohne Unterstützung des Goethe-Instituts eine private Initiative dem Sprach- und Kulturaustausch.

Wer Teppiche sucht, wird in Meknes fündig

Kino – **Cinéma Caméra** 2: Neben dem Goethe-Haus das einzige Kino der Stadt, in dem nicht nur Hindi-Dramen oder amerikanische Filme zu sehen sind.
Kutschfahrten – s. S. 129.

Abends & Nachts

Szenetreffs – ›Angesagt‹ sind derzeit wohl nur die **Hoteldiscos** im **Zaki** 2 und im **Menzeh Dalia** 6. Außerdem gibt es einige einschlägige Neustadtlokale (etwa das **Metropol** 1, 12, av. Hassan II, Tel. 0532 52 25 76) sowie die Kneipen und Bars im Kreuzungsbereich von **av. Mohamed V/av. des F.A.R.** (etwa Tresor), in denen sich allabendlich ein offensichtlich trinkfestes und zuweilen auch recht dubioses Publikum tummelt. An den Wochenenden ist die Disco des **Hotel Malta** 4, Cleo-Palace, ein echter Hotspot im Neustadtzentrum.

Infos & Termine

Infos

Délégation du Tourisme: 27, Place Administrative (in der Neustadt, gegenüber der Hauptpost), Tel. 0535 52 44 26, 0535 51 60 22, Fax 0535 51 60 46, Mo–Fr.
C.R.T.: Esplanade de la Foire, 11, Rue de Ghana, Tel. 0535 40 04 68, Fax 0535 40 14 31.

Termine

Moussem des Sidi Mohamed Ben Aissa: Aug., vor den Befestigungsanlagen der Ville Impériale. Eines der landesweit größten Feste, religiöse Zeremonien, gelegentlich auch Tranceseancen, spektakuläre *fantasias* zu Ehren des Gründers der Aissaoua-Bruderschaft.

Verkehr

Bahn: Meknes hat zwei Bahnhöfe: **Gare Emir Abdelkader** (Tel. 0535 52 27 63, Neustadtzentrum, etliche Hotels in der Nähe) und **Gare Centrale** (Tel. 0535 52 06 89, Av. des F.A.R., Ausfallstraße nach Fès, rund 1 km vom Neustadtzentrum). Tgl. Verbindungen über Fès–Taza–Taourirt nach Oujda, nach Tanger, Marrakesch und Kenitra–Rabat (umsteigen in Sidi Kacem).
Bus: Der **CTM-Busbahnhof** liegt an der Av. des F.A.R. in der Nähe des Hauptbahnhofs (Tel. 0535 51 46 18); moderne Schalterhalle, perfekter Service, Verbindungen zu allen Großstädten und nach Al Hoceima, Nador und Oujda, außerdem über Er Rachidia nach Rissani. Ein weiterer großer **Busbahnhof** befindet sich am **Bab el Khemis** westlich der Medina; von hier Verbindungen in alle Regionen des Landes. Einige Privatlinien starten vom **Busbahnhof am Bab Zein El Abidin** in der Nähe der Place El Hedim.
Sammeltaxi: Nach Fès (dichte Frequenz) ab CTM-Busbahnhof, nach Moulay Idriss (3 km von Volubilis) Start gegenüber dem Institut Français (10 DH).
Leihwagen: Verleihfirmen im Neustadtzentrum oder über die Luxushotels.
Stadtbus/-taxi: Mehrere **Buslinien** zwischen Medina und Neustadt; **Taxi** Kurzstrecken 7 DH (Minimum), sonst nach Taxameter.

Mein Tipp

Töpfern hautnah erleben
Interessant ist ein Ausflug in das **Töpferviertel** 1, wo man den Handwerkern bei der Arbeit zusehen kann. Wenn man die Altstadt durch das Bab Tizimi am Nordostrand der Medina verlässt, liegen die meisten Werkstätten östlich des Oued Boufekrane.

Auf Entdeckungstour: Volubilis – eine Zeitreise in die Antike

In eine bukolische Landschaft an den Ausläufern des Djebel Zerhoun (1118 m) gebettet, vermittelt dieses Gelände eine konkrete Vorstellung vom Alltag einer antiken Stadt, die seinerzeit der südlichste Außenposten der römischen Provinz Mauretania Tingitana war.

Reisekarte: ▶ S 3
Infos: tgl. ca. 9 Uhr bis Abenddämmerung, 20 DH
Dauer: etwa 2–3 Std. Wer die Tour mit einem Besuch von Moulay Idriss kombinieren will, sollte besser einen Halbtagesausflug einplanen.
Planung: Sammeltaxis ab Meknes starten gegenüber dem Institut Français nach Moulay Idriss, von dort etwa 45-minütiger Fußmarsch nach Volubilis (ca. 5 km). Es gibt keine Sammeltaxis direkt bis nach Volubilis!

Es gab eine Zeit, da war das nördliche Marokko gleichsam schon mit Europa assoziiert. In der frühen römischen Kaiserzeit, ab 42 n. Chr., wurde die Provinz Mauretania Tingitana mehr und mehr in den Herrschaftsbereich des Imperium Romanum eingegliedert. Das Hinterland des Rif, Nordmarokko bis etwa zu einer Linie Salé–Volubilis mit Tingis, dem antiken Tanger als Hauptort: Dies war der landwirtschaftlich intensiv genutzte Raum der Provinz Mauretania Tingitana.

Volubilis ist die mit Abstand größte und besterhaltene antike Ruinenstätte Marokkos. Selbst Reisende, die sich nicht sonderlich für Geschichte interessieren, werden vermutlich von den motivisch ›sprechenden‹ Fußbodenmosaiken, vom Ensemble aus Kapitol, Basilika, Forum und Thermen beeindruckt sein.

Der Parcours durch das seit den 1870er-Jahren archäologisch erschlossene und restaurierte Gelände beginnt mit der Nachbildung einer **Ölmühle (1)** und Ölpresse aus römischer Zeit. Im **Haus des Orpheus (2)** zeigt ein kunstvoll arrangiertes Fußbodenmosaik, wie der griechische Sänger mit seiner Lyra ein Rudel wilder Tiere besänftigt. In unmittelbarer Nähe befinden sich die **Gallienus- (3) und die Forum-Thermen (4),** Zeugnisse einer hochentwickelten Bäderkultur sowie aufwendigen städtischen Infrastruktur. Dem **Kapitol-Tempel (5)** gegenüber liegt die **Basilika (6),** eines der markantesten Gebäude der Stadt, kenntlich an den großen Bogenarkaden der Südseite und den Giebelfronten an beiden Schmalseiten; hier wurden Gerichtsverhandlungen abgehalten, Empfänge und Markttage organisiert.

Mosaiken in realistischer Manier

Im **Haus des Desultor (8)** verblüfft ein Mosaik, das einen Kunstreiter zeigt, der, einen Pokal schwenkend, rücklings auf einer Schindmähre sitzt. Der erstaunlich realistische Gestus, der in etlichen Fußbodenmosaiken zu Tage tritt, findet sich hier in einem eigenwilligen Motiv konzentriert, ja in eine bizarre Pointe gewendet. Der im Jahr 217 n. Chr. dem römischen Kaiser Caracalla gewidmete **Triumphbogen (12),** eine der Attraktionen der Ruinenstätte, markierte seinerzeit in etwa das Stadtzentrum des antiken Volubilis, das während seiner Blütezeit in der ersten Hälfte des 3. Jh. etwa 15 000 Einwohner zählte. Volubilis war in dieser Zeit die Residenzstadt des Provinzprokurators, erhielt als Garnisonsort römisches Stadtrecht und war, als Produktionszentrum von Olivenöl, Getreide und Wein (sowie als ›Lieferant‹ von Leoparden und Berglöwen, die in den römischen Zirkusarenen zum Einsatz kamen!), auch wirtschaftlich von erheblicher Bedeutung.

Zwischen Triumphbogen und dem sogenannten **Tanger-Tor (22),** dem Nordostausgang der Stadt, erstreckte sich einst der Decumanus, den man sich als eine Art Prachtavenue vorzustellen hat, gesäumt von repräsentativen Patriziervillen. Hier liegen etwa das **Haus der Epheben (13;** Bacchus-Mosaik), das **Haus der Säulen (14),** das **Haus des Reiters (15;** Dionysos und Ariadne), das **Haus der zwölf Arbeiten des Herkules (16;** restaurierte Serie von Mosaiken, Illustrationen des antiken Mythos), das **Haus des Dionysos (17;** Allegorien der vier Jahreszeiten), das **Haus des Nymphenbades (18;** erotische Motive antiker Quellgöttinnen), das **Haus der Nereiden (19)** und das **Haus der Raubtiere (20).**

Das Haus der Venus

Der **Gordianus-Palast (21),** der Sitz des Provinzprokurators und größtes Bauwerk der Stadt, schließt die Phalanx der Patriziervillen nach Nordosten hin ab. Südlich des Tanger-Tors, auf der anderen Seite des Decumanus, befindet sich das **Haus der Venus (23),** ein Höhepunkt auf diesem Besichtigungsparcours. Die hier präsentierten Mosaiken zeigen etwa die Jagdgöttin Diana im Bade sowie Szenen aus der Argonautensage. Neben den figürlichen Mosaiken kann man auch Mosaiken studieren, deren Dekor geometrische Muster variiert –

frühe Zeugnisse abstrakter Kunst. Vom Haus der Venus führt – etwa parallel zum Wasserlauf des schmalen Oued Fertassa – ein Weg zum Eingang zurück. Die gesamte Anlage wird nach Süden hin von einer Stadtmauer aus spätrömischer Zeit eingefasst.

Die antiken Bronzestatuen aus Volubilis befinden sich im Archäologischen Museum von Rabat (s. S. 115).

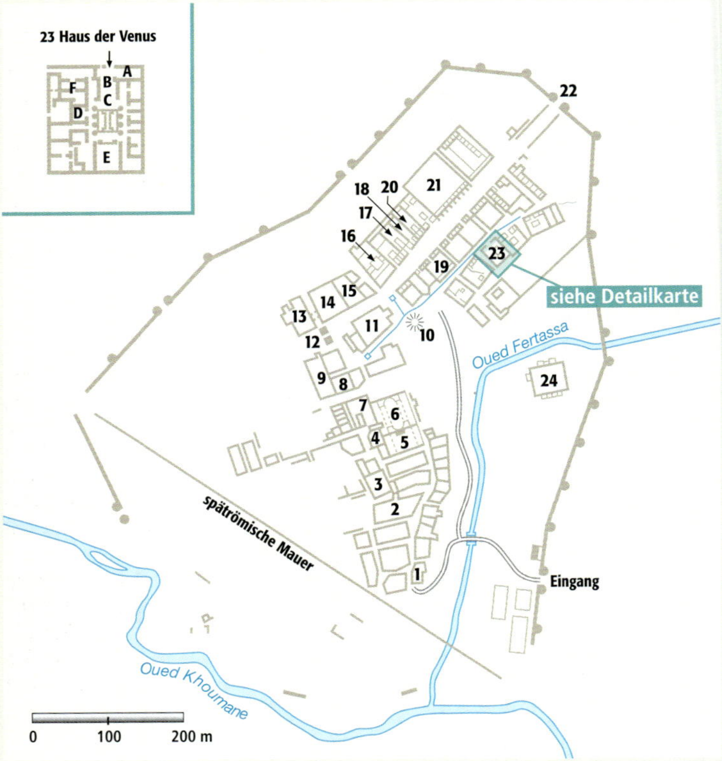

1 Ölmühle
2 Haus des Orpheus
3 Gallienus-Thermen
4 Forum-Thermen
5 Kapitol-Tempel
6 Basilika
7 Macellum (ehem. Markthalle)
8 Haus des Desultor
9 Haus des Hundes
10 Grabtumulus
11 Nordthermen
12 Triumphbogen
13 Haus der Epheben
14 Haus der Säulen
15 Haus des Reiters
16 Haus der zwölf Arbeiten des Herkules
17 Haus des Dionysos
18 Haus des Nymphenbades
19 Haus der Nereiden
20 Haus der Raubtiere
21 Gordianus-Palast
22 Tanger-Tor
23 Haus der Venus
   A Portikus
   B Vestibül
   C Peristyl mit Impluvium
   D Oecus (Prunkraum)
   E Triclinium
   F Privatthermen
24 Tempel B

Ausflüge in die Umgebung

Volubilis ▸ S 3

Meknes empfiehlt sich als Ausgangspunkt zu einem überaus lohnenden Tagesausflug nach Volubilis, der bedeutendsten antiken Ruinenstätte Marokkos. Die ehemalige Berbersiedlung, seit 42 n. Chr. als Mauretania Tingitana Teil des römischen Imperiums und mit römischem Stadtrecht privilegiert, erlebte ihre Blütezeit unter dem römischen Kaiser Septimus Severus (reg. 193–211). Sehenswert sind besonders die gut erhaltenen Fußbodenmosaiken (Motive mit Nymphen, Bacchanten, Athleten, Jahreszeitenallegorien), der Triumphbogen des römischen Kaisers Caracalla, Forum, Kapitol und Basilika (s. auch Entdeckungstour S. 134).

Übernachten

Grandioses Panorama – **Hotel Volubilis Inn:** oberhalb der N 13, dem Ruinengelände gegenüber, Tel. 0535 54 44 05-08, www.hotelvolubilisinn.com, DZ 1050 DH (*tarif promotionnel* um 650 DH). Großzügiger und weitläufiger Hotelneubau mit Restaurant, Pool, Bar, Zimmer mit Balkon oder Terrasse sowie spektakulärer Sicht auf die antiken Ruinen. Auch Halbpension möglich.

Infos

Auto: Volubilis liegt direkt an der N 13 knapp 30 km nördlich von Meknes (Richtung Djebel Zerhoun/Col du Zeggota, nicht Richtung Sidi Kacem fahren!) etwa 3 km von der heiligen Stadt Moulay Idriss entfernt. Von hier aus geht es zu Fuß weiter (s. Entdeckungstour S. 134).

Moulay Idriss ▸ S 3

Ein anderer Tagesausflug von Meknes führt nach Moulay Idriss (s. Lieblingsort S. 138), das als heilige Stadt bis heute der wichtigste marokkanische Wallfahrtsort für Pilger aus dem ganzen Maghreb ist. Die Stadtgründung erfolgte 788 durch Moulay Idriss I., den Ahnherrn der dynastischen Tradition des Landes und Gründer des ersten marokkanischen Reiches. Nach seiner Ermordung 792 wurde er hier beigesetzt.

Moulay Idriss, in landschaftlich exponierter Lage zwischen zwei Berggipfeln am Westhang des Zerhoun-Massivs gelegen, gliedert sich in den höher gelegenen Stadtteil Khiber und das tiefer gelegene Viertel Tasga. Zwischen beiden liegt der heilige Bezirk mit dem Grab Idriss' I., den Nicht-Muslime nicht betreten dürfen. Eine siebenfache Wallfahrt nach Moulay Idriss vermag die – aufwendige und teure – obligatorische Pilgerfahrt nach Mekka *(hadsch)* zu ersetzen.

Moulay Idriss ist eine heilige Stadt: Besucher sollten deshalb (auch beim Fotografieren) besondere Zurückhaltung wahren und unbedingt den abgesperrten Bezirk um die Zaouia respektieren.

Termine

Moussem Moulay Idriss' I.: Aug./Sept. In Moulay Idriss abgehaltener großer *moussem* zu Ehren des berühmten Gründers des ersten marokkanischen Großreichs im späten 8. Jh. Zehntausende Pilger lagern dann in einer riesigen Zeltstadt vor den Toren von Moulay Idriss. Das Fest umfasst religiöse Zeremonien, prachtvolle Reiterspiele *(fantasia)* und einen weitläufigen Markt.

Lieblingsort

Historischer Ort in traumhafter Lage ▶ S 3

Ein Ort, bis 1917 für Nicht-Muslime verboten, in dem sich historische Überlieferung in besonderer Weise konzentriert, ein Ort, der Fakten und Legenden der Historie im Namen führt. **Moulay Idriss,** wunderschön in die Flanken des Djebel Zerhoun gebettet, birgt die Wiege der marokkanischen Monarchie und ist der wichtigste islamische Wallfahrtsort Marokkos. Das vollständig erhaltene alte Stadtbild und die hinreißende Lage machen Moulay Idriss zu einer der sehenswertesten Städte des Landes.

Das Beste auf einen Blick

Fès

Highlight!

Fès: Kennern gilt Fès als eine der schönsten Städte des arabischen Maghreb, als Perle der muslimischen Zivilisation. Die älteste und an Kunstschätzen reichste der vier Königsstädte, Hauptstadt bis 1912, ist bis heute das spirituelle Zentrum des Landes. Um 860 gegründet, ist die berühmte Kairaouine eine der ältesten Universitäten der Welt. Die urbane Elite von Fès, die *fassi,* prägen bis heute die Geschicke Marokkos – in der Politik, im Kultur- und Wissenschaftsbetrieb sowie im privaten Unternehmertum. S. 142

Auf Entdeckungstour

Ein Hauch von Mittelalter – das Gerberviertel Chouara: An diesem Ort zerreißt die Aura des Entrückt-Musealen wie nirgendwo sonst in Fès, hier wird malocht und es stinkt zum Himmel. Tierhäute sind zum Trocknen aufgespannt, Leder wird eingefärbt, Felle werden bearbeitet und Naturfarben in gewaltigen Bottichen angerührt. Eine Zeitreise ins Mittelalter.
9 S. 152

Kultur & Sehenswertes

Musée du Batha: Ein Volkskunstmuseum in einem Wesirspalast aus dem 19. Jh, dessen Bestände zu den landesweit reichhaltigsten ihrer Art zählen. 2 S. 145

Medersa Bou Inania: Die Bou Inania, in der Mitte des 14. Jh. erbaut, zählt zu den prächtigsten Koranschulen der Meriniden-Zeit. 3 S. 146

Kairaouine: Das bedeutendste Bauwerk von Fès el Bali, ein architektonisches Juwel der Meriniden-Ära, einer der größten Sakralbauten Marokkos und jahrhundertelang ein theologisches Zentrum des westlichen Islam. 8 S. 147

Aktiv unterwegs

Route Tour du Fès: Um das labyrinthisch zerklüftete Gelände der Stadt topografisch ein wenig sortieren zu können, empfiehlt sich ein Rundkurs. S. 143

Genießen & Atmosphäre

Ein Labyrinth aus der Vogelperspektive: Es lohnt sich, das komplexe Gefüge von Fès el Bali aus der Vogelperspektive zu betrachten. Als Aussichtsplätze eignen sich besonders die Panoramaterrassen der Luxushotels Palais Jamaï 1 und Les Mérinides 5. S. 148, 155

Wohnen jenseits der Hotelstandards: Eine immense Auswahl an hinreißenden Riads in der Medina lassen den diskreten Luxus einer versunkenen Vergangenheit ahnen – und eröffnen eine stilvolle Wohnalternative zum letztlich immergleichen genormten Hotelkomfort. S. 156

Abends & Nachts

Für Nachtschwärmer gibt Fès nicht allzu viel her; nächtliches Entertainment findet sich allenfalls in den Discos oder Bars der größeren Hotels der Vier- und Fünf-Sterne-Kategorie im Zentrum der Neustadt. S. 158

Marokkos spirituelles Herz

Fès! ▸ S 3

Fès, Sitz der ältesten islamischen Universität der Welt und ein an Kunstschätzen überreiches urbanes Gesamtkunstwerk, ist das spirituelle Herz von Marokko. Die mittelalterliche Medina Fès el Bali gilt als Juwel arabisch-muslimischer Zivilisation.

Die älteste der vier marokkanischen Königsstädte liegt etwa 60 km nordöstlich von Meknes in einer landwirtschaftlich intensiv genutzten Zone (Olivenproduktion) an der Südflanke des Cheraga-Plateaus. Als Universitätsstadt und traditionsreiches theologisch-wissenschaftliches Zentrum des westlichen Islam gilt das etwa 1,3 Mio. Einwohner zählende Fès bei vielen Marokko-Kennern als die an Kunstschätzen reichste Metropole des Landes, als die schönste Marokkos, ja sogar als eine der faszinierendsten Städte der arabisch-muslimischen Zivilisation.

Die Stadt an den Ufern des gleichnamigen Flusses ist deutlich in drei Teile gegliedert: die Medina, das älteste und sehenswerteste Viertel (Fès el Bali), die ab 1276 angelegte Meriniden-Residenz (Fès el Djedid) und die seit 1916 expandierende, von den Franzosen geplante Neustadt (Ville Nouvelle), die zwar keinerlei Sehenswürdigkeiten aufweist, allerdings die touristisch wichtigen Versorgungszentren zusammenfasst.

Bis 1912 war Fès die marokkanische Hauptstadt, die *fassi* (Bewohner von Fès) bilden bis heute die intellektuelle Elite des Landes, mit noch immer außerordentlich großem Einfluss in Politik, akademischem Wissenschaftsbetrieb und privatem Unternehmertum. Fès ist Provinzhauptstadt, wichtiges Kunsthandwerks- und Handelszentrum, religiöser Wallfahrtsort und bedeutender Hochschulort.

Für die Stadtbesichtigung sollte man mindestens drei bis vier Tage einkalkulieren. Als erste Orientierung empfiehlt sich ein Rundkurs auf der Umge-

Infobox

Touristeninformation

Délégation du Tourisme: Place de la Résistance (Place Mohamed V.), Immeuble Bennani, Tel. 0535 62 34 60, dtfes@menara.ma, Mo–Fr 8.30–16.30 Uhr.

Internet

www.fes-city.com: Die Website ist eine Fundgrube mit reichhaltigen, allerdings nicht immer aktuellen Informationen zu Sehenswürdigkeiten, Unterkünften, Riads, Gastronomie, kulturellen Veranstaltungen, Exkursionen etc. (nur französisch, englisch und spanisch).

Anreise und Weiterkommen

Der Flughafen Fès-Sais liegt ca. 15 km südöstlich der Neustadt; der Hauptbahnhof liegt an der Av. des Almohades zwischen Neustadt und Fès el Djedid. Vor dem Hauptbahnhof befindet sich ein großer Sammeltaxistand, von hier fahren regelmäßig Sammeltaxis nach Meknes in dichter Frequenz. Fès markierte bis 2012 das östliche Ende der A 2, die über Meknes und Khemisset nach Rabat führt; die A 2 (mautpflichtig) ist inzwischen bis nach Oujda im Nordosten Marokkos ausgebaut worden. Die gut ausgebaute N 8 führt von Fès in die Rif-Region.

hungsstraße **Tour du Fès** mit mehreren lohnenden Aussichtspunkten: die Festungsanlagen Borj Sud und, inzwischen als Waffenmuseum genutzt, Borj Nord sowie die Ruinenfelder der Meriniden-Nekropole aus dem 14. Jh. Die Tour, die man im eigenen Wagen oder im Stadttaxi am besten gegen den Uhrzeigersinn angeht, passiert alle wichtigen Stadttore, nach denen die einzelnen Viertel oft benannt sind. Wer etwa einen Stopp beim Bab Guissa einlegt, kann von hier zu Fuß gut die Sehenswürdigkeiten rund um die Kairaouine erkunden.

Geschichte

Im Jahr 808 gründete Moulay Idriss II. die Stadt, die schon in der ersten Hälfte des 9. Jh. von muslimischen Flüchtlingen aus Andalusien und dem tunesischen Kairouan besiedelt wurde. Die getrennten Viertel El Andalous und El Kairaouine legte man im 11. Jh. zusammen. Sie bilden nun den alten Stadtkern von Fès el Bali.

Um 860 gründete Fatima Bint Mohamed el Feheri die Kairaouine-Universität, die bald zum Zentrum der Arabisierung im Maghreb avancierte. Seit dem frühen 10. Jh. fanden blutige Machtkämpfe zwischen den Dynastien der tunesischen Fatimiden und den Omajaden aus dem spanischen Cordoba statt, wobei letztere die Stadt 985 unter ihre Kontrolle brachten. 1067 wurde sie von dem Almoraviden-Sultan Youssef Ben Tachfine erobert, der Marrakesch zur neuen Residenz erhob. Nach der Einnahme durch die Almohaden 1145 und dem starken Zuzug andalusischer Muslime stieg Fès im 12. Jh. zu einer Wirtschaftsmetropole mit weit verzweigten Handelsverbindungen auf.

1248 übernahmen die Meriniden die Macht und machten die Stadt für die folgenden zwei Jahrhunderte zur blühenden Kapitale ihres Reiches (Anlage des neuen Stadteils Fès el Djedid, Bau eines Königspalastes, Bau von Medersen, Moscheen, Fondouks, Badeanstalten).

Im 14. Jh. war Fès, etwa 200 000 Einwohner zählend, als Zentrum muslimischer Gelehrsamkeit bis nach Europa berühmt. 1471 erfolgte die Machtübernahme durch die Ouattasiden. Im 16. Jh. begann der allmähliche Niedergang von Fès unter den Saadiern, die Marrakesch zur Hauptstadt ernannten. Der Saadier-Sultan Ahmed el Mansour (1578–1603) ließ die Forts Borj Nord und Borj Sud zur Kontrolle der aufständischen Stadtbevölkerung anlegen.

Ab 1666/67 erhob der Alaouiten-Sultan Moulay Rachid Fès zu seiner Residenz und – von der Regentschaft Moulay Ismails (1672–1727) einmal abgesehen –, blieb es bis 1912 die Hauptstadt der Alaouiten-Sultane. Sultan Moulay Abd er Rahman schlug 1833 die immer wieder aufkeimenden Berberrevolten endgültig nieder.

Im Mai 1911 marschierten französische Truppen, von Sultan Moulay Hafiz um Hilfe gebeten, in Fès ein. Der Sultan, seines Lebens nicht mehr sicher, sah sich mit einer Revolte der Stadtbevölkerung konfrontiert. Die Konvention von Fès, am 30. März 1912 unterzeichnet, regelte die Bedingungen des französischen Protektorats über Marokko. Während der Protektoratszeit musste Fès seine politische Vormachtstellung an Rabat abtreten, seine ökonomische Bedeutung an Casablanca. In den 1940er-Jahren wurde Fès zu einem Sammelpunkt der nationalen Widerstandskämpfer gegen das Kolonialregime. Seit 1980 forciert die UNESCO ihre Bemühungen mit einem großangelegten Sanierungsprojekt, die architektonische Substanz der Medina zu retten.

Fès el Bali

Die Altstadt von Fès ist ein unübersichtliches, labyrinthisch verwinkeltes Gelände: ein einzigartiges Ensemble aus Moscheen und Medersen, Stadthäusern und Palais, Fondouks und Karawansereien, Werkstätten und Souks, Brunnen und Heiligtümern, Stadtmauern und Befestigungen, Gassenlabyrinthen und Gartenanlagen, Friedhöfen und Riads, Badehäusern und Kanalisationssystemen. Mit der Medina von Marrakesch gehört sie zu den größten des Landes. Bis heute ist der Eselskarren das beste Lasttaxi in Fès, da es unmöglich ist, sich mit Bus, Bahn oder Auto den Weg zu bahnen. Es empfiehlt sich, falls man in irgendeiner Sackgasse gestrandet ist, sich

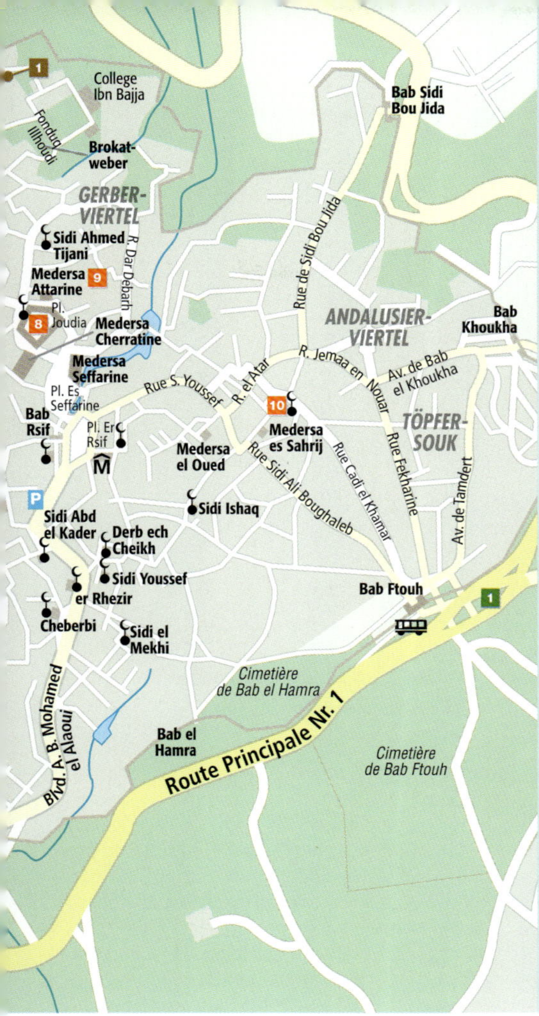

Fès el Bali

Sehenswert

1 Bab Boujeloud
2 Musée du Batha
3 Medersa Bou Inania
4 Moschee Cherabliyin
5 Place Nejjarin
6 Fontaine En Nejjarin
7 Zaouia Moulay Idriss' II.
8 Kairaouine
9 Gerberviertel
10 Moschee El Andalous
11 Moschee Djemaa el Hamra
12 Moschee Djemaa el Beida
13 Dar el Makhzen
14 Vieux Mechouar
15 Kasbah des Cherarda

Übernachten

1 (Ex Sofitel Fès) Palais Jamaï
5 Les Mérinides
2 – 4, 6 – 15 s. Cityplan Fès S. 151

Essen & Trinken

1 La Maison Bleue
2 Les Remparts
3 El Firdaous
4 El Fassia
5 – 6 s. Cityplan Fès S. 151
7 Restaurant La Kasbah

Einkaufen

1 Coop. Poterie Ain Noukbi

Abends & Nachts

1 – 2 s. Cityplan Fès S. 151

zum nächstgelegenen Stadttor *(bab)* durchzufragen und von dort, am besten mit einem Stadtplan, aufs Neue einen gezielten Anlauf zu nehmen.

Günstiger Ausgangspunkt, an der Nahtstelle zwischen Fès el Bali und Fès el Djedid, ist das **Bab Boujeloud** 1 (13. Jh., 1913 restauriert, auf der einen Seite mit blauen, auf der anderen mit grünen Fayencefliesen geschmücktes Dreibogentor). Von dort führen die in etwa parallel verlaufenden Hauptachsen Talaa Kebira (Rue du Grand Talaa) und Talaa Seghira (Rue du Petit Talaa) zu den wichtigsten Sehenswürdigkeiten im Zentrum der Medina.

Musée du Batha 2

Tel. 0535 63 41 16, 0535 63 67 13, Mi–Mo 9–12, 15–18 Uhr

Der prächtige Innenhof eines Fondouk an der Place Nejjarin

Rechter Hand des Bab Boujeloud ist dieses **Volkskunstmuseum** in einer Wesirsresidenz aus dem späten 19. Jh. untergebracht. Die Sammlungen, die zu den landesweit reichhaltigsten ihrer Art zählen, umfassen Buchkunst und Kalligrafien, islamische Sakralkunst, Holzschnitzereien, Teppiche, Keramik, Minbars (Gebetskanzeln), Waffen, Schmuck und archäologische Exponate.

Von der Medersa Bou Inania zur Place Nejjarin

Ebenfalls in unmittelbarer Nähe des Bab Boujeloud befindet sich die **Medersa Bou Inania** 3, die, zwischen 1350 und 1357 erbaut, nach dem Meriniden-Sultan Abou Inan benannt wurde. Die größte und berühmteste Medersa von Fès gehört mit ihrem vollendeten Flächendekor (Kachelmosaiken, Inschriftenfriese, filigran durchbrochene Gipsstukkatur), mit ihren Reliefschnitzereien aus Zedernholz und dem quadratischen, mit Carrara-Marmor ausgelegten Innenhof zu den prächtigsten Sakralbauten des maurischen Mittelalters. Der Bou Inania gegenüber steht das Haus des Glockenspiels, ein 1357 konstruiertes, aus 13 Bronzeschalen bestehendes Glockenspiel, das derzeit von der UNESCO restauriert wird.

Östlich der **Moschee Cherabliyin** 4 führt die Verlängerung der Talaa Kebira talwärts in die nach Branchen gegliederten **Souks** – Babuschenhersteller, Lederwaren, Gewürzhändler, Lebensmittel, Wollweber, Färber, Kupferschmiede, Töpfer etc. Von inzwischen als Lagerhäuser genutzten Fondouks umgeben, liegt hier die **Place Nejjarin** 5, berühmt durch den fliesenmosaikgefassten, mit einem Zedernholzvordach versehenen Brunnen **Fontaine En Nejjarin** 6 – ein Ort zum Innehalten inmitten der von Lärm erfüllten Tischler-Souks. Im gleich nebenan liegenden Fondouk mit seiner reich verzierten Eingangsfassade befindet sich das **Museum für Holzschnitzkunst** (tgl. 10–17 Uhr).

Zaouia Moulay Idriss' II. 7

Nur wenige Schritte von der Place Nejjarin entfernt befindet sich ein prachtvoller Grabbau im Zentrum eines bis in die jüngste Vergangenheit als heilig und unverletzlich geltenden Bezirks: die Zaouia des Stadtgründers Moulay Idriss II. Erst 1437 wiederentdeckt, wurde die Grabstätte von den Meriniden als Heiligtum errichtet. Im 18. Jh. restaurierten die Alaouiten den bis heute bedeutenden Wallfahrtsort.

Die Zaouia, die aus Mausoleum, Moschee, Innenhof, Absolutions- und Reinigungsräumen besteht, ist Nicht-Muslimen nicht zugänglich. Allenfalls lässt sich durch das Hauptportal ein Blick ins Innere werfen. Im Mausoleum der Zaouia steht der mit üppig verzierten Brokatbahnen bedeckte Katafalk des Stadtgründers, der zugleich Stadtheiliger ist. Wer hierher pilgert, vermag der *baraka* teilhaftig zu werden. Die vorbeiziehenden Pilger strecken dazu die Hand durch die Öffnung einer in die Fassade eingelassenen Kupferplatte, um das Grabmal zu berühren.

Im August ist die Zaouia Schauplatz eines großen *moussem*, wenn die Handwerksgilden mit Opfern und Spenden Moulay Idriss II. gedenken. In der Umgebung der Zaouia sollte man, auch beim Fotografieren, äußerste Zurückhaltung üben. Alles andere ist in den Augen gläubiger Muslime eine Provokation.

Östlich der Grabstätte schließt sich die **Kissaria** an, jener Teil der Souks, der traditionsgemäß besonders kostbaren Produkten (hochwertige Textilien, Schmuck) vorbehalten ist.

Kairaouine 8

Wiederum östlich der Kissaria – umgeben von den Medersas Attarine, Misbahiya, Seffarine und Cherratine, unweit des Gerber- sowie Färberviertels – befindet sich der **Komplex der Moschee und Universität Kairaouine**, das bedeutendste Bauwerk von Fès el Bali. Um 860 gegründet, im 12. Jh. erweitert und umgebaut (das Minarett stammt vermutlich noch aus dem 10. Jh.), unter Abou Youssef Yacoub (1258/59–86) nochmals erweitert, war die Kairaouine, Gotteshaus und interdisziplinäre Hochschule in einem sowie über Jahrhunderte hinweg ein wissenschaftlich-intellektuelles Zentrum des westlichen Islam. Diesen Status hat sie längst verloren – seit 1960 wurden ihre Fakultäten (an der Kairaouine wurden nicht nur Theologie und islamisches Recht unterrichtet, sondern auch Naturwissenschaften, Geschichte und Philosophie) überwiegend in die neu gegründete Universität Sidi Mohamed Ben Abdallah im Südosten der Neustadt ausgelagert.

Ihre Blütezeit erlebte die Kairaouine unter der Dynastie der Meriniden, als hier über 8000 Studenten eingeschrieben waren, als hier das Universalgenie Ibn Khaldoun (1332–1406) lehrte. Imponierend bis heute sind allein schon die äußeren Dimensionen der Kairaouine: 16 000 m² Grundfläche, 14 Monumentaltore, 16 Schiffe mit je 21 Gewölbebögen, ein Wald von 270 Säulen, ein Sakralraum, der 22 000 Gläubigen Platz bietet. Die Bibliothek und die Handschriftensammlung der Kairaouine zählen zu den bedeutendsten der arabischen Welt.

Lieblingsort

Panoramablick auf Fès el Bali
Die Rufe der Muezzin bilden Bahnen aus Schall, ein Geflecht aus Stimmen, die Geräusche tragen weit, ein Teppich aus Hall und Echos, unten in der Senke liegt Fès el Bali wie in einer riesigen Muschel, der Kairaouine-Komplex mit seinen grün schimmernden Dächern markiert in etwa die tiefste Stelle, einige hoch aufragende Minarette gliedern den Raum: Mosaik und Kosmos einer uralten Stadt, die atmet wie ein lebendiger Körper, zum Greifen nah und zugleich weit entrückt, verletzlich und unverwundbar, kostbar und schäbig, Inbegriff der mittelalterlichen Medina, der arabischen Zivilisation, der muslimischen Spiritualität ... Während hier auf der Panoramaterrasse des **Hotel Les Mérinides** 5 die ersten Windlichter angezündet werden, versinkt Fès el Bali, spärlich illuminiert, in Erwartung der Nacht.

Der Zutritt zu Moschee und Universität ist Nicht-Muslimen untersagt. Vom Dach der benachbarten **Medersa Attarine** kann man aber einen Blick in den der Alhambra von Granada nachempfundenen Innenhof der Moschee werfen. Die Restaurierung der Kairaouine und der umliegenden Medersas ist ein besonderes Anliegen des UNESCO-Projekts in Fès.

Gerberviertel 9

Ungefähr 200 m nordöstlich der Kairaouine, an den Ufern des Oued Fès, stößt man auf das mittelalterlich anmutende **Gerberviertel**, das – wie der Abstecher in den unweit der Place Seffarine gelegenen Wollfärber-Souk – in kaum einer Stadtführung ausgelassen wird (s. Entdeckungstour S. 152).

Sehenswert
s. Cityplan Fès el Bali S. 145

Übernachten
1, 5 s. Cityplan S. 145
2 Fès Marriott Jnan Palace
3 Pick Albatros Royal Mirage Fès
4 Hôtel Ramada Fès
6 Hôtel Volubilis
7 Hôtel Across
8 Hôtel Olympic
9 Hôtel Zahrat Al Jabal
10 Hôtel de la Paix
11 Hôtel Ibis Fès
12 Hôtel Splendid
13 Hôtel Amor
14 Camping Diamant Vert
15 Camping International

Einkaufen
s. Cityplan Fès el Bali S. 145

Essen & Trinken
1 – 4 s. Cityplan Fès el Bali S. 145
5 Chez Vittorio
6 Restaurant Zagora
7 s. Cityplan Fès el Bali S. 145

Abends & Nachts
1 Le Zen Garden
2 restaurantlounge MB

Andalusierviertel

Auf der anderen Seite des Oued Fès zieht sich, allmählich ansteigend, das Andalusierviertel hin. Es ist von den alten Stadtmauern eingefasst, die von den mächtigen Toren Bab Khoukha und Bab Ftouh (in dessen Nähe das Töpferviertel und der Friedhof Cimetière de Bab Ftouh) unterbrochen werden.

Von den meridinischen Medersas Sahrija und Sebbaine abgesehen, lohnt im Andalusierviertel, das inzwischen ein ausgesprochenes Armenviertel geworden ist, allenfalls die **Moschee El Andalous** 10 einen Besuch (862 gegründet, 956 um ein Minarett erweitert, 1203–07 erweitert, 1307 Anbau eines Wandbrunnens an der Portalseite, seit 1415 Angliederung einer Bibliothek).

Fès el Djedid

Fès el Djedid, der südwestlich des schönen Parks Jardin du Boujeloud gelegene, ab 1276 von den Meriniden-Sultanen erbaute Stadtteil, weist weit weniger Sehenswürdigkeiten auf als der alte Medina-Kern Fès el Bali. Den Südwesten von Fès el Djedid nimmt die ausgedehnte **Mellah** ein, in der die Juden, steuerpflichtige Schutzbefohlene der marokkanischen Sultane, vom frühen 14. Jh. bis ins Jahr 1912 (Protektoratsverträge) ghettoisiert waren.

Die von hohen Bürgerhäusern (auffällig die Holzbalkone zur Straße hin und die schmiedeeisernen Verzierungen) gesäumte Grande Rue des Merinides verläuft von der Place du Commerce bis zum Bab Semmarine quer durch die Mellah, die zur Neustadt vom alten jüdischen Friedhof begrenzt wird.

Am Bab Semmarine zweigt die Grande Rue de Fès el Djedid links (Richtung Norden) ab. Die Straße mündet, rechter Hand liegen die **Moscheen Djemaa el Hamra** 11 und **Djemaa el Beida** 12 (14. Jh.), am Bab Dekaken in die Avenue des Français. Westlich dieser Achse befindet sich der **Dar el Makhzen** 13, der Sultanspalast, der seit der Meriniden-Ära bis in die Gegenwart immer wieder umgebaute und erweiterte Residenzbezirk, ein Terrain von etwa 80 ha Ausdehnung. Der Dar el Makhzen, für Mohamed VI. bis heute die königliche Residenz während seiner Visiten in Fès, kann nicht besichtigt werden.

Zwischen den Toren Bab es Seba (in der Nähe des Bab Dekaken) und Bab Segma (Do sehenswerter Viehmarkt) liegt der **Vieux Mechouar** 14, angrenzend die **Makina,** im 19. Jh. eine Waffenschmiede, heute eine staatliche Teppichmanufaktur mit angeschlossener Fachschule (Besuch möglich und überaus lohnend). Hinter dem Bab Segma liegen der ▷ S. 155

Auf Entdeckungstour: Ein Hauch von Mittelalter – das Gerberviertel Chouara

Ein Streifzug durch die Medina von Fès el Bali kommt ohnehin einer Zeitreise gleich, aber womöglich ist kaum ein Ort in Fès derart zeitentrückt wie das Gerberviertel Chouara am Oued Fès, östlich der Medersa Attarine und nordöstlich der Medersa Seffarine.

Cityplan: S. 145
Dauer: 1–2 Std.
Planung: Die Szenerie lässt sich am besten von einer der umliegenden Panoramaterrassen beobachten, die meist zu den hier ansässigen Lederboutiquen gehören. Ein längeres Verweilen ist oft nicht ohne anschließende Kaufverhandlungen zu haben. Der Aufstieg über Treppen und Zwischengeschosse ist darüber hinaus nicht ganz leicht zu finden, im Zweifelsfall sollte man sich für ein kleines Trinkgeld von einem einheimischen Führer den Weg weisen lassen.

Das **Gerberviertel** 9 *(quartier des tanneurs)* liegt knapp 300 m nordöstlich des Kairaouine-Komplexes an der Rue Dar Debarh. Von einer der umliegenden Panoramaterrassen ergibt sich der Blick von oben auf die Farben wie in einem gigantischen Kindermalkasten: fast mannshohe, gemauerte Bottiche, in denen Farben auf einer Skala zwischen beige und gelb, verschiedenen

Blau- und Rottönen, etlichen Nuancen von Schwarz und Braun schimmern. Bis zu den Knien durch diese Farbtümpel watend, walken die Arbeiter rohe Tierhäute durch, färben und wässern, beizen und hobeln. Angeblich sind es reine Naturfarben, die hier gemischt werden: hennarot, safrangelb, indigoblau, antimonschwarz ...

In archaischer Manier und nach uralter Handwerkstradition werden die Tierhäute zu Leder verarbeitet, Naturfarben angerührt, Kalklaugen und Gerbstoffe hergestellt, Felle enthaart und Häute zum Trocknen aufgespannt. Eine Produktion aus vorindustrieller Zeit, zünftiges Handwerk als Maloche, Handarbeit als körperliche Verausgabung.

Ein ›Maroc typique‹-Erlebnis

Es ist zweifellos ein besonderes Erlebnis, das hier präsentiert wird: Der Besuch des Gerberviertels fehlt in kaum einer der organisierten Stadtrundfahrten. Die Szenerie ist ein überaus beliebtes Fotomotiv – und für zart besaitete Gemüter, die im Hochsommer ob des bisweilen infernalischen Gestanks die Nase rümpfen, hat der Reiseleiter flugs ein paar Büschel mit Minzblättern parat, die man sich, so das Allergröbste betäubend, rasch unter die Nase reibt. Immerhin soll beim Bearbeiten der Tierhäute auch mit Asche vermischter Schweinedung und Rinderurin zum Einsatz kommen. Die Lederverarbeitung der Handwerker von Fès ist seit Jahrhunderten berühmt – und Lederwaren firmieren seit jeher als ein gesuchter Exportartikel: Schon unter der Regentschaft der Meriniden wurden Lederwaren von Fès bis ins ferne Bagdad gehandelt.

Die Kunst des Gerbens

Die Verarbeitung von rohen Tierhäuten zu weichem Leder ist eine der ältesten menschlichen Kulturtechniken. Noch heute kann man sich im Gerberviertel von Fès el Bali mit den Etappen einer aufwendigen Prozedur vertraut machen, die – jeder maschinellen Fertigung spottend – auf das Gelingen reiner Handarbeit setzt, die sich vermutlich seit Jahrhunderten kaum verändert hat.

In Fès wird vor allem Schaf-, Ziegen- und Rindsleder, seltener auch kostbares Kamelleder verarbeitet. Noch heute wird der Rohstoff, die unbearbeiteten Felle, auf Eselskarren im Gerberviertel angeliefert – anders wäre hier auch kein Durchkommen. Haare und Fleischreste werden zunächst in speziellen Kalkbädern gelöst, Fell trennt sich von Leder, anschließend muss die Haut wieder entkalkt werden. In einem Wasserbad mit Schwefelsäure und Mineralsalzen wird die Tierhaut sodann gebeizt, um sie weich und geschmeidig zu machen, später wird sie in einem Bottich mit einer Mischung aus Öl und Gerbstoffen (Blätter, Rinden, Hölzer, ein Sud aus Walnussblättern, Eichen- und Kastanienrinde) eingeweicht. Das Leder wird nun getrocknet, eingefettet, gefalzt und geglättet. Im nächsten Arbeitsschritt wird die Haut in ein

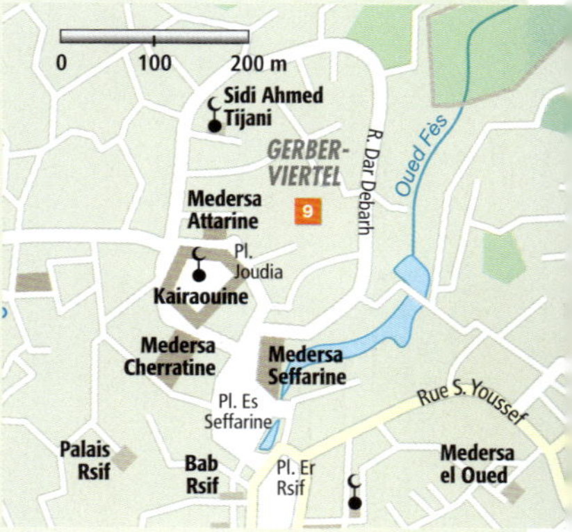

Farbbad mit pflanzlichen Pigmenten getaucht, in die Mischbottiche werden dabei spezielle Beizmittel verrührt, um die Farbe zu fixieren. Je nach Prozedur sind mehrere Farbbäder fällig, um den gewünschten farblichen ›Sättigungsgrad‹ zu erreichen. Das eingefärbte Leder wird sodann zum Trocknen aufgespannt oder einfach ausgelegt, um in der Sonne zu trocknen.

Authentisches Mittelalter?

Der Besucher, der die archaische Welt des Gerberviertels auf sich wirken lässt, sollte sich hüten, die ganze Szenerie im Sinne eines ›authentischen Mittelalters‹ zu romantisieren. Wer sich in Fès mit Ledertaschen, mit *babouches* (spitz zulaufende Lederpantoffeln), Gürteln, Geldbörsen, Brieftaschen, Koffern oder Lederjacken eindeckt, kann immerhin jene kräftezehrende und schweißtreibende Maloche erahnen, der der Käufer ein Unikat aus Leder verdankt. Um Arbeitsschutz und Sicherheitsstandards ist es im Gerberviertel dürftig bestellt: Die Arbeiter stehen knietief in ätzenden Laugen, hantieren mit Säurebädern und Gerbstoffen, atmen ungesunde, womöglich giftige Dämpfe ein. Dass hier nur mit Naturstoffen, quasi »biologisch« gearbeitet wird, dass hier keinerlei Chemikalien zum Einsatz kommen – dies glaube, wer will.

Die Lederwarenproduktion ist – nicht nur in Fès – ein unverzichtbares Element der marokkanischen Souk-Ökonomie. Und nicht nur in Fès präsentiert sich das Gerberhandwerk als gesundheitsgefährdende Risikobranche. Freilich auch als vitales (Kunst-) Handwerk, das den Zumutungen von technischer Moderne und industrieller Maschinenproduktion bisher erfolgreich getrotzt hat, das auf eine störrisch-hartnäckige Art ›altmodisch‹ geblieben ist und das – in dieser Form in Europa nahezu ausgestorben – gerade deshalb den Besucher wieder und wieder fasziniert.

Die Produktionsstätte: für Touristen ein malerischer Anblick, für Gerber harte Arbeit

wuchtige Festungskomplex **Kasbah des Cherarda** 15 (17. Jh.), ein Krankenhaus und die ausgelagerten Fakultäten der Kairaouine-Universität.

Südlich der Makina erstreckt sich der Stadtteil **Moulay Abdallah,** zugänglich nur durch ein unscheinbares Tor unmittelbar am Bab Dekaken. Sehenswert sind dort die **Große Moschee** von Fès el Djedid (1276 von dem Meriniden-Sultan Abou el Haq erbaut) und die **Moschee Moulay Abdallah** (zugleich Grabstätte des Alaouiten-Sultans). Vom Bab es Seba führt die Avenue des Français am Jardin de Boujeloud vorbei Richtung Fès el Bali.

Übernachten

Unklassifizierte Hotels in der Nähe des Bab Boujeloud, am Bab Ftouh (Fès el Bali), entlang der Grande Rue du Fès (Fès el Djedid) sowie am Boulevard Mohamed V/Boulevard Chefchaouni im Neustadtzentrum.

Luxus vom Feinsten – **Sofitel Fès Palais Jamaï** 1: Bab Guissa (am Nordrand von Fès el Bali). Das prachtvolle Luxushotel in einem Palais aus dem 18. Jh. mit renommierter Gastronomie und weitläufiger Gartenanlage ist zzt. geschlossen. Die marokkanische Eisenbahngesellschaft ONCF hat es übernommen und wird es nach umfänglicher Renovierung vermutlich 2018 als **Mamounia** wiedereröffnen.

Elegant – **Fès Marriott Hotel Jnan Palace** 2: av. Ahmed Chaouki, Tel. 0535 65 22 30, www.precom.ma/dc_jnan.pdf, DZ 2300 DH. 240-Zimmer-Komplex im Neustadtzentrum, großes Schwimmbad.

Vier-Sterne-Standard – **Pick Albatros Royal Mirage Fès** 3: av. des F.A.R., Tel. 0535 94 10 11, www.pickalbatros.com/de/hotels/pickalbatros-royal-mirage-2, DZ 1800–2100 DH, *tarif promotionnel* 840 DH. Auch unter neuem Management ist das frühere Sheraton ein nüchterner 275-Zimmer-Koloss.

Komfortabel – **Hôtel Ramada Fès** 4: 85, av. des F.A.R., Tel. 0535 94 80 00, www.ramadafes.com, DZ 1200–2000 DH (*tarif promotionnel* 880 DH), Suiten 4500–8500 DH. Schönes Fünf-Sterne-Haus mit Sauna, Hammam, Fitnesscenter, Massageangebot und mehreren Restaurants.

Die Medina zu Füßen – **Les Mérinides** 5: av. Borj du Nord , Tel. 0535 64 52 26, http://les-merinides.fes-hotels.net, DZ je nach Saison 1150–2100 DH. Der große Trumpf dieses Luxushotels mit insgesamt 105 Zimmern, Swimmingpool und mehreren Restaurants ist das einzigartige Panorama, dennoch leider etwas überteuert.

Familiengeeignet – **Hôtel Volubilis** 6: av. Allal Ben Abdallah, Tel. 0535 62 11 26, www.volubilis-hotel.com, DZ 1100 DH, *tarif promotionnel* 530 DH. Gediegen, mit Garten und Pool.

Hoch hinaus – **Hôtel Across** 7: 76, bd. Chafchaouni, Tel. 0535 94 06 12, 0535 94 06 06, www.acrosshotels.com, DZ/ÜF 940 DH. 70-Zimmer-Haus im Zentrum der Neustadt, modern-funktionale Einrichtung, hochwertige Duscharmaturen, kleiner Pool auf der 9. Etage, von dort grandioses Rundum-Panorama.

Einfach, preiswert – **Hôtel Olympic** 8: av. Mohamed V Nähe Marché municipal, Tel. 0535 93 26 82, www.hotelolympicfes.com, DZ/ÜF 456 DH. Die Zimmer zur Straße sind recht laut, angenehmer sind die Räume zum Innenhof.

Günstig – **Hôtel Zahrat Al Jabal** 9: Ecke av. des F.A.R./rue Lalla Nezha, Tel. 0535 94 46 46, www.hotelzahrataljabal.com, DZ ab 450 DH. 60 Zimmer, schönes Panorama-Restaurant im 6. Stock, faire Preise, kompetentes Personal.

Liiert mit Restaurant Nautilus – **Hôtel de la Paix** 10: 44, av. Hassan II, Tel. 0535 62 50 72, www.hotellapaixfez.ma, DZ 415 DH. Restaurant im Souterrain, Bar.

Wohnen im Riad

Die Délégation du Tourisme hält eine Liste von Riads und Gästehäusern *(maisons d'hôtes)* bereit. Bei den klassifizierten Riads werden nur zwei Kategorien unterschieden und selbst innerhalb dieser differieren die Preise erheblich.

Riad Fès: 5 Derb Ben Slimane, Tel. 0535 94 76 10, www.riadfes.com, DZ 2100–9000 DH (Standard bis Suite). Dachterrasse, Restaurant, Bar.

Palais Sheherazade & Spa: 23, Arsat Bennis Douh, Tel. 0535 74 16 42, www.sheheraz.com, Suites Junior (2 Pers.) 1850 DH, Suiten (2–4 Pers.) 2400–6300 DH. Garten, Pool, Hammam, Sauna, Gourmetrestaurant, Café.

Riad El Kadi: 33, Derb el Miter, Höhe Borj Nord, Tel. 0535 74 18 73, lamaisonbleue@menara.ma.

La Maison Bleue: 2, pl. de L'Istiqlal, Batha, Tel. 0535 63 60 52, www.maisonbleue.com, DZ/ÜF 1700–2800 DH (DZ bis Suite). Dachterrasse, Restaurant, Spa.

Riad Arabesque: 20, Derb el Miter, Zenjfour (Nordrand von Fès El Bali), Tel. 0535 63 53 21, riadarabesque.com, DZ 1200–2000 DH (DZ bis Suite). Haus im maurisch-andalusischen Stil, sieben Suiten in traditionell marokkanischem Stil. Garten, Hammam, Dachterrasse, zwei Restaurants.

Dar Al Andalous: 14, Derb Bennani, Douh Batha, Tel. 0535 74 07 00, www.dar-alandalous.com, DZ 1650–2400 DH (DZ bis Suite; im Sommer Ermäßigung).

Dar El Ghalia: Derb Ras Rih, nahe Place Rcif, Tel. 0535 63 41 67, 0535 74 15 74, www.riadelghalia.com. DZ/ÜF je nach Saison 870–5450 DH (DZ bis Suite). Prinzenpalast aus dem 18. Jh., Hammam.

Riad Zamane: 12, Derb Skallia, Douh, Batha (nahe der Mellah), Tel. 0535 74 04 40, riad-zamane-fes.fes-hotels.net, 5 DZ und Suiten. DZ/ÜF je nach Saison 750–1300 DH (DZ bis Suite). Dachterrasse, Patio.

Ryad Mabrouka: 25, Derb El Miter, Talaa El Kebira, Tel. 0535 63 63 45, www.ryadmabrouka.com, DZ/ÜF je Saison 900–1950 DH (DZ bis Suite). Dachterrasse, Pool.

Riad El Pacha (Riad les Remparts de Fès): 7, Derb El Miter, Talaa El Kebira, Tel. 0535 63 66 06, riad-al-pacha.fes-hotels.net, riad-les-remparts-de-fes.fes-hotels.net, DZ 65 € (ca. 730 DH), Suiten 75–100 € (ca. 840–1100 DH). Zehn Zimmer und Suiten Suiten, Dachterrasse.

Bewährt – **Hôtel Ibis Fès** 11: Av. des Almohades (direkt beim Hauptbahnhof), Tel. 0535 65 19 02/05, www.ibishotel.com, je nach Saison und Buchungstermin DZ 400–680 DH. Pool gutes Preis-Leistungs-Verhältnis.

Im Zentrum der Neustadt – **Hôtel Splendid** 12: 9, rue Abdelkrim el Khattabi, Tel. 0535 62 21 48, splendid.fes-hotels.net., DZ 350 DH. Ordentliches 70-Zimmer-Haus, kleiner Pool, Mobiliar veraltet, Preis okay.

Spartanisch – **Hôtel Amor** 13: 31, rue Arabie Saoudite, Tel. 0535 62 27 24, DZ 250 DH. 35-Zimmer-Haus mit kleinem Innenhof.

Camping – **Camping Diamant Vert** 14: km 5, Route de Ain Chkef, ca. 6 km vom Neustadtzentrum, av. Mohamed V stadtauswärts, Tel. 0535 60 83 68/69, www.diamantvert.ma. Schön gelegener Platz, große Schatten spendende Bäume. Im Sommer allerdings leider häufig überlaufen; Restaurant, Schwimmbad. **Camping international** 15: route de Sefrou, Tel. 0535 61 80 61. 24-ha-Gelände mit Restaurant und Pool.

Essen & Trinken

Gastro-Klassiker – **La Maison Bleue 1**: 2, pl. de l'Istiqlal, nahe Dar Batha, Fès El Bali, Tel. 0535 74 18 43, www.maisonbleue.com, etwa 19–24 Uhr, 300–500 DH. Marokkanische Spezialitäten; regelmäßig Orient-Tänze.

Gut und regional – **Les Remparts 2**: 2, Arsat Jiar, Bab Guissa, Fès El Bali, Tel. 0535 63 74 15, Di–So, 200–400 DH. Große Auswahl an marokkanischen Spezialitäten; oft Folkloreaufführungen.

Sterne-Lokal – **El Firdaous 3**: Bab Guissa, Fès El Bali, Tel. 0535 63 43 43, um 200–400 DH. Exquisite *tajines* und *brochettes*, große Salatauswahl, *harira* mit Datteln.

Bodenständig – **El Fassia 4**: 21, rue Salaj Batha, Fès El Bali, Tel. 0535 63 73 14, um 200 DH. Marokkanische Spezialitäten.

Italien in Marokko – **Chez Vittorio 5**: 21, rue Brahim Roudani (Neustadtzentrum), Tel. 0535 62 47 30, während des Ramadan meist geschl., 150–200 DH. Italienische Küche, große Pizzaauswahl.

Für Preisbewusste – **Restaurant Zagora 6**: 5, av. Mohamed V (Neustadtzentrum), Tel. 0535 94 06 86, 100–150 DH. Marokkanische Gerichte.

Urmarokkanisch – **Restaurant La Kasbah 7**: direkt am Bab Boujeloud, Fès El Bali, Tel. 0535 74 15 33, 50–80 DH. Einfache marokkanische Gerichte, schöne Panoramaterrasse.

Einkaufen

Fès ist ein traditionsreiches **Zentrum des marokkanischen Handwerks**. In den mehr oder weniger nach Branchen gegliederten, riesigen Souks finden sich spezielle Märkte etwa für Hennaprodukte, für *babouches* (pantoffelartige Schuhe), für Parfüms, Öle etc.

Töpferware – **Coopérative Poterie Ain Noukbi 1**: in der Nähe des Bab Ftouh, Südostausgang von Fès el Bali. Fès ist für seine in Blau- und Weißtönen gearbeitete Keramik berühmt; schon deshalb lohnt sich der Abstecher hierher.

Aktiv

Ausflüge in die Umgebung – Von Fès aus kann man Tagesausflüge nach

Kleine Teppichkunde

Bei Teppichen sind Berberteppiche und *tapis citadins* zu unterscheiden; die Unterschiede betreffen geometrisches Dekor, Farben, Verarbeitung, Wollsorten und Knotenzahl. Berberteppiche weisen in der Regel etwa 50 000 Knoten pro Quadratmeter auf und sind zumeist nicht mit Borten gesäumt; die Preise – die Preisskala ist freilich gewaltig – liegen zwischen 500 und 1500 DH pro Quadratmeter, Teppiche aus Regionen des Hohen Atlas können fast doppelt so teuer sein wie Produkte aus Regionen des Mittleren Atlas. Bei den *tapis citadins* werden je nach Knotenzahl drei Qualitätsstufen unterschieden: *courante* (um 800 DH pro Quadratmeter), *supérieure* (1200 DH), *extra-supérieure* (um 2000 DH, bis zu 160 000 Knoten pro Quadratmeter). Teppichproduktion und Teppichhandel sind, gerade in Fès, eine Wissenschaft für sich. Wer in diesem Metier nicht beschlagen ist, aber trotzdem einkaufen möchte, muss bei den Kaufverhandlungen mindestens versuchen, einen leidlich ebenbürtigen Part zu spielen, sollte sich etwas in die Materie einarbeiten und, so gut es geht, Kennerschaft vortäuschen.

Moulay Yacoub (▶ S 3, 20 km, heiße Thermalquellen, Vier-Sterne-Hotel Moulay Yacoub, Tel. 0535 69 40 35), nach **Ifrane** (▶ S 4, 60 km, 1650 m hoch gelegener Erholungs- und Wintersportort, Zedern- und Pinienwälder, Angel- und Jagdmöglichkeiten) oder nach **Azrou** (▶ S 4, 80 km, bekannte Teppichmanufaktur) unternehmen.
Golf – **Royal Golf de Fès:** km 15, Route d'Immouzer, 76 ha, Neun-Loch-Kurs.

Abends & Nachts

Nächtliches Entertainment findet sich in Fès kaum, allenfalls in den Hoteldiskotheken der Vier- und Fünf-Sterne-Häuser kommen Nachtschwärmer auf ihre Kosten (s. Übernachten S. 155).
Allrounder – **Le Zen Garden** 1: 26, av. Omar Ibnou Khattab, Tel. 0535 93 29 29. Trendiger Treffpunkt, Restaurant, Lounge, Bar, Terrassen. Unter dem Etikett *formule spéciale déjeuner* werden preiswerte kleine Mittagessen gereicht. Abendmenüs 100–180 DH.
Trendy – **restaurantlounge MB** 2: rue Ahmed Chaouki, Tel. 0535 62 27 27, www.mbrestaurantlounge.com, tgl. 11–15, 18.30–24 Uhr. Restaurant, Lounge, Bar, sehr chic und nicht eben billig.

Infos & Termine

Infos

www.fes-city.com: Diese Website liefert Basisinformationen.
Délégation du Tourisme: Place Mohamed V, Immeuble Bennani, Tel. 0535 62 34 60, dtfes@menara.ma, Mo–Fr 8.30–16.30 Uhr.
C.R.T.: 89, Av. Allal Ben Abdallah, Tel. 0535 94 24 92, Fax 0535 65 01 88.
GRIT: 9, Rue de la Turquie, Tel. 0535 65 28 17. Der regionale Tourismusverband vertreibt eine wirklich exzellente Fès-Informationsbroschüre – eine aktualisierte Auflage vorausgesetzt.

Termine

Festival des Musiques sacrées du Monde: meist Ende Juni. Das Festival der religiös-spirituellen Musik hat im Zuge des Weltmusikbooms zuletzt auch immer mehr internationales Interesse gefunden.
Moussem zu Ehren Moulay Idriss' II.: Sept. Große Prozession zu Ehren des Stadtgründers an der Zaouia Moulay Idriss' II. 7 (s. auch dort), begleitet von Koran-Rezitationen und religiösen Gesängen.

Verkehr

Flugzeug: Der **Flughafen Fès-Sais** (Tel. 0535 62 48 00) liegt etwa 15 km südöstlich der Neustadt. Inlandsflüge zumeist über Casablanca, derzeit Direktverbindungen von/nach Deutschland mit Ryanair. Royal Air Maroc: 52, Av. Hassan II, Tel. 0535 62 55 16/17.
Bahn: Der **Hauptbahnhof** (Tel. 0535 93 03 33) liegt an der Av. des Almohades an der Nahtstelle zwischen Neustadt und Fès el Djedid. Tgl. mehrere Verbindungen nach Meknes, Rabat–Casablanca, Marrakesch, Taza–Oujda und Tanger.
Bus: Der **CTM-Busbahnhof** (Tel. 0535 73 29 92) liegt im Neustadtzentrum an der Av. Mohamed V; gute Verbindungen in die Großstädte. Die meisten Privatlinien starten vom **Busbahnhof am Bab Guissa** (Nordrand von Fès el Bali); gute Verbindungen nach Rabat–Casablanca, Agadir, Marrakesch, Tanger, Tetouan, Oujda und Al Hoceima.
Taxi: Großer **Sammeltaxistand** am Vorplatz des Hauptbahnhofs; etwa nach Meknes (60 km, dichte Frequenz).

Wasserverkäufer am Bab Boujeloud, im Hintergrund das Minarett der Medersa Bou Inania

Das Beste auf einen Blick

Marrakesch und Umgebung

Highlight!

Marrakesch: Hugo von Hofmannsthal hat 1925 von Marrakesch als dem »Paris der Sahara« geschwärmt – und damit diese für Europäer wohl einzigartige Einheit von Weltstadt und Exotik skizziert. Marrakesch, die ›rote‹ Stadt, eine in eine riesige *palmeraie* gebettete Kapitale mit berberischer Bevölkerungsmehrheit, erlebt derzeit einen touristischen Hype. Noch behauptet sich freilich unter der Oberfläche des Mondän-Luxuriösen ein unverfälschtes Marokko, das seine kulturellen Traditionen zäh verteidigt. S. 177

Auf Entdeckungstour

Place Djemaa el Fna – Afrikas berühmtester Platz: 2001 von der UNESCO zu einem Meisterwerk des immateriellen Kulturerbes der Menschheit erklärt, ist der Platz das konkurrenzlose Zentrum der Stadt, wo sich berberische, arabische und schwarzafrikanische Kulturtraditionen vermischen. 1 S. 168

Sakrale Geometrie – Medersa Ben Youssef: Maurische Ornamentkunst in Vollendung – die Medersa im nördlichen Teil der Medina, theologische Lehranstalt und muslimisches Gotteshaus in einem, wurde in der Meriniden-Ära erbaut und im späten 16. Jh. unter den Saadiern zur größten Koranschule des Maghreb erweitert. 14 S. 174

Kultur & Sehenswertes

Die Saadier-Gräber: Die Nekropole im Kasbahviertel zählt zu den bedeutendsten Bauwerken der Stadt. Vier Sultane sind hier beigesetzt, unter ihnen der legendäre Ahmed el Mansour. 12 S. 172

Maison de la Photographie: Eine vermutlich in Marokko einzigartige Sammlung historischer Fotografien in einem restaurierten Riad. 15 S. 172

Aktiv unterwegs

Marrakesch per Kutsche oder Fahrrad: Um sich mit den gewaltigen Dimensionen Marrakeschs vertraut zu machen, empfiehlt sich eine Pferdekutschen-Tour. Eine geführte Bike-Tour abseits der Hauptverkehrsachsen erschließt ganz neue Perspektiven. S. 182, 182

Panoramatour Telouet–Ait Benhaddou: Eine landschaftlich überwältigende Nebenstrecke verbindet die beiden Kasbahs. S. 190

Genießen & Atmosphäre

Café de France: Ein legendärer, in der Marrakesch-Literatur immer wieder beschworener Ort direkt an der Place Djemaa el Fna. Von der Café-Terrasse aus hat man einen überaus stimmungsvollen Panoramablick über den Platz. 16 S. 180

Cyber Parc: Der Arsat Moulay Abdeslam ist Refugium und Flaniermeile, Ausstellungsgelände und Campus, dazu ein Kommunikationszentrum mit interaktiven Multimedia-Anschlüssen und modernster Internettechnik. 2 S. 183

Abends & Nachts

Colisée: Eines der raren marokkanischen Programmkinos, das 35-mm-Kopien in exzellenter Projektions- und Tontechnik vorführt und das nicht auf die üblichen Hollywood-Blockbuster oder indische Bollywood-Melodramen abonniert ist. 5 S. 103, 183

Das »Paris der Sahara«

Marrakesch! ▸ O 7

Morgenlandfahrer haben sie als Paris der Sahara gerühmt – Marrakesch, die rote Oasenstadt, hat seit jeher Westeuropäer magisch angezogen. Selbst wenn man die Geschichtenerzähler auf dem berühmten Platz Djemaa el Fna überhaupt nicht versteht und einem die Gesetze der Souks rätselhaft bleiben – der Faszination von Marrakesch kann sich auch heute noch keiner entziehen.

Die einzige marokkanische Metropole mit einer überwiegend berberischen Bevölkerung ist eine touristische Attraktion ersten Ranges: Reisende sollten sich einige Tage Zeit nehmen für diese Stadt, von der sich der Staatsname Marokko etymologisch ableitet und in der sich die Wurzeln des wahren Marokko geheimnisvoll verzweigen.

Infobox

Internet

www.marrakechpocket.com: Ausführliche, allerdings unkommentierte Hotel- und Riadverzeichnisse, städtische Sehenswürdigkeiten, Shoppingadressen, Gastronomie, Exkursionen, kulturelle Veranstaltungen, Stadtpläne. Insgesamt brauchbar, derzeit nur auf französisch.

www.ilove-marrakesh.com: In Teilbereichen eher von kommerziellen Interessen als vom Bemühen um objektive Information bestimmt, gleichwohl als Basisorientierung tauglich; Informationen etwa zu Unterkünften, Gastronomie, Nachtleben etc.

www.marrakech-info.com: Deutschsprachige Website, allenfalls als erste Orientierung nützlich, eher zweifelhafte Hotelauswahl.

www.madein-marrakech.com: Große Auswahl an Riads.

Anreise und Weiterkommen

Flug: Der internationale **Flughafen Marrakech-Menara** (wird auch von Deutschland aus angeflogen) liegt ungefähr 6 km südwestlich des Neustadtzentrums.

Bahn: Marrakesch ist der südlichste Punkt des marokkanischen Eisenbahnnetzes, der **Hauptbahnhof** liegt an der Av. Hassan II (zweigt an der Place du 16 Novembre von der Av. Mohamed V ab) im Westen der Neustadt.

Bus: Der **zentrale Busbahnhof** liegt in der Nähe des Bab Doukkala am Nordwestrand der Medina (hier auch großer **Taxistand** der Langstrecken-Sammeltaxis) – von hier gibt es gute Verbindungen in alle marokkanischen Großstädte.

Auto: Die mautpflichtige A 1 führt, etwa parallel zur N 9, nach Casablanca; das Autobahnteilstück Marrakesch–Agadir wurde im Sommer 2010 für den Verkehr freigegeben. Die N 9, gut ausgebaut und im Winter zügig geräumt, führt über den Tizi n'Tichka (2260 m) nach Ouarzazate und weiter ins Dra-Tal. Eine landschaftlich überwältigende Strecke (R 203, dann N 10) führt über den Tizi n'Test (2092 m) nach Taroudannt und weiter nach Agadir; die N 8/R 207 verbindet Marrakesch mit Essaouira.

Die Provinzhauptstadt (ca. 1,1 Mio. Einwohner) gilt als kulturelles Zentrum Südmarokkos, als Schnittstelle des Handels zwischen dem Norden und den Sahara-Regionen. Die alte Königsstadt liegt inmitten einer ca. 150 km^2 großen Dattelpalmenoase in der fruchtbaren Haouz-Ebene vor dem Panorama des Hohen Atlas. Neben bedeutenden Kulturdenkmälern und Kunstschätzen sind hier die größten Souks Marokkos.

Die Medina ist neben der von Fès die weitläufigste des Landes. Alle wichtigen Sehenswürdigkeiten der Stadt liegen innerhalb ihrer 12 km langen Umwallung. Beherrscht wird Marrakeschs Altstadt von der quirligen Place Djemaa el Fna, daher empfiehlt es sich, in der Nähe des Platzes Quartier zu nehmen.

Westlich der Medina breitet sich die von den Franzosen angelegte Neustadt mit den Vierteln Guéliz und Hivernage aus. Ihr Geschäftszentrum erstreckt sich über die Avenue Mohamed V und deren Seitenstraßen zwischen der Place du 16 Novembre und der Place Abd el Moumen Ben Ali. Südlich der Geschäftszone, im Villenviertel Hivernage, befinden sich die meisten – oft von Gärten umgebenen – Luxushotels und Nachtklubs sowie ein Spielkasino und der Campingplatz.

Lohnende Spaziergänge führen in den Südwesten von Marrakesch zu den Menara-Gärten (Richtung Flughafen; der Pavillon an der Stirnseite des riesigen Bassins ist eines der am häufigsten abgebildeten Motive) und in die Agdal-Gärten, die sich an das alte Kasbahviertel am Südrand der Medina anschließen.

600 000 Touristen besuchen die Stadt jährlich; als marokkanisches Reiseziel wird sie nur von Agadir übertroffen. Zwischen Weihnachten und Neujahr sowie während des großen nationalen Folklorefestes im Mai/Juni ist Marrakesch zumeist hoffnungslos überfüllt.

Geschichte

Die Entwicklung der zweitältesten Königsstadt Marokkos, die zweimal lange Jahre Reichshauptstadt war, begann um 1062 mit der Anlage eines almoravidischen Heerlagers unter Abou Bekr. Sein Nachfolger Youssef Ben Tachfine ließ den Platz 1070 befestigen und als Siedlung ausbauen. Marrakesch wurde Almoraviden-Hauptstadt und entwickelte sich zu einem bedeutenden Handelszentrum. Um 1126/27 legte man die Stadtmauern an. 1147 eroberte der Almohaden-Sultan Abd el Moumen die Stadt. Er ließ alle almoravidischen Baudenkmäler zerstören und Marrakesch zur almohadischen Hauptstadt ausbauen. Die Koutoubia-Moschee (1157/58) wurde errichtet und das Kasbahviertel angelegt. Nach einer Pestepidemie erlebte die Stadt wieder eine kulturelle Blütezeit unter Yacoub el Mansour (1184–99). 1269 eroberten die Meriniden Marrakesch, wählten jedoch Fès als neue Reichshauptstadt.

In den folgenden Jahrhunderten unterstand Marrakesch meist den Meriniden-Herrschern, war aber auch mehrfach kurze Zeit unabhängig. Die Saadier eroberten die Stadt 1521 und erhoben sie 1554 erneut zur Reichshauptstadt. Wieder setzte eine Blütezeit ein. Den Beutezügen Ahmed el Mansours (1578–1603) folgte ein wirtschaftlicher Aufschwung durch den Gold- und Sklavenhandel mit Timbuktu und Westafrika. Marrakesch wurde zu einer prächtigen Metropole ausgebaut. Der Alaouiten-Sultan Moulay Ismail (1672–1727) verlegte seine Hauptstadt dann nach Meknes und ließ die prächtigen Bauten der Saadier zerstören, ihre Gräber zumauern.

Marrakesch verlor erheblich an politischer Bedeutung, bis Sultan Moulay Hassan I. es 1873 zu seiner Residenz erhob. 1912 eroberte der Rebell El Hiba

Marrakesch

Sehenswert

1 Place Djemaa el Fna
2 Koutoubia-Moschee
3 Museum Dar Si Said
4 Palais de la Bahia
5 Mellah
6 Chameau Rouge
7 Ruinen des El-Badi-Palastes
8 Dar el Makhzen
9 Agdal-Gärten
10 Bab Agnaou
11 Bab er Robb
12 Kasbahmoschee
13 Saadier-Gräber
14 Moschee Ben Youssef
15 Medersa Ben Youssef
16 Maison de la Photogr.
17 Zaouia von Sidi Ben Slimane
18 Zaouia von Sidi Bel Abbes
19 Le Jardin Secret
20 Musée Mohammed VI.

Übernachten

1 La Mamounia
2 Hôtel Mansour Eddahbi
3 Les Jardins de la Koutoubia
4 Hôtel Meridien N'Fis
5 Atlas Asni
6 Savoy Le Grand Hôtel
7 Royal Mirage Deluxe
8 Hôtel Islane
9 Hôtel Gallia
10 Grand Hôtel Tazi
11 Hôtel Le Grand Imilchil
12 Hôtel Ali
13 Hôtel CTM
14 Hôtel De Foucauld
15 El Kennaria
16 Hôtel Café de France
17 Riad Anayela
18 Riad Enija
19 Riad El Cadi

Fortsetzung S. 166

Bab er Rharaza
Palmeraie, Fès, Ouarzazate
0
375
750 m
Souk El Khemis
Friedhof Sidi Ahmed Es Zaouia
Route des Remparts
Bab Kbour Chou
Friedhof Sidi Bel Abbes
Bab el Arset Ben Brahim
Bab el Khemis
Oued Issil
Krankenhaus El Antaki
Rue de la Bab El Khemis
Rue Bin Lamâssar
Rue de Bab Tarhzout
Bab el Fakharine
Rue Assouel
Toudgha Bab Debbagh
Bab ed Debbarh
Rue el Gza
MEDINA
Rue de Bab Debbagh
GERBER-VIERTEL
Rue de Bab Doukkala
Mosquée de Bab Doukkala
Derb Zaouia
Fatima
Rue Dar el Glaoui
R. Mouassine
Rue Sidi el Yamani
Rue Essebtiyne
Bab er Rachidia
Pl. Ben Salah
SOUKS
R. Rhab el Biadyne
Bab Ailen
Pl. de Sisi Youb
Rue de Bab Ailen
R. du Ksour
Zohra
Pl. Bab Fteuh
Rue Dabachi
Av. Mohamed V
Rue de la Koutoubia
R. des Banques
R. Riad Zitoun el Djedid
R. Douar Graoua
Rue de Bab Ahmad
Avenue
R. M. Ismail
R. Riad Zitoun el Kedim
Rue de la Recette
Bab Ahmad
Av. Houman el Fetouaki
Pl. Youssef Ben Tachfine
El Mouahidine
Rue Ibn Rachid
Av. Houman el Fetouaki
R. Bahia Bab Mellah
Friedhof Bab Rhemat
Jüdischer Friedhof
Av. Taoulat El Miara
Pl. des Ferblantiers
MELLAH
Krankenhaus Avenzoar
Rue Essaadiyne
Friedhof Sidi Es Soheili
R. de Berrima
Rue Bélaid
KASBAH
Bab Ahmar
Rue Bab El Arhdar
Bab Ksiba
Bab Bou Oukkaz
Avenue Tassiltante
Route d'Asni et Taroudant
Rue de Bab Irhli
Bab el Arhdar
Taroudannt
Oukaimeden, Ourika-Tal

Fortsetzung von S. 164

20 Riad Noga
21 Riad La Maison Nomade
22 Riad du Rabbin
23 Riad Ifoulki

Essen & Trinken
1 Dar Moha
2 Stylia
3 Al Fassia
4 Le Marrakchi
5 Le Pavillon
6 Le Jardin des Arts
7 Restaurant Le Foundouk
8 Restaurant Chez Chegrouni
9 Un déjeuner à Marrakech

Einkaufen
1 Galerie Birkemeyer
2 Ensemble artisanal
3 Basar Dar Si Aissa
4 Quartier Industriel

Aktiv
1 Pferdekutschen
2 Rad-, Mountainbike- und Mofavermieter
3 Bassin La Menara
4 Jardin Majorelle und Musée Yves-Saint-Laurent
5 Palmeraie

Abends & Nachts
1 VIP
2 Cyber Parc
3 Comptoir Darna
4 Théâtre Royal
5 Colisée
6 Pacha
7 Theatro
8 Cotton Club
9 New Feeling
10 Diamant Noir

die Stadt, kurz darauf erfolgte ihre Besetzung durch die Franzosen, 1956 die Unabhängigkeit. Das Attentat von 2011 hat den touristischen Hype von Marrakesch nicht verhindern können: Riad-Boom, neue Museen und Galerien, Wellnessangebote, Messen, Konferenzen und Kongresse sprechen für sich.

Medina

Am besten, man verschafft sich vor dem Einstieg in die Gassen der Souks und vor dem Spaziergang durch die Medina einen Überblick von einer der Dachterrassen der zahlreichen Café-Restaurants (man sollte auch etwas konsumieren) über das verwinkelte Gelände der **Place Djemaa el Fna** 1 (s. Entdeckungstour S. 168). Dieser Platz ist Schnittstelle zwischen Heiligem und Profanem: Von hier ist auch das Minarett der Koutoubia-Moschee, Wahrzeichen der Stadt, zu sehen.

Koutoubia-Moschee 2

Die Koutoubia, im Jahr 1157/58 erbaut, verdankt ihren Namen dem Souk der Buchhändler (der *koutoubijn),* der sich einst auf diesem Gelände befunden haben soll. Wie ihre Vorgängerin in Tin Mal (s. S. 189) weist die Moschee mit ihren 17 Längsschiffen und dem parallel zur Qibla verlaufenden Querschiff einen T-förmigen Grundriss auf. Wie alle Moscheen darf auch die Koutoubia nur von Muslimen betreten werden, ihr prächtiger Innendekor bleibt Andersgläubigen verborgen. Der Ruhm der Koutoubia gründet vor allem auf ihrem 77 m hohen Minarett, dem einzigen vollendeten Gebetsturm (1196) der Almohaden-Zeit. Er diente dem Hassan-Turm von Rabat, später der Giralda von Sevilla als architektonisches Vorbild, und noch heute werden in Marokko Minarette nach seinem Muster gebaut.

Museum Dar Si Said 3

Tel. 0524 38 95 64, Mi–Mo 9–16.45 Uhr
Im Südteil der Medina, in einer Quergasse der Rue Riad Zitoun el Djedid ist das Museum Dar Si Said in einem Wesirspalast aus dem späten 19. Jh. untergebracht. Die Sammlung vermittelt einen ausgezeichneten Überblick über Stilrichtungen und Materialien berbe-

rischen Kunsthandwerks. Die Exponate umfassen u. a. Silberschmuck, Kaftane, Waffen, Kupfer- und Messinggefäße, Möbel, Holzarbeiten und Teppiche.

Palais de la Bahia 4

Tel. 0524 38 91 79, tgl. 9–16.30 Uhr
Einige hundert Meter weiter südlich liegt eine weitere bedeutende Sehenswürdigkeit: der Palais de la Bahia (von der Rue Riad Zitoun el Djedid vor der Place des Ferblantiers links abbiegen). Der Bahia-Palast wurde um 1900 von den Großwesiren Si Moussa und Bou Ahmed mit orientalischer Prachtentfaltung angelegt. Auch ohne Möblierung vermitteln die mit Zedernholzschnitzereien, Kachelmosaiken und Stuckarabesken geschmückten Räume einen Eindruck von der maghrebinischen Wohnkultur. Die Innenhöfe mit Gärten und Springbrunnen, die prächtigen Empfangssäle, die Galerien und Privatgemächer fügen sich zu einem kostbaren Repräsentativbau. Dem Genius loci entsprechend – Bou Ahmed soll neben seinen vier Ehefrauen hier Konkubinen sonder Zahl beherbergt haben und seine Favoritin gilt als Namensgeberin des Palastes – dient der Ort immer wieder als Kulissenzauber für orientalisch-kitschige Filmszenen.

Mellah 5

Südöstlich der Djemaa el Fna liegt die Mellah, das einstmals größte jüdische Viertel von Marokko. Obwohl die meisten Juden heute ausgewandert sind, findet man hier immer noch viele **Gold- und Silberschmiedeläden.** Die zwischen Café du France und CTM-Gebäude beginnende Rue Riad Zitoun el Kedim führt zum Hauptplatz der Mellah, der **Place des Ferblantiers.** Hier lohnt sich der Besuch des Souks der Mellah.

Chameau rouge 6

88, Rue de Commerce (Mellah),
Tel. 0524 38 38 55,
www.chameaurouge.com
Kleines jüdisches Museum in einem restaurierten Fondouk beim Gewürzsouk, ein Andenken an die jüdische Gemeinde als eine Facette der Stadt und ein Element ihrer Geschichte. Mit Café und Gästehaus. ▷ S. 172

Wahrzeichen von Marrakesch und beliebter Treffpunkt: die Koutoubia-Moschee

Auf Entdeckungstour: Die Place Djemaa el Fna – Afrikas berühmtester Platz

Wohl kaum ein Reisender wird Marrakesch verlassen, ohne die nahezu legendäre Place Djemaa el Fna 1 besucht zu haben: Bühne, Forum und Marktplatz in einem. Wie an keinem anderen Ort Marokkos konzentrieren sich hier auf engstem Raum die unterschiedlichsten kulturellen Traditionen in der Gleichzeitigkeit einer grandiosen Inszenierung.

Cityplan: S. 164

Dauer: ca. 2 Std.
Planung: Die allabendlich aufgebauten Garküchen unterliegen strengen Hygienekontrollen. Man kann und sollte hier ruhig einmal Klassiker der marokkanischen Küche wie *harira*, *brochettes*, *merguez*, *kefta*, *tajines*, *couscous*, Grillfisch oder Meeresfrüchte probieren. Allenfalls bei Muscheln ist etwas Vorsicht geboten.

Wenn man der Überlieferung Glauben schenken darf, dann bedeutet Djemaa el Fna Versammlung der Toten, ein Verweis auf die grausige Historie dieses Platzes, als hier die eingepökelten, abgeschlagenen Köpfe der Hingerichteten, auf Stangen aufgespießt, dem gaffenden Volk als blutrünstiges Spektakel präsentiert wurden. Heute ist diese Versammlung der Toten eine frenetische Feier des Lebens, vital und offenbar unausrottbar. Kaum vorstellbar, dass die Behörden den Platz, den sie als rückständig, als Stigma der Dritten Welt empfanden, in den ersten Jahren der Unabhängigkeit schließen wollten. Noch in den 1980er-Jahren sollte dieses legendäre Gelände einem Parkplatz und einer der Aura des Platzes hohnsprechenden, geschäftstüchtig hingeklotzten Shopping-Mall weichen! Es bedurfte der Intervention von Autoren und Marokko-Kennern wie Juan Goytisolo, der bis zu seinem Tod 2017 jahrzehntelang in Marrakesch lebte, um diesen Irrsinn zu stoppen. 2001 setzte die UNESCO couragiert und entschieden ein Zeichen, indem sie den »Kulturraum der Djemaa el Fna« zum »Meisterwerk des immateriellen Kulturerbes der Menschheit« erklärte.

Jene architektonischen Scheußlichkeiten und städtebaulichen Fehlplanungen, die Marrakesch andernorts entstellen (etwa in Sektoren des Viertels Gueliz, am Bab Doukkala, an der Avenue Allal el Fassi, am Boulevard Safi oder am westlichen Ende der Avenue Hassan II), sind der Djemaa el Fna jedenfalls bisher erspart geblieben. Der Boden des Terrains ist inzwischen mit Platten ausgelegt, der motorisierte Verkehr darf den Platz nur noch vormittags passieren.

Chaos und Ordnung

Die Djemaa el Fna liegt etwa zwischen der **Koutoubia-Moschee** 2 und den **Souks,** also zwischen einer sakralen und einer profanen Sphäre, zudem genau an der Schnittstelle zwischen Medina und Neustadt. Von welcher Seite auch immer man sich dem Platz nähert und sich in seiner vibrierenden Geschäftigkeit verliert, zunächst wird der Eindruck eines chaotischen Gewimmels und Gewusels vorherrschen. Obschon permanent von Touristen bevölkert, ist die Djemaa el Fna eigentlich kein touristischer, sondern ein urmarokkanischer Platz, an dem die *marrakchi* die lokalen Angebote und Funktionen wahrnehmen und den Ort damit beleben: Hier wird eingekauft, gegessen und für Zerstreuung gesorgt. Auf den zweiten Blick zeigt sich, dass die Stände in der Phalanx der Orangenhändler ebenso akkurat durchnummeriert sind wie die mobilen Garküchen; die Djemaa el Fna unterliegt einer kommunalen Markt- und Hygienekontrolle, es gibt eine nachts anrückende, wohlorganisierte Müllabfuhr, und jeder ›fliegende Händler‹ breitet sein Sortiment präzise an einem ihm zugewiesenen Ort aus. Eine nach eigenen Gesetzen austarierte Balance aus Improvisation und Reglement, Anarchie und Routine, Chaos und Ordnung.

Arabische, berberische und schwarzafrikanische Traditionen

Wer als Flaneur über diesen Platz streift, sollte die Muße zum Verweilen und Schauen mitbringen. **Schlangenbeschwörer** (angeblich hat man den Reptilien die Giftzähne gezogen) und **Feuerschlucker** sind in Aktion, **dressierte Affen** machen ihre Aufwartung, **Wunderheiler und Quacksalber** versprechen Genesung von allen möglichen Gebrechen, helfen auch bei

Liebeskummer und Eifersucht, **Wahrsagerinnen** künden von einem dramatisch dräuenden Schicksal, der Zahnreißer hat sein gut gefülltes Tablett mit gezogenen Beweiszähnen vor sich aufgebaut, ein einschüchterndes Mahnmal. Die öffentlichen **Schreiber,** hinter aufgespannten Regenschirmen vor der sengenden Sonne geschützt, beraten die des Schreibens Unkundigen, die größte Sorge der **Wasserverkäufer** ist es, einmal fotografiert zu werden, ohne es zu bemerken, die **Akrobaten** formieren sich zu sekundenschnell aufgebauten, verwegenen Menschenskulpturen ... Wer will, kann hier *viagra touareg* erstehen oder Krokodilkrallen, CD-Raubkopien oder Felle exotischer Tiere, lebende Papageien oder garantiert gefälschte Markenarmbanduhren.

Auch wenn die Djemaa el Fna immer mehr an merkantiler Betriebsamkeit zu gewinnen scheint, was sie an Authentizität einbüßt – es gibt sie noch, die arabischen **Märchenerzähler,** die eine ehrfürchtig gebannte Menge von Zuhörern in einem großen Kreis um sich versammeln. Ebenso die großartigen **Gnaoua-Musiker,** die, in wilden, die Quaste ihres Fez heftig kreisen lassenden Combos, das musikalische Erbe Schwarzafrikas, des legendären Königreichs Ghana, bewahren. Und auch die **Krämer** aus den umliegenden Berberdörfern, die die Weisheiten einer uralten traditionellen Medizin von Generation zu Generation weitergeben. Es ist nicht zuletzt diese einzigartige Kombination aus arabischen, schwarzafrikanischen und berberischen Einflüssen, die die Atmosphäre des Platzes, diese täglich wechselnde, gewaltige Inszenierung prägt, würzt und belebt. Weder an Denkmäler, Monumente oder schriftliche Überlieferung gebunden, ist der ›Kulturraum‹ Djemaa el Fna reine Inszenierung, Theater und Karneval, Fest und Spektakel, eben: ein ganz und gar immaterielles Kunstwerk, flüchtig und fragil, zart und derb, schön und erschreckend. Eine sinnliche Sensation aus Farben und Gerüchen, Klängen und Gegenständen, wie in einem Kaleidoskop aus feststehenden Elementen zu immer neuen Mustern arrangiert. Sehr treffend hat der spanische Journalist und Schriftsteller Juan Goytisolo diesen Platz als ein Palimpsest charakterisiert, auf dem Tag für Tag eine Schrift ausradiert und wieder neu aufgetragen wird.

Die Gezeiten eines Platzes

Wer mit wachen Sinnen immer wieder über die Djemaa el Fna streift – und zwar am besten zu ganz verschiedenen Zeiten: etwa am frühen Vormittag, wenn sich die Akteure zu ihrem Tagewerk rüsten; am späten Nachmittag, wenn das Geschehen Fahrt aufnimmt; bei Einfall der Dämmerung, wenn die karbid-illuminierten Essensstände aufgebaut werden und dichte Rauchfahnen und Aromaschwaden über den Platz ziehen; spätnachts, wenn sich das Gelände leert und, weitgehend entvölkert, endlich seine verwinkelten Dimensionen preisgibt –, wird im Lauf der Zeit nicht nur mit den geheimen Rhythmen, mit den Gezeiten und der inneren Dramaturgie dieses Platzes vertraut, sondern gewinnt womöglich auch ein Sensorium für jene Art einer sozialen Skulptur, wie sie das Kollektiv aller hier tätigen Akteure tagtäglich neu erschafft. Und baut eine Ahnung auf von der Magie einer mündlichen Überlieferung, wie sie immer wieder, überwältigend und ungreifbar, im improvisierenden Vortrag von den großen Märchenerzählern dieses Platzes flüchtig fixiert wird. Man muss nicht Arabisch können, um diese Magie auf sich wirken zu lassen ...

Von der Dachterrasse des legendären **Café de France** 16 (s. S. 180) – kaum auszudenken, dass es einer McDonald's-Filiale weichen sollte – präsentiert sich die Djemaa el Fna als flirrendes Mosaik, statisch und zugleich in permanenter Bewegung. Bisher hat der Platz, als Handels- und Marktplatz offenbar von unverwüstlicher Vitalität, allen Zumutungen der Moderne widerstanden. Sollte er doch noch der gerade in Marrakesch ausufernden Immobilienspekulation anheimfallen, so ist es um ihn geschehen. Ein immaterielles Kulturgut von singulärem Wert und einzigartiger Faszination wäre dann auf immer zerstört. Die letzte Schicht dieses grandiosen Palimpsestes wäre in diesem Fall nicht mehr als – ein leeres Blatt. Tabula rasa.

Ein Ort der Verheißung

»Offene Geometrien« hat Hubert Fichte in seinem Roman »Der Platz der Gehenkten« als Charakteristikum der Djemaa el Fna ausgemacht. Fichtes streng stilisierte Textcollage aus Momentaufnahmen, Stimmen und lyrischen Meditationen, 1989 posthum als Band 6 des Zyklus »Die Geschichte der Empfindlichkeit« erschienen, ist um die Djemaa el Fna als topografisches und zugleich poetisches Zentrum gezirkelt. Auch wenn der Autor hier konkrete Örtlichkeiten beim Namen nennt: »Der Platz der Gehenkten« skizziert die Djemaa el Fna als mythisch-irrealen Ort, das Marrakesch des Jahres 1970 ist als sinnliche Sensation und existentielle Verheißung (und als Bühne eines homosexuellen Coming-out) eher Projektionsfläche als konkrete Stadt. Fichtes Buch (erstaunlich, dass er dieses Textgestöber ›Roman‹ nennt) spiegelt in einer ebenso einzigartigen wie eigenwilligen Sprache die Faszination gegenüber der arabischen Kultur, thematisiert die Dialektik von Selbst - und Fremdwahrnehmung und erprobt den ethnologischen Blick des Dichters an einem Objekt, das sich dem Autor zugleich anbietet und entzieht – der Djemaa el Fna.

Schlangenbeschwörer auf der Djemaa el Fna

Ruinen des El-Badi-Palastes und Dar el Makhzen

Südlich der Place des Ferblantiers, an der Westseite der Mellah, ragen die **Ruinen des El-Badi-Palastes** 7 auf. Zwischen 1578 und 1603 als Residenz des Saadier-Sultans Ahmed el Mansour erbaut, galt die Anlage einst als die größte des Maghreb. Der Alaouite Moulay Ismail ließ den Bau um das Jahr 1700 abtragen und verwandte den Carrara-Marmor für seine Repräsentationsbauten in Meknes. Erhalten sind heute nur noch die Außenmauern, die Fundamente, einige Bodenmosaiken, Säulenstümpfe, Kellergewölbe und Zwischendecken – ein mächtiges Ruinengemäuer, das eine Anschauung von den Dimensionen der früheren Palastanlage vermittelt. Im Mai/Juni dient der El-Badi-Palast als Schauplatz des nationalen Folklorefestivals.

An den El-Badi-Palast schließt sich südlich der **Dar el Makhzen** 8 an, in dem Mohamed VI. während seiner Marrakesch-Aufenthalte residiert. Südlich dieses Komplexes erstrecken sich die **Agdal-Gärten** 9.

Kasbahviertel

Westlich der Place des Ferblantiers erheben sich die beiden imposantesten Stadttore von Marrakesch, **Bab Agnaou** 10, und **Bab er Robb** 11. Beide führen in das alte Kasbahviertel auf dem Terrain der einstigen Almohaden-Stadt. Zu den Saadier-Gräbern gelangt man durch ein Tor rechts neben der mit Zinnen besetzen **Kasbahmoschee** 12 (Moschee Yacoub el Mansour) aus dem 12. Jh., die ein ungewöhnlich hohes Dach aufweist.

Saadier-Gräber 13

Besichtigung tgl. 9–16.45 Uhr

Unter Moulay Ismail mit einer Mauer verschlossen, wurde der Zugang zu den **Tombeaux des Saadiens** erst 1917 bei Bauarbeiten wiederentdeckt. Die Nekropole vom Ende des 16. Jh. enthält zwei Mausoleen in einem ummauerten Garten. In den prächtig mit Carrara-Marmor, Mosaiken sowie Stuck- und Zedernholzarbeiten geschmückten Grabbauten sind vier Sultane und 62 Mitglieder ihrer Familien beigesetzt.

Das größere Mausoleum birgt die letzte Ruhestätte von Ahmed el Mansour (1578–1603), jenem Saadier-Sultan, der von seinen legendären Kriegs- und Beutezügen nach Timbuktu mit märchenhaftem Reichtum zurückgekehrt sein soll. In dem anderen Mausoleum wurden die Mutter von Ahmed el Mansour, die Saadier-Sultane Mohamed ech Cheikh und Moulay Abdallah sowie die Favoritinnen unter den Haremsdamen bestattet. Etwa 100 weitere mit Kachelmosaiken geschmückte Gräber von Dienern und Haremsdamen befinden sich in der umgebenden Gartenanlage.

Moschee Ben Youssef und Medersa Ben Youssef

Medersa: tgl. 9–18 Uhr, 60 DH, *s. Entdeckungstour S. 174*

Im Nordteil der Medina, nördlich des Lederwaren-Souks, liegt die **Moschee Ben Youssef** 14 (Grundmauern aus der Almoraviden-Zeit, in späteren Jahrhunderten mehrfach umgebaut). Ihr gegenüber gelangt man durch eine nach rechts abzweigende Gasse zur berühmten **Medersa Ben Youssef** 15, die in der Saadier-Ära die größte Koranschule des Maghreb war.

Maison de la Photographie 16

46, Ahal Fès, Tel. 0524 38 57 21, tgl. 9.30–19 Uhr, 40 DH, detaillierte Informationen unter www.maisondelaphotographie.ma

In der Nähe der Medersa Ben Youssef, unweit der Fondation Omar Benjelloun, befindet sich in einem restaurierten Riad aus dem 19. Jh. das **Haus der Fotografie.** Der Bretone Patrick Manac'h hat eine einzigartige Sammlung historischer Fotografien zusammengetragen. Ein Grundstock von etwa 4000 historischen Negativen ist hier gelagert, konzentriert auf die Zeit etwa von den späten 1860er-Jahren bis in die frühen 1950er-Jahre. In der Kollektion befinden sich sowohl dokumentarische Fotos von einzigartigem Wert als auch bewusst arrangierte, ästhetisch komponierte ›Kunstfotos‹. Aus dem gewaltigen Fundus wählt der Besitzer etwa alle sechs Monate um die 150 Motive aus, die er im Rahmen einer Wechselausstellung präsentiert. Außerdem werden hier drei 1957 in Farbe gedrehte Dokumentarfilme über regionale Traditionen der Berber gezeigt – ganz frühe und extrem seltene Proben des dokumentarischen Kinos in Marokko. Vom Café auf der Dachterrasse hat man einen superben Panoramablick über die Medina.

Im Nordwesten der Medina

Etwas abseits des Medinazentrums, zu erreichen über die Rue Baroudienne und die halblinks von ihr abzweigende Rue de Bab Tarhzout, befinden sich zwei der bedeutendsten Wallfahrtsstätten Marrakeschs: die **Zaouia von Sidi Ben Slimane** 17 aus dem 16. Jh. und, 200 m weiter nördlich, die **Zaouia von Sidi Bel Abbes** 18 (1605 errichtet, Moschee und Brunnenanlage).

Übernachten

Hotels

Unklassifizierte, oft sehr spartanische Unterkünfte finden sich um die Place Djemaa el Fna, etliche im Sektor Kennaria/Dabachi (das Hotel Kennaria ist eines der besseren) und in der Rue Bani Marine, außerdem gibt es einige an den Haupttoren der Medina und beim Busbahnhof. Während internationaler Konferenz- und Kongresstage oder Sportveranstaltungen sollte man das Hotel seiner Wahl unbedingt vorab reservieren. Gleiches gilt für die Hochsaison um Weihnachten herum.

Legendär – **La Mamounia** 1: av. Bab Djedid, Tel. 0524 38 86 00, www.mamounia.com, DZ 5000–8000 DH, Themensuiten bis 30 000 DH. Ein Luxusklassiker mit allem, was dazugehört, bis hin zum hoteleigenen Spielkasino. Wenn der Eindruck nicht täuscht, hat das Haus seit seiner Komplettre- ▷ S. 177

Mein Tipp

Wasser und Gärten

Gleich zwei, 2017 eröffnete, Museen widmen sich einem für Marrakesch geradezu lebenswichtigen Thema: Gewinnung, Speicherung, Verteilung und Transport von Trinkwasser, Wasser als Ressource und Politikum. Damit verwoben ist ein zweites Thema: die arabische Gartenbaukunst, ihre Konzepte und spirituellen Bezüge, ihre Anlagen und botanischen Kostbarkeiten. Hinzu kommt ein drittes Thema: Oasenfeldbau, Agrarsektor, Desertifikation.

Le Jardin Secret 19: 121, Rue Mouassine, dem Café Arabe gegenüber, Tel. 0524 39 00 40, www.lejardinsecretmarrakech.com, tgl. 9.30–19 Uhr, 50 DH.

Musée Mohammed VI. pour la civilisation de l'eau au Maroc 20: Av. Abdelkrim El Khattabi (Route de Casablanca, etwa 7 km vom Zentrum) Tel. 0524 05 53 51, 0524 31 30 75, www.museeaman.ma, tgl. 9.30–19.30 Uhr, 60 DH, Kinder unter 12 frei.

Auf Entdeckungstour: Sakrale Geometrie – Medersa Ben Youssef

Die berühmte Medersa ist ein prachtvolles Beispiel islamischer Baukunst und auch für Nicht-Muslime zugänglich. Ornamentkunst und Kalligrafie schaffen hier einen sakralen Raum, der dem Gebet und der Meditation dient – der Versenkung in den Willen Allahs.

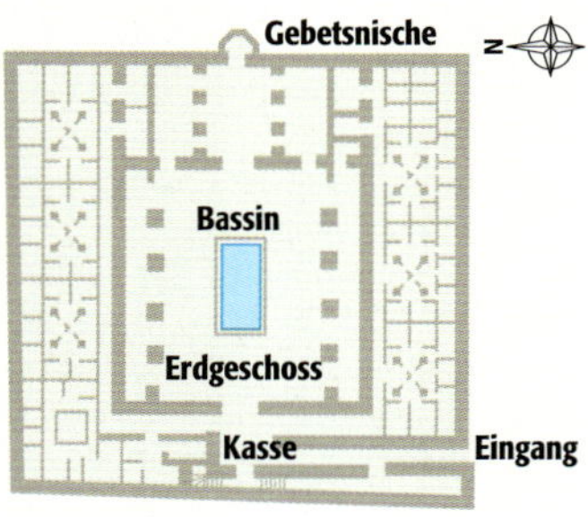

Cityplan: S. 164
Medersa Ben Youssef 15: Tel. 0524 44 18 93, www.medersa-ben-youssef.com tgl. 9–18 Uhr, 60 DH. Sie zählt zu den wichtigsten Sehenswürdigkeiten in der Medina. Da die meditative Wirkung der ornamentalen Sakralkunst sich in Anwesenheit großer Touristenpulks kaum erschließt, empfiehlt sich ein ungestörter Besuch unmittelbar nach Öffnung oder etwa 1 Std. vor Schließung des Ticketschalters.
Dauer: 1–2 Std.

Wo die Bilder des Teufels sind, lassen die Bilderstürmer nicht lange auf sich warten. Das Verbot figürlicher Abbildung, in der Sunna mehrfach ausgesprochen, hat in der sakralen Kunst der arabisch-islamischen Welt zur Ausprägung einer abstrakten Formensprache geführt, deren wichtigste Schöpfungen das Ornament und die Arabeske sind. Was in der Kunstgeschichte des Abendlandes um die Wende vom 19. zum 20. Jh. als Revolution des Bildes ausgerufen wurde – die Verabschiedung jedes Realismuskonzeptes und die Erprobung nicht gegenständlicher Malerei –, das war für die islamischen Künstler des Maghreb seit Jahrhunderten eine Selbstverständlichkeit.

Transparenz einer ewig gültigen Ordnung

Die islamischen Sakralräume, zumal die Innenhöfe, Ausdruck der reinen Form ebenso wie einer vollendeten Symmetrie, strahlen vielleicht gerade deshalb eine so ungeheuer meditative Wirkung aus, weil der Betrachter sich an kein Detail halten kann, das vor allen anderen das Auge auf sich zieht. Der Dekor dieser Räume verliert sich nicht in der Fixierung des Sichtbaren; er zielt gerade umgekehrt auf die Transparenz einer ewig gültigen Ordnung ab.

Die Medersa Ben Youssef im nördlichen Teil der Medina von Marrakesch entfaltet diesen maurischen Flächendekor in höchster künstlerischer Vollendung. Ein mit weißem Marmor ausgelegter Innenhof, in der Mitte ein rechteckiges Bassin, die reich verzierten Hofmauern spiegeln sich, die ganze Pracht verdoppelnd, auf der Wasseroberfläche. Lasierte Majolikakacheln an den unteren Mauerabschnitten, darüber ein umlaufendes schwarzes Schriftband, in einen Gipsstuckfries geschnittene Koransuren, Blendarkaden und Hufeisenbögen, in den Gewölben wabenförmige, in Gips gegossene Stalaktiten, ornamentaler Flächenstuck aus feinen Rautennetzen, gedrechseltes Schnitzwerk in den schweren Zedernholzbalken – jedes Detail ist kunstfertig ausgearbeitet und zieht den Betrachter in seinen Bann.

Die größte Medersa des gesamten Maghreb

Die Ben-Youssef-Medersa, wie alle marokkanischen Medersen theologische Lehranstalt und muslimisches Gotteshaus in einem, wurde unter den Meriniden errichtet und etwa 200 Jahre später von dem Saadier-Sultan Moulay Abdallah el Ghalib (1557–74) zur größten Medersa des Maghreb ausgebaut. Die ornamentale Architektur, der geometrische Wandschmuck dieses sakralen Gebäudes korrespondieren auf vollkommene Weise mit seiner Funktion: Versenkung in den Willen Allahs. Es ist alles andere als historischer Zufall, dass fast alle bedeutenden Baudenkmäler Marokkos Sakralbauten sind. Die Religion ist hier die Basis, auf der jeder künstlerische Formwille gründet. Und dies in einem Maße, dass sogar die Offenbarungen Allahs selbst zu einem gestalterischen Element maurischer Dekorkunst transformiert werden: In der Kalligrafie, welche die arabischen Lettern der Koransuren in den Rang des reinen Ornaments erhebt, manifestiert sich der Gipfel einer Synthese, in der Religion und Kunst eins werden.

Obschon die Lehrtätigkeit in der Ben-Youssef-Medersa 1960 eingestellt wurde, künden die Wohnzellen im Obergeschoss des Gebäudes noch heute von der Askese der Studenten. Nichts sollte hier die Konzentration stören, nichts vom Wesentlichen ablenken. Diese meditative, allem Weltlichen entrückte Energie prägt auch den Ornamentalstil der Ben-Youssef-Medersa. Sie durchdringt das Rankenwerk der Arabeske, das weder Anfang noch Ende kennt, das aus einer Mitte kommt und auf eine Mitte zustrebt, gerade noch geometrische Figur – und noch nicht konkretes Abbild.

Meditative Versenkung

In den oberen Stockwerken des Gebäudes befinden sich annähernd 100 winzige, verwinkelte **Wohnzellen** mit spartanischen Pritschen, die den Zöglingen der Lehranstalt als Arbeitsklause, Refugium und Schlafstätte dienten. Die meisten dieser Zimmerchen waren mit drei Studenten belegt. Manche kamen im Alter von 14 Jahren hierher und blieben oftmals weit über zehn Jahre. Zeit, auch Lebenszeit, scheint eine relative Größe gewesen zu sein angesichts der selbst gestellten Aufgabe – durch die meditative Versenkung in die Religion ein besserer, die Gesetze des Koran verstehender und ihnen gehorchender Mensch zu werden. Die religiösen Mysterien wenn nicht zu ergründen, so doch in ihrer Unbegreiflichkeit anzuerkennen, der Offenbarung teilhaftig zu werden, Allah näher zu kommen – dies war, den mittelalterlichen Mönchen des Abendlandes vergleichbar, das Fernziel jener *talibes* (Schüler), die hier eingeschrieben waren.

Die heraldischen Adler auf dem Marmorsarkophag in der **Vorhalle** der Medersa Ben Youssef sind die einzigen Tierdarstellungen in einem marokkanischen Sakralbau: die Ausnahme, die die Regel bestätigt.

Die Wohnzellen der Studenten sind klein und spartanisch eingerichtet

novierung vor einigen Jahren an weltstädtischem Ambiente gewonnen, was es an unverwechselbarer Atmosphäre einbüßte.

Luxus pur – **Hotel Mansour Eddahbi** 2: Palais de Congrès, av. Mohamed VI, Hivernage, Tel. 0524 33 91 00, www.hotel-mansoureddahbi.com, DZ 3200 DH, Suiten 4000–16 000 DH. Ein 440-Zimmer-Haus, diverse Restaurants, drei Pools, Disco, Fitnesscenter, Bars, Ladenpassagen etc.

Grandioses Ambiente – **Les Jardins de la Koutoubia** 3: 26, rue de la Koutoubia, Tel. 0524 38 88 00, www.lesjardinsdelakoutoubia.com, DZ 2400–3000 DH, Suiten 3500–12000 DH, Halbpension 290 DH/Person. Architektonisch sehr gelungene Anlage nahe der Place Djemaa El Fna, Luxusstandard.

Edel – **Hotel Meridien N'Fis** 4: av. Mohamed VI, Hivernage, Tel. 0524 33 94 00, www.starwoodhotels.com, DZ ab 1850 DH. Ein Komplex mit 300 Zimmern, weitläufige Gartenanlage, großer Pool. Pauschaltarife oder Mehrtagesarrangements.

Gediegen – **Atlas Asni** 5: av. Mohamed VI, Hivernage, Tel. 0524 33 99 00, www.hotelsatlas.com, DZ 1150 DH. Vier-Sterne-Haus.

Neuer Stern – **Savoy Le Grand Hôtel** 6: av. de la Menara, Tel. 0524 35 10 00, www.savoylegrandhotel.com, DZ um 1100 DH, Suiten 1500–1700 DH. Das 368-Zimmer-Haus wurde Ende 2015 eröffnet; edel ausgestattete Zimmer, diverse Restaurants und Bars, riesiger Pool, Spa, Hallenbad, Hammam, Sauna, Jacuzzi, Konferenzsäle.

Elegant – **Royal Mirage Deluxe Hôtel** 7: rue de Paris, Hivernage, Tel. 0524 42 54 00, www.royalmiragedeluxe.com, DZ um 950 DH. Großzügiges 76-Zimmer-Haus in der Nähe der Place de la Liberté, funktionale Zimmer, großer Pool, Fitnessraum, zwei Restaurants, insgesamt recht nobles Ambiente.

Zentrale Lage – **Hôtel Islane** 8: 279, av. Mohamed V, Tel. 0524 44 00 81, www.islane-hotel.com, DZ/ÜF ca. 600 DH. Unmittelbar an der Koutoubia gelegenes Haus mit günstigem Restaurant.

Traditionell gut – **Hotel Gallia** 9: 30, rue de la Recette, Tel. 0524 44 59 13, www.hotellegallia.com, DZ 450 DH. Seit 1929 von der Familie Galland betrieben, schöne Dachterrasse, angenehme familiäre Atmosphäre. 20 Zimmer, lauschiger Innenhof.

Traveller-erprobtes Haus – **Grand Hôtel Tazi** 10: rue el Mouahidine, Tel. 0524 44 27 87, Fax 0524 44 21 52, DZ um 450 DH, saisonal 850 DH. Klassisches Traveller-Hotel mit Restaurant; inzwischen klimatisierte Zimmer mit TV, Pool, Garage. Die Zimmer zur Straße sind recht laut.

Solide – **Hôtel Le Grand Imilchil** 11: av. Echouada, Hivernage, Tel. 0524 44 76 53, hôtel.imilchil@hotmail.com, DZ 412 DH. 100-Zimmer-Haus mit Pool, Balkone mit Aussicht, die Einrichtung ist zwar etwas in die Jahre gekommen, aber fairer Preis.

Der große Allrounder – **Hôtel Ali** 12: rue Moulay Ismail, Tel. 0524 44 49 79, www.hotel-ali.com, DZ 350 DH. In dieser Preiskategorie seit Jahren unschlagbar, Vermittlung von Bergführern, Abendbüfett auf der Dachterrasse, angeschlossenes Internetcafé, Wechselschalter, auch Vermietung von Mountainbikes. Freundliches Personal, Reservierung empfohlen.

Teilrenoviert – **Hôtel CTM** 13: Pl. Djemaa el Fna, Tel. 0524 44 23 25, DZ um 300 DH. Für Spartaner, doch mit überwältigendem Panorama (Zimmer 1–4) von der Dachterrasse.

Backpacker-Klassiker – **Hôtel De Foucauld** 14: rue El Mouahidine, Tel. 0524 44 54 99, hoteldefoucauld@gmail.com, DZ 290 DH. Eine Adresse für Backpacker direkt an der Place Djemaa el Fna.

Lieblingsort

Riad-Kultur auf höchstem Niveau

Beim Umbau dieses Riads in der nördlichen Medina von Marrakesch fand sich in einer Schatulle das Manuskript eines Märchens, gezirkelt um die Worte »Ana Yela« (Ich bin Yela). Die Raumfluchten dieses Hauses sind nach den Kapiteln der Geschichte geordnet, folgen also sowohl architektonischer Planung wie literarischer Dramaturgie. Ein Haus als Gesamtkunstwerk, komponiert in den Farben Beige, Weiß, Ocker und Silber, in dem die Details der Interieurs auf vollkommene Art mit dem Geist der Gesamtkonzeption harmonieren.

Riad Anayela 17 : 28, Derb Zerwal, Nähe Bab el Khemis, Tel. 0524 38 69 69, www.anayela.com, DZ ab 2090 DH, Suiten ab 3090 DH, Flughafentransfers im Preis inbegriffen.

Im Sektor Kennaria/Dabachi – **El Kennaria 15**: 10, rue El Kennaria, Tel. 0524 39 08 97, http://el-kennaria.hotelinmarrakech.net, DZ 200–400 DH. Eines der besseren unter den einfacheren Hotels in diesem Bereich.

Der Tradition verpflichtet – **Hôtel-Restaurant Café de France 16**: Pl. Djemaa el Fna, Tel. 0524 44 23 19, Reservierungstel. 0661 76 36 58, www.cafe-france-marrakech.com, DZ um 200 DH. In der Marrakesch-Literatur eine bekannte und vielbeschworene Adresse, ist das Traditionshaus offenbar dem drohenden Abriss entgangen – undenkbar, dass es einer McDonald's-Filiale gewichen wäre. 14 spartanische Zimmer an einem legendären Ort (Zimmer Nr. 7, 8, 9 und 11 mit Panoramablick auf den Platz).

Riads

Nachfolgend eine notwendig subjektive Auswahl von Riads, die derzeit unter deutschsprachigem Management laufen (Infos unter: www.riadomaroc.com, www.madein-marrakech.com, www.marrakechriads.net).

Riad-Kultur auf höchstem Niveau – **Riad Anayela 17**: s. Lieblingsort S. 178.

Edler Stadtpalast – **Riad Enija 18**: 9, Derb Mesfioui, Tel. 0524 44 09 26, www.riadenija.com, DZ 2600–3000 DH. Ein 280 Jahre alter Stadtpalast mit sieben Suiten, fünf Zimmern. Massage, orientalische Gesichtspflege; Exkursionen, Wüstentrips, Stadttouren im Angebot.

Wie im Museum – **Riad El Cadi 19**: Medina, Sektor Dabachi, 86/87, Derb Moulay Abdelkader, Tel. 0524 37 86 55, www.riyadelcadi.com, DZ um 1300–2200 DH (je nach Saison und Standard), Suiten um 2370–4620 DH (Junior bis Master, je nach Saison), Frühbucher und Last-Minute-Rabatte. Eher ein Museum als ein Riad, vom früheren deutschen Botschafter als ein Traum von Wohnen und Wohlfühlen in Szene gesetzt.

Ruhige Patios – **Riad Noga 20**: 78, Derb Djedid (Idid), Medina, Tel. 0524 38 52 46, www.riadnoga.com, DZ 1400–2000 DH. Sieben Zimmer, Dachterrasse, Pool, Patios.

Individuell gestaltet – **Riad La Maison Nomade 21**: Sidi Ben Slimane Kaa Sour, Derb Sidi Ahmed, El Borj Nr. 94, Tel. 0524 38 74 14, www.lamaisonnomade.com, DZ 650–990 DH. Acht individuell eingerichtete Zimmer, der deutsche Besitzer vermittelt geführte Touren durch die Souks sowie Exkursionen ins Umland. Flughafentransfer hin und zurück 200 DH.

Einstiges Domizil des Rabbiners – **Riad du Rabbin 22**: 105 Quartier Essalam Rue Souika (Mellah), Tel. 0524 38 90 90, www.riad-du-rabbin.com, drei DZ/ÜF 140 €, zwei Suiten /ÜF 160 €. Pool, Wellness, Tadelakt-Bäder, Bar auf der Dachterrasse, deutsche Besitzerin, die marokkanische Geschäftsführerin Latifa spricht fließend Deutsch.

Stilvoll – **Riad Ifoulki 23**: Medina, Sektor Douar Graoua, Derb Moqadem (Quergasse zur Rue Arset Loghzail), Tel. 0524 38 56 56, www.riadifoulki.com, DZ 100–130 €, 120–160 €, 150–200 €. Ein jahrhundertealter Palaiskomplex, geräumige, stilvoll eingerichtete Zimmer und Suiten, mehrere Innenhöfe, Panoramaterrasse, Hamam, exquisite Küche. Der dänische Besitzer, seit 40 Jahren in Marrakesch ist ein wirklicher Kenner der Stadt.

Essen & Trinken

Billigrestaurants konzentrieren sich um die Djemaa el Fna, nach Einfall der Dämmerung werden auf dem Platz Essensstände aufgebaut, die *brochettes*, Fisch, *harira*, *kefta* mit Beilagen, Geflügel und Muscheln anbieten. Die Garküchen und ihr Speisenangebot werden von der Stadtverwaltung kontrolliert, was die hygienischen Standards deutlich verbessert hat.

Nouvelle cuisine – **Dar Moha** 1: 81, rue Dar el Bacha, Tel. 0524 38 64 00, www.darmoha.ma, tgl. 12–16, 19.30–22 Uhr, 300–450 DH. *Nouvelle cuisine marocaine, grillades*, großes Sortiment an *tajines*, Salate.

Fleischspezialitäten – **Stylia** 2: 34, rue Ksour (Nähe Place Djemaa el Fna), Tel. 0524 44 35 87, 250–450 DH. Andalusisches Dekor, Spezialitäten sind Lamm und Hühnchen.

Marokkanische Küche – **Al Fassia** 3: 232, av. Mohamed V (Nähe Pl. du 16 Novembre), Tel. 0524 43 40 60, 200–300 DH. Marokkanische Gastroklassiker.

Dinieren mit Ausblick – **Le Marrakchi** 4: 52, rue de Banques (direkt an der Pl. Djemaa el Fna), Tel. 0524 44 33 77, www.lemarrakchi.com, tgl. 12–24 Uhr, 150–300 DH. Marokkanische Gerichte, Speisesaal mit überwältigendem Panorama, Mittags- und Abendtisch.

Cuisine française – **Le Pavillon** 5: 47, Derb Zaouia (nahe Moschee Bab Doukkala), Tel. 0524 38 70 40, Mi–Mo ab etwa 19 Uhr, 150–300 DH. Michelinsterngekürter Chefkoch, Leberspezialitäten, große Dessertauswahl, Weinkarte mit guten französischen Tropfen.

Stilvoll – **Le Jardin des Arts** 6: 6/7, rue Sakia el Hamra, Quartier Semlalia (etwa 3 km von der Pl. Djemaa el Fna), Tel. 0524 44 66 34, Mo mittags geschl., Sechsgängiges *menu surprise* 450 DH, Hauptgerichte 150–200 DH. In sehr gepflegte Gartenanlage gebettet, Fleisch- und Fischgerichte.

Tajines – **Restaurant Le Foundouk** 7: 55, Souk Hal Fassi Kat Bennahid (nahe dem Musée de Marrakech), Tel. 0524 37 81 90, www.foundouk.com, Di–So 12–24 Uhr, um 200 DH. Reiche Auswahl an marokkanischen *tajine*-Varianten.

Gut und günstig – **Restaurant Chez Chegrouni** 8: Pl. Djemaa El Fna, neben Le Marrakchi, Tel. 0661 43 41 33, tgl. 12–23 Uhr. Salate (20–30 DH), Brochettes (um 50 DH), Couscous, *tajines, harira*. Panoramaterrasse!

Für den kleinen Hunger – **Un déjeuner à Marrakech** 9: 24, pl. Douar Graoua, Sektor Dabachi, Medina, Tel. 0524 37 83 87, www.riadorientale.com/dejeuner-a-marrakech, tgl. 11–22 Uhr. Salate, Sandwichs, Eis, Crêpes, Kuchen, dazu Kaffee, Tee und Fruchtsäfte.

Einkaufen

Das Warenangebot ist riesig und die Preisspannen sind für Marokko-Neulinge derart unüberschaubar, dass sich in Marrakesch inzwischen der Job eines Personal Shopper etabliert hat. Dabei handelt es sich um Experten der Szene, die Marrakesch-Touristen beim Shopping führen und begleiten sowie bei den Preisverhandlungen assistieren – das Ganze zu Tagessalären ab 100 €!

Im Zuge des aktuellen Marrakesch-Booms haben sich etliche teure Boutiquen, Läden für Lederwaren (empfehlenswert ist diesbezüglich die **Galerie Birkemeyer** 1, 169–171, rue Mohamed el Beqal, Tel. 0524 44 69 63, www.galerie-birkemeyer.com), Designerklamotten, Teppiche, Schmuck und Antiquitäten, Lampen, Pflegeöle, Parfüms, Möbel, Keramik und Kaftane sowie etliche Kunstgalerien in der **Neustadt** angesiedelt (besonders im Stadtteil Guéliz an der av. Mohamed V nordwestlich der Place de la Liberté sowie in den großen Querstraßen der av. Mohamed V).

Marokkanisches Kunsthandwerk – **Ensemble artisanal** 2: av. Mohamed V, neben dem Rathaus, Tel. 0524 38 66 74. Hier wird Kunsthandwerk zu Fixpreisen angeboten, eine gute Gelegenheit, sich vor Einkäufen in den Souks über ein leidlich realistisches Preisniveau ins Bild zu setzen.

Eine wahre Schatzkammer – **Basar Dar Si Aissa** 3: 37, rue Sidi el Yamani, in der Nähe der Djemaa el Fna, Tel. 0644 44 19 04, 44 02 27, Fax 0644 44 36 99. Große Auswahl in allen klassischen Sparten des marokkanischen Kunsthandwerks in hervorragender Verarbeitung. Das weitläufige Palais, auch als gastronomische Adresse zu empfehlen, birgt in seinen Gelassen (atemberaubender Blick von der Dachterrasse!) ganze Schatzkammern. Erfahrung im Handeln ist hier von Vorteil!

Shoppingmeile – **Quartier Industriel (Q. I.)** 4: im Stadtteil Sidi Ghanem, ca. 8 km nordwestlich des Zentrums, www.sidighanem.net, Stadtbusse Nr. 15, 44, *petit taxi* um die 50 DH, Läden meist Sa nachmittags und So geschlossen. Hier befindet sich Marrakeschs Designerzentrum mit einer Vielzahl diverser Läden.

Aktiv

Stadttouren – Als erste Orientierung, aber auch, um eine Ahnung von der Weitläufigkeit der Stadt zu bekommen, kann man eine Rundfahrt mit den für Marrakesch typischen **Pferdekutschen** 1 *(caleches)* unternehmen (großer Standplatz nahe der Pl. Djemaa El Fna beim dortigen Club Med). **Fahrrad-, Mountainbike-und Mofavermieter** 2 finden sich besonders in den Sektoren Kennaria und Dabachi östlich und südöstlich der Pl. Djemaa el Fna.

Spaziergänge – Die großen **Gartenanlagen Agdal** 9, **Bassin La Menara** 3, **Jardin Majorelle** 4 mit dem 2017 eröffneten Yves-Saint-Laurent-Museum (www.museeyslmarrakech.com, Do–Di 10–18 Uhr) sowie die riesige **Palmeraie** 5 im Norden der Stadt eignen sich gut zu Spaziergängen und zum Verschnaufen vom Trubel der Metropole.

Tagesausflüge und Wanderungen – Als Ziele von Tagesausflügen empfehlen sich besonders das **Ourika-Tal** (▶ P 7/8; s. S. 185) und **Oukaimeden** (▶ P 8; s. S. 188). Wer ausgedehnte Wanderungen oder anspruchsvolle Klettertouren im Hohen Atlas unternehmen will, kann

Mein Tipp

Marrakesch per Fahrrad – eine ganz neue Perspektive

Jeden Tag, außer in den Hochsommermonaten Juli und August, starten um 10 und 15 Uhr (Agenturbüro: 44, Rue Tarik Ibn Ziad; Guéliz, unweit Carré Eden) geführte Fahrradtouren durch verschiedene Sektoren von Marrakesch. Die Touren dauern etwa 3–3,5 Std., führen abseits der Hauptverkehrsadern über einen Parcours von etwa 15 km und werden für Gruppen von zwei bis zehn Personen angeboten. Die Fahrradausrüstung wird gestellt, das Programm kann abgesprochen werden. Marrakesch ist eine vollkommen ebene Stadt, auch ungeübte Fahrradfahrer und Kinder ab etwa zwölf Jahren sollten die Touren bewältigen können, ohne sich zu verausgaben. Eine hervorragende Gelegenheit, eine ganz neue Perspektive auf die Stadt zu gewinnen.

Detaillierte Informationen: Tel. 0667 79 70 35, www.marrakech-city-bike-tour.com (professionell gestaltete Website mit Möglichkeit zu Reservierung und Online-Buchung), um 250 DH/Person.

sich über die **Délégation du Tourisme** (s. Infos) eine Liste erprobter Bergführer geben lassen oder im **Hotel Ali** 12 nachfragen. Besonders im Winter sollte man derartige Touren nicht ohne ortskundige Führer angehen.

Abends & Nachts

In – **VIP** 1: Pl. de la Liberté, bei Facebook. Derzeit einer der angesagtesten Clubs der Stadt.

Mehr als ein Internetcafé – **Cyber Parc** 2: Parkgelände Arsat Moulay Abdessalam, av. Mohamed V, gegenüber dem Ensemble artisanal. Erholungsraum, Park, Fotoausstellung, studentische Flaniermeile, Flirtgelände, Internetcafé mit exzellenter Computertechnik – ein Refugium zum Innehalten genau an der Schnittstelle zwischen Medina und Neustadt. Dazu ein Informationszentrum über die Umweltstiftung des Monarchen: www.fm6e.org.

Edel – **Comptoir Darna** 3: av. Echouada/av. El Kadissia, Hivernage, Tel. 0524 43 77 02, www.comptoirdarna.com. Kombination aus Restaurant (Menüs um 200–300 DH), Cocktailbar, Liveclub und Boutique. Sehr edles Ambiente, spezielle *nuits orientales* mit Tanzeinlagen, Liveacts, internationale DJs. 1999 eröffnet, hat sich das Comptoir vom Geheimtipp zu einer stadtbekannten In-Adresse entwickelt.

Theater – **Théâtre Royal** 4: av. Mohamed VI, Tel. 0524 43 56 68.

Kino – **Colisée** 5: Bd. Mohamed Zerktouni, nahe Pl. Abd el Moumen Ben Ali, Tel. 0524 44 88 93, Tickets 40 DH. Moderne Projektions- und Tonanlage, exzellente 35-mm-Kopien und keine Fixierung auf den cineastischen Mainstream; s. auch S. 103.

Diskotheken in der Neustadt – Nichts ändert sich schneller als die Vorliebe für sogenannte angesagte **Diskotheken**. Derzeit scheinen für Nachtschwärmer besonders die folgenden Etablissements (Eintritt 100–300 DH) interessante und beliebte Adressen zu sein: **Pacha** 6, av. Mohamed VI, www.pachamarrakech.com, Restaurant, Lounge, Pool; **Paradise**, Disco des Hôtel Mansour Eddahbi 2. Hip-Hop und House; **Le Theatro** 7, Disco des Hôtel Es Saadi, rue Ibrahim el Manzini, www.theatromarrakech.com, internationale DJs; **Cotton Club** 8, im Quartier Semlalia, in Guéliz (Ville nouvelle), Orientpop und internationaler Beat; **New Feeling** 9, Hoteldisco in den Palmeraie Resorts, sehr edel gestylt, entsprechend die Schickeriaklientel; **Diamant Noir** 10, Hôtel Le Marrakech, Pl. de la Liberté, das Hotel an der Nahtstelle zwischen Medina und Neustadt ist zwar zzt. geschlossen, doch die Disco geöffnet (2016), Charts und Elektro, recht heterogene Klientel.

Infos & Termine

Infos

Délégation du Tourisme: Place Abdelmoumen Ben Ali, Tel. 0524 43 61 31, Fax 0524 43 60 57, Mo–Fr 8.30–16.30 Uhr. Auf Nachfrage erhält man hier detaillierte Informationen und aktuelle Listen zu Riads, Clubhotels, *résidences touristiques* und Apartmentanlagen.

C.R.T.: Pl. Youssef Ben Tachfine (an der Koutoubia), Tel. 0524 38 52 61, www.tourisme-marrakech.org, Mo–Fr.

Marrakech Pocket: Dieser außerordentlich hilfreiche City Guide wird monatlich kostenlos vertrieben und ist auch online verfügbar (www.marrakechpocket.com). Das Heft ist über die Tourismusbehörden erhältlich, liegt aber auch an etlichen Hotelrezeptionen aus und enthält einen detaillierten Stadtplan sowie eine reiche Auswahl an Tipps und Adressen zu Kulturveranstaltungen, Restaurants, Einkaufsmöglichkeiten, Riads, Exkursionen etc.

Termine

Internationales Filmfestival: zumeist Anfang Dez. Besteht seit 2001.
Internationaler Marathonlauf: meist Mitte Jan.
Folklorefestival: Juni, in den Ruinen des Palais El Badi. Vermittelt einen Eindruck der unterschiedlichen Musik- und Tanztraditionen des Landes – ein Ohren- und Augenschmaus. Trancetänze von Gnaoua-Musikern.
Moussem: Über die – oft sehr sehenswerten – *moussem* in der Region informiert die Délégation du Tourisme.

Verkehr

Flugzeug: Der internationale Flughafen **Marrakesch-Menara** (Tel. 0524 44 78 65/79) liegt etwa 6 km südwestlich des Zentrums, Zubringerbus Nr. 19 ins Zentrum (Pl. Djemaa El Fna, Bab Doukkala, Guéliz; 50 DH hin und zurück, 30 DH einfache Fahrt, tgl. alle 30 Min., 7–22 Uhr). **Charter- und Direktflüge** von Deutschland nach Marrakesch bieten derzeit (Stand 2018) Ryanair (www.ryanair.com), Eurowings (www.eurowings.com), Lufthansa (www.lufthansa.com), Condor, Air Arabia, Niki Air, Edelweiss Air und easyJet (www.easyjet.com); Royal Air Maroc (www.royalairmaroc.com) fliegt von München, Swiss (www.swiss.com) von Zürich nach Marrakesch. Für Reisende im südwestdeutschen Raum ist die von easyJet angebotene Direktverbindung von Basel/Mulhouse nach Marrakesch von Interesse. Lufthansa und Royal Air Maroc (ab Frankfurt/M., München, Basel/Mulhouse, Strasbourg) bieten Linienflüge via Casablanca an. Über ein saisonales Aussetzen der Charterflüge informieren die Websites der Fluggesellschaften. **Inlandsflüge** von Marrakesch via Casablanca (Royal Air Maroc 197, av. Mohamed V, Tel. 0524 42 55 00/01, www.royalairmaroc.com).

Die imposante Stadtmauer von Marrakesch vor der Kulisse des Hohen Atlas

Bahn: Der **Hauptbahnhof** (Tel. 0524 44 65 69) liegt an der Av. Hassan II (zweigt an der Place du 16 Novembre von der Av. Mohamed V ab) im Westen der Neustadt. Tgl. Verbindungen nach Casablanca, Rabat, Tanger, Meknes–Fès (umsteigen in Sidi Kacem). Marrakesch ist der südlichste Punkt des marokkanischen Eisenbahnnetzes.

Bus: Der moderne, von den **Privatlinien** angefahrene **Busbahnhof** (Tel. 0524 44 74 20) liegt an der **Place El Mourabiten** beim Bab Doukkala am Nordwestrand der Medina; von hier tgl. in alle Großstädte des Landes. Für Touren an den Nordrand des Hohen Atlas (Amizmiz, Asni, Ourikatal, Setti Fatma) besser vom **Bab Er Robb** (Südwestrand der Medina) starten. Die **Supratour-Busse** starten vom Hauptbahnhof. Die **CTM** unterhält für ihren Fuhrpark einen eigenen Busbahnhof in der Nähe des Hauptbahnhofs.

Stadtbus: Stadtbusse verkehren nur bis etwa 21 Uhr; zentrale Haltestelle an der Rue Moulay Ismail (Nähe Hotel Ali); die meisten Linien fahren zunächst über die Av. Mohamed V Richtung Neustadt.

Taxi: Langstrecken-Sammeltaxis nach Agadir, Casablanca oder Ouarzazate starten vom Vorplatz des Bab Doukkala unmittelbar beim Busbahnhof. **Stadttaxistände** gibt es an den großen Toren der Medina, am Bahnhof und Busbahnhof sowie an den Eingängen der Luxushotels (Taxitarif Place Djemaa el Fna zum Flughafen und umgekehrt feste Pauschale von 100 DH).

Mietfahrzeug: Die meisten Agenturen befinden sich an der Av. Mohamed V, am Bd. Zerktouni und am Bd. El Mansour Eddahbi im Stadtteil Guéliz, außerdem gibt es Vertretungen am Flughafen sowie an den Rezeptionen der Luxushotels.

In der Umgebung von Marrakesch

Ourika-Tal ▸ P 7/8

Etwa 45 km südöstlich von Marrakesch beginnt das tief eingeschnittene Tal des Oued Ourika (s. auch Lieblingsort S. 186), das sich bis in die Flanken des Djebel-Toubkal-Massivs hineinzieht. Besonders zur Zeit der Kirsch- und Apfelblüte ist es landschaftlich überaus reizvoll. Die Straße reicht nach den Hochwasserkatastrophen von 1988/89 nur noch bis Setti Fatma (1500 m hoch, dort sehenswert: die Ourika-Wasserfälle; gut geeignet als Ausgangspunkt für Wanderungen in den Hohen Atlas oder für Maultierexkursionen). An der Nordostseite des Djebel-Toubkal-Massivs liegt einer der beiden Nationalparks des Landes.

Lieblingsort

Ein wahrer Garten Eden ▶ P 7/8

Besonders zur Zeit der Obstblüte im Frühjahr präsentiert sich das etwa 45 km südöstlich von Marrakesch beginnende **Ourika-Tal** als landschaftliches Idyll, ein bukolischer Garten Eden am Fuße des Toubkal-Massivs. Die Stichstraße führt bis in den etwa 1500 m hoch gelegenen Ort Setti Fatma, gut geeignet als Basislager für Wanderungen, etwa zu den Ourika-Wasserfällen.

Übernachten

Einfache Unterkünfte in Setti Fatma.

Solide – **Ourika Hotel:** bei Dar Caid Ouriki, Tel. 0524 31 91 55, um 300 DH. Auf Wintersportler konzentriert, Pool, Garten, Restaurant.

Rustikal – **Hotel Ramuntcho:** bei Arhbalou, Tel. 0524 48 45 21, um 200 DH. Schön gelegenes Hotel mit Restaurant.

Panorama – **Hotel Amnougour:** bei Arhbalou, Tel. 0524 11 08 37, 100–200 DH. 20-Zimmer-Haus mit Panoramablick über das Ourika-Tal.

Infos

Bus: Häufige Busverbindungen ab Marrakesch über die P 2017 (bis Setti Fatma 67 km) vom Bab er Robb (in der Nähe der Saadier-Gräber).

Oukaimeden ▸ P 8

Das marokkanische Sankt Moritz im Hohen Atlas – *das* Skiparadies in Nordafrika, in 2650 m Höhe, ist ein überaus mondäner Wintersportort. Oukaimeden am Nordrand des Djebel-Toubkal-Massivs (Djebel Toubkal 4165 m, Djebel Oukaimeden 3273 m) wirkt wie eine alpine Kontrastlandschaft zu den saharischen Regionen Marokkos. Allein die Anfahrt, die Panoramen der Haouz-Ebene sowie der Schneegipfel des Toubkal-Massivs, lohnen den Abstecher.

Im Ort (beim Hotel-Restaurant Chez Juju, hinter dem Refuge du Service de la Jeunesse et des Sports sowie bei der Schutzhütte des Club Alpin) finden sich die am leichtesten zugänglichen **jungsteinzeitlichen Felszeichnungen** Marokkos.

Sieben **Skilifte** sind in Betrieb (drei bis auf 3000 m Höhe, Sessellift zum Djebel Oukaimeden), es gibt diverse **Abfahrten** mit unterschiedlichen Schwierigkeitsgraden, Verleih von Wintersportausrüstung und eine Skischule. Während der Skisaison (Dez.–April) ist Oukaimeden stark frequentiert, an den Wochenenden überlaufen.

Ein für Marokko eher unerwartetes Urlaubsvergnügen: Skilaufen in Oukaimeden

Im **Sommer** lohnen **Bergtouren** in das Toubkal-Massiv, teils mehrtägig, mit Übernachtungsmöglichkeiten in Schutzhütten. Schwierigere Touren erfordern allerdings einen erfahrenen Bergführer.

Übernachten

In Oukaimeden und Umgebung gibt es etliche Chalets (Preisinformationen und Reservierungen über die Délégation du Tourisme in Marrakesch erhältlich, s. Infos S. 183).

Markante Architektur – **Hotel Kenzi Louka:** Tel. 0524 31 90 80–86, Fax 0524 31 90 88, DZ 900–1100 DH mit Halbpension. Größtes Hotel im Ort, 100 Zimmer, Vier-Sterne-Komfort, beheizter Außenpool, Ski- und Trekkingangebote.

Der Tradition verpflichtet – **Chez Juju:** Skistation Oukaimeden, Tel. 0524 31 90 05, www.hotelchezjuju.com, DZ 550–1300 DH (auch Halbpension buchbar). Traditionshaus, acht Zimmer, Restaurant, Bar.

Infos

Bus/Sammeltaxi: Busse und Sammeltaxis ab Marrakesch (bis Oukaimeden 72 km); über die P 2017 bis Arhbalou, dann rechts abbiegen auf die Route P 2030, ab Arhbalou etwa 30 km langer Serpentinenanstieg.

Tin Mal ▶ O 8

Das kleine, 2000 m hoch und 105 km südwestlich von Marrakesch gelegene Bergdorf nordöstlich des Passes Tizi n'Test ist ein Kristallisationspunkt marokkanischer Geschichte, die Wiege des Almohaden-Reiches. Um 1120 floh der von den Almoraviden verfolgte Glaubenskämpfer Ibn Toumert nach Tin Mal, wo er wenige Jahre später ein befestigtes Kloster gründete. Von dort aus islamisierte er die Masmouda-Berber der Region und mobilisierte sie zum heiligen Krieg gegen die Almoraviden. Unter Ibn Toumerts Nachfolger Abd el Moumen eroberten die Almohaden (von *el mowahidun*, Bekenner der Einheit) große Teile Marokkos und übernahmen 1147 die Sultanatsgewalt. Sie verlegten die Hauptstadt des Reiches nach Marrakesch, beließen den Staatsschatz jedoch in Tin Mal, das sie als heilige Stadt verehrten. 100 Jahre später wurde die Wiege des Almohaden-Reiches zum letzten Zufluchtsort dieser Dynastie, als die Meriniden zur Eroberung Marokkos ansetzten. 1276 zerstörten sie Tin Mal.

Die Moschee von Tin Mal, 1153/54 unter Abd el Moumen erbaut, ist architekturgeschichtlich der Prototyp der klassischen almohadischen Moschee, der in der Koutoubia von Marrakesch seine reifste Ausformung fand und bis in die Gegenwart den marokkanischen Moscheebau wesentlich prägt.

Von Tin Mal stehen noch das Minarett, das Karree der Außenmauern und die Hufeisenbögen und Pfeilerarkaden der neun Längsschiffe. Der Gebetsturm befindet sich hier – einzigartig in der marokkanischen Sakralarchitektur – an der Seite der nach Mekka ausgerichteten Gebetsmauer, der Qibla. Lohnend ist das Panorama vom Dach des Minaretts (Blick auf das Nfiss-Tal und die Dreitausender des Hohen Atlas). Tin Mal vermittelt einen guten Eindruck von der architektonischen Gesamtanlage einer almohadischen Moschee, deshalb empfiehlt sich für kunsthistorisch Interessierte die Besichtigung (nur mit Führung).

Lohnende Abstecher auf der Route nach Tin Mal, die südlich von Tahanaoute landschaftlich überaus reizvoll ist, führen in den 1500 m hoch gelegenen Wallfahrtsort **Moulay Brahim** (▶ O 7; grandioses Panorama) und in den Berber-Marktflecken **Asni** (▶ O 8; Sommerfrische vieler *marrakchi*, Blick auf den zentralen Hohen Atlas, 1150 m hoch gelegener Standort für Bergtouren ins Toubkal-Massiv, schöner Samstagsmarkt).

Übernachten

Einfache Unterkünfte in Ijoukak und Idni.
Stilvoll – **Residence de la Roseraie:** in Ouirgane (▶ O 8), Tel. 0524 43 91 28, um 1000 DH. Schönes Hotel in einem ca. 20 ha großen Rosengarten, Restaurant, Schwimmbad.
Seit 1945 – **Auberge au Sanglier qui fume:** in Ouirgane, Tel. 0524 48 57 07/08, DZ mit Frühstück je nach Standard 415, 510, 670 DH. Bungalowanlage mit Restaurant und Schwimmbad.

Infos

Bus: Gelegentliche Busverbindungen (Marrakesch–Taroudannt) über den Tizi n'Test, die Passstraße.
Auto: Anfahrt über die R 203, etwa 8 km hinter Ijoukak nach rechts. Tin Mal liegt westlich der Passstraße (von der Straße sichtbar, ausgeschildert).

Telouet ▶ P 8

Mehrere Jahrhunderte lang war die **Kasbah** Stammsitz der mächtigen Glaoua-Berber: die Residenz El Glaouis, des Paschas von Marrakesch. Telouet inmitten der grandiosen Landschaft des Hohen Atlas gehört zu den schönsten und größten Kasbahs des Landes. Eine Besichtigung der Innenräume ist möglich (Führung, Trinkgeld) und, was die verfallenden Fassaden kaum vermuten lassen, überaus lohnend. Vom Dach hat man eine überwältigende Fernsicht.

Übernachten

Einfache Unterkünfte in Telouet, Taddert (▶ P 7) und Amerzgane (▶ P 8; 35 km vor Ouarzazate).

Infos

Bus: Tgl. gibt es mehrere Busverbindungen zwischen Marrakesch und Ouarzazate.
Taxi: Von der Passstraße nur selten Sammeltaxis nach Telouet.
Auto: Die Route von Marrakesch nach Ouarzazate (N 9, 196 km) über den 2260 m hohen Tizi n'Tichka (Passstraße im Winter oft tief verschneit!) gehört zu den landschaftlich schönsten Strecken in Marokko. Nach Telouet gelangt man über die Stichstraße Nr. 6802 (21 km lange, schlechte, aber ohne Geländewagen befahrbare Piste, schwierig in tiefem Schnee und nach Hochwasser infolge Schneeschmelze), die kurz nach dem Tizi n'Tichka linker Hand (von Marrakesch kommend) von der Hauptstraße abzweigt, s. Panoramatour.

Panoramatour Telouet–Ait Benhaddou ▶ P 7–Q 8

Tizi n'Tichka–Telouet–Ait Benhaddou Streckenlänge ca. 75 km, Fahrtdauer ca. 2 Std., eigenes Fahrzeug erforderlich, die Strecke ist auch ohne Allradantrieb zu bewältigen, allerdings sollte man sich auf der Passhöhe des Tizi n'Tichka (2260 m) über Straßenzustand und Hochwasser nach der Schneeschmelze erkundigen! (s. Infos, Verkehr)

Zwischen Marrakesch und Ouarzazate – Panoramatour Telouet–Ait Benhaddou

Eine landschaftlich überwältigend schöne Strecke für Reisende auf der N 9 zwischen Marrakesch und Ouarzazate besteht in der inzwischen durchgängig geteerten Stichstraße, die die Kasbahs von **Telouet** und **Ait Benhaddou** verbindet. Wer eine zusätzliche Stunde Fahrtzeit einkalkuliert und die N 9 nicht hin und zurück fahren will, sollte – allerdings tagsüber – diese Variante wählen. Die Tour bietet grandiose Panoramen einer canyonartig zerklüfteten Landschaft, imponierende alte Kasbahs und Bergdörfer inmitten einer farblich hinreißenden Vegetation. 4 km südlich des Passes **Tizi n' Tichka** (2260 m; s. Lieblingsort S. 193) zweigt nach links die Stichstraße in Richtung Telouet von der N 9 ab.

Nach weiteren 21 km erreicht man die **Kasbah von Telouet** (Führung möglich, Trinkgeld). Da sie zum Besitz El Glaouis (s. S. 65) gehörte, der nach 1956 posthum als Kollaborateur geächtet und zum Staatsfeind erklärt wurde, lässt der marokkanische Staat die Kasbah bewusst und konsequent verfallen. Die Fassaden zerbröckeln, etliche Zwischendecken sind eingestürzt, die Fußböden zerborsten; einige Repräsentationssäle sind freilich in einem vergleichsweise guten Zustand. Gerade diese Aura des Verfalls erzeugt hier eine ganz eigene Atmosphäre – man sollte sich ihr aussetzen und den Kasbahkomplex in Augenschein nehmen!

Im weiteren Verlauf der Straße nach Ait Benhaddou sind mehrere steile Anstiege sowie einige Furten zu bewältigen. Nach etwa 50 km steht man vor der grandiosen **Kasbah von Ait Benhaddou** (s. Entdeckungstour S. 204), von wo aus man in einer guten halben Stunde Fahrtzeit Ouarzazate (s. S. 197) erreichen kann.

Lieblingsort

Spektakuläre Landschaft – Tizi n'Tichka ▶ P 8

Wer von Marrakesch über den 2260 m hohen Pass nach Ouarzazate fährt, findet sich, zumal im Winter, mit einer landschaftlichen Facette Marokkos konfrontiert, die nur wenige Reisende mit dem Land assoziieren. Marokko als Gebirgsland, die Ausläufer des Hohen Atlas ein gewaltiges, schroff zerklüftetes Gelände, unwirtliche Geröllplateaus, steil abfallende Canyons, Felsformationen jenseits der Baumgrenze, in die Senken hineingeduckte Weiler, tosendes Schmelzwasser, Schneefelder, vereinzelte Berber mit ihren Herden, gefrierender Atem – eine Landschaft aus Weite und Leere, aus Stein und Fels.

Das Beste auf einen Blick

Der Südosten

Highlights!

Oasen im Dra-Tal: Eine einzige Kette von trutzigen Kasbahs, die typischen, aus Lehm gebauten Wehrdörfer (arab.: *ksour*), die vermutlich größte Flussoase der Welt am mäandernden Dra, eine riesige *palmeraie* – absolut sehenswert! S. 207

Dades- und Todrha-Schlucht: Steil abfallende Felswände, schroff zerklüftete Gesteinsformationen, Bergketten und Serpentinen – ein Landschaftserlebnis ersten Ranges und ein Kletterparadies für Schwindelfreie. S. 224, 225

Erg Chebbi: Das für Touristen am leichtesten zugängliche Sandwüstengebiet bei Merzouga mit Dünenkämmen von 150 m Höhe vermittelt eine Ahnung von der gewaltigen Sahara. S. 236

Auf Entdeckungstour

Alles Kulisse – Atlas-Filmstudios: Kulissen und Requisiten, Komparserie und Tricktechnik: eine Expedition in die künstlichen Welten des Kinos. S. 200

Mahnmal der Vergangenheit – Kasbahkomplex Ait Benhaddou: Von der UNESCO zum Weltkulturerbe erklärt, ist dieser gewaltige Komplex ein architektonisches Ensemble von mehreren aus Stampflehm errichteten Burgen. S. 204

Wallfahrtsort Tamegroute – Zentrum spiritueller Energie: Die mit einer bedeutenden Bibliothek verbundene Zaouia des Nassirya-Ordens ist ein bekanntes, traditionsreiches spirituelles Zentrum im südlichen Marokko. S. 218

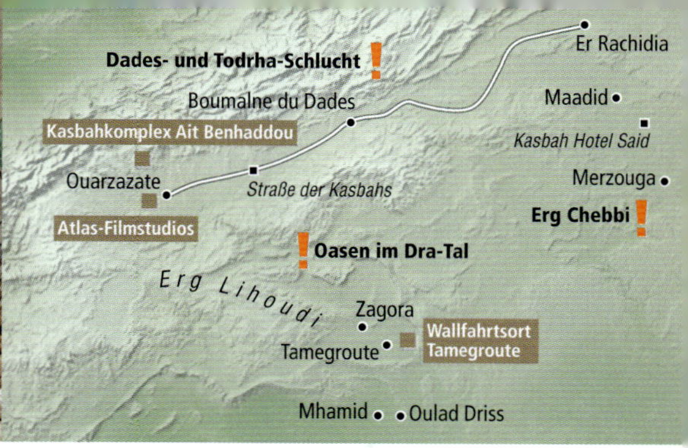

Kultur & Sehenswertes

Musée du cinéma in Ouarzazate: Eine Fundgrube mit Exponaten zur Filmgeschichte seit den 1880er-Jahren, Kulissen und Kostüme. S. 197

La Maison traditionelle in Oulad Driss: Ackergeräte, Hausrat, Musikinstrumente, Schmuck und Waffen dokumentieren die Geschichte der Berberstämme aus der Region. S. 216

Aktiv unterwegs

Kameltrekking und Wüstenexkursionen: In der Region Zagora tummeln sich sowohl seriöse Anbieter als auch etliche Scharlatane. S. 215

›Wüste schnuppern‹: Eine gut fahrbare Tour ab Zagora in die Sanddünen des Erg Lihoudi bei Mhamid. S. 215

Straße der Kasbahs: Die Strecke von Ouarzazate bis Er Rachidia gilt als eine der schönsten Reiserouten in ganz Südmarokko. S. 221

Genießen & Atmosphäre

Kasbah Dar Daïf: Einem sanften, ökologisch verantwortlichen Tourismus verpflichtet, wurde dieses Hotel in Ouarzazate mehrfach mit Ökopreisen ausgezeichnet. S. 202

Kasbah Tizzarouine: Einige der Zimmer dieses Hotels in Boumalne du Dades sind als Höhlenräume in eine Felswand eingelassen. S. 224

Ksar von Maadid: Eine Reise in die Vergangenheit, in eine architektonisch wie sozial abgeschlossene Welt. S. 231

Kasbah Hotel Said: Ein echtes Wüstenhotel und ein guter Standort, um den Erg Chebbi auf eigene Faust zu erkunden. S. 232

Abends & Nachts

SaharaSky: Wüstenhotel bei Tamegroute und vermutlich einziges privates Observatorium in Marokko. S. 212

Kasbahs, Dünen und Oasen

Keine Region füllt die mit Marokko verbundenen Orient- und Wüstenassoziationen derart mit konkreter Anschauung auf wie gerade der Südosten des Landes. Eine überwiegend von Berbern besiedelte, ländlich geprägte Region – die einzige echte Großstadt ist Ouarzazate. Die Region insgesamt hat in den letzten Jahren an touristischer Bedeutung erheblich gewonnen, besonders um Ouarzazate, Zagora und Erfoud. Für Aktiv- und Outdoor-Urlauber bietet das südöstliche Marokko eine weite Skala an Möglichkeiten, von Kameltrekking bis Gleitschirmfliegen, von Klettern bis Wüstenexpeditionen, von ornithologischen Pirschgängen bis zu pflanzenkundlichen Exkursionen.

Die Palmenhaine am Dra-Ufer, die wuchtigen Kasbahkomplexe, die aus Stampflehm errichteten Wehrdörfer *(ksour)*, die Felsformationen in der Dades- und Todrha-Schlucht, die Dünenkämme des Erg Chebbi – alles Facetten einer einzigartigen Landschaft, Gesichter eines ›orientalischen‹ Marokko. Zudem eine geschichtsträchtige Region: Im südöstlichen Marokko liegen bedeutende Wallfahrts- und

Infobox

Touristeninformation

– Ouarzazate

Délégation du Tourisme: Av. Mohamed V, Tel. 0524 88 24 85, dtouarzazate@yahoo.fr, gutes Informationsmaterial, Stadtplan, kompetentes Personal.

– Er Rachidia

Délégation du Tourisme: 44, Bd. Prince Moulay Abdallah Bou Talamine, Tel. 0535 57 09 44, wenig ergiebig.

– Erfoud

Nahe Hotel Salam.

Internet

www.ouarzazate.com: Brauchbare Informationen zu Stadt und Umland; zu Unterkünften und Gastronomie sind diese allerdings unzureichend und nicht aktuell.

www.zagora.ma: Französische Website mit Basisinfos zum Ort und zur Region, Fotogalerie und Folklorevideos, karge Hotelinfos.

Anreise und Weiterkommen

Die Region ist verkehrstechnisch hervorragend erschlossen, die Busse der staatlichen CTM fahren bis Mhamid (hier endet die asphaltierte N 9; Teilstücke der Piste Mhamid–Foum-Zguid sind befestigt), die Busse von Supratours fahren bis Merzouga (die N 13 ist bis zum Grenzort Taouz asphaltiert).

Die Dades-Schlucht ist bis Msemrir (63 km), die Todrha-Schlucht bis Ait Hani (52 km) asphaltiert; die Verbindung zwischen beiden Schluchten ist, zumal im Winter, nur mit Geländewagen passierbar: Ait Hani liegt auf einer Höhe von etwa 2600 m. Die Region ist mit Fernbussen gut zu bereisen; wer freilich vom südlichen Dra-Tal direkt ins Tafilalet reisen will, ohne etwa von Zagora nach Ouarzazate zurückzufahren, ist auf die Strecke Tansikht–Nekob–Tazzarine–Alnif–Rissani (R 108/N 12) angewiesen, wo kaum Sammeltaxis und Busse verkehren!

Pilgerstätten (etwa Tamegroute), alte Karawanenstationen (etwa Zagora, Mhamid, Rissani, Merzouga) und die Wiege der Alaouiten-Dynastie, die aus dem Tafilalet stammt (Rissani). Die touristischen Infrastrukturen in der Region sind inzwischen hervorragend ausgebaut.

Ouarzazate und das Dra-Tal

Ouarzazate, der Verkehrsknotenpunkt im Stammland der Glaoua-Berber und seit einigen Jahren beliebte Filmkulisse, ist Ausgangspunkt für Erkundungen des Südens von Marokko. Eine Tour entlang des Flusses Dra bis Zagora wird zur Zeitreise in den Orient inklusive Kameltrekking in der Wüste.

Ouarzazate ▸ Q 8

Die Provinzhauptstadt (ca. 150 000 Einwohner) liegt vor dem Panorama des Hohen Atlas auf einem Wüstenplateau in 1160 m Höhe. Das Marktzentrum ist nach Er Rachidia größter Ort der vorsaharischen Oasenketten. Wegen seiner Lage am Zusammenfluss von Dra und Dades bietet Ouarzazate einen günstigen Ausgangspunkt für Touren in beide Flusstäler sowie ins Tafilalet.

Der rapide Aufschwung, den die Stadt in den letzten Jahren genommen hat, beruht besonders auf der Entwicklung des organisierten Tourismus in Süd- und Südostmarokko. In Ouarzazate kreuzen sich die Verkehrswege zwischen Agadir und Er Rachidia sowie zwischen Marrakesch und Zagora.

1928 als Garnison der französischen Fremdenlegion gegründet, hat Ouarzazate sich zu einem Verwaltungs- und Handelszentrum entwickelt (Herstellung von Keramik, Schmuck und Teppichen, So und Do Markt). Der Ortskern, von der Avenue Mohamed V durchquert, ist ohne jede Sehenswürdigkeit. Im Osten von Ouarzazate, auf einem Höhenzug, der spitzwinklig auf die Hauptstraße zuläuft, befindet sich das Touristenzentrum.

Kasbah Taourirt 1

tgl. 8–17 Uhr, 20 DH

Etwa 1 km südöstlich des Ortes, an der Straße nach Er Rachidia, liegt die Kasbah Taourirt, eine ehemalige Residenz des berühmten Berberfürsten El Glaoui. Was nachts einer scheußlich angestrahlten Disneyland-Imitation gleicht, entpuppt sich am Tage als wuchtiger, verschachtelter Wohnburgkomplex, der noch heute teilweise bewohnt ist.

Die Kasbah, die früher eine eigene, abgeteilte Mellah enthielt, gehört zu den größten des Landes. Zu besichtigen ist nur ein kleiner Trakt der mächtigen Festung von El Glaoui – ein paar Privaträume mit ausgemalten Stuckverzierungen und herrlichen Ausblicken aus vergitterten Fenstern. Im Eingangshof steht die Essener Krupp-Kanone Nr. 3 aus dem Jahr 1884, ein Geschenk des marokkanischen Sultans an einen der Glaoua-Fürsten. Gegenüber der Kasbah befindet sich der stark touristisch geprägte Centre Artisanal.

Musée du cinéma 2

gegenüber der Kasbah Taourirt, Mo–Do, Sa/So 8–17.30, Fr 8–12.15, 13.30–18.30 Uhr, 30 DH

Ouarzazate hat seit den 1990er-Jahren einige Bekanntheit als Drehort großer, internationaler Filmproduktionen gewonnen. Das städtische **Film-**

Ouarzazate

Sehenswert
1 Kasbah Taourirt
2 Musée du cinéma
3 Atlas-Filmstudios
4 Ait Benhaddou

Übernachten
1 Le Berbère Palace
2 Kenzi Azghor
3 Hôtel Ouarzazate Le Riad
4 Kasbah Dar Daïf
5 Hôtel Karam Palace
6 Hôtel La Perle du Sud
7 Hôtel Club Hanane
8 Hôtel Le Zat
9 Les Jardins de Ouarzazate
10 Hôtel Palmeraie
11 Hôtel La Gazelle
12 Hôtel L'Oasis
13 Hôtel Zahir
14 Bab Sahara
15 Camping municipal

Essen & Trinken
1 La Datte d'Or
2 Chez Dimitri
3 Chez Nabil
4 Aux Délices
5 Complexe Le Ouarzazate

Einkaufen
1 Ensemble artisanal
2 Supermarkt Dimitri

museum spiegelt diesen Aufschwung mit einer Ausstellung von Kulissen, Kostümen, Requisiten und Dekors, die etwa beim Dreh monumentaler Antiken- und Bibelfilme vor Ort verwendet wurden. Für den Cineasten interessanter ist aber vermutlich der letzte, große Saal des Ausstellungsparcours. Hier werden etliche seltene, hochinteressante Exponate aus der Geschichte der Cinematografie seit den 1880er-Jahren präsentiert. Es gibt eine Sammlung von 8-, 16- und 35-mm-Kameras, darunter manche der legendären Arriflex-Kameras aus deutscher Produktion. Komplette Schneidetische sind hier aufgebaut, Spezialscheinwerfer, Objektive und Tonaufnahmegeräte, Kamerawagen (Dollys) und Projektoren, Filmrollen und Filmspulen.

Das Ganze ist mindestens ebenso sehenswert wie die **Atlas-Filmstudios** 3 im Stadtteil Tamassinte (5 km Richtung Marrakesch; s. Entdeckungstour S. 200).

Ait Benhaddou 4

N 9 Richtung Marrakesch, nach 20 km Abzweigung nach rechts auf die Stichstraße Route 6803, dann noch etwa 10 km

Ein lohnender Ausflug führt zum imponierenden Kasbahkomplex Ait Benhaddou, 30 km nordwestlich von Ouarzazate; s. Entdeckungstour S. 204.

Übernachten

Erstes Haus am Platz – **Le Berbère Palace** 1: Al Mansour Eddahbi, Tel. 0524 88 31 05, www.hotel-berberepalace.com, DZ 2800 DH, Nebensaison um 1600 DH. Ein 230-Zimmer-Komplex im Kasbahstil (Bungalows), Pool, Sauna, Hamam, diverse Spezialitätenrestaurants, Konferenzzentrum, Disco.

Vier-Sterne-Komfort – **Kenzi Azghor** 2: Av. Moulay Rachid, Tel. 0524 88 65 01/05, www.kenzi-hotels.com, DZ 760 DH. 110 Zimmer, Pool, Restaurants und Bars, Fitnesszentrum, Miniclub.

Oase der Ruhe – **Hôtel Ouarzazate Le Riad** 3: av. Mohamed V, Tel. 0524 88 33 35, www.hrm.ma, DZ 700 DH. Ruhig gelegenes Mittelklassehotel, Swimmingpool, Sauna, Tennisplätze.

Herzliche Atmosphäre bei ausgewiesenen Kennern der Region – **Kasbah Dar Daïf** 4: s. Mein Tipp S. 202.

Von Reisegruppen bevorzugt – **Hôtel Karam Palace** 5: av. Moulay Rachid, Tel. 0524 88 25 22, www.karampalace.com, DZ 650 DH, DZ/HP 800 DH. Eine architektonisch recht gelungene Anlage, Vier-Sterne-Standard.

Gediegen – **Hôtel La Perle du Sud** 6: 39/40, av. Mohamed V, Tel. 0524 88 86 40/41, http://hotellaperledusud.com, DZ um 600 DH, *tarif promotionnel* 400 DH. Gutes Drei-Sterne-Mittelklassehotel, Restaurant, Pool, Nightclub; faire Preise.

▷ S. 202

Auf Entdeckungstour:
Alles Kulisse – Atlas-Filmstudios

Ouarzazate gilt als das Hollywood Marokkos. Regietitanen wie Ridley Scott und Martin Scorsese haben hier gedreht, aber auch deutsche Regisseure wie Sönke Wortmann, Uli Edel oder Lars Büchel.

Cityplan: S. 198
Atlas Studios 3 **:** Tel. 05 24 88 22 23/12, www.studiosatlas.com, tgl. 8.30–17.30, Sommer bis 19.30 Uhr, vorausgesetzt, auf dem 170 000 m² großen Gelände wird nicht gerade gedreht, Tickets für die geführten Touren (Dauer 1–2 Std.) im Hotel Oscar (gleich am Eingang linker Hand), 50 DH, Kinder 25 DH.
Anfahrt: Stadtbus oder *petit taxi.* Das Gelände liegt etwa 5 km vom Stadtzentrum an der N 9 nach Marrakesch im Stadtteil Tamassinte.

Eine riesige Illusionsmaschinerie

Wer sich auf diesen Parcours begibt, riskiert auf Schritt und Tritt Ent-Täuschung. Kino wird hier auf fast unbarmherzige Art kenntlich als Staffage und Kulisse, als Illusion und optische Täuschung. Das Monumentale dieser Kulissenwelt wird konterkariert durch die Schäbigkeit der Materialien, die hier historische Größe vortäuschen. Überlebensgroße pharaonische Statuen, antike Tempel und Markthallen, mittelalterliches Belagerungsgerät und tibetische Kloster, Mig-Kampfjets und futuristische Rennwagen: Requisiten aus fernen und fernsten Epochen, ein abenteuerlicher Stilmix, aufgeboten für die Ikonen des Kinos von Asterix bis James Bond, von Indiana Jones bis zum Personal der »Star Wars«-Saga. Kulissen für die Traumfabrik aus Plastik und Pappmaché, Sperrholz und Styropor.

Geschichte aus Plastik, Science-Fiction als Computeranimation

1983 von dem umtriebigen marokkanischen Hotelunternehmer Mohamed Belghmi aus der Taufe gehoben, sind die Atlas-Filmstudios heute das mit Abstand größte und bedeutendste Produktionsgelände in Marokko, für die Region Ouarzazate längst ein Wirtschaftsfaktor ersten Ranges. Immer mehr internationale Produktionen entstanden hier, darunter etliche echte Blockbuster des amerikanischen Mainstream. Bibel- und Antikenfilme sind hier in Serie produziert worden, Kinoerfolge à la »Kundun«, »Gladiator« oder »Auf der Jagd nach dem Juwel vom Nil«, aber auch ambitionierte Autorenfilme wie Scorseses »Die letzte Versuchung Christi« oder Bertoluccis »Himmel über der Wüste« nach der Romanvorlage von Paul Bowles.

Der Besucher wird, womöglich mehr und mehr ernüchtert, feststellen müssen, dass kaum ein hier – oft in entscheidenden Sequenzen – gedrehter Film auch nur das Geringste mit Marokko zu tun hat. Was die Atlas Studios als Filmset bieten, ist Illusionszauber und cineastische Trickkiste, inszenierte Exotik und archaische Landschaft als Fototapete.

Wenn es denn stimmt, dass Uli Edel eine der Schlüsselszenen aus dem »Baader-Meinhof-Komplex« – die Ausbildung der Terroristen in einem Camp im Jemen – hier in den Atlas Studios gedreht hat, dann wäre man unvermutet ausgerechnet an diesem Ort der ins Bild gesetzten Illusionen mit einer Urszene deutscher Wirklichkeit und deutscher Geschichte konfrontiert. Auch weitere deutsche Produktionen, wie Passagen von Sönke Wortmanns »Päpstin« und Lars Büchels »Lippels Traum«, sind hier in Ouarzazate entstanden.

Eine Zeitreise eigener Art

Nicht zuletzt begibt sich der Besucher, der durch diese Filmsets flaniert, auf eine bizarre Zeitreise. Sie führt in eine biblisch-antike Vergangenheit, in der Accessoires einer futuristischen Science-Fiction wie seltsam deplatzierte Möbelstücke die Szenerie ironisch brechen. Zu besichtigen ist das Dekor weit entfernter Epochen auf einer imaginären Zeitachse – die Realität des Hier und Jetzt ist für dieses Kino der Beschwörung eine einzige Leerstelle, ein blinder Fleck.

Wenn der Eindruck nicht täuscht, erleben vor allem Kinder das Areal der Atlas Filmstudios als eine Art cineastischen Abenteuerspielplatz, in Tuchfühlung mit jener (Film-)Welt, in der etwa Asterix und Obelix ihre »Mission Kleopatra« zu erfüllen hatten. (Vor einem möglichen Besuch sollte man sich erkundigen, ob gerade ein Film gedreht wird.)

Mein Tipp

Herzliche Atmosphäre bei ausgewiesenen Kennern der Region
Wer den Hinweistäfelchen folgt, landet nach etwas holpriger Anfahrt im Kasbahhotel Dar Daïf (Stadtteil Talmasla), etwa 5 km vom Stadtzentrum entfernt. Dar Daïf entpuppt sich als verschachtelter, zum Hotel aus- und umgebauter Kasbahkomplex mit Zimmern und Suiten, Terrassen und Gärten, Schwimmbad, Hammam und Bibliothek, exzellenter Küche, familiärer Atmosphäre und dem Charme aufrichtiger Herzlichkeit. Die Inhaber Zineb und Jean-Pierre Datcharry (er wüstenerprobter Franzose, sie Berberin aus dem Atlas) sind Kenner und Liebhaber der Region und ihrer Traditionen. Die von ihnen organisierten Exkursionen (Informationen unter www.desert-montagne.ma) sind Erkundungen ins Herz eines berberisch geprägten, traditionellen Südmarokko – und damit immer auch Begegnungen mit sich selbst.
Kasbah Dar Daïf 4: Tel. 0524 85 42 32, www.dardaif.ma, DZ/ÜF je nach Größe 480–880 DH, Suiten/ÜF 1300–1800 DH, *menu gastronomique* 220 DH, *menu voyageur* 150 DH.

Clubhotel – **Hôtel Club Hanane 7**: av. Erraha, Tel. 0524 88 25 55, www.clubhanane.com, DZ 550–650 DH, mit Halbpension 650–750 DH. Gediegenes Clubhotel, geräumige Zimmer mit Sitzecken, zehn Suiten, Pizzeria, Pool, Disco.
Behindertengerechte Anlage – **Hôtel Le Zat 8**: Quartier Ait Kdif (N 10 Richtung Er Rachidia, etwa 2 km hinter der Kasbah Taourirt rechts abbiegen), Tel. 0524 88 25 21, www.hrm.ma, DZ um 550 DH. 58-Zimmer-Anlage auch für Reisende mit Handicap, sehr ruhige Lage, Restaurant, Bar, Pool, gutes Preis-Leistungs-Verhältnis.
Viel Hotel fürs Geld – **Les Jardins de Ouarzazate 9**: Quartier Tabounte, Route de Zagora, Tel. 0524 85 42 00, www.hotel-les-jardins-de-ouarzazate.com, DZ 500 DH mit Halbpension. 30 gut ausgestattete Zimmer, vier Bungalows am Pool, Restaurant.
Kasbahanlage – **Hôtel Palmeraie 10**: av. Al Maghreb Al Arabi, Tel. 0524 88 72 92/93, www.ouarzazate.com/hotelpalmeraie, DZ 400 DH. In mehrere seperate Kasbahkomplexe gegliederte Anlage, Pool.
Eine Art Motel – **Hôtel La Gazelle 11**: av. Mohamed V, von Marrakesch kommend, gleich links am Ortseingang, Tel. 0524 88 21 51, gazelle.ozte@gmail.com, DZ 180 DH.

Weitere Mittelklassehotels – Südlich des Oued Ouarzazate in den Quartieren Tabounte, Tiguemi Lajdid/Tarmigte an der N 9 Richtung Zagora liegen weitere Hotels, deren DZ um 300–500 DH kosten.
Hôtel Nadia, km 1, Route de Zagora, Tel. 0524 85 49 40, http://ouarzazate-hotel-nadia.jimdo.com, DZ/ÜF 375 DH; **Hôtel Zaghro,** km 1,5, Route de Zagora, Tel. 0524 85 41 35, www.hotel-zaghro.com, DZ/ÜF 250–300 DH; **Hôtel Mabrouka,** km 2, Route de Zagora, Tel. 0524 85 48 61, DZ 300–550 DH; **Hôtel-Restaurant Drâa,** km 2, Route de Zagora, Tel. 0524 85 47 61.

Nicht klassifizierte Hotels – Mindestens ein Dutzend nicht klassifizierter Hotels im Preissegment zwischen 100 und 200 DH liegen im Stadtzentrum. Einfache ordentliche Hotels sind **Hôtel L'Oasis** 12: Av. Al Maghreb Al Arabi, schräg gegenüber vom Hotel La Palmeraie, Tel. 0524 88 66 56. DZ um 200 DH; **Hôtel Zahir** 13: Av. Al Mouahidine, Tel. 0524 88 57 40, einfache Ausstattung; **Bab Sahara** 14: Place Al Mouahidine, Stadtzentrum, Tel. 0524 88 47 22, bietet möblierte Zwei- und Drei-Zimmer-Apartments mit Küche und Bad für 300–400 DH/Tag, um 1500–1700 DH/Woche, DZ 250–300 DH – eine Alternative für Selbstversorger und Familien mit (kleinen) Kindern.

Camping – **Camping municipal** 15: rue Ait Kdif, Quartier Sidi Daoud, hinter der KasbahTaourirt in Richtung Tinerhir/Er Rachidia, Tel. 0524 88 40 26, http://camping-ouarzazate.jimdo.com.

Essen & Trinken

Marokkanische Gerichte – **La Datte d'Or** 1: av. Moulay Rachid, Tel. 0524 88 71 17, Menüs 100–160 DH. Geflügel, *tajines*, *brochettes*, Couscous.

Klassiker – **Chez Dimitri** 2: 22, av. Mohamed V, Tel. 0524 88 73 46tgl. bis 22/23 Uhr, 100–140 DH. Traditionslokal von 1928, wo man Salate, *grillades* und *tajines* bekommt.

Preiswert – **Chez Nabil** 3: av. Moulay Rachid (gegenüber Banque populaire), Tel. 0524 88 45 45. *Tajines* um 50 DH, diverse Fleischgerichte 50–70 DH.

Süße Köstlichkeiten – **Aux Délices** 4: 7, av. Moulay Rachid, Tel. 0524 88 28 29. Café mit reichhaltigem Angebot an Kuchen und Torten, hauseigene Bäckerei.

Stilvoll – **Complexe Le Ouarzazate** 5: rue Ait Kdif, Quartier Sidi Daoud, neben dem Campingplatz, Tel. 0524 88 31 10, tgl. mittags und abends. Etwas abseits des Stadtzentrums ruhig gelegen, großer Pool, wird häufig von Reisegruppen angesteuert. À-la-carte-Menüs 130–150 DH.

Einkaufen

Vor allem Teppiche – **Souk** und **Ensemble artisanal** 1: gegenüber der Kasbah Taourirt, zielen hinsichtlich Angebot und Preisvorstellungen arg auf Geschmack und Kaufkraft von Pauschaltouristen.

Allrounder – **Supermarkt Dimitri** 2: av. Mohamed V, gegenüber Restaurant Chez Dimitri, gut sortiertes Angebot, imponierendes Alkohollager, wichtige Versorgungsstation für den Verwaltungsdistrikt.

Abends & Nachts

Ouarzazate hat in seiner touristischen Bedeutung einen rapiden Aufschwung genommen – als Ausgangspunkt für organisierte Exkursionen und als Basislager für etliche Filmteams, die in der Region drehen. Insofern verzeichnet die Stadt in Ansätzen ein Nachtleben, das sich freilich auf die Diskotheken und Bars der gehobenen Hotels konzentriert.

Infos

Infos

www.ouarzazate.com: Infos zu Stadt und Umland.

Délégation du Tourisme: av. Mohamed V (Nähe Hauptpost), Tel. 0524 88 24 85, dtouarzazate@yahoo.fr, Mo–Fr 8.30–16.30 Uhr. Reichhaltiges, aktuelles Informationsmaterial zu Hotels, Restaurants, Campingplätzen, aktueller Stadtplan; seit Jahren eines der besten Fremdenverkehrsämter Marokkos. ▷ S. 207

Auf Entdeckungstour: Mahnmal der Vergangenheit – Ait Benhaddou

Seit 1987 auf der UNESCO-Liste des schützenswerten Weltkulturerbes, ist Ait Benhaddou, der wohl spektakulärste Kasbahkomplex im südlichen Marokko, eine touristische Hauptattraktion und ein äußerst beliebtes Fotomotiv.

Reisekarte: ▶ P/Q 8
Cityplan: S. 198

Dauer: ca. ein halber Tag
Planung: Man sollte versuchen, schon am Morgen oder am frühen Vormittag einzutreffen – bevor das Gros der Reisebusse hier landet.

Anfahrt: Von Ouarzazate fährt man auf der N 9 in Richtung Marrakesch und biegt nach etwa 30 km rechts auf eine asphaltierte Stichstraße ab. Nach weiteren etwa 10 km ist Ait Benhaddou erreicht; von Marrakesch kommend, s. Panoramatour von Telouet nach Ait Benhaddou S. 190.

Vor Ort: In **Ait Benhaddou** 4 selbst ist 2011 eine kleine Brücke über den Asif Mellah gebaut worden, sodass man jetzt endlich auch bei starker Wasserführung des Flusses trockenen Fußes zum Kasbahkomplex gelangt und das bisherige Gefeilsche mit den selbsternannten Fremdenführern weitgehend entfällt.

Festung aus Lehm

Eine Kulisse wie aus biblischen Zeiten, überwölbt von den Resten einer Festung, gelagert auf die Flanke eines Hügels, vor dem Panorama der schneebedeckten Gipfelketten des Hohen Atlas – der gewaltige Komplex sieht aus, als wäre er an einem einzigen Tag aus Lehm gebacken und in diesen Abhang hineingeklebt worden. Abweisend nach außen, ein trutziges Zeugnis vergangener Macht, ein Relikt aus jener Zeit, als die mächtigen *caids* der Berberstämme den Süden Marokkos fast wie souveräne Fürsten beherrschten. Wie alle Kasbahs im Süden des Landes ist Ait Benhaddou aus Stampflehm gebaut, in dessen breiige Masse etwas Maisstroh eingeschnitten wurde – ein Baumaterial, das in der Sonne schnell zu extremer Härte trocknet. Und zugleich eine Substanz, die in fatalem Ausmaß witterungsanfällig ist. Durch die Regengüsse, die zwar selten, dann aber wie Blei auf das Land niederprasseln, weicht das Gemäuer auf und fällt in schlammigen Placken auseinander. Weshalb denn auch nach jeder dieser Regenperioden umfangreiche Ausbesserungen und Renovierungen an den Festungsanlagen nötig sind.

Fluchtburg und Herrensitz

Ait Benhaddou hat im Laufe der Jahre schwer gelitten, aber noch in diesem heruntergekommenen Zustand vermittelt die weitläufige Anlage einen imponierenden Eindruck. Fluchtburg und Herrensitz, Festung und Gemeinschaftsspeicher, Sippenwohnung und Machtzentrum: Die Kasbah, in den arabischen Städten eine reine Festung, erfüllt in den von Berbern besiedelten Regionen Südmarokkos, besonders im Dra- und Dades-Tal, höchst unterschiedliche Funktionen, den Burgen des europäischen Mittelalters durchaus vergleichbar. In Ait Benhaddou sind gleich sechs, sieben solcher Kasbahs zu einer einzigen ummauerten Wohnburg verschmolzen, in der noch heute – wenn auch wenige – Menschen leben.

Die architektonische Anlage der südmarokkanischen Lehmburgen bleibt, allenfalls in Details variiert, im Grundriss immer gleich. Ein mehrstöckiger, in den unteren Geschossen meist fensterloser Zentralbau wird von vier hoch aufragenden, sich nach oben verjüngenden, oft zinnenbewehrten Ecktürmen eingefasst. Diese Agadire genannten Ecktürme wurden als Speichersilos genutzt, in deren abgeteilten Kammern die Familien des Clans ihre Obst- und Getreideernte lagerten. Noch heute sind in Ait Benhaddou die ausgeklügelten hölzernen Zapfenschlösser zu sehen, mit denen die Vorratslager verriegelt werden konnten. Die Agadire weisen in ihrem oberen Drittel reichhaltigen geometrischen Flächendekor auf, in die Lehmfassaden eingeritzt oder mit luftgetrockneten Lehmziegeln in die Außenmauern eingearbeitet. Die Ornamente sollen böse Geister abweh-

ren und die *baraka,* die heilige Kraft, eine ungreifbare spirituelle Energie, an das jeweilige Gebäude binden.

Architektonische Anlage

Das Hauptgebäude der Kasbah umschließt in der Regel einen Innenhof. In den ebenerdigen Trakten befinden sich die Stallungen für Ziegen und Schafe. Die Wohn- und Schlafräume in den oberen Stockwerken erreicht man über eine Treppe in einem der Ecktürme. Aus den vergitterten Fensterchen der nur spärlich eingerichteten Wohnräume – das Mobiliar besteht meistens aus ein paar Truhen, einigen Decken, Matten und Polstern – bietet sich oft ein überwältigender Ausblick, so etwa im Wohntrakt der bei Ouarzazate gelegenen Glaoua-Kasbah Taourirt.

Die auffälligen, in regelmäßigen Abständen auftretenden Löcher in den Fassaden sind – entgegen dem Augenschein – keine Verzierung. Beim Hochziehen der Lehmmauern benutzt man kastenförmige, oben und unten offene Verschalungen, die auf quergelegte Rundhölzer aufgesetzt werden. Nach dem Trocknen der Lehmmassen werden die Verschalungen entfernt, die Rundhölzer werden aus dem Gemäuer gezogen und auf dem fertigen Mauerstück erneut als Unterlage verwendet. Roh behauene Balken, auf die ein Rohrgeflecht im Fischgrätmuster aufgelegt wird, tragen die Zwischendecken. Die hohen Lehmmauern, die das Areal der Kasbah nach außen abschließen, unterstreichen den Festungscharakter dieser Siedlungsform.

Aura des Verfalls

Der Verfall scheint in Ait Benhaddou unausweichlich. Ganze Gebäude sind eingestürzt, Decken eingefallen, Gesimse zerbröckelt, etliche Trägerkonstruktionen sind morsch, Durchgänge zugeschüttet. Die bis zu 25 m hohen Agadire verrotten, längst hat der Regen ihre Ornamente ausgewaschen. Es ist freilich nicht allein die Witterung, die den Kasbahs hart zusetzt. Viele Bewohner haben diesen klimatisch extremen Teil des Landes in den letzten Jahren verlassen, sind von ihren Burgen in die großen Städte gezogen. Die sozialen Bindungen innerhalb des Clans und des Stammes, die in der Kasbah einst eine Art architektonische Entsprechung fanden, haben sich inzwischen gelockert, wenn nicht aufgelöst.

Die Ära, in der die Kasbah, Sippenwohnung und Fluchtburg in einem, als Refugium vor Angriffen rivalisierender Berberstämme oder dreisten Attacken von Nomaden diente – diese Ära ist mit der Unabhängigkeit des modernen Marokko unwiderruflich dahin. Menschen, Vieh und Ernten müssen in den Trutzburgen der Kasbahs nicht länger gegen beutegierige Feinde verteidigt werden. Die neue Zeit eines zentralistisch gelenkten, modernen Nationalstaats, der sein Gewaltmonopol auch in den entlegensten Regionen durchzusetzen vermag, hat den einst hoheitlich-souveränen Berber-Kasbahs ihre historischen Funktionen ein für allemal genommen – auch in Ait Benhaddou.

Gegen den Verfall typisch berberischer Siedlungsformen wie Kasbah und Ksar sowie gegen den Verlust spezifisch berberischer Überlieferung im südlichen Marokko formieren sich inzwischen lokale Bürgerinitiativen wie überregionale Stiftungen. Im **Ksar El Khorbat** bei Tinejdad (▶ S 7) ist so auf der Basis privaten Engagements das ausgezeichnete Musée des Oasis (Tel. 0535 88 03 55, www.elkhorbat.com, tgl. 9–21 Uhr, 20 DH) entstanden.

Conseil provincial de Tourisme C.P.T.: Quartier Mansour Eddahbi, Tel. 0524 88 23 66, cpt.ouarzazate@menara.ma. Weitere Informationen auch unter www.ouarzazate.com.

Verkehr

Flugzeug: Der **Flughafen** (Tel. 0524 88 23 83) liegt etwa 3 km außerhalb des Zentrums (erreichbar über die Av. Mohamed VI). Inlandsflüge nach Marrakesch (überwältigendes Panorama bei klarer Sicht!), Agadir und Casablanca; derzeit keine Direktflüge von/nach Deutschland. **Royal Air Maroc:** Ecke Av. Mohamed V/Av. Mohamed VI, Tel. 0524 88 51 02.

Bus: Der **Busbahnhof** liegt etwa 1,5 km westlich des Zentrums im Stadtteil Douar Chems in der Nähe des Kongresspalastes. Tgl. Verbindungen nach Marrakesch, Tinerhir–Er Rachidia; zudem gute Verbindungen nach Tazenakht–Taroudannt–Agadir, nach Zagora (CTM-Bus bis Mhamid) und nach Marrakesch–Casablanca. Die **CTM** (Tel. 0524 88 24 27) unterhält Ticketschalter sowohl am Busbahnhof als auch im Stadtzentrum (Av. Mohamed V, nahe Hauptpost).

Taxi: Sammeltaxis nach Marrakesch, Zagora und Richtung Er Rachidia starten vom großen Platz hinter dem Busbahnhof. **Tarif für die Stadttaxis:** tagsüber 4, nachts 5 DH (keine Taxameter).

Leihwagen: Etliche **Mietwagenagenturen** vor allem an der Av. Mohamed V und der Place du 3 Mars im Zentrum. Die gerade in Ouarzazate harte Konkurrenz vor Ort sollte man, zumal in der Nebensaison, bei den Preisverhandlungen unbedingt nutzen.

Oasen im Dra-Tal ! ▸ R 9

Südöstlich von Ouarzazate hat sich der Oued Dra ein tief eingeschnittenes Tal durch das nahezu vegetationslose Gebirgsmassiv des Djebel Sarhro gegraben. Zwischen Agdz und Zagora bewässert der Fluss eine dichte Kette von Dattelpalmenoasen. Das Dra-Tal (Vallée de Drâa) verengt sich in diesem Abschnitt immer wieder zu zerklüfteten Schluchten, weitet sich dann wieder zu ausgedehnten Hochebenen. Ein fast lückenloses Palmenband säumt den mäandernden Flusslauf, Oase reiht sich an Oase, die einzelnen Kasbahs (besonders eindrucksvoll: Tamnougalt, Tansikht, Dar Caid el Arabi, Timasla, Tinzouline, Benizouli, Asrir) sind wie an einer Perlenschnur aufgereiht.

Typische Siedlungsform in dieser Region ist das von einer trutzigen Mauer umfasste, von einer Kasbah beherrschte, befestigte Dorf *(ksar;* s. Mein Tipp S. 231), in dem oft mehrere Hundert Menschen leben. Charakteristisch sind die ockerfarbenen, aus Lehmziegeln und sonnengehärteter Stampferde gebauten Häuser am Flussufer, umgeben von dichten Palmenhainen.

Das Dra-Tal, vornehmlich der Abschnitt zwischen Agdz und Zagora, gehört zu den eindrucksvollsten Landschaften Südmarokkos. Den Südrand der Dra-Oasen markieren die Orte Tagounite und Mhamid. Nur nach starken Regenfällen führt der Fluss hier noch Wasser, und nur ganz selten hat der Dra in den letzten Jahren seine Mündung in den Atlantik, etwa 30 km nördlich von Tan Tan (▶ K 11), erreicht.

Agdz ▸ Q 8

Der ehemalige französische Garnisonsort (ca. 5000 Einwohner) liegt am Fuße des 1531 m hohen Djebel Kissane, am Ausgang des Wüstentals

Lieblingsort

Das Dra-Tal zwischen Agdz und Zagora ► R 9

Auf einer Strecke von etwa hundert Kilometern bewässert der Oued Dra eine der größten Flussoasen der Welt. Dieser Abschnitt gehört zu den grandiosesten Landschaften im südlichen Marokko: ein grünes Palmenband entlang des mäandernden Flusslaufs, hoch aufragende Kasbahs (einige noch bewohnt und zu besichtigen), Dörfer aus Lehmgehöften, am Horizont die Plateauabbrüche und Gebirgsflanken des Djebel Sarhro. Eine Morgenlandfantasie!

des Khaneg Taghia, des Dra-Durchbruchs im Djebel-Sarhro-Massiv. Ein rechteckiger Platz mit Springbrunnen markiert das moderne Ortszentrum, gesäumt von zahlreichen Arkadenläden. Agdz ist ein verschlafenes Straßendorf oberhalb einer ausgedehnten Dattelpalmenoase am Dra-Ufer. Donnerstags findet ein Markt mit reichhaltigem Teppichangebot statt. In der Umgebung von Agdz gibt es etliche sehenswerte Kasbahs.

Übernachten

Preiswert – **Hôtel Kissane:** Av. Mohamed V, von Ouarzazate kommend am Ortseingang rechts, Tel. 0524 84 30 44, Fax 0524 84 32 58, DZ 230 DH, Halbpension 250 DH/Person. Einziges klassifiziertes Hotel im Ort, früher empfehlenswert, derzeit allerdings renovierungsbedürftig; gutes Restaurant.

Weitere unklassifizierte Hotels – Weitere nicht klassifizierte Unterkünfte liegen in der Ortsmitte: **Hotel Dra** und **Hotel Les Palmiers.**

Camping – **Camping Kasbah Palmeraie:** ca. 2 km vom Ortszentrum beim Hôtel Ryad Casbah Caïd Ali, Tel. 0524 84 36 40, www.casbah-caidali.net/camping-kasbah-palmeraie.html. Sehr schön in einem Palmenhain gelegen, unmittelbar bei der Kasbah (Ali) Asslim.

Infos

Auto: über die N 9, 68 km südöstlich von Ouarzazate.

Bus: tgl. mehrere Verbindungen vom Hauptplatz in der Ortsmitte nach Ouarzazate und Zagora. Die Busse, die in Agdz halten, sind häufig bis zum letzten Platz besetzt – gegebenenfalls auf eines der **Sammeltaxis** ausweichen, die wie die Busse vom Hauptplatz starten.

Zagora ▶ R 9

Sehr schön am Dra-Ufer in einer Dattelpalmenoase gelegen, ist Zagora (etwa 25 000 Einwohner) heute vornehmlich Marktort (Markt Mi, So), Töpfereizentrum und Militärstützpunkt. Ein dichter Palmengürtel säumt den schmalen Streifen landwirtschaftlicher Nutzfläche mit Mandel-, Aprikosen- und Ölbaumkulturen. Zum Flussufer hin stehen viele Ksar-ähnliche Behausungen. Die topografischen Achsen im Ortskern werden von den etwa parallel zum Dra laufenden Avenuen Mohamed V und Hassan II markiert. Zagora ist eine Provinzhauptstadt ohne nennenswerte Sehenswürdigkeiten, mit einer etwas zu groß dimensionierten, wie übergestülpt wirkenden touristischen Infrastruktur (einige große Luxushotels, die im Winter nahezu leer stehen). »Timbuktu 52 Tage«: Das Hinweisschild am Ortsausgang ist Zeugnis der längst versunkenen, legendären Ära der Transsahara-Karawanen.

Wenn der Eindruck nicht täuscht, ist die Zeit, als Zagora für Reisende vornehmlich eine Endstation markierte, eine Art militärischer Vorposten vor den Weiten der Wüste, passé. Als Ausgangspunkt für Reisende, die von Zagora ein Kameltrekking starten, per Landrover die Dünengebiete der Region (Tinfou, Chagaga, Erg Lihoudi) erkunden oder mit eigenen Fahrzeugen die Pisten Richtung Foum Zguid in Angriff nehmen, hat die Stadt enorm an Bedeutung gewonnen. Angeheizt noch durch eine besondere lokale Konkurrenz zwischen alteingesessenen, als Hoteliers und *tour-operateurs* tätigen Familien, könnte die Entwicklung vor Ort in einem touristischen Boom gipfeln. In dieses Bild passt der Bau eines Flugplatzes etwa 7 km vom Stadtzentrum entfernt, der von Casablanca aus angeflogen wird (aktuelle Infos unter www.royalairmaroc.com).

Gegenüber von Zagora, am nördlichen Dra-Ufer, erhebt sich der 974 m hohe Djebel Zagora mit den **Ruinen einer almoravidischen Festung** aus dem 11. Jh. In der Nähe des Berges liegt der sehenswerte **Ksar Amazraou**, bekannt für die Herstellung von Silberschmuck.

Übernachten

Hotels

Vier-Sterne-Standard – **Hôtel Riad Salam:** Av. Mohamed V, von Agdz kommend am Ortseingang links, Tel. 0524 84 74 00, www.hrm.ma, DZ 900 DH, *tarif promotionnel* um 500 DH. 120-Zimmer-Haus mit Restaurant, Pool, Wellness, Solarium, Sauna und Läden.

Weitläufig – **Palais Asmaa:** Amazraou, Tel. 0524 84 75 55, www.asmaa-zagora.com, DZ 600–800 DH, *tarif promotionnel* um 450 DH. 90 Zimmer in einem recht protzigen Kasbahneubau, Vier-Sterne-Standard, Folkloreabende.

Wüstenhotel und Observatorium – **SaharaSky:** s. Lieblingsort S. 212.

Verblichene Tradition – **Hôtel Ksar Tinsouline:** Av. Hassan II, Tel. 0524 84 72 52, www.ksar-tinsouline.ma, DZ 530 DH. 1948 erbautes Traditionshotel von verblichenem Charme, geräumige Zimmer, Restaurant, Pool. Wirkte zuletzt abgewohnt und renovierungsbedürftig, Pool soll neu gekachelt werden.

Deutsch-marokkanische Leitung – **Hôtel Ryad Le Sauvage Noble:** von Agdz kommend am Ortseingang links, ausgeschildert, Tel. 0524 83 80 72, 0661 34 84 13, www.renard-bleu-touareg.org, Mitte Juni–Ende Aug. geschl., DZ 540–760 DH. 16 sehr schön eingerichtete Zimmer, Tadelakt-Bäder, Panoramaterrasse mit Ausblick über die *palmeraie.*

Renovierter Klassiker – **Fibule du Drâa:** Etwa 600 m hinter der Dra-Brücke rechter Hand, Tel. 0524 84 73 18, www.casbah-fibule.com, DZ um 500 DH. 24 Zimmer um einen palmengesäumten Innenhof, Pool, gutes Restaurant, Bar, kompetente Beratung für Exkursionen.

Eingezwängt – **Kasbah Sirocco:** Amazraou, neben dem Palais Asmaa, Tel. 0524 84 61 25, www.riad-sirocco.com, DZ/ÜF um 650 DH, DZ/ÜF um 900 DH, während des Ramadan geschlossen. 20-Zimmer-Hotel im Kasbahstil mit Restaurant und Pool. Das Hotel, ausgezeichnet geführt, hat durch seine beengte Lage zwischen Villa Zagora und Palais Asmaa leider an Atmosphäre verloren.

Etwas abseits – **La Perle du Drâa:** Etwa 5 km außerhalb in Richtung Tamegroute, Tel. 0524 84 62 10, www.perledudraa.ma, DZ 460–550 DH. 35-Zimmer-Hotel im Kasbahstil, Restaurant, Pool, Exkursionsangebote.

Klassisches Kasbahhotel – **Kasbah Asmaa:** Etwa 300 m hinter der Dra-Brücke linker Hand, Tel. 0524 84 72 41, www.asmaa-zagora.com, DZ/HP 500 DH. Architektonisch sehr gelungenes 35-Zimmer-Hotel in großer Gartenanlage mit Nomadenzelten, Pavillon und Pool, gutes Restaurant, Exkursionsangebote.

Einfach – **Hôtel Ternata:** Av. Mohamed V (in der Nähe des Riad Salam), Tel. 0524 84 69 69, ternata_zagora@yahoo.fr, DZ 220 DH. 40-Zimmer-Haus mit Restaurant, Panoramaterrasse, Pool, die Bar ist allerdings ein eher dubioser Trinkertreff.

Preiswert – **Hôtel la Palmeraie:** Av. Mohamed V, direkt beim Timbuktuschild, Tel. 0524 84 70 08, www.hotellapalmeraie.com, DZ 210 DH mit Frühstück, Halbpension 180–200 DH/Person. Diese Unterkunft hat ein ausgezeichnetes Restaurant, Bar, Pool und bietet in der Kategorie der einfachen Hotels das beste Preis-Leistungs-Verhältnis in Zagora. Angebot von Wüstenexkursionen.

Lieblingsort

Wüstenhotel und Observatorium – SaharaSky ▶ R 9
Viele Hotels in Südmarokko heißen Wüstenhotel, dieses hier ist wirklich eins. In der Nähe von Tinfou, ca. 7 km hinter Tamegroute, tauchen linker Hand der N 9 die ersten Dünenzüge auf. Genau hier, mit dem richtigen Instinkt für die exponierte Lage, hat der deutsche Patron sein Kasbahhotel SaharaSky gebaut. Auf der Dachterrasse befindet sich das vermutlich einzige private Observatorium Marokkos: Der nächtliche Wüstenhimmel kann hier, ohne Streulicht und Luftverschmutzung, beim Betrachter eine Art existenziellen Schauer auslösen. Alles, was man bisher über Raum und Zeit zu wissen glaubte, ist hinfällig und gilt nicht mehr.

SaharaSky: Zagora, Tel. 0524 84 85 62, www.saharasky.com, Komfort DZ/ÜF 67 €; Komfort DZ/HP 90 €; Eco DZ/HP 75 €; Minisuite DZ/HP 100 € pro Pers./Nacht; **Observatorium** für Hotelgäste 100 DH, für Nicht-Gäste 250 DH mit Abendessen.

Mein Tipp

Wüstenfeeling erleben
In Südmarokko wird das Etikett Sahara besonders oft bei der Namensgebung von Hotels, Restaurants oder Reiseagenturen bemüht. Dabei ist Marokko alles andere als ein klassisches Wüstenland mit jenen Attributen, die der Begriff Wüste heraufbeschwört: Treibsand, Dünenkämme, Kamelkarawanen. Wer Wüste als das Faszinosum erleben möchte, das sie ist, sollte auf den viel gepriesenen Sonnenaufgang in den Dünen von Merzouga verzichten. Die Vermarktungsstrategen haben das Ganze mit zahlreichen *auberges* und Büdchen zu einer Disneyland-Wüste zugerichtet. Besucher erleben ›Wüste‹ eher in der Region Zagora/Mhamid: die **Dünen von Tinfou** (▶ R 9) 7 km südlich von Tamegroute als erste Anschauung, der **Erg Lihoudi** (▶ R 10; s. S. 215) 60 km von Tamegroute als Miniaturwüste und der **Erg Chagaga** (▶ Q 10) 120 km von Tamegroute, die höchsten Dünen Marokkos, als ›Wüste für Fortgeschrittene‹.

Günstig – Hotels im Preissegment von 70–120 DH: **Hôtel des Amis,** Av. Mohamed V. **Hôtel Vallée du Drâa,** Av. Mohamed V. **La Rose des Sables,** Av. Allal Ben Abdallah, beim Hôtel Tinsouline, mit Restaurant. **Caravane du Sud,** Amazraou, gegenüber vom Hotel La Fibule du Drâa.
Camping – **Camping Sindibad Zagora,** Eingang rechts vom Hotel Tinsouline, in einem Palmenhain am Dra-Ufer, Tel. 0524 84 75 53, http://camping-sindibad.e-monsite.com. **Camping Les Jardins de Zagora,** http://lesjardins-de-zagora.skyrock.com, Eingang befindet sich links vom Hotel Tinsouline. **Camping d'Amazraou,** Eingang hinter dem Hôtel Fibule du Drâa. **Camping La Montagne,** am Fuß des Djebel Zagora, etwa 3 km vom Ortszentrum, hinter dem Hôtel Fibule Fibule du Drâa nach links. Pool, Kamelausritte.

Riads

Elegant – **Riad Dar Sofian:** Route de Nakhla, Amazraou, Tel. 0524 84 73 19, www.riaddarsofian.com, DZ 880 DH, im Hochsommer etwa 15 % Nachlass. Zehn geschmackvolle Zimmer, zwei Zimmer mit separaten eigenen Dachterrassen, Garten, Pool, Restaurant.
Stilvoll – **Les Jardins du Drâa:** Amazraou, Tel. 0524 84 67 66, www.riadzagora.com, DZ um 700 DH, Suite 850 DH, Abendessen/*dîner* 120 DH. Sieben geräumige Zimmer, Pool, Gratis-Mountainbikes für Hotelgäste.
Unter Palmen – **Villa Zagora:** In der Palmeraie von Amazraou, Tel. 0524 84 60 93, www.mavillaausahara.com, DZ um 800 DH. Ein Riad mit fünf klimatisierten Zimmern, Gartenanlage, Pool.
Gesamtkunstwerk – **Riad Lamane:** Amazraou, Nähe Hôtel Fibule du Drâa, Tel. 0524 84 83 88, www.riadlamane.com, DZ/ÜF 900 DH, DZ/HP 1200 DH. Weitläufige Anlage mit verschiedenen Zimmerkategorien mitten in der Palmenoase von Amazraou, moderne Badarmaturen, gepflegter Garten, Restaurant, Pool, Bar, insgesamt sehr empfehlenswert.
Familiär – **Riad Soleil du Monde:** Amazraou, Tel. 0524 83 82 85, 0661 68 71 31, www.hotelzagora-soleil.com, DZ/ÜF 400 DH. Ein 5-Zimmer-Gästehaus,

sehr schön in der *palmeraie* von Amazraou gelegen, kleiner Pool.

Essen & Trinken

In Zagora isst man am besten in den Restaurants der Hotels.
Bestes Café am Platz – **Café Oscar:** Av. Mohamed V, nahe Busbahnhof.

Einkaufen

Souvenirs – Amazraou ist für seinen **Silberschmuck** bekannt.

Aktiv

Kameltrekking und Wüstenexpeditionen – Auf diesem Markt tummeln sich auch dubiose Amateure, also Vorsicht! Zuverlässige Anbieter und Kenner der Region sind die **Brüder Tizliouine** (Kontakt über die Hotels Tinsouline und La Fibule du Drâa, Zagora), **Fritz Gerd Koring** (Kontakt über das Hotel SaharaSky, Tinfou; s. Lieblingsort S. 212) und **Doris Paulus** (Kontakt über das Hotel Jnane-Dar Dafia, Tamegroute; s. S. 216).

Infos

Infos

C.P.T.: Tel. 0524 84 70 79. Weitere Informationen finden sich unter www.maroc-zagora.com (gute und informative, interaktive Website, Kartenvorlage wie Hotelinfos sind allerdings fehlerhaft).

Verkehr

Flugzeug: Der **Flugplatz von Zagora** (etwa 7 km vom Ortszentrum entfernt) ist inzwischen fertig. 2 x/Woche Flüge nach Casablanca.
Bus: Der neue **Busbahnhof** *(gare routière)* liegt in der ›Nordstadt‹ am Ortseingang (von Agdz kommend) gleich bei der Afriquia-Tankstelle. Tgl. gibt es mehrere Verbindungen nach Agdz und Ouarzazate, einige Busse fahren weiter bis Marrakesch oder Agadir; **CTM-Bus** bis nach Mhamid (CTM-Schalter an der Av. Mohamed V in der Nähe der Post, Tel. 0524 84 73 27), sehr seltene Busverbindung auf der komplett asphaltierten N 12 und der N 13 von Zagora nach Er Rachidia über Tazzarine, Alnif, Rissani und Erfoud.
Sammeltaxi: Vom Sammeltaxistand (Av. Mohamed V, nahe Markthalle und Café Oscar) bedienen Sammeltaxis die Strecke Zagora–Tagounite–Mhamid tagsüber in hoher Frequenz.

Abstecher in den Erg Lihoudi ▸ R 10

Strecke ca. 130 km (Zagora–Erg Lihoudi–Zagora), Dauer 3–4 Std., im Prinzip auch für ungeübte ›Wüsten

Abstecher in den Erg Lihoudi

fahrer‹ geeignet, auch ohne Allradantrieb zu bewältigen
Man verlässt Zagora auf der **N 9** Richtung Tamegroute (s. S. 216, Entdeckungstour S. 218) / Tinfou / Tagounite / Oulad Driss / Mhamid (s. S. 217). Der asphaltierten Straße (N 9) folgt man bis zu dem weißen Schild mit der Aufschrift **»Proludra, Actecdo«,** 18 km vor Mhamid. Dort zweigt man von der N 9 ab und nimmt eine (von Zagora kommend) rechter Hand abführende **Piste.** Der Verlauf der recht guten, nur abschnittsweise versandeten Piste ist deutlich erkennbar: Nach etwa 7 km gelangt man zu den ersten Dünenzügen des **Erg Lihoudi,** eines kleineren Wüstenareals, das sich südwestlich der Djebel-Bani-Ketten erstreckt. Vor Ort sind etliche *khaimas* zu sehen, jene markanten, aus schwarzem Ziegenhaar gefertigten Nomadenzelte. Auch wenn man hier nur kurze Zeit verweilt – als erster Blick auf die Dünen, als erstes ›Schnuppern‹ an der Wüste, die wie keine andere Landschaftsform unsere Zeit- und Raumwahrnehmungen außer Kraft setzt, als erste Ahnung von der Lautlosigkeit der Wüste und ihrer oft barbarischen Schönheit taugt dieser kurze Abstecher in den Erg Lihoudi allemal. Die sichere Hauptstraße verlässt man immerhin nur einige wenige Kilometer.

Tamegroute ▸ R 9

Über eine asphaltierte Piste, auf der auch Kleinbusse und Sammeltaxis verkehren, erreicht man Tamegroute (Sa Markt), ca. 20 km südöstlich von Zagora am nördlichen Dra-Ufer. Sehenswert ist die große **Zaouia** des Nassirya-Ordens, eine bedeutende Wallfahrtsstätte mit Marabout-Heiligtum. Die Bibliothek birgt kostbare arabische Handschriften (s. Entdeckungstour S. 218).

Übernachten

Für Romantiker – **Jnane-Dar Diafa:** direkt bei der Zaouia, Tel. 0524 84 06 22, 0661 34 81 49, www.jnanedar.ch, DZ 170–330 DH. *Auberge* mit Restaurant unter schweizerisch-marokkanischer Leitung, Exkursionsangebote.

Einkaufen

Tamegroute ist für seine **Keramik** bekannt.

Oulad Driss ▸ R 10

Von Zagora führt eine landschaftlich eindrucksvolle Route durch Geröllplateaus, ausgedehnte Palmenhaine und Sanddünen beiderseits der Straße. Eine besonders schöne *ksour*-Siedlung befindet sich bei Oulad Driss, etwa 7 km vor Mhamid. Erstaunlich genug, dass an einem derart abgelegenen Ort ein kleines Heimatmuseum aufgebaut wurde: In der **Maison traditionelle** (Tel. 0524 84 86 91) in der Ortsmitte finden sich Ackergeräte, Hausrat, Trachten, Musikinstrumente, Schmuck und Waffen ausgestellt, die über die Sozial-, Kultur- und Alltagsgeschichte der Berberstämme aus der Region informieren. Die liebevoll arrangierten Exponate – selbst eine Babywiege und ein Laufstall sind zu bestaunen – werden erläutert. Ein Museum im Wüstenvorland, dessen Besuch man nicht versäumen sollte.

Übernachten

Dezenter Luxus – **Dar Azawad:** 900 m nach dem Ortsende von Oulad Driss, noch vor dem Ortsteil Ksar Bouneau auf der rechten Seite, Tel. 0524 84 87 30, www.darazawad.com, Zimmer in fünf Preiskategorien: DZ/HP 550–1760

DH. Weitläufige Bungalowanlage (zehn Zimmer, fünf Suiten), mit Pool, Privatterrassen mit Panorama über die *palmeraie*, exzellente Ausstattung der Zimmer (neue Tadelakt-Bäder mit modernen Armaturen), Oasengarten, marokkanisches Management.

Ein Hauch Afrika – **Chez le Pacha:** Ortsteil Ksar Bouneau, Tel. 0524 84 86 96, www.chezlepacha.com, Zimmer in drei Preiskategorien: Rundbungalows (Africa Lodge) DZ/HP 900 DH, *Chambre privilège* DZ/HP 1000 DH, Suiten EZ/DZ/HP 1700 DH. Geschmackvoll eingerichtete Zimmer, marokkanische Bäder mit Zellige-Dekor, Pool.

Ein Garten in der Wüste – **Dar Paru:** Ksar Bouneau, Tel. 0662 29 88 45, www.das-zelt.de, DZ/ÜF 620 DH, Suiten/DZ/ÜF 800–930 DH. Die Wüste lebt – direkt hinter dem Gartentörchen. Dar Paru liegt idyllisch nahe am Dra-Ufer, an der Schnittstelle zwischen Oase und Dünen. Weitläufiger, idyllischer Garten mit Sitzgruppen, Mineralwasser-Bassin, gespeist aus eigenem Brunnen, ein wunderbarer Ort zum Innehalten. Ein echtes Refugium für Kälteflüchtlinge oder Stressgeplagte, die Eigentümerin, therapeutisch geschult, bietet Lebenshilfe – für diejenigen, die darum bitten.

Essen & Trinken

Man spricht deutsch – **Café Fata Morgana:** 400 m hinter dem Ortsausgang von Oulad Driss linker Hand an der Hauptstraße nach Mhamid, Tel. 0524 84 68 69, seit dem Tod der deutschen Eigentümerin nur noch unregelmäßige Öffnungszeiten, Juli–Sept. geschl. Ein deutsches Café mit hausgemachtem Kuchen, ausgezeichnetem Cappuccino und gemütlichem Ambiente am Rande der Wüste – unglaublich, aber wahr. Angenehmer Treffpunkt, kein Alkohol.

Tagounite und Mhamid ▸ R 10

Tagounite und Mhamid sind kaum mehr als triste Straßendörfer, in die Wüste vorgeschobene Siedlungen, letzte militärische Vorposten vor der etwa 30 km entfernten algerischen Grenze, die in ihrem Verlauf nicht genau festgelegt ist. Die beiden kleinen Marktflecken bestehen aus mehreren *ksour*. Ihre Märkte (So in Tagounite, Mo in Mhamid) werden heute noch von den Ait-Atta-Nomaden des Umlands besucht.

Südlich von Mhamid ist der Dra fast immer ausgetrocknet. Am palmenbestandenen Dra-Ufer gelegen vermitteln beide Orte – Mhamid war im 16./17. Jh. immerhin ein wichtiges Karawanenzentrum – inzwischen ein Bild trostloser Armut. Diese sandsturmgepeitschten Plätze, diese Häusergewürfel aus Stampflehm, diese versandeten Gassen – die Wüste beginnt unmittelbar hinter den letzten Häusern, die asphaltierte Straße ist hier zu Ende, Mhamid, das ist das Ende der Welt! Die Wüste ist hier kein Phantom am fernen Horizont; in dieser von Sand bedrängten Siedlung ist die Wüste im Gegenteil eine überaus leibhaftige Bedrohung.

Übernachten

Gutes Essen – **Hôtel Kasbah Azalay:** am Dra-Ufer, linker Hand des Ortszentrums von Mhamid, Tel. 0524 84 80 96, www.azalay.com, DZ 900 DH, DZ/ÜF 1100 DH, DZ/HP 1500 DH. Geräumige klimatisierte Zimmer, Hamam, Hallenbad (!) und eine für diese Einöde geradezu sensationelle Küche.

Schlicht, aber funktional – **Hôtel Kasbah Sahara Services:** am Ortseingang von Mhamid, Tel. 0524 42 06 73, www.saharaservices.info, DZ um ▷ S. 221

Auf Entdeckungstour: Wallfahrtsort Tamegroute – Zentrum spiritueller Energie

Die Marokkaner nennen es Baraka – gemeint ist eine heilige, auch heilende Kraft, eine schwer greifbare spirituelle Energie, die sich im Konkreten materialisieren kann: an heiligen Stätten, Quellen, Hainen, auch Gebäuden. Die Zaouia in Tamegroute, bis heute ein bedeutender Wallfahrtsort, ist ein religiöses Zentrum des Islam, ein Ort, an dem die Gläubigen der Baraka teilhaftig werden können.

Reisekarte: ▶ R 9
Dauer: ca. 2–3 Std.
Anfahrt: Tamegroute liegt direkt an der N 9 etwa 20 km südöstlich von Zagora am nördlichen Dra-Ufer.
Bibliothek und Katakomben: Spende erwartet.
Führungen: kundige Führungen über Travel Tamegroute (Tarik Aabi), Tel. 0662 20 09 75, www.traveltamgroute.com.

Eine Szenerie von verstörender Fremdheit. Ein rechteckiger Arkadeninnenhof, in der Mitte ein Springbrunnen, Kieswege, ein paar Ziersträucher. In den Arkadennischen dösen an die 30 Personen vor sich hin, kauern in den Ecken, hingelagert auf zerschlissene Decken, einige scheinen zu schlafen, andere hocken mit leerem, nach innen gerichtetem Blick an die Mauern gelehnt, wieder andere im Schneidersitz murmeln unablässig irgendwelche Litaneien, ein gebetsmühlenhaftes Raunen, während sie den Oberkörper wie in Trance hin und herwiegen. Ein leiser Chor sich überlagernder Stimmen – ein Bild, so rätselhaft wie unwirklich. Die Zeit hält den Atem an und scheint für einen Augenblick stillzustehen. Mittelalterliche Pilger mögen so ausgesehen haben, weltentrückte Gottsucher vielleicht …

Versammlung von Eremiten

Wenn es denn Pilger sind. Sie scheinen sich auf eine lange Zeit des Wartens eingerichtet zu haben. Manche haben ihr Essgeschirr mitgebracht, Bettzeug, Hausrat, Decken, Kleidung, Bücher. Einige sind in ihre Lektüre versunken, ein alter Mann rezitiert mit brüchiger Stimme einen Text. In diesem Innenhof scheint jeder in seiner Nische für sich zu sein, einsam in der Menge. Eine paradoxe Versammlung von Eremiten. Männer und Frauen dämmern in diesen strahlenden Nachmittag hinein, scheinen kaum noch recht zu wissen, warum sie eigentlich hier sind. Sämtliche Lebensalter sind vertreten, ein junges Mädchen mit aufgelöstem Haar, neben ihr ein Greis. Einige, so ist zu erfahren, sind erst seit wenigen Wochen hier, manche schon Monate, der ein oder andere seit Jahren. Sie warten. Sie warten – und vielleicht vergessen sie allmählich worauf … Mag sein, dass dieser Zustand stumpfer Apathie, selbstvergessener Geduld im Laufe der Zeit jedes Ziel und jeden Wunsch verdunkelt – und also auch jeden Grund, der dieses Warten lohnt.

›Die von Gott Trunkenen‹

An der Stirnseite des Innenhofs schließt sich ein Mausoleum an, in dem acht Marabouts aufgebahrt sind, jene von der Nachwelt als Heilige verehrte Auserwählte, die die Berber *igouramen* nennen, ›Die von Gott Trunkenen‹.

Die Stätte hat Tradition. Tamegroute, ein kleines Dorf im Dra-Tal, etwa 20 km südöstlich von Zagora, war einst ein Zentrum des Islam. Hier befindet sich eine bedeutende **Zaouia des Nassirya-Ordens** (Zaouia Naciria), einer religiösen Bruderschaft, die im 16./17. Jh. immensen Einfluss im Dra- und Dades-Tal ausübte und die bis in die Sous-Ebene und in den Anti-Atlas hinein ihre Anhänger mobilisierte. Die **Zaouia** von Tamegroute ist, wie die meisten dieser heiligen Stätten im Süden Marokkos, bis heute ein bedeutender Wallfahrtsort, der von der Aura jener ›von Gott Trunkenen‹ zehrt, die hier beigesetzt sind. An solchen Orten konzentriert sich religiöse Überlieferung in besonderer Weise. In Tamegroute konkretisiert sie sich in der im 17. Jh. von Abou Abdallah Mohamed Benacer gestifteten **Bibliothek**, die rund 4000 Bände umfasst. In den Vitrinen der Ordensbibliothek, die besichtigt werden kann, liegen kalligrafisch verzierte Koranexemplare aus, naturwissenschaftliche, medizinische, astronomische, juristische und theologische Werke, außerdem Bände mit arabischer Lyrik.

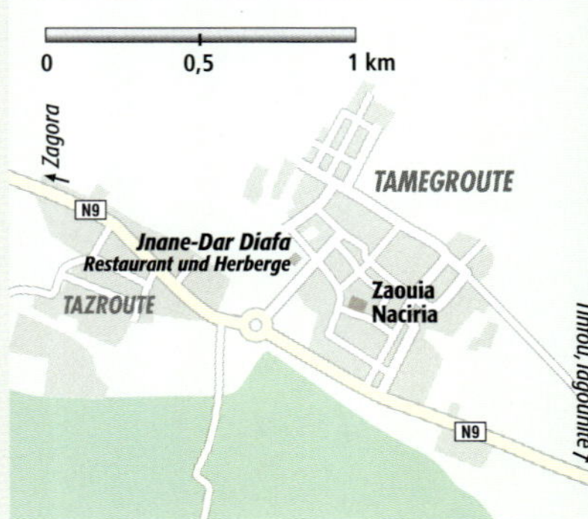

Der Segen der Baraka

Über den Hof klingen helle Kinderstimmen aus der nahen Koranschule. Eher ein Singen als ein Beten. In einer Hofecke dampft ein Kessel über offenem Feuer, der Orden versorgt die in den Arkaden kauernden Bittsteller mit heißer Suppe. Es sind Geistesgestörte, psychisch Kranke, die hier auf wundersame Heilung warten. Es scheint, als verströmten die Gräber der Marabouts eine Ausstrahlung, an deren heilender und heiliger Kraft die Wartenden teilhaben wollen. Mag sein, dass sich in dieser Zaouia, gleichsam im Angesicht der Heiligen, für den Gläubigen jene spirituelle Energie materialisiert, die Marokkaner *baraka* nennen. Einer der Pilger – wie soll man diese Wartenden sonst bezeichnen? – klopft mit einem Metallring dreimal vernehmlich an die bunt bemalte Holztür des Marabout. Ob ihm der Segen der *baraka* auf diese Weise zuteil wird? Es ist ihm zu wünschen.

Töpferwerkstatt unter der Zaouia

Unter der Zaouia von Tamegroute befindet sich, halb unterirdisch, ein System von **Katakomben**, Gängen und Gelassen, in dem Wohnungen und Werkstätten, Ställe und sogar eine Koranschule angesiedelt sind; außerdem trifft man hier auf etliche jener großen Brennöfen, in denen die feinlasierte Keramik hergestellt wird, für die Tamegroute berühmt ist. Man sollte den Besuch vor Ort mit einer Besichtigung dieser der südmarokkanischen Siedlungsform der *ksar* (befestigtes Wehrdorf) ähnlichen Wohntrakte verbinden. Ein Rundgang durch die Anlage ist in Begleitung eines Führers möglich und vermittelt einen konkreten Eindruck dieser archaisch anmutenden Wohnform.

Ein tief verwurzelter Volksislam

Unter der Oberfläche des wissenschaftlichen Islam der Schriftgelehrten hat sich seit jeher ein tief verwurzelter Volksislam gehalten, der sich, offenbar unausrottbar, nicht nur in Heiligenkulten und Reliquienverehrung manifestiert, sondern der auch sehr verschiedene Formen des Glaubens umfasst, wie Totemismus, Animismus, Magie und Schamanismus. Die reine Lehre des Islam, die jede Heiligenverehrung nachdrücklich ablehnt – gilt doch selbst der Prophet nur als Mensch und nicht als höheres Wesen oder Sohn Gottes –, hat den Volksglauben nie vollständig auslöschen können. Für die Korangelehrten wären die *baraka*-Pilger in Tamegroute jedenfalls kaum mehr als religiöse Frevler.

Allmählich senkt sich der Abend über den Arkadenhof. Vielleicht ist es bloß eine Täuschung – oder ist das Gebetsraunen jetzt, bei Einfall der Dämmerung, tatsächlich inniger geworden, drängender auch?

450 DH, Suiten/DZ 650–700 DH. Der strategische Vorteil dieser abgewohnten Karawanserei liegt darin, dass sie weitab vom Rummel ist, den jugendliche Schieber immer wieder inszenieren, wenn Individualtouristen im eigenen Fahrzeug in den Ort einfahren.

Für Spartaner – **Hôtel Iriqui:** am Ortseingang, Tel. 0524 84 80 23, DZ um 150 DH. Einfache Zimmer mit Dusche, dazu ein spartanisches Restaurant.

Camping – **Ait Isfoul:** etwa 5 km vor Tagounite, derzeit geschl. In der Nähe einer Kasbah sehr schön gelegen, ausgeschildert.

Aktiv

Organisierte Ausflüge – Kamelausritte, Exkursionen zum Lac Iriqui oder in den Erg Chagaga: **Hôtel Kasbah Azalay** (s. S. 217).

Infos

Bus: CTM-Bus nach Zagora und Ouarzazate.

Sammeltaxis: nach Tagounite, Tamegroute und Zagora (außer an Markttagen eher selten, nur bis zum Einbruch der Dämmerung).

Die Straße der Kasbahs

Die sogenannte **Route des Kasbahs** von Ouarzazate bis Er Rachidia gilt als eine der schönsten Reiserouten in ganz Südmarokko. Sie führt an jahrhundertealten, aus Stampflehm gebauten Wohnburgen der Berber und ausgedehnten Palmenoasen entlang. Die Schluchten der Flüsse Dades und Todrha zeigen ein gebirgig zerklüftetes Marokko und sind wahre Kletterparadiese für Schwindelfreie.

Dades-Tal ▸ Q/R 8

Der Dades entspringt südöstlich des Tizi n'Ouano im Hohen Atlas. Auf dem Weg durch die Gebirgsausläufer hat er sich eine bizarr zerklüftete Schlucht gegraben, die zu den überwältigendsten Landschaften Marokkos gehört. Bei Boumalne du Dades tritt der Fluss aus dem Gebirge aus und verläuft Richtung Südwesten weiter bis Ouarzazate, wobei er zwischen Boumalne und Skoura mehrere Dattelpalmenoasen bewässert. Bei Ouarzazate am Stausee El Mansour Eddahbi vereinigt sich der Dades mit anderen Wasserläufen zum Dra.

Als Route des Kasbahs gilt die Strecke Ouarzazate–Er Rachidia (N 10; 305 km, mehrmals tgl. Busse, Fahrzeit etwa 7 Std.). Als eine der schönsten Reiserouten führt sie zwischen den Südostausläufern des Hohen Atlas und den Nordwest-Flanken des Djebel Sarhro bzw. Djebel Ougnat durch grandiose Gebirgspanoramen. Der spektakulärste Routenabschnitt mit den größten Oasen und eindrucksvollsten Lehmburgen liegt zwischen Skoura und Goulmima.

Skoura ▸ Q 8

Skoura ist eine Großoase mit Dattelpalmen, Granatapfel- und Feigenbäumen sowie ausgedehnten Rosenfeldern. Das aus den Blütenblättern destillierte Öl dient als Rohstoff bei der Parfümherstellung. Etliche Feudal-Kasbahs mit ungleichmäßig hohen Türmen beleben das Bild (Mo Markt). Von Skoura sind über die Piste Nr. 6831 mehrere sehenswerte Kasbahs (etwa Toundoute) am Südrand des Hohen Atlas zu erreichen.

Übernachten

Bescheiden – Es existiert eine spartanische Herberge im Ort.

Infos

Auto: über die N 10, etwa 42 km nordöstlich von Ouarzazate.

El Kelaa des M'Gouna

▶ R 8

Wie Skoura ist auch El Kelaa eine Großoase mit zahlreichen Kasbahs, von einer Feudalkasbah überragt, die einst El Glaoui (s. S. 65) gehörte. Man befindet sich hier im Zentrum des Berberstamms der M'Gouna, die für ihre Unabhängigkeitsbestrebungen (gegenüber El Glaoui wie gegenüber den Franzosen) berühmt waren. Obstbaum- und Rosenkulturen für die Herstellung von Rosenöl prägen die Landschaft. Im Mai, während des im ganzen Land berühmten Rosenfestes, ist der Ort kurzzeitig eine Touristenattraktion.

Übernachten

Zimmer mit Aussicht – **Hotel Rose Mgouna:** auf einer Anhöhe über dem Ort, Tel. 0524 83 63 36, Fax 0524 83 60 07, DZ 320 DH. Drei-Sterne-Haus, 100 Zimmer, Restaurant, Pool, Nachtklub.

Infos

Auto: über die N 10, 92 km nordöstlich von Ouarzazate.

Boumalne du Dades

▶ R 7/8

Im Zentrum des modernen Verwaltungs- und Marktorts (15 000 Einwohner) befindet sich ein großes, von Mauern eingefasstes **Soukgelände** (mittwochs Markt). Reisenden bietet sich vom Ort ein großartiges Panorama auf die Berge der Umgebung. Markant erhebt sich die mächtige Kasbah über die Kleinstadt. Boumalne gilt als wichtiger Ausgangspunkt für Touren in die Dades-Schlucht.

Übernachten

Mehrere einfache Hotels, etwa **Soleil bleu, Salam, Adrar** (60 DH).

Runderneuert – **Hôtel El Madayeq:** Tel. 0524 83 01 72, DZ 1800 DH, saisonal deutlich günstiger. Vier-Sterne-Haus.

Komfort in Höhlenzimmern – **Kasbah Tizzarouine:** s. Mein Tipp S. 224.

Einfach – **Hôtel Kasbah Dades (ex Chems):** Tel. 0524 83 00 41, www.kasbahdedades.com, DZ/ÜF 400 DH, DZ/HP 600 DH. Schlichtes Hotel mit schöner Panoramaterrasse.

Bewährt und preiswert – **Hôtel La Vallée des Oiseaux:** Av. de Prince Héritier Sidi Mohamed, am Ortsausgang an der N 10 Richtung Tinerhir linker Hand, nahe der Shell-Station, Tel. 0524 83 07 64, www.valleedesoiseaux.com, DZ 120 DH. Angenehmes, äußerst professionell geführtes 12-Zimmer-Hotel mit gutem Restaurant.

Infos

Auto: über die N 10, 116 km nordöstlich von Ouarzazate.

Bus/Taxi: tgl. mehrere **Busverbindungen** nach Ouarzazate und Er Rachidia; **Sammeltaxis** auf der N 10 Richtung Ouarzazate oder Er Rachidia; selten in die Dades-Schlucht. Auf der Ladefläche von **Lastwagen oder Pickups** kann man gelegentlich bis nach Imilchil mitfahren.

Landschaftlich grandiose Dades-Schlucht: Hier hat sich der Dades ein wild zerklüftetes Flussbett durch die Südhänge des Hohen Atlas gegraben

Mein Tipp

Komfort in Höhlenzimmern
»Chambres troglodytes et classiques« verheißen die Schilder, die zum Hotel Kasbah Tizzarouine führen. Die in die Felswand eingelassenen Höhlenzimmer bieten den Komfort eines Drei-Sterne-Hotels. Wer hier klaustrophobische Anwandlungen bekommt, kann auf die klassischen Zimmer ausweichen oder unter dem Nomadenzelt nächtigen. Von der Terrasse in exponierter Höhenlage genießt man das Panorama über die Stadt und den Lauf des Dades. Außerdem gibt es ein ausgezeichnetes Restaurant und einen Pool.
Kasbah Tizzarouine: Route de Tinerhir (auch: Tinghir), auf einer Anhöhe über Boumalne du Dades, Tel. 0524 83 06 90/91, http://tizzarouine.com, DZ/ÜF 600 DH, DZ/HP 700 DH, Höhlenzimmer/DZ/HP 800 DH.

Dades-Schlucht ! ▶ R 7

Die Dades-Schlucht, **Gorges du Dadès,** zweigt etwa 1 km vor dem Ortseingang von Boumalne du Dades von der N 10 ab. Auf der Stichstraße R 704 sind es bis Msemrir 61 km. Inzwischen ist die Strecke bis Msemrir durchgängig asphaltiert, der Straßenzustand wird sogar immer besser, je weiter man in die Schlucht hineinfährt. Am spektakulärsten sind die ersten 35 km. Für die ab Msemrir weiterführenden Pisten benötigt man dann allerdings ein Allradfahrzeug.

Am Ende der Schlucht führen sehr schlechte Pisten weiter nach **Imilchil** (▶ R 6, landesweit bekannt für seinen Heiratsmarkt) und zur Todrha-Schlucht (▶ S 7, Gorges du Todrha, für Autos kaum befahrbar). Einige einfache Hotels und Campingplätze (etwa bei Ait Oudinar und Msemrir), vor allem auf den ersten 30 km der Dades-Schlucht, bieten Übernachtungsmöglichkeiten.

Der Oberlauf des Dades hat sich am Südhang des Hohen Atlas tief in das Gestein eingeschnitten. Zahlreiche eindrucksvolle, in eine grandiose Gebirgslandschaft gesetzte Kasbahs (Ait Youli, Ait Arbi), liegen am Wegesrand, ebenso winzige, oft terrassierte Anbauflächen am Flussufer mit Mandel-, Nuss-, Granatapfel-, Pfirsich- und Feigenbäumen. Außerdem werden Mais, Gerste, Bohnen, Minze und Kartoffeln angebaut – das alles in rund 1600 m Höhe. Die Bergketten, ein wild zerklüftetes Gelände mit bizarren Felsformationen, sind völlig vegetationslos. Hunderte von Metern fallen die Steilwände nahezu senkrecht zum Flussufer ab. Ein Landschaftserlebnis ersten Ranges – dieser Abstecher in die Dades-Schlucht ist unbedingt zu empfehlen!

Östlich von Boumalne verlässt die Hauptstraße (N 10) das Tal des Dades; die Route des Kasbahs führt, obschon die Kasbahkomplexe nun seltener werden, über Tinerhir weiter bis Goulmima.

Tinerhir ▶ S 7

Der bedeutende Berber-Marktort des Saharavorlands (ca. 15 000 Einwohner) liegt in einer vom Oued Todrha bewässerten Oase. In dem modernen Ortskern wird der Souk (Mo Markt) von großen Mauern eingefasst. Eine große ehemalige Glaoua-Kasbah auf einem 1342 m hohen Plateau überragt das Städtchen. In der Ebene liegen zahlreiche Lehmburgen. Überaus lohnend ist ein Spaziergang durch die ausgedehnte Palmenoase mit Olivenkulturen. Tinerhir eignet sich als günstiger Ausgangspunkt für Exkursionen in die Todrha-Schlucht und wird von Touristen, die von Ouarzazate nach Er Rachidia reisen, gern als Etappenziel auf halbem Weg gewählt.

Übernachten

Es existieren einige einfache Hotels in der Ortsmitte, etwa Hotel CTM, El Qods, l'Avenir.

Grandioses Panorama – **Hôtel Saghro:** auf einem Hügel über der Stadt mit Blick auf die Kasbah, Tel. 0524 83 41 81, Fax 0524 83 43 52, DZ 600 DH. Etwas klotziges 70-Zimmer-Haus mit Restaurant und Pool.

Allrounder – **Hôtel Bougafer:** Av. Mohamed V, von Boumalne kommend am Ortseingang linker Hand, Tel. 0524 83 32 00, bougafer@menara.ma, DZ 580 DH. 114 Zimmer in einem Kasbahhotel, Restaurants, Panoramaterrasse, Pool.

Für Individualisten – **Hôtel Kasbah Lamrani:** Zone touristique, Tel. 0524 83 50 17, www.kasbahlamrani.com, DZ 475 DH, DZ/HP 775 DH. 22 klimatisierte Zimmer, Restaurants, Pool, Exkursionen.

Gediegen – **Hôtel La Kasbah:** 69, av. Mohamed V, Tel./Fax 0524 83 44 71, DZ/ÜF 300 DH, DZ/HP 400 DH.

Verblichen – **Hôtel Todrha:** Av. Hassan II, am Hauptplatz, Tel. 0524 83 42 49, Fax 0524 83 45 65, DZ 260 DH. In die Jahre gekommenes Traditionshaus, Restaurant, Pool.

Camping – Camping **Ourti** und Camping **Almou** am Ortseingang.

Infos

Bus/Sammeltaxi: Tgl. bestehen mehrere **Busverbindungen** vom Hauptplatz in der Ortsmitte (hier befindet sich auch der CTM-Schalter) nach Ouarzazate und nach Er Rachidia; direkte Busverbindung ins Tafilalet über die Strecke Tinejdad–Erfoud (R 702, komplett asphaltiert). **Sammeltaxis** auf der N 10 Richtung Ouarzazate oder Er Rachidia sowie in die Todrha-Schlucht. An den Markttagen gibt es darüber hinaus Mitfahrgelegenheit auf **Bedford- oder Peugeot-Lieferwagen** nach Ait Hani–Agoudal–Imilchil.

Todrha-Schlucht ! ▸ S 7

Die **Gorges du Todrha** beginnt ca. 1 km hinter dem Ortsausgang von Tinerhir (Straße nach Er Rachidia). Hier zweigt die Stichstraße R 703 links von der N 10 ab. Sie ist inzwischen bis Agoudal asphaltiert. Der spektakulärste Abschnitt findet sich auf den ersten 20 km; die Kasbahs sind hier seltener als in der Dades-Schlucht, die landschaftliche Szenerie ist eher von einer ausgedehnten *palmeraie* geprägt. Für die ab Ait Hani (2600 m) weiterführenden Pisten benötigt man ein Fahrzeug mit Allradantrieb.

Nach etwa 20 km, hinter der Zaouia Sidi Abdelali, erreicht man die engste Stelle der Schlucht – hier beträgt der Abstand der etwa 300 m senkrecht abfallenden, rötlichen Felswände gerade noch 10 m. Wie weit man mit dem Auto in die Schlucht fahren kann, hängt vom Wasserstand des Oued Todrha ab (die weiterführenden Pisten in die

Begegnung in der Todrha-Schlucht

Dades-Schlucht und nach Imiter sowie die R 317 nach Imilchil sind nur mit Jeeps passierbar).

Zwischen Tinerhir und der engsten Stelle der Todrha-Schlucht gibt es einige Unterkünfte sowie kleine Campingplätze, darunter der Camping de la Source des Poissons Sacrés, wo die Fische im Quellbecken als heilige Tiere verehrt werden.

Ähnlich wie der Dades hat sich der Oued Todrha tief in die Südhänge des Hohen Atlas gegraben. Während man die Dades-Schlucht von den Serpentinen aus halber Höhe als Panorama von oben auf sich wirken lassen kann, führt die Tour in die Todrha-Schlucht auf der Talsohle entlang. Zu beiden Seiten türmen sich die rötlichen Felswände – ein Kletterparadies für Schwindelfreie. Eine Urlandschaft aus abenteuerlichen Gesteinsformationen, ein grandioses Landschaftserlebnis in jedem Fall, vergleichbar der Dades-Schlucht und doch ganz anders als diese.

Wer von Tinerhir kommend nicht über Er Rachidia, sondern direkt ins Tafilalet will, kann in Tinejdad rechts von der N 10 abbiegen. Die Asphaltstraße R 702 (auch von Bussen befahren) führt nach Erfoud.

Übernachten

Rustikal – **Hôtel Yasmina:** am Eingang der Todrhaschlucht, Tel. 0524 89 51 18, DZ/HP 500 DH. Einfaches Hotel mit Restaurant, das oft von Reisegruppen besucht wird.

Bescheidener Komfort – **Hôtel Restaurant Kasbah Essalam:** im 35 km von Tinerhir entfernten Dorf Tamtatouchte gelegen, Tel./Fax 0524 83 58 43, www.kasbahessalam.com, DZ 150–300 DH, DZ/HP 400–500 DH. Empfehlenswertes einfaches Hotel.

Einfach – **Hôtel El Mansour:** am Eingang der Todrhaschlucht. Einfaches, empfehlenswertes Hotel mit Restaurant.

Spartanisch – **Kasbah Les Roches:** am Eingang der Todrhaschlucht gelegen, Tel. 0524 83 48 14, http://hotel-roches-todra.com. Einfaches, empfehlenswertes Hotel.

Unter freiem Himmel – **Camping Atlas, Camping du Lac, Camping de la Source des Poissons Sacrés:** sehr schön gelegene Campingplätze gleich am Anfang der Schlucht.

Goulmima ▶ S 7

Die Großoase (10 000 Einwohner) wird vom Oued Gheris bewässert. Die 20 Wohnburgen des Ortes markieren das Ende der Route des Kasbahs.

Die Siedlung mit rechtwinkligen Straßenzügen im Ortskern verfügt über keine nennenswerten Sehenswürdigkeiten. Überaus lohnend aber ist ein Abstecher in den 2 km entfernten **Ksar du Goulmima** (am Ortsausgang rechts, an der Piste Nr. 3453 in Richtung Erfoud; Abb. S. 228). Der *ksar,* der aus über 500 Häusern besteht, vermittelt ein eindrucksvolles Bild der für Südmarokko typischen befestigten Wehrdörfer.

Ein *ksar* als abgeschlossenes, quasi autarkes soziales System – dies spiegelt sich auch hier in der architektonischen Form wider. Ein Hauptportal, überdachte, verwinkelte Gassen, die blinden Fassaden des Karrees der Außenmauern, die die Siedlung einfassen – eine wehrhafte, auf Verteidigung ausgerichtete Architektur, Mahnmal einer Epoche, in der sich die Bewohner gegen die Übergriffe feindlicher Nomadenstämme schützen mussten. Die Lehmkonstruktionen zeigen sich auch hier in ihrer ganzen Witterungsanfälligkeit: Die nach heftigen Regengüssen periodisch anfallenden Ausbesserungsarbeiten werden immer seltener ausgeführt; oft fallen ganze Mauern in schlammigen Placken auseinander – und kein Verantwortlicher ist zur Stelle, um die Schäden beheben zu lassen.

Übernachten

Einfach – **Hotel Gheris:** Av. Hassan II, dem Souk gegenüber gelegen, Tel. 0535 78 31 67, DZ um 150 DH. Mit Restaurant.

Infos

Bus: tgl. mehrere Verbindungen auf der N 10 nach Er Rachidia oder Richtung Ouarzazate.

Er Rachidia ▶ T 7

Die Provinzhauptstadt (ca. 100 000 Einwohner) in 1060 m Höhe in einer Oase am Mittellauf des Wüstenflusses Oued Ziz ist ein Verwaltungs-, Schul- und Marktzentrum und neben Ouarzazate Hauptort der vorsaharischen Oasenketten: verkehrsgünstig gelegen am Schnittpunkt der Ost-West-Route N 10 und der Nord-Süd-Route N 13. Von Touristen wird Er Rachidia oft als Ausgangspunkt für Fahrten in den Südosten Marokkos und ins Tafilalet genutzt.

1916 wurde hier eine französische Garnison einquartiert. Die Stadt blieb auch Stützpunkt der französischen Fremdenlegion bis zur Unabhängigkeit Marokkos. Bis in die 1970er-Jahre Ksar es Souk genannt, besitzt Er Rachidia ein modernes Zentrum mit Marktplatz (Markt So, Di, Do) und ehemaliger französischer Kaserne, weist allerdings keine nennenswerten Sehenswürdigkeiten auf. Hübsch sind dagegen die älteren *ksour* in der Umgebung und die Oase mit Dattel- und Getreideanbau.

Übernachten

Etwa ein halbes Dutzend einfache Hotels im Zentrum (an der Av. Moulay Ali Cherif: La Renaissance, Le Royal, Les Oliviers, Marhaba, Zitouna), von denen das **La Renaissance** das angenehmste ist.
Behindertenfreundlich – **Hôtel Kenzi Rissani:** Av. Moulay Ali Cherif (Route d'Erfoud), jenseits der Brücke über den Oued Ziz, Tel. 0535 57 25 84, www.kenzi-hotels.com, DZ ab 550 DH, Suite um 1200 DH. Erstes Haus am Platz, 61 klimatisierte Zimmer, behindertengerecht konzipierte Anlage, Restaurant, Pool, Panoramaterrasse.
Gediegen – **Hôtel Errachidia:** 31, rue Ibn Battouta, Tel. 0535 57 04 53, hotelerrachidia@yahoo.fr, DZ um 300 DH. Hotelneubau mit 21 Zimmern, Restaurant und Café.
Preiswert – **Hôtel M'Daghra:** 92, rue M'Daghra, etwa 200 m südwestlich des Busbahnhofs, Tel. 0535 57 40 47, Fax 0535 57 40 49, DZ 180 DH. Gut geführtes 26-Zimmer-Haus.
Einfach – **Hôtel Oasis:** 10, rue Sidi Abou Abdallah, parallel zur Av. Moulay Ali Cherif, Tel. 0535 57 25 19, Fax 0535 57 01 26, DZ 150 DH. Mit Restaurant.
Nicht klassifizierte Hotels im Stadtzentrum – **La Renaissance,** 19, rue Moulay Youssef, Tel. 0535 57 26 33; **Le Royal, Les Oliviers, Marhaba,** alle an der Av. Moulay Ali Cherif; **Zitouna,** 25, pl.Hassan II, Tel. 0535 57 24 49. DZ 150–300 DH.
Camping – **Camping de la Source Bleue de Meski:** an der N 13 nach Erfoud, 17 km südöstlich von Er Rachidia. Im Sommer heillos überlaufen.

Der Ksar du Goulmima wird noch bewirtschaftet

Essen & Trinken

Einfache Restaurants finden sich an der Avenue Moulay Ali Cherif; ansonsten muss man auf die Hotelrestaurants zurückgreifen.

Einkaufen

Kunsthandwerk – **Ensemble artisanal** am Ostende der Av. Moulay Ali Cherif Richtung Erfoud.

Infos

Infos

Délégation du Tourisme: 44, Bd. Prince Moulay Abdallah Bou Talamine, nordwestlich des Zentrums, Tel. 0535 57 09 44, errachidia@tourisme.gov.ma.

Verkehr

Bus: Busbahnhof (hier auch der CTM-Schalter) an der Av. Moulay Ali Cherif im Stadtzentrum. Fernverbindungen nach Ouarzazate, Marrakesch–Fès–Meknes, Rich–Midelt–Azrou, Rabat und Casablanca; selten nach Boudenib, Bouarfa und Figuig; häufig nach Erfoud und Rissani.
Sammeltaxi: Der **Sammeltaxistand** mit Taxis etwa nach Meknes, Ouarzazate und Erfoud liegt etwa 500 m südöstlich des Hotels M'Daghra.

Das Tafilalet

Inmitten von Palmenhainen und altertümlichen Festungsdörfern präsentiert das Stammland der Alaouiten, der bis heute herrschenden Dynastie, ein Wüsten-Marokko in leuchtenden Farben …

Obwohl Dürreperioden, Wassermangel, Heuschreckenplagen und der verheerende *bajoud* (Palmenkrebs, ein Schlauchpilzbefall) den Palmenbestand in den 1980er-Jahren gewaltig gelichtet haben, ist das Tafilalet mit ca. 25 000 ha Fläche noch immer die größte zusammenhängende Dattelpalmenoase Marokkos. Das von Oued Ziz und Oued Gheris oft nur notdürftig bewässerte Gebiet dehnt sich um Erfoud und Rissani etwa 30 km in Nord-Süd-Richtung und zwischen 5 und 16 km in Ost-West-Richtung aus.

Das Tafilalet ist ein Zentrum des Islam und eine der historisch bedeutendsten Regionen des Landes. Im Jahr 757, also ein halbes Jahrhundert vor Fès, wurde hier das sagenhafte Sijilmassa gegründet, die alte Hauptstadt des Tafilalet, von der es heißt, sie habe 600 Paläste aufgewiesen und über 100 000 Einwohner beherbergt. Zwischen dem 11. und 14./15. Jh. stieg Sijilmassa zu einem der wichtigsten Zentren des Karawanenhandels auf. Nomaden zerstörten die Stadt, doch blieb die Region wirtschaftlich bedeutsam durch den äußerst lukrativen Sklavenhandel mit Timbuktu.

Um die Mitte des 17. Jh. setzten die im Tafilalet beheimateten arabischen Alaouiten zur Eroberung von ganz Marokko an. 1669 nahmen sie schließlich Marrakesch ein. Mit dem Niedergang des Transsahara-Handels im 19. Jh. büßte das Tafilalet seine große wirtschaftliche Bedeutung ein. Anfang des 20. Jh. beherrschte der als Heiliger verehrte, greise Scheich Ma el Ainin das Gebiet. Bis zu seinem Tod 1910 bekämpfte er die französische Kolonialmacht und hatte erheblichen Einfluss im Süden Marokkos. Erst 1932 gelang es den Franzosen, das Tafilalet militärisch unter Kontrolle zu bringen.

Heute ist diese Region in besonderem Maße von der Landflucht betroffen: Die Bevölkerungszahl ist seit der Unabhängigkeit Marokkos 1956 auf etwa ein Drittel geschrumpft, etliche Dörfer sind verlassen. Die Flüsse führen immer weniger Wasser, die Brunnen versalzen, allenthalben droht Versandung – erbarmungslos frisst die Wüste eine einst blühende Oase. Die marokkanische Klimakatastrophe – sie ist längst Realität.

Von Er Rachidia führt die N 13 bis Rissani in etwa parallel zum Unterlauf des Oued Ziz, der sich tief in die Felswände eingeschnitten hat. Dichte Palmenhaine säumen das Flussufer, das Schwemmland wird, in kleine Ackerparzellen aufgeteilt, landwirtschaftlich genutzt. Die Route bietet immer wieder schöne Panoramen hinunter in das Ziz-Tal. Zwischen Meski und Erfoud/Rissani gibt es zahlreiche, sehr schön gelegene *ksour* (besonders eindrucksvoll: Maadid; s. Mein Tipp S. 231). Der Reisende findet eine Landschaft vor, die am ehesten dem Dra-Tal vergleichbar ist.

Erfoud ▸ T 7/8

Auch wenn Er Rachidia die Provinzhauptstadt ist, so kann Erfoud (ca. 30 000 Einwohner) zumindest als Hauptort des Tafilalet gelten. 1917 von den Franzosen als Militärgarnison gegründet, ist der Ort heute eines der gesichtslosen südmarokkanischen Großdörfer ohne Sehenswürdigkeiten. Sonntags findet ein großer Markt statt. Im Oktober ist Erfoud Schauplatz des Dattel-*moussem,* eines der berühmtesten Feste in Südmarokko. In der 5000 ha großen Oase mit etwa 40 *ksour,* die Erfoud umgibt, gedeihen 300 000 Dattelpalmen. Neben Landwirtschaft wird hier auch ein wenig Viehzucht betrieben.

Reisenden dient das Städtchen als Ausgangsort für Fahrten in das Tafilalet und zum Dünengebiet des Erg Chebbi. Ähnlich wie die Region Zagora erlebt auch Erfoud einen touristischen Aufschwung – und damit einen

Mein Tipp

Reise in die Vergangenheit – der Ksar von Maadid ▸ T 7
Der alte *ksar* von Maadid, etwa 6 km vor Erfoud, ist heute noch bewohnt und kann gegen ein geringes Entgelt und mit einem Führer besichtigt werden. Hier findet der Besucher einen *ksar* als abgeschlossene soziale Einheit vor: Die Architektur mit dem mächtigen Hauptportal, den überwölbten Gassen und Quergassen, den schmalen Durchlässen zum Ufer des Oued Ziz wirkt wie eine einzige große Zelle aus Lehm. Scharrendes Vieh in den Ställen, Rauchfahnen, glimmende Feuerstellen, ein strenger Geruch: der Besuch eines *ksar* als Zeitreise in eine Vergangenheit, in der die Notwendigkeit dieser trutzig-wehrhaften Architektur unbestritten war.

rapiden Umbruch. Im Ort ist eine rege Bautätigkeit unübersehbar, junge marokkanische Unternehmer, oft aus alteingesessenen Familien, investieren in touristische Projekte, die das Kapital der Gegend – das Erlebnis Wüste – zu vermarkten suchen. Unvermeidlich offenbar, dass auch die *faux guides*, die falschen Touristenführer, an dieser Konjunktur teilhaben wollen. Man sollte sich von diesen Schleppern, die zumeist Wüstenexkursionen nach Merzouga, Touren zum Erg Chebbi und Kameltrekking anbieten, nicht kopfscheu machen lassen (s. Aktiv, Wüstenexkursionen).

Übernachten

Raumgreifend – **Kasbah Hôtel Xaluca:** Route d'Errachidia, an der N 13 etwa 5 km in Richtung Er Rachidia, Tel. 0535 57 84 50/52, www.xaluca.com, DZ/ÜF 1080 DH, DZ/HP 2180–2900 DH, Suiten/DZ/ÜF 1380–1500 DH, DZ/HP 1800–2600 DZ (Junior bis Senior), Suite Royale 2900 DH, Bungalow 8000 DH. Weitläufiger, insgesamt 104 geräumige Zimmer umfassender Hotelkomplex im Kasbahstil, mit Pool, Hamam, Hallenbad, Spa, Wellnessbereich, Restaurant, Bar und Quadvermietung, auf eine spanische Klientel spezialisiert.

Bungalowanlage – **Hôtel Bélère:** Route de Rissani, Tel. 0535 57 81 91, DZ 1200 DH, saisonal um 700 DH, HP möglich. Bungalowanlage mit 150 Zimmern, behindertengerecht gestaltet, großer Pool und mehrere Restaurants.

Allrounder – **El Ati Hôtel:** Route de Rissani, Tel. 0535 57 73 73, www.elatihotel.com, DZ 1200 DH, saisonal um 700 DH. 170-Zimmer-Haus, großer Pool, Bar, Restaurants, Exkursionsangebote.

Sympathisch – **Kasbah-Hôtel Chergui:** Maadid, von Er Rachidia kommend an der N 13 etwa 6 km vor Erfoud, Tel. 0535 57 85 04, www.hotelchergui.com, DZ 870 DH. Neue, architektonisch ansprechende Kasbahanlage, Restaurant, großer Pool, zwei Bars, Hammam, Massageangebote.

Angenehm – **Ksar Assalassil:** neben dem Hotel Chergui, Tel. 0535 57 82 27, www.ksar-assalassil.com, DZ 750–860 DH, Frühstück 70 DH/Person, Mittag-/Abendessen 180 DH/Pers. Großzügige 14-Zimmer-Anlage, geräumige Zimmer mit Balkonen und modernen Bädern, Salon, Restaurant, Pool, Bar.

Nahe der Palmeraie – **Kasbah Tizimi:** Route de Jorf, an der Piste 3451 etwa

Mein Tipp

Hotel mit Wüstenfeeling

Das Hotel liegt, über eine gute Piste erreichbar, 19 km südöstlich von Erfoud, 14 km von den Dünen des Erg Chebbi (s. S. 236) und rund 20 km von Merzouga entfernt. Für motorisierte Reisende empfiehlt sich das Hotel als Ausgangspunkt, um die Dünen des Erg Chebbi auf eigene Faust zu erkunden. Die Betreiber sind bei der Routenplanung behilflich und bieten Exkursionen an. Wer hier absteigt, erspart sich das Gefeilsche mit den Touranbietern in Rissani. Wer ohne eigenes Fahrzeug unterwegs ist, kann in Erfoud über das Restaurant du Sud (19, Av. Mohamed V, Tel. 0535 57 71 54, caferest@caramail.com) den Transfer zum Hotel organisieren.

Kasbah Hôtel Said: Route de Merzouga, www.kasbah-hotel-said.biz, DZ/HP ab ca. 730 DH/ab ca. 840 DH (Neben-/Hauptsaison). 17 Zimmer, Restaurant, Pool, Nomadenzelte, Wüstenfeeling garantiert.

2 km außerhalb des Zentrums, Tel. 0535 57 61 79, www.kasbahtizimi.com, DZ (Kasbah) 820 DH, DZ (Riad) 960 DH. Sehr schönes Kasbahhotel mit Restaurant und Pool.

Vier-Sterne-Standard – **Hôtel Erfoud le Riad:** Av. Moulay Ismail/Route de Rissani, Tel. 0535 57 66 65, www.hrm.ma, DZ 800 DH. 160 Zimmer, Pool, Restaurant, Bar, etwas in die Jahre gekommen.

Mit Wüstenfeeling – **Kasbah Hôtel Said:** s. Mein Tipp S. 232.

Oft von Agenturen gebucht – **Palm's Hôtel Club:** Route de Rissani, Tel. 0535 57 61 44/45, DZ um 500 DH. 100 Zimmer, großer Pool, Restaurant, Bar, Disco.

In die Jahre gekommen – **Hôtel Tafilalet:** Av. Moulay Ismail (Richtung Er Rachidia), Tel. 0535 57 65 35, http://hoteltafilalet.com. 60-Zimmer-Haus mit Restaurant, Pool und Bar. DZ 360 DH.

Gut und günstig – **Hôtel Ben Hama:** Av. Moulay Ismail, Tel. 0535 57 63 62, www.benhama-hotel.com. Neu eröffnetes 24-Zimmer-Hotel mit angeschlossenem Restaurant und Café (tgl. bis etwa 22 Uhr), guter Standard, fairer Preis. DZ/ÜF 400 DH, Suiten/DZ/ÜF 800 DH.

Für Preisbewusste – **Hôtel Restaurant Cannes:** 85, av. Hassan II, Tel. 0535 57 86 95, http://hotelrestaurantcannes.com, DZ 210 DH. Gut geführtes kleines Hotel mit klimatisierten Zimmern, Restaurant und Café.

Einfach – **Hôtel Lahmada:** Av. Moulay Ismail, Tel. 0535 57 69 80, DZ 140 DH. Bescheidener Komfort.

Bewährt und günstig – **Hôtel Les Palmiers:** 36, av. Mohamed V, gegenüber vom Restaurant du Sud gelegen, Tel. 0535 57 88 94, hassane_hotel@yahoo.com, DZ 80 DH. Für Low-Budget-Reisende ist das Hotel vermutlich die beste Adresse in Erfoud, Zimmer mit Dusche, Dachterrasse. Der junge Inhaber, ein guter Kenner von Fossilien, vermittelt Kontakte, um Touren in den Erg Chebbi zu organisieren.

Essen & Trinken

Das immense Hotellerieangebot in Erfoud hat in der gastronomischen Szene bisher keine große Entsprechung gefunden, so lässt sich meistens nur auf die – einer internationalen oder marokkanischen Küche verpflichteten – Restaurants der großen Hotels ausweichen.

Gut und günstig – **Restaurant Pizzeria des Dunes:** Av. Moulay Ismail, in der Nähe der Ziz-Tankstelle, Tel. 0535 57 67

93, www.restaurantdesdunes.com, tgl. bis ca. 22 Uhr. Menüs um 100 DH, Pizzen um 70 DH, kein Alkohol. Lauschiger Innenhof, mit alten geschnitzten Holztüren aus der Region dekoriert.

Einkaufen

Fossilien als Souvenirs – Das Tafilalet ist bekannt für seine reichhaltigen Fundstätten an Fossilien – in den Souvenirläden dominieren Schnecken- und Muschelversteinerungen sowie geschliffene runde Tischplatten das Sortiment. Die Preise (oft Fantasiepreise als Ausgangspunkt beim Handeln!) richten sich nach Größe und Schönheit der Objekte; hartes Verhandeln ist hier dringend geboten – ein wenig Kennerschaft im Metier auch.

Aktiv

Wüstenexkursionen – Jeder zweite Passant in Erfoud, so mag es Neuankömmlingen scheinen, vermietet Landrover oder vermittelt Exkursionen zu den Dünen des Erg Chebbi. Bevor man einen Geländewagen mietet, sollte man sich über ein halbwegs realistisches Preisniveau informieren (etwa an den Hotelrezeptionen, eher in den einfachen als in den ›besseren‹ Häusern). Zwecks Organisation einer Wüstentour kann man sich beispielsweise im Hotel des Palmiers, im Hotel Kasbah Asmaa (15 km südwestlich von Erfoud an der Straße nach Rissani) oder im Restaurant du Sud beraten lassen.

Abends & Nachts

Allenfalls in der Hoteldiskothek des **Palm's Club** und in der Bar im Untergeschoss des **Hôtel Tafilalet** (nicht zu verwechseln mit der Hotelbar selbst) ist derzeit so etwas wie ein Nachtleben auszumachen. In der **Kellerbar des Hôtel Chez Gaby** tummelt sich allerdings an Wochenenden eine – offensichtlich trinkfeste – Jugendszene aus Erfoud.

Infos & Termine

Infos

Délégation du Tourisme: schräg gegenüber vom Hôtel Salam, schmucker Neubau. Hier sollen die Büros der Délégation eingerichtet und der Betrieb demnächst aufgenommen werden.

Termine

Dattelfest: Zweite Oktoberhälfte, landesweit berühmtes Fest anlässlich der Dattelernte mit Wahl einer Dattelkönigin.

Verkehr

Bus/Sammeltaxi: Der neue **Busbahnhof** liegt etwa 1 km außerhalb des Zentrums rechter Hand an der Ausfallstraße nach Jorf–Tinejdad (R 702). Der **Sammeltaxistand** befindet sich an der Place des F.A.R. (Südende der Av. Mohamed V, dem Soukgelände gegenüber). Häufige Verbindungen (auch Sammeltaxis) nach Er Rachidia und Rissani; CTM-Busse nach Ouarzazate, Meknes und Fès. Für die Direktverbindung über die R 702 zur Route des Kasbahs (über Tinejdad) besser auf Sammeltaxis ausweichen. Landrover-Sammeltaxis nach Merzouga und in den Erg Chebbi.

Rissani ▶ T 8

Nach der Zerstörung von Sijilmassa war Rissani lange Zeit das Verwaltungszentrum des Tafilalet, bevor es von Erfoud abgelöst wurde. Der Ort (ca. 20 000 Einwohner) ist von einer weitläufigen Oase umgeben. Auf

11 000 ha wachsen knapp 300 000 Dattelpalmen (viele Kulturen sind inzwischen vom *bajoud,* dem Palmenkrebs, gelichtet). In der Region liegen über 100 *ksour*. Rissani ist ein bedeutender Marktort für die Nomaden des Einzugsgebiets (Di, Do, So Markt, der große Viehmarkt wird meist donnerstags abgehalten). Keramik- und Lederwaren werden hier hergestellt.

Architektonisch interessant ist der **Ksar Moulay Ismail** im Ortszentrum, ein vollkommen überdachter *ksar* mit einer kleinen Moschee, durch ein einziges Tor zugänglich. Das modern angelegte Ortszentrum besitzt einen quadratischen Hauptplatz. Außer dem *ksar* bietet Rissani keine Sehenswürdigkeiten, eindrucksvoll aber sind die ausgedehnten Oasen der Umgebung.

Etwa 1 km südöstlich von Rissani liegt die **Zaouia von Moulay Ali Cherif**, des Gründers der Alaouiten-Dynastie (Mausoleum und Moschee sind Nicht-Muslimen verschlossen). Der Kultbau wurde 1955 teilweise restauriert. So präsentiert sich ein schöner Arkaden-Innenhof mit einem Marmorbrunnen. Der **Ksar d'Abbar** schließt sich südlich an das Mausoleum an. Die Palastruinen aus dem frühen 19. Jh. mit der ehemaligen Residenz und Schatzkammer der Alaouiten sind inzwischen arg verfallen.

Etwa 2 km südlich von Rissani liegt der heute noch bewohnte **Ksar Oulad Abd el Halim,** eine um 1900 als Gouverneursresidenz erbaute Kasbah. Sehenswert sind die wuchtigen ornamentverzierten Wehrtürme und alten Ziehbrunnen sowie das schöne Dekor an Torbögen und Holzdecken.

Etwa 2 km nordwestlich von Rissani (von der N 13 links abbiegen) befinden sich die Überreste von **Sijilmassa** (s. S. 230), der frühesten Hauptstadt des Tafilalet. Heute sieht man von der einst märchenhaft reichen Stadt – einst Zentrum des Karawanen- und Sklavenhandels mit Timbuktu – nur noch ein ausgedehntes Ruinenfeld mit ein paar zerbröckelnden Mauern.

Übernachten

Gediegen – **Hôtel Kasbah Asmaa:** an der N 13, von Erfoud kommend etwa 5 km vor Rissani rechter Hand, Tel. 0535 77 40 83, asmaariss@hotmail.com, DZ um 350 DH, mit Halbpension 575 DH. Kasbahhotel in gepflegter Gartenanlage, mit insgesamt 33 klimatisierten Zimmern, Restaurant, Bar und Pool, seriöse Exkursionsangebo-

Stadttor von Rissani, dem einstigen Verwaltungszentrum des Tafilalet

te, im Raum Rissani die mit Abstand beste Unterkunft.

Spartanisch, aber okay – **Hôtel Sijilmassa:** Pl. Massira Khadra, Tel. 0535 57 50 42, hotel-sijilmassa@menara.ma, DZ 120, 170, 240 DH (einige Zimmer mit Klimaanlage). Zimmer mit Duschen, Verleih von Mountainbikes (um die 50 DH pro Tag).

Einkaufen

Auf dem Souk – Sonntags findet ein großer **Viehmarkt** statt; besonders der separate Eselsmarkt (kleinere Esel angeblich schon ab 300 DH im Angebot) ist ein Schauspiel ganz eigener Art.

Infos

Bus/Sammeltaxi

Busbahnhof und Sammeltaxistand liegen an der Place Centrale vor dem Hôtel El Filalia. Häufige Verbindungen – sowohl mit **Bussen** als auch mit Sammeltaxis – bestehen nach Erfoud und Er Rachidia; CTM-Nachtbus nach Meknes; Landrover nach Merzouga (es empfiehlt sich, die Rückfahrt von Merzouga – eventuell mit dem selben Fahrzeug – gleich mit zu organisieren).

Sammeltaxis nach Merzouga auch vom Soukgelände, Sammeltaxis nach Erfoud/Er Rachidia auch vom Hôtel Sijilmassa.

Vorsicht in Taouz
Bei der Ankunft in Taouz, schon im Grenzgebiet zu Algerien (der Grenzverlauf ist nicht präzise festgelegt), sollte man sich beim Militärposten und bei der Polizei melden. Eine Besichtigung der prähistorischen Felszeichnungen sollte man unbedingt mit einem ortskundigen Führer angehen.

Erg Chebbi bei Merzouga und Taouz !

▶ T 8

Merzouga liegt ca. 50 km, Taouz 79 km südöstlich von Erfoud. Von Rissani führt die bis in den marokkanisch-algerischen Grenzort Taouz durchgängig asphaltierte N 13 am Dünengelände des Erg Chebbi entlang nach Merzouga (etwa 35 km; von Erfoud aus führt die R 702 als Piste über den Ort Dar Kaoua zum Nordwestrand des Erg Chebbi). In Taouz besteht keine Übernachtungsmöglichkeit, in Merzouga an der N 13 gibt es eine weite Palette diverser Herbergen.

Ein Obstgarten am Rande der Wüste, von einer Dattelpalmenoase umgeben: **Merzouga** demonstriert anschaulich, dass die Wüste lebt. Wenige Kilometer entfernt erstreckt sich mit dem **Erg Chebbi** das größte Sandwüstengebiet Marokkos mit bis zu 150 m hohen Dünen, während hier dank unterirdischer Quellen und eines ausgeklügelten Systems von kleinen Bewässerungsgräben ein reichhaltiger Obst- und Gemüseanbau betrieben wird.

Der 1000-Seelen-Ort: ein ockerfarbenes Häusergewürfel am Rande des großen Sandes, eine kleine Moschee, einige kleine Hotels; ein letzter Vorposten vor der Wüste. Der Zufluss des Oued Ziz erreicht Merzouga freilich nicht mehr, die Dürre hat die flachen Seen der Umgebung ausgetrocknet, und wo einst Flamingos nisteten, ist inzwischen die Wüste auf dem Vormarsch.

Bei **Taouz**, schon im Grenzgebiet zu Algerien, sind allenfalls die prähistorischen Felszeichnungen (s. auch Tipp oben) von touristischem Interesse.

Übernachten

In den Dünen des Erg Chebbi wurden etliche, sehr spartanische *auberges* und einige ›Campingplätze‹ eröffnet – bescheidene Unterkünfte ohne Komfort, mit zumeist bedenklichen sanitären Einrichtungen. In Merzouga gibt es einfache Hotels, in Taouz keine Übernachtungsmöglichkeit.

In Merzouga findet sich inzwischen geradezu eine Unzahl an Unterkünften; bisweilen werden bis ans Unver-

schämte grenzende Preise verlangt, oft als Paket für Übernachtung, Halb- oder Vollpension und Kamelausritt in die Dünen offeriert. Merzouga ist überschaubar genug, um den Ort einmal zu Fuß zu durchstreifen und sich selbst, ohne die Hilfe der oft recht penetranten *guides*, ein Bild der Lage zu verschaffen.

Mit Wüstenfeeling – **Kasbah Hotel Said:** s. Mein Tipp S. 232.

Komfortabel – **Riad Nezha:** Ortsmitte, ausgeschildert, Tel. 0661 98 79 77, 0661 53 65 58, www.riadnezha.com, DZ/ÜF um 750–850 DH. Komfortables Kasbahhotel mit geräumigen Zimmern, gut eingerichtet, moderne Bäder.

Allrounder – **Chez Sadoq:** direkt bei den Dünen am Wasserturm, Tel. 0535 57 63 22, www.chezsadoq.com, DZ 400 DH. Für Exkursionen günstig gelegene, weitläufige 40-Zimmer-Anlage mit Terrassen, Restaurant, Bar und Pool. Auch Exkursionsangebote.

Familiär – **Chez Julia:** Hinter der Moschee, Tel. 0670 18 13 60, www.chezjulia.com, DZ 180–250 DH, zusätzlich ein Lehmhaus mit 2 DZ (komplett bis 4 Pers. um 500 DH). Sehr angenehmes, von einer Österreicherin geführtes kleines Hotel in einem alten, geschmackvoll renovierten Berberhaus mit fünf Zimmern, wunderschönes Dachzimmer und Garten. Dachterrasse, Duschen und WC separat.

Infos

Bus/Sammeltaxi: Von Merzouga Sammeltaxis nach Rissani, seltener nach Taouz. Von Merzouga tgl. Bus (Supra-Tours, Ticketschalter im Ort, Start 19 Uhr) nach Rissani–Erfoud–Er Rachidia–Midelt–Azrou–Meknes–Fès.

Ein Hauch von Sahara – der Erg Chebbi bei Merzouga

Das Beste auf einen Blick

Atlantikküste und Südwesten

Highlights!

Essaouira: Die Medina ist ein überschaubares Gelände mit angenehmen Riads, guten Restaurants, zahlreichen Galerien und interessanten Läden. S. 241

Paradise Valley und Les Cascades: Zu Beginn nicht eben paradiesisch, macht das Tal seinem Namen zusehends Ehre. Man sollte das Tal bis zu den Wasserfällen von Imouzzer (1160 m) hochfahren. S. 267

Tal der Ammeln: Eines der landschaftlich schönsten Täler im Anti-Atlas – schroffe Granitwände sowie üppige Öl- und Mandelbaumkulturen auf der Talsohle. S. 271

Auf Entdeckungstour

Musée municipal d'Agadir – Einblicke in die Welt der Berber: Ein Museum, das wie wenige in Marokko seine Exponate eindrucksvoll präsentiert und kenntnisreich kommentiert. Die Ausstellung widmet sich besonders den kulturellen Traditionen sowie den Sparten des Kunsthandwerks der Berber aus der Sous-Region. S. 256

Tourisme solidaire – Erkundungen im Landesinneren: Unter dem Etikett *séjour solidaire* bieten sich in der Region Tiznit etliche Möglichkeiten, den Alltag und die Arbeit der einheimischen Bevölkerung näher kennenzulernen. S. 272

Kultur & Sehenswertes

Purpurinseln: Direkt vor der Küste Essaouiras liegt dieses unter Naturschutz stehende Vogelreservat. S. 243

Sidi Kaouki: Das kleine Fischerdorf südlich von Essaouira verfügt über einen sehr schönen Strand. S. 250

Taroudannt: Die alte Hauptstadt der Sous-Region wird wegen ihrer reizvollen Stadtkulisse gerne Klein-Marrakesch genannt. S. 269

Zu Fuß unterwegs

Kleine Wanderung im Nationalpark Sous Massa: Feuchtbiotop und Savanne, Fluss und Meer – das unter Naturschutz stehende Gelände eignet sich gut für Wanderungen oder zur Beobachtung von Wasservögeln, etwa am Oued Massa, ebenso als Ziel eines Tagesausflugs für Familien mit Kindern. S. 268

Genießen & Atmosphäre

La Marina d'Agadir: Eine vergleichsweise mondäne Atmosphäre prägt den Jachthafen von Agadir, ein Ort, wo die umtriebige Stadt abends zur Ruhe kommt. Ladenpassagen, einige exklusive Boutiquen sowie das hervorragende Restaurant La Madrague sind hier angesiedelt. S. 259

La Gazelle d'Or: Dieses Luxushotel in einer weitläufigen Cottage-Anlage mit Landschaftspark am Stadtrand von Taroudannt gehört zu den renommiertesten seiner Klasse. S. 270

Abends & Nachts

Agadir gehört zu den wenigen marokkanischen Großstädten, die ein veritables Nachtleben verzeichnen. Die ›angesagten‹ Diskotheken sind vor allem jene, die den großen Luxushotels am Strand angegliedert sind. S. 264

Strände und Wüste

Agadir mag umstritten sein, aber als Ausgangspunkt für Touren nach Essaouira, Taroudannt oder Tiznit, ins Paradise Valley, ins Tal der Ammeln oder zum Nationalpark Sous Massa ist das mondäne Seebad hervorragend geeignet.

Die West-Sahara-Region präsentiert sich als karges, stellenweise vegetationsloses Gelände, geprägt von der endlosen Stein- und Geröllwüste *(hammada),* einsamen Buchten und Salzseen. Nachdem es im November 2010 in Laayoune, der Kapitale der West-Sahara, zu gewaltsamen Tumulten kam, als marokkanisches Militär eine Zeltstadt der Sahraouis räumte, steht zu vermuten, dass die Region weiterhin im touristischen Windschatten liegt.

Die Provinzhauptstadt Essaouira (ca. 120 000 Einwohner) mit einem Fischereihafen liegt am Rand einer weiten Bucht. Sie zählt zu den sehenswertesten Städten und schönsten Badeorten an der südlichen Atlanktikküste Marokkos. Mit ihrer von der UNESCO auf die Liste des Weltkulturerbes gesetzten Medina ist die Stadt der beste Einstieg für Marokko-Neulinge. Agadir, Seebad mit ›Sonnengarantie‹, versammelt europäische Winterflüchtlinge, Guelmim und Tan Tan präsentieren sich als typische Siedlungen am Rande der Einöde und Laayoune plustert sich auf als Hauptstadt der West-Sahara.

Infobox

Touristeninformation

– Essaouira

Délégation du Tourisme: 10, Rue du Caire, Tel. 0524 78 35 32. Recht gutes Informationsmaterial, Stadtplan; hilfreich ist das Stadtmagazin Le Guido.

– Agadir

Délégation du Tourisme: Av. Mohamed V, Immeuble Ignouane (etwa gegenüber der Marina), Tel. 0528 84 63 77, begrenzt hilfreich.

– Laayoune

Délégation du Tourisme: dem Hotel Parador gegenüber, Tel. 0528 89 16 94.

Internet

www.leguido.com
www.clipsmag.com
www.essaouiratourisme.com
www.tourismeagadir.com
www.visitagadir.com

Anreise und Weiterkommen

Der Charterflughafen Agadir-Al Massira liegt 22 km südöstlich des Stadtzentrums in Richtung Ait Melloul (Taxitransfer ca. 200 DH). Die Verkehrsinfrastruktur in der Region ist hervorragend ausgebaut, die Autobahn verbindet Agadir mit Marrakesch (landschaftlich spektakulärer ist freilich die Passstraße über den Tizi n'Test).

Die N 1 führt (oft direkt an der Atlantikküste entlang) von Essaouira bis Laayoune und zur mauretanischen Grenze. Aufgrund des ungeklärten völkerrechtlichen Status der West-Sahara ist im Großraum Laayoune und vor allem in den grenznahen Gebieten der West-Sahara mit intensiven Polizeikontrollen zu rechnen; man sollte die N 1 nicht verlassen – das Gelände ist stellenweise vermint!

Essaouira ! ▸ M 7

Kaum eine Stadt eignet sich so für Marokko-Neulinge wie Essaouira, das seinen ruhig-trägen Lebensrhythmus beibehalten hat. Die übersichtliche Medina, von der UNESCO auf die Liste des Weltkulturerbes gesetzt, ist für den Verkehr gesperrt und daher eine echte Flaniermeile, das Fehlen penetranter ›Fremdenführer‹ erleichtert das eigene Erkunden der Stadt, es gibt etliche Riads, gute (Fisch-)Restaurants, Kunstgalerien, Cafés und in den Arkadenläden entlang der Scala ein weit gefächertes Angebot an Kunsthandwerk. Wenigen Städten ist der Balanceakt, von der touristischen Konjunktur zu profitieren und gleichzeitig einen ganz eigenen urbanen Charme zu bewahren, so mühelos gelungen wie Essaouira.

Geschichte

Die Essaouira vorgelagerten Purpurinseln wurden seit dem 7. Jh. v. Chr. von phönizischen und karthagischen Seefahrern als Ankerplatz genutzt. Die Römer bezeichneten die Inseln als *insulae purpurariae*, nach einer Purpurmanufaktur, die der Mauretanierkönig Juba II. (25 v. Chr.–23 n. Chr.) dort betrieb. 1506 ließ der portugiesische König Manuel I. auf dem Festland an der Stelle der heutigen Stadt die Festung Mogador bauen. Später nutzten Piraten den Ort als Schlupfwinkel.

Die eigentliche Gründung der Stadt unter dem Namen Mogador datiert aus dem Jahr 1760, als der Alaouiten-Sultan Sidi Mohamed Ben Abdallah (1757–90) dem gefangenen französischen Architekten Théodore Cornut den Bauauftrag für die Altstadt und den Hafen erteilte. In Anlehnung an die europäische Militärarchitektur entwarf Cornut die streng rechtwinklige Stadtanlage – ein wohl einmaliger Grundriss für eine marokkanische Medina. Nach der Schließung des Hafens von Agadir 1765 entwickelte sich Essaouira zu einem der bedeutendsten Häfen des Landes und unterhielt ausgedehnte Handelsverbindungen mit Europa. Im 18./19. Jh. siedelten sich zahlreiche jüdische Händler an. Essaouira hatte damals einen der höchsten jüdischen Bevölkerungsanteile, die Mellah der Stadt im Nordosten der Medina war zeitweise die größte Marokkos. 1844 beschossen französische Kriegsschiffe die Stadt. Ende des 19. Jh. verlor der Hafen Essaouiras an Bedeutung. Viele jüdische Bewohner verließen um die Wende vom 19. zum 20. Jh. die Stadt.

Heute ist Essaouira vornehmlich als Badeort (in der Sommersaison stark von marokkanischen Familien aus dem Binnenland frequentiert) sowie als Kunsthandwerkszentrum bedeutend.

Medina

Einen Rundgang durch die Medina startet man am besten am **Bab es Sebaa** **1**. Das Tor schließt die lange Strandpromenade, Boulevard Mohamed V, ab, hinter der in den 1980er-Jahren ein modernes Wohn- und Verwaltungsviertel entstand. Durch das Tonnengewölbe des Bab es Sebaa gelangt man in die Avenue du Caire, welche die Hauptachse der Medina kreuzt, gebildet aus den Straßen Avenue Okba Ibn Nafi, Avenue de l'Istiqlal und Rue Mohamed Zerktouni. Im Südwesten endet der Straßenzug beim Vorplatz des Hafens an der Place Moulay el Hassan.

In der Avenue de l'Istiqlal und ihrer Parallelstraße Rue Sayaghine bieten zahlreiche Juweliere ihre Waren an, an ihrem Ende, durch Tore begrenzt,

bildet der **Souk Djedid** 2 das quirlige Zentrum der Medina mit dem Lebensmittel-, Getreide-, Fisch- und Gewürzmarkt sowie dem Trödlermarkt (Fr Markt). Die Rue Mohamed Zerktouni verbindet die Souks mit dem wuchtigen **Bab Doukkala** 3, dem von zahlreichen Imbissbuden gesäumten nordöstlichen Ausgang der Medina. Durch dieses Tor gelangt man zum Busbahnhof.

Die Geschützstellungen (Scala de la Kasbah 6, s. S. 243) liegen an der Westseite der Medina. Man biegt von der Avenue de l'Istiqlal in die Rue El Attarine ein. In ihrer Verlängerung, der Rue Laalouj, befindet sich das **staatliche Kunsthandwerkszentrum (Ensemble artisanal)** 4. Essaouira ist berühmt für Möbeltischlerei, Holzeinlegearbeiten und Silberschmuck.

Musée Sidi Mohamed Ben Abdallah 5

Tel. 0524 47 53 00, Mi–Mo 8.30–18.30 Uhr, 10 DH

Ein paar Schritte weiter, gegenüber vom Hotel Majestic, zeigt das sehenswerte Musée Sidi Mohamed Ben Abdallah lokales Kunsthandwerk, eine

Essaouira

Sehenswert
1 Bab es Sebaa
2 Souk Djedid
3 Bab Doukkala
4 Ensemble artisanal
5 Musée Sidi Mohamed Ben Abdallah
6 Scala de la Kasbah
7 Fischereihafen

Übernachten
1 Heure Bleue Palais
2 Riad Chbanate
3 Hôtel des Îles
4 Villa Maroc
5 Le Medina Essaouira
6 Dar L'Oussia
7 Auberge Tangaro
8 Riad Al Madina
9 Lalla Mira
10 Riad Baladin
11 Maison du Sud
12 Al Jasira Hôtel
13 Ryad Mogador
14 Riad Hôtel Dar El Qdima
15 Hôtel La Gaviola (ehem. Hôtel Tafoukt)
16 Hôtel Sahara
17 Le Mechouar
18 Hôtel Gnaoua
19 Château Mogador
20 Riad Sidi Magdoul
21 Hôtel Beau Rivage
22 Tangaro

Essen & Trinken
1 Côté Plage
2 Restaurant Il Mare
3 Restaurant du Port Chez Sam
4 Le Km 8
5 Restaurant Les Alizés
6 Restaurant Sirocco
7 Restaurant Taros
8 Le Patio
9 Restaurant La Petite Perle

Aktiv
1 Strand
2 L'Atelier Madada

Abends & Nachts
1 Le Chrysalis
2 After 5

Sammlung traditioneller Musikinstrumente und Dokumente zu religiösen Bruderschaften.

Scala de la Kasbah und Hafen

Am Ende der Rue Laalouj stößt man auf die Nordwest-Bastion mit der **Scala de la Kasbah** 6. In den ehemaligen Waffendepots und Festungsanlagen haben Kunsttischler ihre Werkstätten eingerichtet. Die Scala präsentiert sich heute als etwa 200 m lange Aussichtsplattform entlang des Kasbah-Walls, mit einem reichen Arsenal auf den Atlantik blickender Bronzekanonen. Die meisten wurden im späten 18. Jh. in Spanien gegossen. Die ältesten Modelle stammen aus dem 16. Jh.

Etwas weiter südlich liegt der **Fischereihafen** 7 mit der 1769 erbauten Porte de la Marine (Bab Marsa). Bei den Hafenbecken befinden sich sechs traditionelle Bootswerften, auf denen von Hand in Präzisionsarbeit Fischerboote gebaut werden. Am Hafen und am Anfang der von der Porte de la Marine ausgehenden Place Moulay el Hassan kann man an zahlreichen Grillständen und in Restaurants sehr guten Fisch essen. Hier beginnt der etwa 6 km lange Strand von Essaouira. Baden ist fast das ganze Jahr über möglich, allerdings sorgen die heftigen Nord- und Nordostwinde immer wieder für eine empfindliche Trübung der Badefreuden. Im Süden der Strandzone liegt ein ausgedehntes Dünengelände.

Purpurinseln

Besuch nur mit Genehmigung der Provinzverwaltung, kein regulärer Bootsverkehr, Leihboote sind über die Hafenkommandantur zu chartern, für vier Personen hin und zurück kaum unter 100 DH

Die **Îles Purpuraires** rund 1 km vor der Küste befinden sich seit 1979 als ornithologisches Reservat (sehenswert) unter Naturschutz. Auf der Hauptinsel Mogador (Île de Mogador oder Grande Île) stehen Ruinen einer Festung und einer Moschee.

Übernachten

Trotz einer massiv ausgebauten Hotelkapazität kann es während der Sommermonate, wenn Pauschaltouristen und marokkanische Familien in Essaouira Urlaub machen, zu Unterkunftsengpässen kommen. Rechtzeitiges Reservieren ist angesagt für denjenigen, der im Hotel seiner Wahl logieren möchte. Ohne Reservierung sollte man sich ab mittags auf Zimmersuche begeben.

Erlesener Luxus – **Heure Bleue Palais 1**: 2, Rue Ibn Batouta (direkt beim Bab Marrakesch), Tel. 0524 78 34 34, www.heure-bleue.com, DZ 1800–3200 DH, Suiten 3300–4450 DH (je nach Standard, Saison). Luxuriöse, geschmackvolle Zimmer, klassische Patioanlage, Spa, Pool auf der Dachterrasse. Relax-Adresse für Gutbetuchte.

Frisch renoviert – **Riad Chbanate 2**: 179, rue Chbanate, Tel. 0524 78 33 34, www.riadchbanate.com, DZ/ÜF 1430–2200 DH. Acht geräumige Zimmer, Tadelakt-Bäder, Panoramazimmer auf der Dachterrasse.

Bungalows in Strandnähe – **Hôtel des Îles 3**: Bd. Mohamed V, Tel. 0524 78 36 36, www.hotel-des-iles.com, DZ 1200–1500 DH. Bungalowhotel direkt am Strand mit Restaurant, Pool, Bar, großer Gartenanlage.

Riad-Ensemble aus dem 18. Jh. – **Villa Maroc 4**: 10, Rue Abdallah Ben Yacine, in der Nähe des Uhrenturms, Tel. 0524 47 61 47, www.villa-maroc.com, DZ 1120–1700 DH, *tarif promotionnel* um 900–1050 DH, Abendessen/*dîner* 200 DH. 20 stilsicher eingerichtete Zimmer in einem aus mehreren Riads aus dem 18. Jh. bestehenden Gebäudekomplex, lauschiger Innenhof, Dachterrasse, renommierte Küche, Hamam, orientalische Schönheitspflege, Massagen, unter schweizerisch-marokkanischer Leitung.

Wellness – **Le Medina Essaouira 5**: Bd. Mohamed V, ca. 3 km stadtauswärts, Tel. 0524 47 90 00, www.lemedina-essaouira.com, DZ um 1000–2000 DH (je nach Standard, Saison). Haus mit 120 Zimmern im Fünf-Sterne-Luxus, 20 Zimmer mit Meerblick, spezielle Wellnessangebote, u. a. von Thalassotherapie.

Edel – **Dar L' Oussia 6**: 4, rue Mohamed Ben Massaoud, hinter dem Bab Sebaa erste Seitenstraße links von der Rue du Caire, Tel. 0524 78 37 56, www.riad-darloussia.com, DZ/ÜF 940/1100 DH *(comfort/de luxe)*, 1400 DH *(Juniorsuite)*. Geschmackvoll eingerichteter, luxuriöser Riad mit Restaurant, Bar, Solariumterrasse.

Idyllisch – **Auberge Tangaro** **7**: Ca. 5 km südlich von Essaouira im Quartier Diabat an der Verbindungsstraße zur N 1 Richtung Agadir, Tel. 0524 78 47 84, www.auberge-tangaro.com, DZ/ÜF 765–870 DH. Sehr angenehme Unterkunft, idyllisch in eine Gartenanlage gebettet, mit Restaurant und Pool.

Stilvoll – **Riad Al Madina** **8**: 9, rue El Attarine, Tel. 0524 47 59 07, www.riadalmadina.com, DZ 650–860 DH. 31 Zimmer, 9 Suiten in einem 1871 gebauten Riad mit klassischer Patioarchitektur.

Alles Bio – **Lalla Mira** **9**: 14, rue d'Algerie nahe am Bab Marrakech, beim Souk Ouaka, Tel. 0524 47 50 46, www.lallamira.net, DZ/ÜF 650 DH mit Frühstück. 13 Zimmer in einem ökologischen Prinzipien verpflichteten Hotel unter deutscher Leitung. Fisch, Vollwert- und vegetarische Kost im hoteleigenen Restaurant, Menüs 90–120 DH. Hamam mit thermischer Solaranlage.

Stylish – **Riad Baladin** **10** : 9, rue Sidi Magdoul, Tel. 0524 47 30 94, www.riadbaladin.com, DZ um 640–740 DH, DZ/ÜF um 740–850 DH. 10 helle, luftige Zimmer, sehr geschmackvoll eingerichtet, Tadelakt-Bäder, Panoramaterrasse, schweizerisches Management.

Komfortabler Riad – **Maison du Sud** **11**: 29, av. Sidi Mohamed Ben Abdallah, Tel.

Blick auf die Medina von Essaouira

Lieblingsort

Idealer Ort für Entdeckungen – die Medina von Essaouira

Es gibt offenbar Städte, deren authentischer Kern den Zumutungen des (Massen-)Tourismus standzuhalten vermag. Wie wenige Städte im südlichen Marokko hat gerade Essaouira in den vergangenen Jahren einen stürmischen touristischen Aufschwung genommen, ohne seinen Zauber freilich an die Diktate des Marketing zu verlieren. Besonders die ab 1760 angelegte, vollständig erhaltene Medina ist ein ideales Revier für Marokko-Neulinge – ein Universum in einer Nussschale (s. Cityplan S. 243).

0524 47 41 41, www.riadmaisondusud.com, DZ 540–720 DH. 24-Zimmer-Hotel in einem umgebauten Riad aus dem 18. Jh., manche Räume mit Betten auf einer eingezogenen Galerie.

Solide – **Al Jasira Hôtel** 12: 18, rue Moulay Ali Cherif, Quartier des Dunes, Tel. 0524 78 44 03, www.aljasirahotel-mogador.com, DZ 430–540 DH.

Ohne Alkoholausschank – **Ryad Mogador** 13: Route de Marrakech, etwa 3 km stadtauswärts, Tel. 0524 78 35 55, www.ryadmogador.com, DZ 400–700 DH.140 Zimmer (Bungalowanlage), 16 Suiten, Schwimmbad, Sauna, in den Restaurants kein Alkoholausschank.

Familiär – **Riad Dar El Qdima** 14: 4, rue Malek Ben Rahal/Av. de l'Istiqlal, Tel. 0524 47 38 58, www.darqdima.com, DZ 350–400 DH. Angenehmes kleines Hotel, Panorama von der Dachterrasse.

Meerblick – **Hôtel La Gaviola** 15: 58, bd. Mohamed V. 2018 soll das ehemalige **Hotel Tafoukt** unter diesem Namen neu eröffnet werden.

Einfach – **Hôtel Sahara** 16: Av. Okba Ibn Nafi, Tel. 0524 47 52 92, 92, www.hotelsahara-essaouira.com, DZ 350–450 DH.

Gutes Mittelklasse-Hotel – **Le Mechouar** 17: Av. Okba Ibn Nafi, Tel. 0524 47 58 28, www.lemechouardarna-essaouira.com, DZ 350–400 DH. Gutes Preis-Leistungs-Verhältnis.

Familiär – **Hôtel Gnaoua** 18: 89, av. Mohamed Zerktouni (nahe beim Bab Doukkala), Tel. 0524 47 52 34, www.gnaouahotel.com, DZ 300–450 DH. Nettes kleines Hotel, günstig gelegen für Busreisende.

Zimmer mit Aussicht – **Château Mogador** 19: 18, rue Princesse Lalla Hasna, Quartier des Dunes, Tel. 0524 47 69 00, DZ 300 DH. 25-Zimmer-Haus (einige Zimmer mit Meerblick).

Angenehm – **Riad Sidi Magdoul** 20: 21, rue Abdesmih, Tel 0524 47 48 47, www.riad-sidimagdoul.com, DZ 300 DH. Freundliches kleines Hotel in der Medina, acht Zimmer.

Low Budget in exzellenter Lage – **Hôtel Beau Rivage** 21: 14, pl. Moulay el Hassan, Tel. 0524 47 59 25, beaurivage@menara.ma, DZ um 250 DH. Der Klassiker für Low-Budget-Reisende verfügt über eine Dachterrasse mit Panorama über Medina und Hafen.

Camping – **Camping Tangaro** 22: etwa 5 km südlich von Essaouira im Quartier Diabat an der Verbindungsstraße zur N 1 Richtung Agadir, Tel. 0524 78 57 35. **Camping Jasmine**: 8 km an der N 1 Richtung Agadir, Tel. 0524 47 44 40.

Essen & Trinken

Speisen mit Ausblick – **Côté Plage** 1: Bd. Mohamed V (gegenüber dem Hotel Le Médina Essouira), Tel. 0524 47 9000, um 150–300 DH. Gediegene À-la-carte-Gastronomie, marokkanische und französische Gerichte, schöne Strandterrasse.

In-Adresse – **Restaurant Il Mare** 2: 43, rue Yamen, am äußersten Ende der Scala, Tel. 0524 47 64 17, tgl. 11–24 Uhr. Fischteller und Meeresfrüchte 150–250 DH, *tajines* 100–180 DH, Nudelgerichte und Pizzen 80–140 DH, Mittagsmenüs um 150 DH, erlesene Weine, ausgesuchtes Vorspeisen- und Dessert-Angebot; abends Livemusik. Superbe Panoramaterrasse. Hat leider offenbar erheblich an gastronomischem Renommé verloren.

Fischspezialitäten – **Restaurant du Port Chez Sam** 3: am äußersten Ende der Hafenmole, Tel. 0524 47 65 13. Vorspeisen 30–60 DH, fangfrischer Seefisch (Menüs) 100–220 DH, Fischteller 80–100 DH, Langusten und Hummer 80–150 DH. Auf Fischgerichte und Meeresfrüchte spezialisiert.

Etwas außerhalb – **Le Km 8** 4: 8 km südlich von Essaouira an der N 1 Richtung Agadir, Tel. 066 25 21 23, Di–So. Vorspeisen 50–100 DH, Fleischgerichte 100–150 DH, *tajines/couscous* 100–120 DH. Restaurant, das sich gastronomische Meriten erworben hat.

Marokkanische Küche – **Restaurant Les Alizés** 5: 26, rue de la Scala, Tel. 0524 47 68 19, Mo–Sa. Fischgerichte, *tajines* um 100 DH, Couscous mit Beilagen 80–100 DH, ausgezeichnetes 3-Gänge-Menü 130 DH. Marokkanische Klassiker.

Gut und preiswert – **Restaurant Sirocco** 6: 15, rue Ibn Rochd, in der Nähe der Scala, Tel. 0524 47 23 96, So–Fr. *tajines* 50–80 DH, Fischgerichte 80–120 DH, Menüs um 100 DH. Kleines, von einer Französin mit Kennerschaft geführtes Restaurant, reichhaltige Weinkarte.

Beliebter Treffpunkt – **Restaurant Taros** 7: Pl. Moulay El Hassan (am Anfang der Rue de la Scala), Tel. 0524 47 64 07, tgl. bis etwa 2 Uhr geöffnet. Restaurant (Gerichte um 100 DH), Bar, Boutique, Kunstgalerie in einem. Große Getränkeauswahl (100–150 DH), angeschlossenes *café littéraire,* an den Wochenenden Live-Acts.

Tapas satt – **Le Patio** 8: 28 bis, rue Moulay Rachid (Querstraße zur Rue Allal Ben Abdallah), Tel. 0524 47 41 66, Di–So 17.30–23 Uhr, Fischgerichte 80–140 DH. Auf *ocean food* spezialisiertes Restaurant, reichhaltige Auswahl an Tapas, Bar, gediegenes Ambiente.

Günstig – **Restaurant La Petite Perle** 9: 2, rue El Hajalli, Tel. 0524 47 50 50. *Harira* 20 DH, *tajines* um 50 DH, Menüs 60–100 DH. Marokkanische Gerichte.

Sollte man probieren – **Garküchen:** Am Hafenvorplatz (zwischen Fischereihafen 7, Bab Marsa, Bd. Mohamed V, Pl. Mouley El Hassan) werden allabendlich zahlreiche Garküchen aufgebaut, in denen vor allem gegrillter Fisch zubereitet wird – unbedingt einen Versuch wert.

Einkaufen

Holzeinlegearbeiten – **Ensemble artisanal** 4: 11, rue Laalouj, in der Nähe des Musée Sidi Mohamed Ben Abdellah. Essaouira ist berühmt für seine Holzeinlegearbeiten, besonders für Intarsien in poliertem Thuja-Wurzelholz oder Zitronenbaumholz. Gefertigt werden vornehmlich Schatullen und Kästchen aller Art und Größen, Schachbretter, Armreifen mit eingelegtem Silber sowie auch größere Möbelstücke. Die **Werkstätten** liegen im Kasbahviertel der Medina in den Gelassen unmittelbar an den Festungsmauern der Skala – günstigere Preise als in den Königsstädten, Handeln ist obligatorisch! Im **Ensemble artisanal** dagegen wird zumeist gute bis exzellente Qualität zu Festpreisen angeboten. Dies kann angesichts von mitunter zweifelhafter Qualität und überhöhten Ausgangsforderungen beim Handeln in den Werkstätten die günstigere Kaufalternative sein. Am besten, man inspiziert Waren und Preise sowohl in den Werkstätten als auch im Ensemble artisanal. In den Boutiquen der Medina gilt in der Regel ein oft wesentlich höheres Preisniveau.

Kitsch und Kunst – Essaouira ist in den letzten Jahren zu einer Künstlerkolonie avanciert; entsprechend häufig sieht man in der Medina **Galerien und Boutiquen,** in denen Kunst und Kunsthandwerk feilgeboten werden – von Kitsch bis zu ausgesucht schönen Unikaten: eine Einladung zum Stöbern, Schauen und Handeln.

Aktiv

Baden und Surfen – Essaouira besitzt einen schönen, leidlich sauberen **Strand** 1 (im Sommer ziemlich überlaufen). Beim **Fanatic Surf Center** kann man Surfbretter leihen; Surfkurse für Anfänger. Das Badevergnügen kann durch Sturmstärke erreichende Winde – in Essaouira weht immer irgendein Wind, oft mehrere gleichzeitig – gelegentlich empfindlich getrübt werden.

Kochkurse – **L'Atelier Madada** **2**: 7 bis, Rue Youssef el Fassi (neben After 5, s. Abends & Nachts), Tel. 0524 47 55 12, www.madada.com. Wer sich mit den Grundzügen der marokkanischen Küche, ihren bevorzugten Produkten, Zubereitungsarten, kulinarischen Raffinessen vertraut machen will, der ist hier an der richtigen Adresse. Der Kochkurs (max. 8 Pers.) inkludiert einen Marktbummel.

Abends & Nachts

Inzwischen beginnt sich in Essaouira wenigstens in Ansätzen ein Nachtleben anzudeuten.

Elegant – **Le Chrysalis** **1**: Complexe Bin Al Aswar S 2 (beim Bab es Sebaa), Tel. 0524 47 26 63, www.lechrysalis-essaouira.com, tgl. 9–ca. 2.30 Uhr. Kombination aus Restaurant, Lounge und Bar; elegant und chic gestylt.

Verkosten und chatten – **After 5** **2**: 7, Rue Youssef el Fassi (an der Rue de Caire), Tel. 0524 47 33 49, tgl. 12–ca. 24 Uhr. Café, Lounge und Restaurant (französische und marokkanische Küche); große Cocktailauswahl, WLAN und angenehme Atmosphäre.

Infos & Termine

Infos

Délégation du Tourisme: 10, Rue du Caire, Tel. 0524 78 35 32, Fax 0524 78 35 30, Mo–Fr 9–16.30 Uhr. Sehr hilfreich ist das hier verteilte Le Guido. Magazine d'Essaouira (www.leguido.com), außerdem ein kostenloser, detaillierter Faltstadtplan im Westentaschenformat. Informationen, etwa zu Hotels und Riads, auch unter www.clipsmag.com.

Termine

Festival Gnaoua Musiques du Monde: Essaouira richtet ein der Gnaoua-Musik und verwandten Stilrichtungen der Weltmusik gewidmetes **Festival** aus. Termine dieses Festivals und weiterer Veranstaltungen/Festivals über die Délégation de Tourisme.

Verkehr

Bus: Der von den **Privatlinien** angefahrene **(Fern-)Busbahnhof** liegt vom Bab Doukkala (Nordostausgang der Medina) aus etwa 2 km auf der Av. du 2 Mars Richtung Nordosten (Stadttaxi nehmen). Von dort gibt es mehrere Verbindungen tgl. u. a. nach Agadir–Tiznit, Casablanca (meist über Safi und El Jadida) und Marrakesch. Der **CTM-Busbahnhof** (Tel. 0522 54 10 10; Ticketschalter in der Rue du Caire, Tel. 0524 78 47 64) liegt im Lotissement Azlef an der Place du 11 Janvier. Ab **Bab Doukkala** fahren diverse **Regionalbusse** in die nähere Umgebung.

Taxis: Sammeltaxis nach Agadir und Marrakesch starten vom Busbahnhof an der Av. du 2 Mars. Taxistände der **Stadttaxis** finden sich am Bab Es Sebaa, an der Place Orson Welles (nahe Bab El Minzah) und beim Bab Doukkala. Stadttaxi-Tarif 7 DH.

Sidi Kaouki ▸ M 7

Sehr zu empfehlen ist ein (Tages-) Ausflug in das etwa 25 km südlich von Essaouira gelegene Fischerdorf **Sidi Kaouki**. Der Ort (markantestes Bauwerk ist ein halb verfallener Marabout zum Gedenken an den heiligen Sidi Kaouki), vom Massentourismus noch unbehelligt, eignet sich für ausgedehnte Strandwanderungen oder Touren ins Hinterland, zum Surfen und Baden in einer kleinen Bucht sowie zum Ausspannen für Familien mit Kindern.

Übernachten

Familiäres Idyll – **Le Kaouki:** ausgeschildert, Tel. 0524 78 32 06, www.sidikaouki.com, DZ/ÜF 350–390 DH. Französisch-deutsche Leitung, 10-Zimmer-Hotel (statt Strom gibt es Kerzenlichtromantik, statt Lärm die Geräusche der Brandung, statt Hotelstandard individuelle Zimmer mit Meerblick), hervorragender Service und sehr freundliches Personal. Absolut Familien- und kindertauglich, Angebote von Massagen mit Arganöl, auch Organisation von Festen, Restaurant (exzellente Küche mit Produkten aus regionalem Anbau), *dîner* 120 DH.
Surfer's point – **Blue Kaouki Hotel:** Tel. 0667 52 68 91, www.bluekaouki.com, DZ 330 DH, DZ/Meerblick 440 DH, Suite 550–770 DH. Eine gute Adresse für junge Leute und Surfer, mit einem stimmigen Gesamtkonzept.

Infos

Bus: tgl. mehrere Regionalbusse von/nach Essaouira (Bab Doukkala).
Pkw: von der N 1 ausgeschildert.

Agadir ▶ M 9

Perle des Südens oder Weiße Stadt am Meer: Den Badeurlaub in Agadir (ca. 650 000 Einwohner) haben sämtliche großen Reiseveranstalter im Programm, und die Saison – die Prospekte sprechen von 330 Sonnentagen im Jahr – nimmt schier kein Ende. Agadir ist das mit Abstand größte Touristikzentrum des Landes, 25 000 Hotelbetten gibt es hier – und das sind immer noch nicht genug, um die Jahr für Jahr wachsenden Touristenströme zu fassen. So entsteht derzeit im Stadtteil Founty ein riesiges neues Tourismuszentrum.

Klimaverwöhnt, in einer weiten Bucht mit breitem Sandstrand gelegen, die fruchtbare Sous-Ebene als Hinterland, vor der Kulisse der Ausläufer des Hohen Atlas, hat sich Agadir zu einem international beliebten Seebad entwickelt. Wirtschaftlich bedeutend sind außer dem Tourismus die Fisch verarbeitende Industrie, der Hafen, der zu den umschlagstärksten des Landes gehört, und die Zementwerke im Nordwesten der Stadt.

Am Strand von Agadir

Agadir

Essaouira
Route d'Essaouria
Avenue el Moun
Av. Mohamed V
Avenue du Port
Av. Tawada/R. de la Plage
Hafen
Rue Achouhada
Rue du Paris
Rue Mokhtar Soussi
Rue des Nations Unies
Rue du Caire
QUARTIER RESIDENTIEL
Avenue des Forces Armées Royales
Boulevard Mohamed Cheikh Saadi
Exposition de la Memoire
Jardin de Olhão
Place Lahcen Brahim Tamri
Rue Yacoub-el-Mansour
Place Lahcen Tamri
Rue de Madrid
Avenue du Général Kettani
Rue de L'O.U.A.
Avenue du Président Kennedy
Rue de Tarfaya
Rue el-Mehdi ben Toumert
Rue Hubert Giraud
Masjid Loubnane
R. des Oranges
Bd. Hassan II
Rue de L'Entraide
Rue Chinguit
NOUVEAU
Avenue A. b. Abdallah
TALBORJT
Mosquée Mohammed V
R. des Adm. publiques
CENTRE
Cinéma Rialto
Avenue du Prince Moulay Abdallah
Agriculture
Inspection des Impôts
Province
Urbanisme
Travaux Publics
Industrie et Mines
Place Hassan II
Rue de L'Entraide
Rue du 29 Février
Avenue du Président Kennedy
Rue Ibn Batouta
Vallée des Oiseaux
Place Al Amal
Av. Prince Sidi Mohamed
Rue de l'Hôtel de Ville
URBAN
Rue Imam el Jazouli
Jardin Ibn Zidoun
Boulevard du 20 Août
Place Bijaouane
Place Al Wahda
Rue de la Plage
Avenue Mohamed V
Rue de la Jeunesse
Jeunesse et Sports
Rue de la Foire
Synagogue Beth-El
Rue du 18 Novembre
Rue de Marrakesh
Rue de Fès
Le Royal Tennis Club d'Agadir
Al Medina Center
Théâtre municipal
Passage Ait Souss
Stade Al Inbiaâte
Boulevard Hassan II
Rue d'Oujda
Rue Moulay Idriss
0
100
200 m

0
500
1000 m
Hôpital Hassan II
CHARAF
LES AMICALES
BOUARGANE
Av. el Moun
Bd. Mohamed Cheikh Saadi
Oued Idli
Marrakesch
Rue de Damas
Rue des Nations Unies
Kuweit
QUARTIER RESIDENTIEL
Rue Achouhada
Av. Moulay Youssef
Av. Moulay Ismail
R. Yacoub el Mansour
Armées Royales
Av. des Forces
R. de Madrid
Av. du Général Kettani
Av.
Av. du
CITÉ DU PRINCE HÉRITIER SIDI MOHAMED
Jardin Ibn Zidoun
Rue du 18 Novembre
Rue Ben Batouta
Pl. Hassan II
Rue du 29 Février
Président Kennedy
Av. P. Moulay Abdallah
Av. P.H. Sidi Mohamed
Rue de la Jeunesse
Hassan II
Passage Aït Souss
R. du 18 Novembre
Rue de Marrakech
Rue de Fès
Rue Moussa Ibnou Nossair
Rue de 2 Mars
Rue el Mouakaouma
Rue des Souks
QUARTIER INDUSTRIEL
Av. Abderrahim Bouabid
Bd. Mohamed Cheikh Saadi
Oued Sous
HOTEL- UND BADE- ZONE
Bd. du 20 Août
siehe Detailkarte
16
21
Av. Mohamed V
Rue de Meknès
Place es Salaam
Av. Hassan II
Rue de l'Oued Souss
7
8
Bd. du 20 Août
2
6
8
Chemin des Dunes
CITÉ FOUNTY
5
3
1
Av. Mohamed V
9
Inezgane, Aït Melloul, Flughafen, Tiznit, Taroudannt
2

Agadir

Sehenswert
- 1 Kasbahruine
- 2 Marché municipal
- 3 Rathaus
- 4 Zoologischer Garten
- 5 Musée municipal d'Agadir
- 6 Talborjt-Viertel
- 7 Ensemble artisanal
- 8 Souks
- 9 Marina d'Agadir

Übernachten
- 1 Sofitel Agadir Thalassa Sea & Spa
- 2 Atlantic Palace
- 3 Palais des Roses
- 4 Beach Albatros Hôtel
- 5 Iberostar Founty Beach
- 6 Atlas Amadil Beach
- 7 Agadir Beach Club
- 8 Tikida Beach
- 9 Robinson Club Agadir
- 10 Hôtel Tafoukt
- 11 Hôtel Argana
- 12 Tildi Hôtel
- 13 Anezi Tower Hôtel & Apartments
- 14 Kenzi Europa
- 15 Hôtel Odyssee Park
- 16 Hôtel Adrar
- 17 Hôtel Kamal
- 18 Bahia City Hôtel (ehem. Hôtel Sud Bahia)
- 19 Tulip Inn Oasis
- 20 Hôtel Sindibad
- 21 Hôtel Royal
- 22 Hôtel Marhaba
- 23 Hôtel Petite Suède
- 24 Hôtel Talborjt
- 25 Hôtel Diaf
- 26 Hôtel Najem
- 27 Camping municipal

Essen & Trinken
- 1 La Madrague
- 2 Captain's Bodega
- 3 Les Blancs
- 4 Côté Court
- 5 Mozartstube
- 6 L'Amiral
- 7 Restaurant du Port Yacht Club
- 8 Touristenkomplex Tamlelt
- 9 La Tour de Paris
- 10 Via Veneto
- 11 Jour et Nuit
- 12 L'Anice

Einkaufen
- 1 Shopping Mall
- 2 La Medina d'Agadir
- 3 Argane Saryno

Aktiv
- 1 Strand

Abends & Nachts
- 1 Actor's
- 2 The Central Pub

Geschichte

Unsicher ist, ob bereits in der Antike ein phönizischer oder römischer Hafen an dieser Stelle lag. Gegründet wurde der Ort 1505 als portugiesische Festung an der Atlantikküste von dem Großhändler João Lopes de Sequeira, der ihn 1513 an die portugiesische Krone verkaufte. Ab 1531 bedrängten die in der Sous-Ebene ansässigen Saadier die Festung. Erst zehn Jahre später gelang es ihnen, den Ort einzunehmen und die Portugiesen zu vertreiben.

Unter den Saadiern stieg Agadir zu einer wichtigen Hafenstadt auf. Am Verkehrsknotenpunkt zwischen Sous-Ebene, Sahara und Sudan-Zone wurde vornehmlich Zuckerrohr umgeschlagen. Der Niedergang erfolgte im 18. Jh., als der Zuckerrohrexport nach Europa gegenüber der südamerikanischen Konkurrenz aus Brasilien und von den Antillen ins Hintertreffen geriet. Im Jahr 1765 wurde der Handelshafen zugunsten von Mogador, dem heutigen Essaouira, aufgegeben.

Zu Beginn des 20. Jh. entdeckte man die ersten großen Silber-, Kupfer- und Bleivorkommen, was zur Niederlassung vieler ausländischer Firmen (u. a. Mannesmann) führte. 1911 entsandte Kaiser Wilhelm II. das Kanonenboot Panther nach Agadir, um die deutschen Wirtschaftsinteressen gegenüber den Franzosen militärisch zu unterstützen. Der Vorfall, als ›Panthersprung nach Agadir‹ in die Historie eingegangen, entfesselte auf dem Höhepunkt der zweiten Marokko-Krise einen diplomatischen Skandal und hätte fast bereits 1911 den Ersten Weltkrieg ausgelöst. 1917, fünf Jahre nach der Unterzeichnung der

Protektoratsverträge, besetzten die Franzosen Agadir.

1960 wurde die Stadt durch ein Erdbeben nahezu vollständig zerstört, 15 000 der damals 50 000 Bewohner kamen dabei ums Leben. 1962 begann der Wiederaufbau Agadirs zu einem Seebad, unterstützt durch Spendengelder und eine nationale Erdbebensteuer. Das neue Zentrum wurde etwa 3 km nach Süden verlegt. Heute gehört Agadir zu den modernsten Städten Marokkos, ohne historisches Zentrum oder besondere Sehenswürdigkeiten, dafür aber mit vielen schönen Parks.

Besichtigung

Agadir gliedert sich in vier Sektoren: das von der **Kasbahruine** 1 (16. Jh., lohnendes Panorama) überragte Industrieviertel mit Fischereihafen und Zementwerken im Nordwesten, den parallel zum Strand verlaufenden Hotelgürtel und das Stadt- und Verwaltungszentrum mit dem landeinwärts sich anschließenden Talborjt-Viertel. Im Südosten dann das Wohn- und Gewerbeviertel mit den Souks.

Die großen, in etwa parallel verlaufenden Prachtboulevards der Stadt (Bd. du 20 Août, Bd. Mohamed V, Bd. Hassan II) markieren im Zentrum das Terrain der großen Hotelkomplexe und des Tourismusgeschäfts. Die touristischen Einkaufszentren sind hier zu finden, zahllose Cafés und Restaurants, die meisten Büros der großen Reiseveranstalter sowie Autovermietungen.

Stadtzentrum

Das Stadtzentrum wird vom Boulevard Hassan II, der Avenue des Forces Armées Royales (Av. des F.A.R.), der Avenue du Prince Moulay Abdallah und der Avenue du Prince Héritier Sidi Mohamed begrenzt. In diesem Areal liegen das Tourismusbüro und der Souk-artig gestaffelte **Marché municipal** 2. Auf der gegenüberliegenden Seite der Avenue P. H. Sidi Mohamed befinden sich **Rathaus** 3 und Hauptpost. Zahlreiche Souvenirläden, Lederwarengeschäfte, Restaurants und Straßencafés haben sich hier angesiedelt. Zum Strand hin schließt sich daran ein hübsch angelegter **Zoologischer Garten** 4 an, das Vallée des Oiseaux mit Vogelgehegen und Kinderspielplätzen.

Musée municipal d'Agadir 5

s. Entdeckungstour S. 256

Professionell präsentiert, effektvoll ausgeleuchtet, ausgezeichnet kommentiert: Das Städtische Museum von Agadir widmet sich der Geschichte der Berberstämme aus der Sous-Region, Schwerpunkte sind Schmuck- und Teppichherstellung.

Talborjt-Viertel 6

Nordöstlich vom Stadtzentrum erstreckt sich das sympathischste und authentischste Viertel von Agadir: Talborjt, das Wohn- und Geschäftsviertel der kleinen Leute, geprägt von Läden und Werkstätten. Hier befinden sich auch die preiswerteren Hotels und die von Einheimischen bevorzugten Restaurants.

In der Rue Yacoub el Mansour befindet sich ein CTM-Büro, diesem schräg gegenüber kann man die staatliche Kunsthandwerksausstellung **Ensemble artisanal** 7 besuchen.

Soukgelände

Geht man vom Zentrum auf der Avenue Prince Moulay Abdallah nach Südosten, so erreicht man das weitläufige Wohn- und Marktviertel, das Quartier Industriel. Die 3 km vom Zentrum an den Stadtrand ausgelagerten, ummauerten **Souks** 8 (Sa/So Markt) liegen am Ende der Rue des Souks. Etwa 500 m westlich, an der Place es Salaam, ge- ▷ S. 259

Auf Entdeckungstour: Musée municipal d'Agadir – Einblicke in die Welt der Berber

Im Städtischen Museum von Agadir kann sich der Besucher – wie vielleicht in keinem anderen Museum landesweit – mit der Welt der Berber, ihren historischen Wurzeln, kulturellen Traditionen und kunsthandwerklichen Techniken vertraut machen.

Cityplan: S. 252
Dauer: 1–2 Std.
Musée municipal d'Agadir 5: Musée municipal du patrimoine Amazigh, Av. Hassan II, Passage Ait Souss, neben der Industrie- und Handelskammer, Mo–Sa 9.30–17.30 Uhr, Tel. 0528 82 16 32, 20 DH, Kinder 10 DH.

Die Präambel der marokkanischen Verfassung bezeichnet Marokko als muslimischen Staat des Arabischen Maghreb, in dem Arabisch als offizielle Landessprache gilt. Damit wird per definitionem kurzerhand ausgeblendet, dass Marokko, zumal das ländliche Marokko, auch ein zutiefst von den Berbern geprägtes Land ist.

Am Rande der Geschichte

Die Römer nannten die Berber, die schon vor der phönizischen Besiedlung in Nordafrika ansässig waren, *barbari* – eine abwertende, sozial stigmatisierende Bezeichnung für alle, die außerhalb der römischen Zivilisation standen und des Lateinischen nicht mächtig waren. Derartigen Zuschreibungen von außen waren die Berber in ihrer Geschichte immer wieder ausgesetzt, bis in die Epoche des modernen, unabhängigen Marokko, in der, von der Armee einmal abgesehen, alle Machteliten des Landes arabische und arabophone Eliten sind. Mit der Invasion der arabischen Heere nach Marokko im späten 7. Jh. beginnt die rasant schnell vollzogene Islamisierung der verschiedenen berberischen Ethnien, während ihre Arabisierung bis heute andauert. Zur bis heute bestehenden Marginalisierung der Berber hat entscheidend beigetragen, dass sie (das Konsonantenalphabet der Tuareg, das Tifinagh, ausgenommen) keine schriftlich fixierten Sprachen ausgebildet haben, sich also nicht auf schriftliche Dokumente, sondern auf mündliche Überlieferung berufen und dass sich ihr Wertekanon auf den Koran bezieht, also auf eine Kulturkunde, in der an keiner einzigen Stelle von den Berbern die Rede ist.

Der Name ist Programm

Das Musée municipal im Stadtzentrum von Agadir heißt mit vollständigem Namen **Musée municipal du patrimoine Amazigh,** wörtlich-ungelenk etwa zu übersetzen mit Städtisches Museum des berberischen Erbes. Damit ist recht präzise auf den Punkt gebracht, was das Hauptanliegen dieses Museums ist: eine programmatisch-entschiedene Konzentration auf die Kultur der Berber in den Regionen Sous, Massa und Dra. *Patrimoine Amazigh* – der Name ist Programm, im musealen Konzept, in der thematischen Ausrichtung, in Auswahl wie im Arrangement der Exponate.

Bei aller Vorsicht gegenüber derartigen Verallgemeinerungen: Das Gros der Museen in Marokko zeichnet sich nicht eben durch zeitgemäße Museumspädagogik, professionelle Formen der Präsentation, interaktive Vermittlung, effektsichere Ausleuchtung oder kenntnisreiche Kommentierung aus. Dies gilt selbst für renommierte Museen in Großstädten. Noch die erlesensten Preziosen finden sich da häufig vergleichsweise lieblos in Vitrinen aufgebahrt und eingesargt – wunderschöne Unikate, die aber, unkommentiert und ohne historischen oder thematischen Kontext, stumm bleiben, lauter Schmuckstücke, die dem Betrachter nichts zu sagen haben.

›Sprechende‹ Exponate

Im Musée municipal in Agadir findet sich dagegen auf zwei Etagen ein klug arrangiertes Ensemble von ›sprechenden‹ Exponaten. An farblich abgesetzte Wände gehängte Wollteppiche, die in verschiedenen Wollsorten, Knüpftechniken, Naturfarben und Dekormustern gearbeitet sind; von Punktstrahlern illuminierte lasierte Keramik, matt schimmernder Bernstein- und Silberschmuck und kunstvoll gewirkte Kaftane;

Musikinstrumente und Ackergeräte; ziseliertes Metall und gedrechseltes Holz; gegerbtes Leder und geprägte Silbermünzen. Dies ist kein beliebiges Sammelsurium von Gegenständen, sondern eine konkrete und in der Sache begründete Illustration, die demonstriert, dass die Berber über Jahrhunderte an den verschiedenen Lebens- und Wirtschaftsformen des Bergbauern, des nomadisierenden Viehhirten, des Handwerkers und des Oasenbauern teilhatten. So kann es kaum verwundern, dass es in Marokko weder eine einheitliche Berberkultur noch eine allgemein dominierende berberische Sozialorganisation gibt – wer sich in diese Ausstellung vertieft, vermag davon mindestens eine erste Ahnung aufzubauen. Schade nur, dass die kundige Kommentierung der Exponate lediglich auf Arabisch und Französisch formuliert ist.

Wer ist ein Berber – und warum?

Im Jahr 2000 eröffnet (und nach Renovierung 2013 wiedereröffnet), baut das Musée municipal du patrimoine Amazigh augenscheinlich auf ein Konzept, das auch einem historischen Trend folgt und verpflichtet ist. Etwa seit Beginn der 1980er-Jahre hat sich – nicht nur in Marokko, sondern besonders auch in Algerien – ein von berberischen Intellektuellen getragener Widerstand formiert, der gegen die Diskriminierung der Kulturen, Traditionen und Sprachen der Berber im Maghreb Front macht. Dieser Widerstand, der etwa mehr Rücksicht auf Berbersprachen (in Marokko besonders Tachelhait, Tamazirht und Tarifi) im Schulunterricht und in den Medien anmahnt, ist als Versuch zu werten, sich einer spezifisch berberischen Identität zu vergewissern. Vermutlich ist über die Hälfte der marokkanischen Bevölkerung berberischen Ursprungs – freilich: Wer ist eigentlich ein Berber und warum? Die Berber, in zahllose rivalisierende Stämme zersplittert, sind kein homogenes Volk, sie haben niemals einen eigenen Staat gebildet, sie sehen sich nicht als Nation. Vor diesem Hintergrund ist derjenige ein Berber, der eine Berbersprache als Muttersprache spricht.

Die andere Hälfte Marokkos

Im südlichen Marokko sind die aus Stampflehm errichteten Wehrdörfer *(ksour)*, die hoch aufragenden, gemeinschaftlich genutzten Getreidespeicher *(agadire)* sowie die an mittelalterliche Burgen erinnernden Kasbahkomplexe traditionelle, typisch berberische Siedlungsformen. Im Musée municipal gibt es dazu einige Modelle, die diese Berberarchitektur als Kennzeichen einer besonderen Sozial- und Wirtschaftsordnung charakterisieren. Der westliche Hohe Atlas und Anti-Atlas, die Sous-Ebene sowie das Dra- und Dades-Tal sind das Kernland der Chleuh-Berber. Das Musée municipal ist auf überzeugende Weise bemüht, diesen regionalen Bezug in der Auswahl seiner Exponate stets zum Ausdruck zu bringen.

Marokkanische Geschichte ist ganz wesentlich Dynastiengeschichte; die Dynastien der Almoraviden, der Almohaden und der Meriniden waren berberischen Ursprungs. Schon deshalb kann keine Rede davon sein, dass Marokko ein rein arabisches Land sei. Das – von einer Kunstgalerie flankierte – Städtische Museum des berberischen Erbes in Agadir verweist eindrucksvoll auf den kulturellen Reichtum dieses bisweilen verschwiegenen, verleugneten oder verdrängten Erbes. Dieses Erbe ist nicht weniger als die andere Hälfte Marokkos.

genüber dem schaurig-schönen, vom Erdbeben verschonten Cinéma Salaam, starten die Stadt- und Regionalbusse (u. a. Richtung Hafen, Inezgane, Taghazoute und Tamri).

Strandzone und Hotelgürtel

Die Bucht von Agadir, der touristische Magnet des sogenannten *secteur balneaire,* erstreckt sich von der **Cité Founty** im Süden, wo jüngst mehrere riesige Luxushotels (darunter ein Robinson Club) gebaut wurden, bis zum Jachthafen im Norden, der **Marina d'Agadir** 9, ein zumal abends sehr angenehmes Refugium. An diesem Gürtel liegen etliche große Strandhotels – nicht alle haben freilich einen eigenen direkten Zugang zum Strand –, zahllose Cafés und Restaurants sowie einige Boutiquen und Diskotheken. Auf der Rue de la Plage und ihrer Verlängerung in Richtung der Marina, der Avenue Tawada, gibt sich allabendlich die Jeunesse dorée von Agadir ein Stelldichein, ein großer Aufgalopp zwischen Autokorso und Defilee. Geradezu von intimer Stille ist dagegen der Jachthafen, wo man vorzüglich speisen, gediegen einkaufen und den Tag stilvoll ausklingen lassen kann.

Übernachten

Agadir ist mit Marrakesch das touristische Zentrum des Landes, der Flughafen El Massira die Drehscheibe des internationalen Charterflugverkehrs. Entsprechend riesig ist das Angebot an Hotelzimmern, das noch durch Feriendörfer (darunter Komplexe mit über 650 Zimmern), Apartment- und Bungalowanlagen sowie Clubhotels (Informationen erteilen die Fremdenverkehrsämter) ergänzt wird. Erstaunlich genug, dass vergleichsweise wenige der im Folgenden genannten Hotels einen direkten Strandzugang mit eigener und ausschließlich für Hotelgäste reservierter Strandparzelle haben.

Da sich der Standard der gehobenen Hotels bis zur Verwechselbarkeit ähnelt (zumeist mehrere Spezialitätenrestaurants, große Pools, Tennisplätze, Wellnessbereich, Boutiquen, hoteleigene Ladenpassagen, Bars, Diskotheken, bewachte Parkplätze etc.), kann an dieser Stelle auf eine (hinsichtlich des enorm großen Angebots) knappe Auswahl ohne spezifizierende Details verwiesen werden. Keineswegs alle Hotels liegen in der Strand- und Badezone, also im *secteur balnéaire*, an der Avenue Mohamed V oder am Boulevard du 20 Août, manches in den Prospekten als Strandhotel gepriesene Etablissement liegt in Wirklichkeit in zweiter oder gar dritter Straßenreihe vom Strand.

Bevor man in Agadir ein Hotel bucht – Preisvergleiche sind gerade hier lohnend (fragen Sie an der Rezeption nach einem *tarif promotionnel!)* – sollte man sich grundsätzlich entscheiden, ob man in den teuren Häusern am Strand logieren will, ob man in das preisgünstigere Talborjt-Viertel ausweicht (etwa 2,5 km zum Strand) oder ob man gleich im zwar öden, aber ungleich billigeren Stadtteil Inezgane (11 km südlich von Agadir) Quartier nimmt.

Sehr schöne Anlage – **Sofitel Agadir Thalassa Sea & Spa** 1: Cité Founty, Tel. 0528 82 00 88, www.sofitel.com, DZ 3000–3500 DH, Suiten 5500–12 000 DH. Direkter Strandzugang.

Luxuriös, aber ohne Strandzugang – **Atlantic Palace** 2: Tel. 0528 82 41 46, www.atlanticpalaceresort.com, DZ um 1700 DH *(tarif promotionnel* 1050 DH), Suiten 6000–12 000 DH.

Luxus pur – **Palais des Roses** 3: Cité Founty, Tel. 0528 84 94 00, www.palaisdesroses.com, DZ 1700–1900 DH, Suiten 2600–10 000 DH. Direkter Strandzugang.

Sehr edel – **Beach Albatros Hôtel 4**: Av. Mohamed V, Tel. 0528 84 32 32, www.pickalbatros.com, DZ 1700–1900 DH, je nach Saison Preisnachlässe bis 900 DH.

Edel – **Iberostar Founty Beach 5**: Cité Founty, Tel. 0528 84 44 44, www.iberostar.com, je nach Saison und Lage DZ/ÜF 1650–2100 DH *(tarif promotionnel* 1435 DH), auch Halbpension und all inclusive. Direkter Strandzugang.

Allrounder – **Atlas Amadil Beach 6**: Chemin des Dunes, Tel. 0528 82 40 40, www.hotelsatlas.com, DZ/ÜF 1500–1950 DH. Direkter Strandzugang.

Großzügiges Clubhotel – **Agadir Beach Club 7**: Chemin de l'Oued Souss, Tel. 0528 84 43 43, www.agadir-beach-club.com, DZ 1400 DH *(tarif promotionnel* 840 DH), DZ/Meerblick 1600 DH. Direkter Strandzugang.

Gute Wellnessangebote – **Tikida Beach 8**: Chemin des Dunes, Tel. 0528 84 54 00, www.agadirtikida.com, www.riu.com, DZ/all inclusive 1300–1900 DH (je nach Saison; Mindestaufenthalt je nach Saison 2–5 Tage). Nach Renovierung 2016 wiedereröffnet; Thalassotherapie, direkter Strandzugang.

Man spricht deutsch – **Robinson Club Agadir 9**: Chemin de Dunes, Founty 2, Tel. 0528 21 94 94, www.robinson-maroc.com, Tarife je nach Saison, Lage und Ausstattung: DZ 1260–1680 DH, Family Room 1370–1580 DH, Suiten ab etwa 5000 DH. Ein gigantisches Clubgelände mit Privatstrand, diversen Restaurants, Bars, Ladenzeilen, Sportmöglichkeiten, Pools, Diskothek, Theater, Seminarbereich, Wellnessbereich etc.

Gediegen – **Hôtel Tafoukt 10**: Bd. du 20 Août, Tel. 0528 84 07 23, www.tafoukthotel.com, Tarif-Wirrwarr, in dem DZ nach recht undurchsichtigen Kriterien zwischen 1200 und 2100 DH veranschlagt werden. Direkter Strandzugang.

Haus mit Vier-Sterne-Standard – **Hôtel Argana 11**: Av. Mohamed V, Tel. 0528 84 83 04, www.hotel-argana.com, DZ 850 DH *(tarif promotionnel* 620 DH).

Guter Mittelklasse-Standard – **Tildi Hôtel 12**: Rue Hubert Giraud (Parallelstraße zur Av. du Général Kettani), Tel. 0528 82 59 98, www.hoteltildi.com, DZ/ÜF 735–900 DH *(tarif promotionnel* 535 DH). 116-Zimmer-Hotel, Garten, Pool, Fitnesscenter, Hammam, Sauna.

Akzeptabel – **Anezi Tower Hôtel & Apartments 13**: Av. Mohamed V, Tel. 0528 84 09 40, www.hotelanezi.com, DZ 730–1540 DH (je nach Saison und Standard).

Klassiker – **Kenzi Europa 14**: Bd. du 20 Août, Tel. 0528 82 12 12, www.kenzi-hotels.com, DZ/all inclusive je nach Saison 650–1600 DH.

Deutsche Klientel – **Odyssee Park Hôtel 15**: Av. Mohamed V, Tel. 0528 84 33 26, www.hotel-odyssee-park.com,

Agadir: eine der wenigen Städte Marokkos mit einem pulsierenden Nachtleben

DZ um 600–800 DH. 140-Zimmer-Haus, auf deutsche Klientel spezialisiert.

Allrounder – **Adrar Hôtel 16**: Av. Mohamed V, Tel. 0528 84 04 37, http://adrar-hotel.agadir-hotels.net, DZ/ÜF um 500 DH.

Downtown Agadir – **Hôtel Kamal 17**: Av. Hassan II, Tel. 0528 84 44 89, www.hotel-kamal.com, DZ 465 DH.

Preiswert – **Bahia City Hôtel (Hôtel Sud Bahia) 18**: Rue des Administrations publiques (Seitenstraße der Av. du Général Kettani), Tel. 0528 84 07 82, www.sudbahia-hotel-agadir.com, DZ 450 DH. Mit Pool.

Nicht weit vom Campingplatz – **Tulip Inn Oasis (smartline Oasis) 19**: Av. Mohamed V, Tel. 0528 84 33 13/-15, www.smartlinehotels.com, DZ 420 DH.

Treffpunkt von Travellern – **Hôtel Sindibad 20**: Pl. Lahcen Brahim Tamri, für Traveller günstig gelegen, Tel. 0528 82 34 77, http://hotel-sindibad.agadir-hotels.net, DZ 420 DH.

Nicht gerade königliches Haus – **Hôtel Royal 21**: Av. Mohamed V, Tel. 0528 84 06 75, www.royalhotel-agadir.com, DZ/ÜF 360–390 DH.

Lange bewährt und beliebt – **Hôtel Marhaba 22**: Av. du Général Kettani, Tel. 0528 84 06 70, http://marhaba.agadir-hotels.ne, DZ/ÜF um 300 DH. Panorama über die Bucht von Agadir, gepflegte Gartenanlage, Pool.

Familiär – **Hôtel Petite Suède 23**: Ecke Av. Hassan II/Av. du Général Kettani, Tel. 0528 84 07 79, www.petitesuede.com, DZ/ÜF 320–350 DH. Angeschlossene Autovermietung.

Günstig – **Hôtel Talborjt 24**: Rue de l'Entraide, Tel. 0528 84 03 86, talborjthotel@menara.ma, DZ 320 DH.

Etagenduschen – **Hôtel Diaf** 25: rue Allal Ben Abdallah, Tel. 0528 82 58 52, DZ 120–160 DH. Saubere Zimmer, sechs mit eigenem Bad, ansonsten Kollektivduschen, eine der besseren Adressen für Low-Budget-Reisende.
Einfach – **Hôtel Najem** 26: 23, rue de l'Entraide, Tel. 0528 82 54 66, DZ 120 DH.
Camping – **Camping municipal** 27: Av. Mohamed V, Nordabschnitt, Ausfahrt Richtung Essaouira, Tel. 0528 84 10 58, um 110 DH für 2 Pers. (Wohnmobil). An der recht lauten Ausfallstraße, wenig Schatten, im Sommer oft überfüllt, eher ein Stellplatz für Wohnmobile als ein Campingplatz. Daher empfiehlt es sich, auf einen der nördlicheren Campingplätze am Strand Richtung Taghazoute/Tamri auszuweichen, die allerdings auch häufig von Wohnmobilen zugestellt sind. Oder man fährt etwas weiter gen Süden nach Sidi Rbat im Mündungsgebiet des Oued Massa auf einen traumhaft gelegenen Campingplatz (gut erreichbar über die N 1 Richtung Tiznit, Abzweig in Had-Belfa Richtung Massa und der Piste bis Sidi Rbat folgen).

Essen & Trinken

In fast allen hochpreisigen Hotels wird, oft in mehreren Restaurants, eine ambitionierte À-la-carte-Gastronomie angeboten (etwa deutsches Preisniveau).
Chic und erlesen – **La Madrague** 1: Résidence Nr. 6 M 3/M 4 (in der Marina), Tel. 0528 84 24 24, Küche tgl. 12–15, 19–24 Uhr, Reservierung empfohlen. À-la-carte-Menüs mittags um 180 DH, Fischgerichte 150–250 DH, Fleisch oder Geflügel 150–200 DH, *tajines* 120–140 DH, *couscous* oder *mechoui* auf Vorbestellung (um 250 DH/Person). Große Auswahl an Cocktails (um 70 DH), reichhaltige Weinkarte. Sehr edel gestyltes Ambiente, Panoramaterrasse zum Jachthafen, Kombination aus Restaurant, Lounge und Bar. Ein Ort zum gepflegten Tafeln oder Entspannen, derzeit sehr trendy, nicht gerade billig.
Tapas-Bar – **Captain's Bodega** 2: In der Marina, Tel. 0528 84 17 06, tgl. bis ca. 23 Uhr. Vorspeisen um 70–100 DH, Fischteller 120–200 DH, Fleischgerichte 100–150 DH, große Bierauswahl. Das Lokal ist unter deutscher Regie, der Captain bietet Bootstouren auf der im Jachthafen ankernden Phantom an (Tel. 0666 94 27 10).
Edel gestylt – **Les Blancs** 3: Marina d'Agadir, Tel. 0528 82 83 68, tgl. bis 24 Uhr, Vorspeisen 60–90 DH, Fleischgerichte 120–170 DH, Fischteller 140–200 DH, große Weinauswahl. Edel gestylte Kombination aus Restaurant, Bar und Lounge mit superbem Panorama über die Bucht von Agadir. Gute Adresse, um in gediegenem Ambiente einen Tag gastronomisch ausklingen zu lassen.
Gute Küche, beliebter Treffpunkt – **Côté Court** 4: 57, av. Hassan II, beim Royal Tennis Club, Tel. 0528 82 65 33 (Reservierungen Tel. 0671 95 71 33), Mo–Sa 12–23 Uhr. Edles Ambiente, mediterrane Küche, Holzofenpizzen, schöne Terrasse; Kindermenü 45 DH, Vorspeisen 50–80 DH, Gerichte 120–170 DH.
Österreichisches in Agadir – **Mozartstube** 5: 24, Av. des F.A.R., Tel. 0528 82 45 64, www.mozartstube.net, Mo–Sa 17–23 Uhr, während des Ramadan gesch. Steirische Lammnüsschen (125 DH), Rinderfiletsteak Alt Wien (165 DH), hausgemachter Kartoffelsalat (35 DH), Salat Schönbrunn (55 DH), geröstete Knödel (65 DH), Altwiener Apfelstrudel (35 DH) oder Kaiserschmarrn (65 DH) – dies ist ein kulinarisches Kontrastprogramm für all jene, die der marokkanischen Küche überdrüssig sind. Dazu kühles Bier vom Fass (0,5 l 42 DH).
Fischrestaurants – Direkt beim Fischereihafen befinden sich auf frischen Seefisch, Muscheln und Krustentiere spezi-

alisierte Restaurants, etwa **L'Amiral** 6 (Tel. 0528 84 60 80, Mo–Sa 11.30–ca. 23 Uhr, Fischteller 100–200 DH, Crevetten um 50 DH, Langusten um 950 DH/kg) und das **Restaurant du Port (Yacht Club Restaurant)** 7 (Tel. 0528 84 37 08, tgl. 12–15, 19–22.30 Uhr, Fischgerichte 80–100 DH, Langusten um 600 DH/kg).

Restaurants im Secteur balnéarire – Im **Touristenkomplex Tamlelt** 8 (Nebenstraße der Rue de l'Oued Souss/Chemin des Dunes) liegen ein gutes Dutzend Restaurants (Menüs etwa 150–200 DH).

Restaurants in der Passage Ait Souss – Eine Fülle von **Restaurants mit Menüs** zwischen etwa 100 und 150 DH findet sich in der Fußgängerpassage zwischen Av. Mohamed V und Av. Hassan II, etwa **La Truite** (Passage Ait Souss, gegenüber dem Museum 5, Tel. 0528 84 66 53).

Restaurants im Zentrum – Von Restaurants geradezu gesäumt ist die Av. Hassan II, z. B. **La Tour de Paris** 9 (an der südwestlichen Ecke der Kreuzung Bd. Hassan II/Av. du Général Kettani, Tel. 0528 84 09 06) oder **Via Veneto** 10 (89, av. Hassan II, Tel. 0528 84 14 67).

Zentrumsnahe Strandzone – Etwa ein Dutzend Restaurants liegen an der **Av. Tawada (Rue de la Plage),** der Fortführung der Strandpromenade nordwestlich der Place Bijaouane in Richtung des riesigen Apartmentkomplexes Marina d'Agadir. Ein Treffpunkt für Nachtschwärmer ist das 24 Std. geöffnete **Jour et Nuit** 11.

Schickes Café – **L'Anice** 12: Erdgeschoss des Studiotel Afoud, Rue de la Foire, Tel. 0528 84 81 64, tgl. bis 22 Uhr. Diverse Frühstücksangebote, kleine Gerichte und Kuchen- sowie Eissortiment.

Sehr einfache Restaurants – (Menüs etwa 35–70 DH) finden sich vor allem beim Busbahnhof, in der Rue Allal Ben Abdallah (Talborjt) und um das Souk-Gelände.

Mein Tipp

La Medina d'Agadir

Wo Geschichte fehlt oder ihre Zeugnisse nicht mehr erhalten sind, muss man sie offenbar nachstellen. So hat Coco Polizzi, in Agadir als cleverer Geschäftsmann, Künstler und Visionär so berühmt wie gefürchtet, der Stadt geschenkt, was es hier auch vor dem Erdbeben 1960 nie gab: eine Medina. Sein *village artisanal et culturel* ist ein abenteuerlicher architektonischer Stilmix, bei dem traditionelle Baumaterialien verwendet und klassische Vorbilder zitiert werden. Ein Besuch lohnt dennoch, weil die Medina d'Agadir auch ein **Kunsthandwerkerdorf** mit vernünftigen Preisen beherbergt.

La Medina d'Agadir 2: Aéroport Militaire Ben Sergao, im Stadtteil Ben Sergao, Abzweig von der Ausfallstraße nach Inezgane, Tel. 0528 28 02 53, www.facebook.com/medinaAgadir, Shuttle-Busse von den großen Hotels, tgl. 10–18 Uhr, 40 DH.

Einkaufen

Boutiquen mit großem Angebot an Mode, Schmuck, Kosmetik, Schuhen und Lederwaren finden sich etwa – außer in den Ladenzeilen der Luxushotels – am Bd. du 20 Août, an der Rue de l'Oued Souss, entlang des Chemin des Dunes und im Tourismuskomplex Tamlelt, ferner an der Av. Mohamed V und, weniger zahlreich, an der Av. Hassan II.

Markenartikel und Designerklamotten – **Shoppingmall in der Marina** 1 In dem sehr edel gestalteten kleinen Jachthafen von Agadir finden sich etliche Läden und Boutiquen, die ein gutes Revier abgeben für jeden, der sich für viel Geld neu einkleiden will. Mexx, Zara, Lacoste, Aldo, Kickers usw. – klangvolle Namen, Haute Couture, edles Design, feines Tuch, schicker Schnitt, freches Outfit, gepflegte Preise ...

Kunsthandwerkliches – **Ensemble artisanal** 7 : Rue du 29 Février, Talborjt, Tel. 0528 84 34 70. Fixpreise, im Vergleich zu anderen Kunsthandwerkskooperativen ein eher bescheidenes Angebot. **La Médina d'Agadir** 2 : s. Mein Tipp.

Silberschmuck – Wer ein wenig vom Metier versteht, kann sich auf der Suche nach (Silber-)Schmuck in den entsprechenden **Ladenpassagen auf dem Soukgelände** 8 umtun, Kenntnisse beim Handeln sind erforderlich.

Argan-Öl – **Argane Saryno** 3 : Immeuble Boudif, 1 rue d'Ihchach, Talborjit, Tel. 0528 38 00 88, www.argane-saryno.com. Große Auswahl an Argan-Ölen und Kosmetikprodukten, faire Preise.

Frische Lebensmittel – Ein großes Frischwaren- und Lebensmittelangebot gibt es sowohl in den **Souks**, die sich, zumal an den Markttagen (Sa/So), als ›Stimmungseinstieg‹ gut für Marokko-Neulinge eignen, als auch auf dem **Marché municipal** 2 (pl. Sidi Mohamed, Mo–Fr bis ca. 19 Uhr) und im **Marché** an der Rue Allal Ben Abdallah/Ecke Rue El Mahdi Ibn Tourmert im Talborjtviertel. Große Supermärkte im Stadtzentrum, die auch Alkoholika führen, sind **Suma** und **Uniprix** (Bd. Hassan II, nahe dem Rathaus 3).

Aktiv

Wassersport und Baden – Der kilometerlange feinsandige **Strand** 1 ist die Attraktion der Stadt und ihr touristisches Kapital. **Gleitschirmfliegen, Wasserskifahren** und **Surfen** (Surfer finden im 20 km nördlich von Agadir gelegenen Taghazoute allerdings bessere Bedingungen vor) gehören hier zu den Freizeitaktivitäten. Die großen Clubhotels haben ihre eigenen, eingezäunten und zumeist sehr gepflegten Strandparzellen, wo der Luxustourist von den Einheimischen nicht behelligt wird.

Besonders in der nördlichen Strandzone kann es gelegentlich zu einer recht rüden Anmache kommen. **FKK** in einem islamischen Land ist für gläubige Muslime eine schockierende Obszönität – selbst im an Touristen gewöhnten Agadir sollte man (gerade auch was das Badeoutfit angeht) ein Mindestmaß an Respekt gegenüber den religiösen Tabus des Landes aufbringen.

Abends & Nachts

Agadir zelebriert mit Tanger, Casablanca und Marrakesch das quirligste Nachtleben des gesamten Landes. **Diskotheken**, **Nachtklubs** und **Loungebars** finden sich, meist als Annex räumlich getrennt, in fast allen großen Hotels und Clubanlagen. Allerdings sind Gesichtskontrollen durch die Türsteher, deftige Eintrittsgebühren besonders am Wochenende und oft horrende Preise für Alkoholika die Regel.

Welche Discos oder Clubs aktuell besonders angesagt sind und wo welche DJs welche Musik auflegen, sollte man vor Ort bei den Einheimischen, den *agadiris,* in Erfahrung bringen.

Trendy – Derzeit angesagt sind mehrere Discos, die großen Luxushotels angeschlossen sind, etwa: **So** 1 (im Sofitel Agadir Royal Bay Resort, Cité Founty, neben dem Sofitel Agadir Thalasso Sea & Spa), **Papagayo** 8 (Tikida Beach), **Factory** 10 (Hotel Tafoukt) oder **Actor's** 1 (Royal Atlas, Bd. 20 Août).

English Pub – **The Central Pub** 2 Bd. 20 Août, Nähe Golden Gate, Tel. 0528 84 73 90, Bier ab 35 DH. Gut besucht, vor allem von jungem Publikum, ist diese Kombination aus Club, Lounge und Bar, Karaokeauftritte.

Infos & Termine

Infos

www.visitagadir.com: Internetportal des C.R.T. mit Informationen Sights, Unterkünften, Restaurants etc.
Délégation du Tourisme: Immeuble Ignouane, Av. Mohamed V, Stadtausfahrt Richtung Essaouira, Tel. 0528 84 63 77, Fax 0528 84 63 78, Mo–Fr 8.30–16.30 Uhr.
C.R.T.: Av. Hassan II., Ecke Passage Ait Souss, Tel. 0528 84 26 29/38/ 58, www.visitagadir.com, Mo–Fr 8.30–12, 14.30–18.30, Sa 9–12 Uhr.

Termine

Festival Tinitar d'Agadir: Juli. Im Mittelpunkt des Festes steht die Berbermusik, Bühnen sind in der ganzen Stadt verteilt.
Festival national des Arts culinaire: Jan. Kulinarisches Fest mit den verschiedenen regionalen Spezialitäten.

Verkehr

Flugzeug: Der Flughafen **Agadir-El Massira** (Tel. 0528 83 91 12), liegt ca. 22 km südöstlich des Zentrums, Richtung Ait Melloul/Taroudannt. Von Deutschland fliegen derzeit (2018) Condor, Eurowings/Germanwings, Tui Fly und Air Arabia Agadir direkt an. Inlandsflüge nach Casablanca, Laayoune–Dakhla, Marrakesch, Fès, Ouarzazate, Tanger, Oujda. Royal-Air-Maroc- Zentrale: Ecke Av. du Général Kettani/Av. Hassan II, Tel. 0528 84 00 45, Call Center Agadir Tel. 90 000 800). Die **Stadtbuslinie** 22 fährt vom Flughafen zur Place Es Salam und umgekehrt. Grand Taxis vom Flughafen ins Stadtzentrum 200 DH.
Bus: Der sowohl von der **CTM** (Tel. 0528 22 55 96) als auch von den meisten **Privatlinien** angefahrene **Busbahnhof** liegt in der Avenue Abdehrrahim Bouabid. Tgl. Verbindungen etwa nach Marrakesch, Tan Tan–Laayoune–Dakhla; Essaouira–Safi–El Jadida; Casablanca–Rabat sowie Tanger, Taroudannt, Ouarzazate und Tiznit. Die **Stadtbusse** verkehren nur bis etwa 21 Uhr und starten von der Place es Salaam, dem markanten Kino Salam gegenüber, ca. 1 km südöstlich des Stadtzentrums: **Linie 1** Richtung Hafen (Anza), **Linien 12** und **14** Richtung Taghazoute–Tamri, **Linien 19** und **21** Richtung Ait Melloul, **Linie 22** zum Flughafen. Da Agadir nicht ans Schienennetz angebunden ist, verkehren hier zusätzlich **Bahnbusse.**
Taxi: Sammeltaxis nach Essaouira starten vom Soukgelände, nach Tiznit und Taroudannt von der Place es Salaam. Für Langstrecken-Sammeltaxis, etwa nach Marrakesch oder Ouarzazate, muss man nach Inezgane ausweichen (dort riesiger Busbahnhof und Sammeltaxistand, Fernbusse in die wichtigsten Großstädte des Maghreb, u. a. nach Algier, Tunis, Tripolis und Kairo, Europabusse etwa nach Paris).
Leihwagen: Etliche **Autovermieter** (auch Motorräder und Geländewagen) liegen an der Av. Mohamed V (Nordwestabschnitt), an der Av. Hassan II und Av. du Prince Moulay Abdallah. Mehrere Autowerkstätten finden sich im Südostabschnitt der Avenue Hassan II, an der Place Es Salam und am Anfang der Rue El Mouakaouma (Richtung Souks).
Fahrräder: Vermieter von **Mountainbikes und Fahrrädern** gibt es in der Strandhotelzone.

Ausflüge in die Umgebung

Taghazoute ▶ M 8

Das kleine Fischerdorf liegt 21 km nördlich von Agadir – weißes Häusergewürfel am Meer, Netze flickende

Fischer, die Boote sind auf den Strand hochgezogen, auf den Dachterrassen ein schläfriger Mittag. Die Felsküste im Norden ist unterbrochen von schönen Sandbuchten, im Süden erstrecken sich Sandstrände. Der kleine Ort ist in jeder Hinsicht ein Kontrast zum überlaufenen und teuren Agadir. In den 1970er-Jahren wurde Taghazoute (neben Mirhleft) von einer zivilisationsüberdrüssigen Hippie-Generation zum Aussteigerparadies erkoren. Auch dies ein Zeitzeichen: Die Hippies von ehedem sind längst den Surfern gewichen (beliebter Treff: Surfer's Point, 2 km nördlich von Taghazoute).

Der Ort wird, zumindest an den Wochenenden, auch häufig von Marokkanern besucht. An einem normalen Wochentag im Winter jedoch ist Taghazoute nach wie vor eine Idylle.

Übernachten

Es gibt einige Clubhotels im Ort, einige Cafés vermieten Zimmer, außerdem Privatunterkünfte.

Campingplatz – **Taghazoute Plage:** etwa 2 km südlich des Ortes. Weitere Campingplätze in der Umgebung.

Infos

Bus: Mehrere Buslinien von der Place es Salaam in Agadir, Zusteigemöglichkeit am Bd. Mohamed V oder beim Hafen.

Paradise Valley und Les Cascades ! ▸ M 8

Die Anfahrt zu dem 1160 m hoch gelegenen Ort ist landschaftlich überaus lohnend. Die Straße folgt dem **Tal des Asif Tamrhakht,** bekannt als **Paradise Valley,** das am Anfang so paradiesisch nicht ist, dann aber, landschaftlich überwältigend, seinem Namen alle Ehre macht: eine tief eingeschnittene, palmengesäumte Schlucht mit Olivenbäumen, Bananenstauden und Arganien.

Etwa 4 km hinter dem Ort ergießen sich inmitten eines Talkessels die **Wasserfälle von Imouzzer des Ida Outanane** (auch **Les Cascades**) die farnüberwucherte Kalksteinwand hinunter in mehrere natürliche Felsbecken.

Schäumende Fontänen, sprühende Gischt, perlende Vorhänge aus Wasser: Ein Panorama ungezähmter, urwüchsiger Natur ist hier zu erleben. Die Wasserfälle sind leicht zu finden, man sollte sich daher auf keinerlei Gefeilsche mit ›Fremdenführern‹ einlassen.

Nach längeren Dürreperioden kann der Wasserfall zum Rinnsal ausdünnen – um Enttäuschungen vorzubeugen, sollte man sich vorab nach dem aktuellen Sachstand erkundigen!

Die Wasserfälle von Imouzzer – Les Cascades: ein einmaliges Naturschauspiel

Übernachten

Herrliche Lage – **Hôtel des Cascades:** Tel. 0528 21 88 08, www.cascades-hotel.com, DZ/HP 900 DH. Auf einer Höhe von 1160 m herrlich gelegenes Hotel mit 27 Zimmern, Restaurant, Bar, Pool, Gartenanlage, Panoramaterrasse; guter Standort für Wanderungen.

Termine

Honigfest: Mai. Imouzzer ist berühmt für seinen Thymianhonig.

Sidi Rbat und Nationalpark Sous Massa ▸ M 9

Das 200-Seelen-Dorf **Sidi Rbat** an der Atlantikküste ist ein ausgezeichnetes Refugium mit 3 km langem Sandstrand. Der Ort liegt inmitten

Kleine Wanderung am Oued Massa

eines Vogelreservats (Störche, Ibisse, Flamingos) im Mündungsgebiet des Oued Massa, der den Atlantik allerdings nur bei starker Wasserführung erreicht. Viele Wandermöglichkeiten bieten sich an den schilfbestandenen Flussufern. Das Gelände steht unter Naturschutz – und könnte so vor dem Zugriff der Bau- und Tourismusindustrie einstweilen gerettet sein. Der kleine **Nationalpark Sous Massa** weist ein sehr seltenes ökologisches Nebeneinander von zwei grundsätzlich völlig verschiedenen Naturräumen auf: eine besondere Balance aus Feuchtbiotop und Trockensavanne. Ein markierter Wanderweg führt direkt am Flussufer entlang. Besonders für Ornithologen ist das Gelände um die Oued-Massa-Mündung ein interessantes Revier, für Familien mit Kindern ein schönes Ziel für einen Ausflug von Agadir oder von Tiznit aus.

Kleine Wanderung entlang des Oued Massa

Start ab Sidi Rbat oder ab Haupteingang in Massa (Sidi Benzaren; Parkplatz unmittelbar beim Eingang), einfacher Weg Länge ca. 4 km, Dauer 1–2 Std., Eintritt frei; wer mit eigenem Auto kommt, muss natürlich den Rückweg hinzurechnen.

Vom Eingangstor in Sidi Rbat führt ein befestigter, ebener Fußweg, der **Circuit ornithologique,** am Ufer des Oued Massa entlang bis zum Portal in Sidi Benzaren (Massa). Für diesen Weg ist ein Führer weder vonnöten noch obligatorisch. Man wandert auf etwa 3–4 km immer am Ostufer des Oued Massa entlang. Am Weg erklären mehrere Infotafeln mit französischem Kommentar die Spezies der lokalen Tier- und Pflanzenwelt. Von drei Beobachtungsposten aus können (Hobby-)Ornithologen ihre Fotos schießen. Das Gelände ist ein bevorzugter Nist- und Brutplatz für etliche Arten von Wasservögeln, zudem machen hier zahlreiche Spezies von Zugvögeln Station auf ihrer Reise zum Nationalpark Banc d'Arguin in Mauretanien. Vor allem zahlreiche Taubenarten sind hier zu beobachten, außerdem diverse Arten von Ibissen, darunter der äußerst seltene Waldrapp *(Geronticus eremita),* Flamingos und Kormorane.

Einen anderen Pfad durch den östlich des Flusses gelegenen Teil des Naturschutzgebietes darf man nur in Begleitung eines Führers begehen.

Übernachten

Luxuriöse Apartmentanlage – **Maison d'hôtes Ksar Massa:** Plage de Sidi Rbat, Sidi Ouassay, Tel. 0528 29 88 00, 0661 28 03 19, 0662 80 24 85, www.ksarmassa.com, DZ/ÜF 1900 DH (Kinder bis 12 Jahre 300 DH), DZ/HP 2540 DH (Kinder bis 12 Jahre 460 DH).

Komplex aus zwölf großzügigen und landestypisch eingerichteten Apartments mit Pool und Restaurant, ohne eigenes Fahrzeug nur schwer zu erreichen, gut geeignet für Familien mit Kindern, aber insgesamt überteuert.

Infos

Auto: Nach Sidi Rbat gelangt man, indem man die N 1 von Agadir Richtung Tiznit nimmt; der Abzweig von der N 1 ist ausgeschildert, eine asphaltierte Stichstraße (etwa 15 km) führt in das Dorf Sidi Rbat.

Taroudannt ▸ N 9

Die größte und schönste Stadt des Sous (70 000 Einwohner) gilt als Handels- und Handwerkszentrum. Die Anfänge des Ortes sind unbekannt. Um 1030 war er Residenz eines schiitischen Berberfürsten. 1306 durch die Meriniden zerstört, stieg der Ort bald zu einem Zentrum der Sous-Ebene auf und wurde zwischen 1520 und 1540 Hauptstadt der Saadier. Im 17. Jh. erlebte Taroudannt seine Blütezeit als Handels- und Karawanenzentrum, wurde jedoch 1687 durch Moulay Ismail teilweise erneut zerstört. Im 18. Jh. verlor die Stadt weiter an Bedeutung durch den sinkenden Zuckerrohrexport aus der Sous-Ebene sowie durch die Schließung des Hafens von Agadir zugunsten des neuen Hafens in Essaouira im Jahr 1765.

Anfang des 20. Jh. kämpfte der aus Tindouf stammende Rebell El Hiba von Taroudannt aus gegen die französischen Protektoratsherren. 1913 wurde er geschlagen. 1917 besetzten die Franzosen die Stadt, die sie erst 1956 wieder räumten.

Taroudannt wird Klein-Marrakesch genannt wegen seiner Lage vor der Kulisse der meist schneebedeckten

Märchenhaft: die Stadtmauer von Taroudannt

Gipfel des Hohen Atlas und wegen der 6–8 m hohen Lehmmauer, welche die Stadt umgibt. Der 8 km lange Wall wurde im frühen 18. Jh. auf Mauerresten aus der Almohaden-Zeit erbaut.

Zentrum des Ortes ist die Place Assarag, arkadengesäumt, mit Straßencafés, Billighotels und dem Busbahnhof. Die verwinkelten Souks, die zu den eindrucksvollsten Märkten Südmarokkos gehören, sind berühmt für Silberschmuck, Lederwaren und Kupferschmiedearbeiten (Do, So Markt).

Schöne Wanderungen führen durch Oliven- und Orangenplantagen – ein lohnender Tagesausflug von Agadir.

Übernachten

Eine Art Country Club – **La Gazelle d'Or:** ca. 2 km vom Stadtzentrum entfernt, ausgeschildert, Tel. 0528 85 20 48/39, hotellagazelledor@gmail.com, Mitte Juli–Ende Aug./Anfang Sept. geschl., nach Ausstattung und Größe der ›Pavillons‹ gestaffelte Preise, DZ/HP 5600–6400 DH, Suiten/HP 8200–14 200 DH, Vollpension möglich. Als Wohlfühloase gepriesen und seit Jahrzehnten eine Hotellegende in Marokko, Fünf-Sterne-Luxus vom Feinsten, im englischen Cottagestil konzipierte, exquisite Bungalowanlage (mit Privatterrassen) in üppig blühender Gartenlandschaft, renommierte Haute Cuisine, Pool, Fitnessangebote, Hamam, Massage, Tennis, Reiten.

Pascharesidenz – **Palais Salam:** Bd. Moulay Ismail, Tel 0528 85 34 86, www.palaissalam-taroudant.com, je nach Komfort vier Preiskategorien: 650, 750, 1400, 1600 DH, Apartments 2400 DH (für 2 Pers.), *tarif promotionnel* (saisonal) 650 DH. Gediegenes, in eine alte Pascharesidenz integriertes Hotel, auch Suiten und Apartments, zwei Schwimmbäder, Hamam, Sauna, gutes Restaurant.

Für Preisbewusste – **Hotel Saadiens:** Borj Oumansour (in der Medina), Tel. 0528 85 25 89, Fax 0528 85 21 18, DZ um 300 DH. Gutes Mittelklassehotel mit Restaurant, kleinem Pool, Sonnenterrasse, bewachtem Parkplatz, die angenehmsten Zimmer sind die zum Innenhof. Etwas antiquiertes Mobiliar, sehr sauber, schöne Panoramaterrasse.

Preiswertes Traditionshaus – **Hôtel Taroudannt:** Pl. El Alaouine (früher Place Assarag; Medina Zentrum), Tel. 0528 85 24 16, Fax 0528 85 15 53, DZ 200 DH. Zwar durchaus stilvoll verwittert, doch zuletzt dringend renovierungsbedürftiges Traditionshaus, schöner Innenhof mit Palmengarten, Restaurant. Die stark frequentierte und daher recht laute Hotelbar schließt – im Prinzip – gegen 23 Uhr!

Gut ausgeschildert – **Hôtel Tiout:** Av. Prince Sidi Mohamed, etwa 300 m östlich der Pl. El Alaouine (Place Assarag), Tel. 0528 85 03 41, www.hoteltiout.com, DZ 400 DH. Zimmer mit Dusche, Restaurant.

Unklassifiziert – Etwa ein Dutzend unklassifizierter Billighotels liegen an der Place Alaouine (Assarag) sowie an der Place Talmoklate.

Infos

Bus: Der Busbahnhof liegt westlich des Bab Zorgane. Gute Verbindungen nach Agadir, Marrakesch, Aoulouz–Taliouine–Tazenakht–Ouarzazate–Tafraoute.

Sammeltaxi: etwa nach Agadir, ab Bab Zorgane (Südausgang der Medina) an der N 10 nach Agadir, über den Tizi n'Test nach Marrakesch.

Tafraoute ▸ N 10

Die kleine Oasenstadt (8000 Einwohner) liegt 1000 m ü. M. in den Hängen des westlichen Anti-Atlas. Der Ort,

Zentrum des Chleuh-Stammes der Ammeln (s. S. 271), verfügt über keinerlei Befestigungsanlagen. Bizarre, je nach Sonneneinstrahlung rosarote Granitfelsen (berühmt der Chapeau de Napoléon 2 km südlich) umgeben Tafraoute.

In den umliegenden Tälern werden Wintergerste, Mandeln und Oliven angebaut. Bekannt ist die Gegend für die Mandelblüte im Februar. Es bieten sich gute Möglichkeiten für ausgiebige Wanderungen und Bergtouren. Tafraoute verfügt über eine bescheidene touristische Infrastruktur, ausreichend für Selbstversorger (Mi Markt).

Übernachten

Grandioses Panorama – **Les Amandiers:** Tel. 0528 80 00 08, www.hotel-lesamandiers.com, DZ um 500 DH, Apartments um 600 DH. Renommiertes, auf einem Felsen gelegenes Vier-Sterne-Hotel im Kasbahstil, mit einem wunderschönen Blick auf das Gebirge.

Schlicht – **Hôtel Salama:** am Ortseingang links, Tel. 0528 80 00 26, www.hotelsalama.com, DZ 250 DH. Empfehlenswerte einfache Herberge mit Dachterrasse.

Infos

Bus/Sammeltaxi: Busverbindungen nach Agadir und Tiznit vom Hauptplatz im Ortszentrum, hier gibt es auch einen **Sammeltaxistand.**

Tal der Ammeln ! ▶ N 10

Die Strecke Agadir–Tafraoute mit zahlreichen *ksour* und Speicherburgen sowie überwältigenden Landschaftspanoramen gehört zu den eindrucksvollsten Routen in Marokko. In Sidi Abd el Djebar 7 km nordöstlich von Tafraoute bietet sich ein Abstecher ins **Vallée des Ammeln** an. Man durchfährt es, wenn man von der S 509 (R 106) nach Norden in Richtung Taguenza abbiegt. Das etwa 15 km lange Tal der Ammeln erstreckt sich an der Südflanke des 2359 m hohen Djebel Lekst. Schroffe Granitwände, in schwindelerregender Höhe auf die Felsvorsprünge gesetzte Gehöfte, auf der Talsohle üppige Öl- und Mandelbaumkulturen charakterisieren die landschaftliche Szenerie dieses Tales, das zu den schönsten im Anti-Atlas gehört. Aus der Ferne wirken die imposanten Kasbahs wie in den Felswänden klebende Adlerhorste. Die Bewohner der Gegend, Berber vom Stamm der Ammeln, sind in Marokko ob ihrer Geschäftstüchtigkeit berühmt – und gefürchtet. Viele betreiben florierende Handelsunternehmen in den Großstädten.

Tiznit ▶ M 10

Die seit einigen Jahren schnell wachsende Oasensiedlung (etwa 80 000 Einwohner) ist Handelsstadt und Zentrum der Waffen- und Silberschmuckherstellung des südlichen Sous und westlichen Anti-Atlas.

Im Jahr 1882 von Moulay Hassan I. gegründet, wurde Tiznit 1917 französisch besetzt und später Garnison der Fremdenlegion. Heute gilt es im Zusammenhang mit dem West-Sahara-Konflikt (s. S. 59) als wichtiger Militärstützpunkt. Eine quadratisch angelegte, etwa 6 km lange Lehmmauer umgibt die Medina.

Durch das Haupttor, das **Bab Ait Djerrar** (Südostausgang der Medina, nahe der Ausfallstraße nach Agadir), führt eine Straße zur zentralen und arkadengesäumten **Place du Mechouar** mit Cafés, Bil- ▷ S. 276

Auf Entdeckungstour: Tourisme solidaire – Erkundungen im Landesinneren

Wer sich für die ländliche Welt der Berber im Siedlungsraum zwischen Tiznit und Tafraoute, zwischen der Chtouka-Ebene südlich von Agadir und den ariden Plateaus nordöstlich von Guelmim interessiert, der ist hier an der richtigen Adresse.

Reisekarte: ▶ R 9
Dauer: halber oder ganzer Tag
Gebühren: Von den Besuchern werden 20 DH/Person erbeten, die den selbstverwalteten Dorfgemeinschaften zugutekommen.
Infos: www.tourisme-atlas.com
Anfahrt: Für die Exkursionen nach Toumanar und Sidi Ahmed Ou Moussa ist kein geländegängiges Fahrzeug erforderlich. Man nimmt zunächst die R 104 von Tiznit in Richtung Tafraoute. Kurz vor dem Ort Tighmi (in Regionalkarten auch Tirhmi geschrieben) zweigt man auf eine rechter Hand abführende, gut befestigte Piste ab, die in südwestlicher Richtung verläuft. Nach etwa 8 km erreicht man das Dorf Sidi Ahmed Ou Moussa und fährt zunächst noch ca. 6 km weiter ins Dorf Toumanar.
Übernachtung: Bei entlegeneren Orten empfiehlt es sich, in den von der jeweiligen Dorfkooperative betriebenen *auberges* zu übernachten, die oft auch Halbpension anbieten.

Eine ausgedehnte *palmeraie,* Baumschulen mit Mandelbaum- und Johannisbrotbaum-Kulturen, Olivenhaine, Arganienbäume, Schafherden auf der Weide, Ölmühlen und Bienenstöcke. **Toumanar** – ein dörflicher Kosmos, offenbar weitgehend autark und intakt. Ein Ort in jenem *pays de l'Argan,* dem Land der Arganie, dem die Projekte eines integrierten Tourismus in der Region gelten.

Arganöl, das ›weiße Gold‹ Marokkos

Herstellung und Vertrieb von Arganöl ist im südwestlichen Marokko zu einer echten Frauendomäne geworden, ein Element gesellschaftlicher Diversifizierung und sozialen Wandels. Das Ernten der Früchte, das Schälen des Fruchtfleisches, das Aufschlagen der Nüsse, das Sortieren und Mahlen der Samenkerne ist klassische Frauenarbeit, immer häufiger in selbstverwalteten Kooperativen betrieben, die auch für die Vermarktungsketten bis hin zum regionalen Verkauf, ja bis hin zum Export nach Europa zuständig sind.

Ein Besuch bei der Kooperative in **Toumanar** zeigt, dass die Destillation von Arganöl, inzwischen als ›weißes Gold‹ des Südens gepriesen, eine elende Plackerei ist: Allein das Aufschlagen der Nüsse erfordert Kraft und Präzision, gilt es doch, die Nähte der Nuss genau zu treffen, ohne die Kerne im Inneren zu zermalmen. Die Arbeit an den Handmühlen, in denen die Kerne zerrieben werden, das Formen und Kneten einer mit Wasser versetzten Paste, aus der das kostbare Öl tropfenweise herausgewalkt wird – Schritte und Etappen in einem kräftezehrenden Produktionsprozess. Hochwertiges Arganöl, in Europa als alternatives Heilmittel, in der Kosmetikindustrie wie in der Gastronomie geschätzt und entsprechend teuer gehandelt, ist hier vor Ort zu einem Motor für regionale Entwicklung geworden. Manche in dieser Branche tätigen Frauen erwirtschaften erstmals ein eigenes Einkommen, gewinnen damit, was sie seit jeher kaum hatten: ökonomische Eigenständigkeit und weibliches Selbstbewusstsein. Emanzipation *à la marocaine* ...

Lebenselixier Wasser

Auch andere Produkte wie Stickereien, gewebte Decken und Teppiche werden in Toumanar in einem *foyer féminin* von Frauenkooperativen ausgestellt und zum Kauf angeboten. Wer will, kann die gewaltigen Backöfen – eigentlich: Backhäuser – in Augenschein nehmen, in denen nach traditioneller Weise Brot gebacken wird. Oder sich die Bienenkörbe der

Die Früchte des Arganbaums

ortsansässigen Imker, die Grundschule des Dorfes oder die Kanalsysteme der künstlichen Bewässerung, die die Agrarparzellen durchziehen, anschauen.

Über sogenannte *foggaras* und *khettaras*, unter- und überirdische Bewässerungskanäle, wurde die kostbare Ressource Wasser, dosiert und gesteuert über diverse Schächte, Schieber, Wehre und Rückhaltebassins, in die Parzellen geleitet – eine einst von angesehenen Wasserwächtern kontrollierte Prozedur, an die komplexe soziale Regelungen gebunden waren. Boden- und Wasserrecht war im traditionellen ländlichen Marokko häufig nicht kongruent. Dies bedeutete, dass ein Bauer für seinen Grund und Boden die Wasserrechte erst einholen musste oder umgekehrt die Wasserrechte auf einem Terrain innehatte, das ihm gar nicht gehörte. Wasser wurde bisweilen in Mengen- oder auch in Zeiteinheiten abgegeben, etwa als die Menge, die von einem bestimmten Zeitpunkt bis zum ersten Hahnenschrei durch die Kanäle floss. Noch in der frühen Protektoratszeit soll es zwischen einzelnen *douars* (Dörfern) zu regelrechten Wasserkriegen gekommen sein. Wie so oft im ländlichen Marokko erweist sich ein scheinbar simpler Vorgang – die Verteilung einer lebenswichtigen Ressource – als höchst komplizierte Angelegenheit, als Spiegel einer komplexen bäuerlichen Sozialordnung.

Expeditionen in die Welt der Berber

Die Exkursionen im Kontext des *tourisme solidaire* führen den interessierten Besucher nicht nur in die Realität ländlicher Arbeiten, sondern auch in die Welt der autochthonen Berber.

Der große, jährlich in der letzten Augustwoche abgehaltene *moussem* in **Sidi Ahmed Ou Moussa** kann von diesen spezifisch berberischen Traditionen eine konkrete Anschauung vermitteln. Um die 80 000 Besucher pilgern Ende August zu dem Ort, lagern in einer Zeltstadt vor den Toren des Dorfes. Wahrsager und Märchenerzähler, Gaukler, Akrobaten und Jongleure, Schlangenbeschwörer und Feuerschlucker, Musikanten und Wunderheiler sind dann mit von der Partie, Akteure eines grandiosen Spektakels, das die Gezeiten des Dorfes – der zyklische Rhythmus von Aussaat und Ernte, Dürre und Regen, Wachsen und Vergehen – für eine befristete Zeitspanne außer Kraft setzt.

Ein Rundgang durch das Dorf führt zu Spuren, zu Sedimenten der Geschichte, hier nicht als Ensemble historisch bedeutender Sehenswürdigkeiten zu bestaunen, sondern eher als Reste vergangenen Alltags: die Brücke, die in 500 Jahren niemals restauriert werden musste, ein 500 Jahre alter Arganienbaum, unter dem im 16. Jh. Sklavenmärkte abgehalten wurden, das Grabmal von Sidi Ahmed Ou Moussa.

»Tourisme solidaire au pays de l'Argan« – wenn der Eindruck nicht täuscht, verbirgt sich hinter diesem Etikett nicht weniger als das Konzept und die Vision eines anderen Tourismus, in dem die Profite nicht von internationalen Hotelketten, den Giganten der Reiseunternehmen oder den Global Players im Tourismusbusiness, also den üblichen Vermarktungskartellen abgeschöpft werden, sondern in dem die Erlöse umweglos jenen zugutekommen, die sie vermutlich am nötigsten haben. Angesichts einer Tourismusindustrie, die weltweit Verheerendes anrichtet, ein Ansatz, der jedes Engagement lohnt und jede Unterstützung verdient.

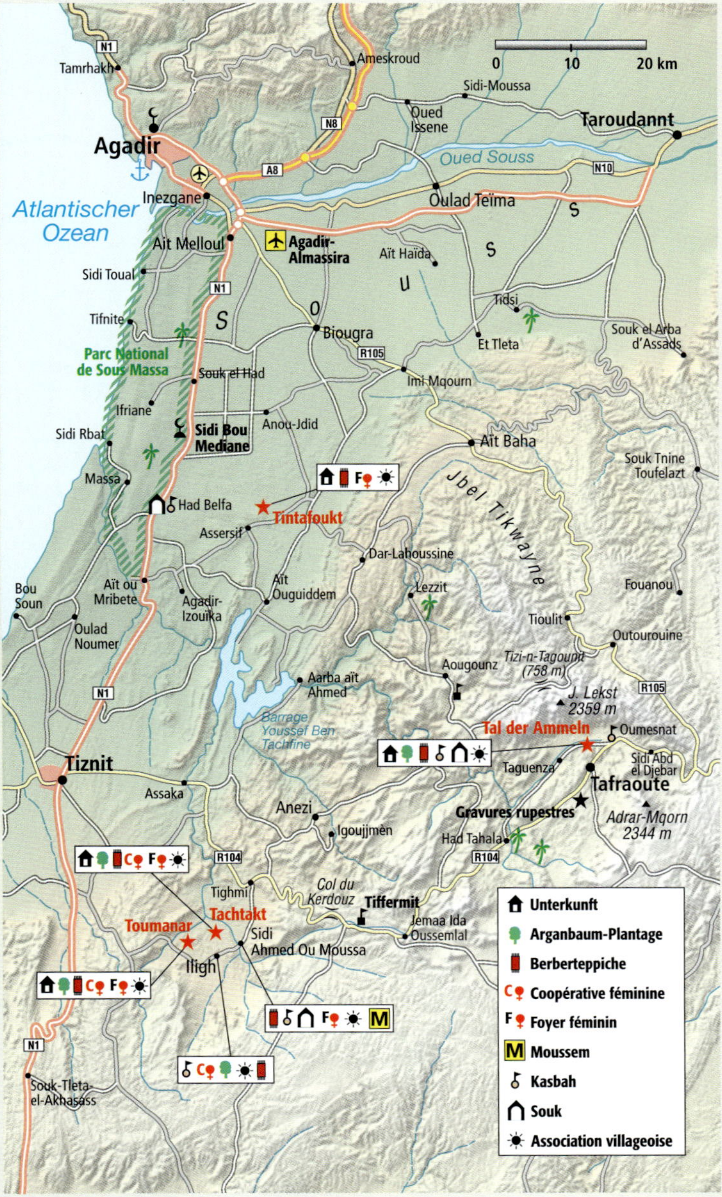
0 10 20 km
Agadir
Tamrhakht
Ameskroud
Sidi-Moussa
Oued Issene
Taroudannt
Oued Souss
Atlantischer Ozean
Inezgane
Oulad Teïma
Aït Melloul
Agadir-Almassira
Aït Haïda
Sidi Toual
Tifnite
S O U S S
Tidsi
Biougra
Et Tleta
Souk el Arba d'Assads
Parc National de Sous Massa
Souk el Had
Imi Mqourn
Ifriane
Sidi Rbat
Sidi Bou Mediane
Anou-Jdid
Aït Baha
Souk Tnine Toufelazt
Massa
Jbel Tikwayne
Had Belfa
Tintafoukt
Assersif
Dar-Lahoussine
Bou Soun
Aït ou Mribete
Agadir-Izouika
Aït Ouguiddem
Lezzit
Fouanou
Oulad Noumer
Tioulit
Outourouine
Aougounz
Tizi-n-Tagoumt (758 m)
Aarba aït Ahmed
J. Lekst 2359 m
Barrage Youssef Ben Tachfine
Tal der Ammeln
Oumesnat
Tiznit
Taguenza
Sidi Abd el Djebar
Tafraoute
Assaka
Anezi
Igoujjmèn
Gravures rupestres
Adrar-Mqorn 2344 m
Had Tahala
Tighmi
Col du Kerdouz
Tiffermit
Tachtakt
Toumanar
Sidi Ahmed Ou Moussa
Jemaa Ida Oussemlal
Iligh
Souk-Tleta-el-Akhasass
N1
N8
A8
N10
R105
R104
M
Unterkunft
Arganbaum-Plantage
Berberteppiche
Coopérative féminine
Foyer féminin
Moussem
Kasbah
Souk
Association villageoise

Das Tal der Ammeln zählt zu den schönsten Landschaften des Anti-Atlas

lighotels und vielen kleinen Läden sowie einigen einfachen Restaurants. Der unscheinbare Brunnen an der Seite der Großen Moschee ist die sogenannte **Blaue Quelle,** welche als Wallfahrtsziel verehrt wird. Einen Besuch lohnen auch die **Souks**, in denen schöne Silberschmuckarbeiten angeboten werden (Do Markt).

Übernachten

Erstes Haus am Platz – **Hôtel Idou Tiznit:** Av. Hassan II, Tel. 0528 60 03 33, 0528 60 04 44, www.idoutiznit.com, DZ um 700 DH. Erstes Haus am Platz, Restaurant und Pool.

Modern – **Hôtel Al Amal:** 464, bd. Bir Anzarane (Route de Guelmim/N 1), dem Sammeltaxistand nach Guelmim gegenüber, Tel. 0528 86 24 62. 2015 eröffnetes 12-Zimmer-Hotel, modern-funktional ausgestattete, klimatisierte Räume mit Flachbild-TV, WLAN und Safe, hochwertige Badarmaturen. DZ 400 DH. Angeschlossen ist ein gutes, tgl. bis etwa 23 Uhr geöffnetes Restaurant (Menü 90 DH, Fischteller 50–80 DH, *tajine* 60–120 H, *brochettes* um 40 DH, Pizzen 40–60 DH).

Gediegen-traditionell – **Hôtel de Tiznit:** Rue Bir Anzarane, am Rondell vor dem die Ausfallstraßen nach Agadir, Tafraoute und Guelmim abzweigen, Tel. 0528 86 24 11, tiznit-hotel@menara.ma, DZ 320 DH. Ordentliches Mittelklassehotel mit Restaurant, Zimmer mit kleinen Balkonen zum Pool; Folkloreveranstaltungen. Die Hotelbar ist ein lokaler Trinkertreff.

Einfach – **Hôtel de Paris:** 31, bd. Hassan II, gegenüber dem Hotel de Tiznit, Tel. 0528 86 28 65, www.hoteldeparis.ma, DZ 180 DH. Einige Zimmer recht laut, gutes Restaurant.
Viel Hotel fürs Geld – **Hôtel Assaka:** Ecke Av. Lalla Abda (Route d'Agadir/N 1)/Bd. Mohamed Hafidi (Route Tafraoute), Tel. 0528 60 22 86, www.assakahotel.com, DZ 165 DH. Geräumige, klimatisierte Zimmer mit Bad und TV.
Spartanisch – **Mauritania:** Bd. Bir Anzarane (Route de Guelmim/N 1), Tel. 0528 86 20 72, DZ 100 DH. Einfaches Hotel mit Restaurant/Bar.

Einkaufen

Silberschmuck – Tiznit galt früher als Zentrum der Silberschmuckproduktion. Bei Bus- und Tagesausflügen von Agadir werden zumeist ausgewählte Läden angesteuert, die dafür Provision zahlen. Häufig wird hier ein ziemlicher Ramsch zu völlig überhöhten Preisen verscherbelt. Wer in Tiznit Silberschmuck einkaufen will, sollte dies daher besser auf eigene Faust tun, dabei etliche Läden vergleichen und möglichst etwas vom Metier verstehen. Echtes Silber wird zumeist nach Gewicht verkauft.

Aktiv

Tourisme solidaire – Dieses Etikett steht für das ambitionierte Projekt eines **integrierten, sanften Tourismus**, angesiedelt *au pays de l'Argan,* also im Land des Arganienbaums, angeschoben und organisatorisch betreut vom Centre d'Information touristique in Tiznit (s. Infos). Angeboten werden, von Tiznit ausgehend, Exkursionen in die Dörfer des Umlands, wo man sich mit traditionellen Bewässerungs- und Anbaumethoden vertraut machen und Frauenkooperativen und Teppichmanufakturen besuchen kann, beim Brotbacken oder beim Destillieren von Arganöl zusehen und regionale Märkte und Feste erleben kann, mit anderen Worten: wo man ein zutiefst ländliches Marokko entdeckt – und womöglich zu ahnen beginnt, wie sehr Marokko bis heute von einem tiefen Stadt-Land-Gegensatz geprägt ist (s. Entdeckungstour S. 272).
Baden und Surfen – Rund 70 km südwestlich von Tiznit und 30 km südlich von Mirleft an der Atlantikküste erreicht man über die R 104 den schön gelegenen Bade- und Hafenort **Sidi Ifni** (▶ L 10; ca. 25 000 Einwohner). Die einstige spanische Enklave besitzt einen belebten Fischereihafen und eine Militärgarnison. Die schönen, langen Strände südlich der Stadt haben großes touristisches Potenzial – vor allem wegen der ausgezeichneten Surfbedingungen.

Infos

Infos

Centre d'Information touristique: an der N 1, von Agadir kommend rechter Hand am Ortseingang, Tel. 0670 03 89 72, idou001@gmail.com, contact.argan@tourisme-atlas.com. Die lokale Tourismusbehörde hält detaillierte Informationen zu einem aufwendigen, groß angelegten Projekt bereit: Unter dem Etikett *séjour solidaire* wird vor Ort für einen ländlichen, sanften, ›integrierten‹ Tourismus geworben, dessen Erlöse der lokalen Bevölkerung umweglos zugutekommen. Das Informationsbüro in Tiznit hat eine Publikation, in der die lokalen Angebote und Aktivitäten im Detail vorgestellt werden, veröffentlicht.

Verkehr

Bus: Am Boulevard Mohamed Hafidi (Route de Tafraoute), vom großen Rondell etwa 400 m rechter Hand, steht ein riesiger, hypermoderner neuer **Busbahnhof**, die **CTM** (Tel. 0528 86 66 93) unterhält ihren Ticketschalter in unmittelbarer Nähe dieser neuen *gare routière*. Von dort bestehen Busverbindungen nach Agadir, Casablanca, Marrakesch, Guel mim–Tan Tan–Laayoune; außerdem Regionalbusse nach Tafraoute, Mirleft, Sidi Ifni und Guelmim.

Taxis: Sammeltaxis nach Agadir/Inezgane) sowie nach Mirleft/Sidi Ifni starten vom großen Taxistand in der Nähe der Hauptpost (nahe Bab Djedid). **Stadttaxi-Tarif:** 7 DH.

Mein Tipp

Leben am Rand der Wüste

Obwohl Guelmim für seinen Kamelmarkt berühmt ist, fesselt den Besucher heute eher seine schwer greifbare, aber sofort präsente Atmosphäre. Zwischen den Südwestausläufern des Anti-Atlas und der beginnenden ariden Zone der Hammada (Geröllwüste) präsentiert sich der Ort als typische Siedlung der Sahara-Randzone. Man sollte sich eine Zeitlang durch den Ortskern mit seinen Arkadenläden, dem Marktplatz und den rot und ocker getünchten Häusern treiben lassen, um diese besondere Atmosphäre auf sich wirken zu lassen. Womöglich bedarf es mehr als eines Tagesausflugs von Agadir, um hier Auge und Ohr zu sein.

Die südliche Atlantikküste

Guelmim ▸ M 11

Die Fahrt über Tiznit führt durch die südliche Sous-Ebene, die hier landwirtschaftlich kaum mehr nutzbar ist, und durch die eindrucksvollen südwestlichen Ausläufer des Anti-Atlas, die allmählich in Stein- und Geröllwüste übergehen. Guelmim oder Goulimine (ca. 35 000 Einwohner), einst als Karawanen- und Handelszentrum das Tor zur marokkanischen Sahara, wichtig als Warenumschlagplatz zwischen arabischem Maghreb und Schwarzafrika (Transsahara-Handel mit Timbuktu), wurde um 1882 von Moulay Hassan I. als Militärstützpunkt angelegt. Vom Hügel der Kasbahruine gut zu überblicken, ist der Ort eine Art städtischer Vorposten vor der marokkanischen Wüste, bereits in einem nahezu vegetationslosen Gebiet.

Noch in den 1960er-Jahren wurden in Guelmim über 500 Dromedare pro Woche verkauft. Der samstägliche **Kamelmarkt** mit Vieh und Agrarprodukten ist fester Programmpunkt für

Schwacher Abglanz vergangener Zeiten: Kamelmarkt in Guelmim

Tagesausflüge von Agadir; er gehört zu den unverwüstlichen Klassikern im Exkursionsprogramm fast aller Agadirer Reiseveranstalter, die entsprechende Werbung zielt auf eine spezifische Kombination von Wüstenromantik und Nomadenfolklore. Wer diesen Ausflug bucht, sollte sich – schon um nicht falschen Illusionen aufzusitzen –, klarmachen, dass die große Ära der Transsahara-Karawanen unwiderruflich passé ist. Was einst ein grandioses, weit in die Region ausstrahlendes Spektakel gewesen sein muss, ist nur noch ein schwacher Abglanz vergangener Zeiten. Die Logistik des Warentransfers baut heute auf Autobahnen, Lastwagen und Frachtflugzeuge – und nicht länger auf Kamele. Die legendären Blauen Männer (der Farbstoff Indigo, mit dem ihre Gewänder gefärbt sind, verleiht der Haut im Lauf der Zeit einen Blauschimmer) der Reguibat sind heute weder stolze Ritter der Wüste noch edle Nomaden, sondern zumeist Nomadendarsteller, die mit ihren Dromedaren als Fotomodelle agieren. Der Zentralregierung unterworfen, geht ihr Nomadentum, ihre Herrschaft über die Saharaoasen, unwiderruflich dem Ende entgegen (etwa 50 % der Reguibat sollen aber noch Nomaden sein).

Übernachten

Kalte Pracht – **Hôtel Adil Moussafir:** 869, av. Mohamed VI (Ausfallstraße nach Tiznit), Quartier Al Qods Nr. 869, Tel. 0528 77 29 30/32, www.hoteladilmoussafir.com, DZ 400 DH. Das etwas sterile 44-Zimmer-Hotel ist das erste Haus am Platz. Drei-Sterne-Komfort, Restaurant und Café.

Gute Adresse – **Hôtel Carrefour:** 3, Av. Mohamed V (Pl. Bir Anzarane), Tel. 0528 77 15 10, www.hotelcarrefourguelmim.com, DZ ab 330 DH. 2013 eröffnetes 21-Zimmer-Haus, klimatisierte Räume, funktionelles Mobiliar, moderne Bäder.

Traveller-Treffpunkt – **Hôtel au Rendezvous des Hommes Bleus:** 487, av. Hassan II, Tel. 0528 77 28 21, Fax 0528 77 05 56, DZ 200–300 DH. Angenehmes Mittelklassehotel, klimatisierte Zimmer mit Bad und TV, angeschlossen sind Restaurant und Straßencafé.

Einfacher Komfort – **Hôtel Salam:** 160, Av. Youssef Ibn Tachfine, Tel. 0528 87 20 57, DZ um 200 DH. 19-Zimmer-Haus, Restaurant.

Einfach – **Hôtel Étoile du Sahara:** Av. Mohamed VI (früher Av. Agadir), Tel. 0528 87 10 95/98, DZ 200 DH. Ordentliche Unterkunft für Backpacker.

Bescheiden – **Hôtel Bahich:** 31, av. Abaynou, Tel. 0528 77 21 78, bahich-hotel@hotmail.com, DZ mit Bad 180 DH. Einfaches, sauberes Backpacker-Hotel.

Spartanisch – **Hôtel de la Jeunesse, Hôtel L'Ère nouvelle, Hôtel Biranzarane:** einfache Hotels im Ortszentrum.

Camping – **Camping de la Vallée:** Abeinou, ca. 16 km von Guelmim östlich der N 12 in Richtung Sidi Ifni (hinter dem Flughafen von Guelmim rechts ab). Campingplatz mit Schwimmbad und heißen Schwefelquellen.

Aktiv

Baden – **Plage Blanche:** schöner Dünenstrand, südwestlich von Guelmim (erreichbar über die Stichstraßen 7101, 7103, 7104, auf neuen Karten ohne Nummer).

Infos & Termine

Infos

C.R.T.: Résidence du Sahara, 3, av. Mohamed VI, Tel. 0528 87 38 12, www.crt-guelmim.com.

Délégation du Tourism: Résidence du Sahara, 3, av. Mohamed VI, Tel. 0528 87 29 11, 0528 87 31 85, Fax 0528 87 31 85.

Termine

Moussem: Juni, in Asrif. Etwa 10 km südöstlich von Guelmim findet ein großer *moussem* statt.

Verkehr

Bus/Taxi: Busbahnhof und **Sammeltaxistand** liegen an der Av. Ibn Batouta in Zentrumsnähe. Tgl. Verbindungen nach Tiznit–Agadir und Tan Tan–Laayoune–Dakhla, Nachtbus nach Casablanca (**CTM** Guelmim, Tel. 0528 87 23 97); nach Sidi Ifni meist Privatlinien.

Stadttaxi-Tarif: 6 DH.

Tan Tan und Tan Tan Plage ▶ K 11

Die aufstrebende, stark expandierende Provinzhauptstadt **Tan Tan** (ca. 80 000 Einwohner) am Nordrand der West-Sahara wird von dem Wüstenfluss Oued Ben Khlil, der hier kaum Wasser führt, in zwei Hälften geteilt. Ende Mai/Anfang Juni ist Tan Tan Schauplatz eines von Nomaden besuchten großen *moussem* mit Kamelmarkt.

Als ehemaliger spanischer Militärposten wurde die Stadt, damals noch zur spanisch besetzten Tarfaya-Region gehörend, erst 1958 von Spanien an Marokko abgetreten. Auf einem Wüstenplateau zwischen zwei Hügelketten gelegen, ist Tan Tan heute Verwaltungszentrum und ein logistisch wichtiger Vorposten der West-Sahara. Die Stadt präsentiert sich als echte Sahara-Randsiedlung. Beherrscht wird Tan Tan von der obligatorischen Avenue Mohamed V, der von zahlreichen kleinen Arkadenläden gesäumten Hauptdurchgangsstraße. Staubig, sandverweht – ein großes, nahezu rechtwinklig angelegtes Straßendorf; in den Seitenstraßen niedrige, höchstens zweistöckige Behausungen, fast alle mit Dachterrassen, die Fassaden von einem ausgebleichten, ins Gelbliche spielenden Ocker beherrscht. An den Ortsrändern zerfranst die Siedlung in Barackenkomplexe, in notdürftig geflickte Gehöfte. Ähnlich wie die Dörfer im südlichen Dra-Tal ist Tan Tan stark von dunkelhäutigen Bewohnern geprägt. Sehenswert ist der Grabkomplex des als Heiliger verehrten Schutzpatrons der Stadt. Die Koubba des 1960 verstorbenen Scheichs Mohamed Laghdaf Ma el Ainin befindet sich auf einer tafelbergartigen Anhöhe im Westen des Ortes – von dort bietet sich ein eindrucksvoller Panoramablick auf die Sahara-Siedlung.

Tan Tan liegt ca. 25 km landeinwärts von dem kleinen Strandort **Tan Tan Plage,** wo inzwischen einige Hotels errichtet wurden. Dort befindet sich auch ein bedeutender neuer Fischereihafen mit Konservenindustrie.

Übernachten

In Tan Tan

Bescheiden – **Hôtel Sable d'Or:** Av. Hassan II, Tel. 0528 87 80 69, contact.sabledor@gmail.com, DZ 200 DH. Saubere Zimmer mit Duschen, Basiskomfort.

Einfacher Komfort – **Hôtel Amgala:** Ortsmitte, Tel. 0528 87 86 72, hotel.amgala@gmail.com, DZ um 150 DH. Schlichtes 30-Zimmer-Hotel, Restaurant, Parkplatz, Dachterrasse mit Panorama. Etliche sehr einfache Herbergen entlang der Av. Mohamed V, in ihren abzweigenden Querstraßen und beim Busbahnhof.

In Tan Tan Plage

Strandnah in Tan Tan Plage – Inzwischen sind in Tan Tan Plage einige kleine, angenehme Hotels eröffnet worden: **Hôtel Kasba,** 9A, av. Mohamed V, El Outia, Tel. 0528 87 98 98, www.hotelkasbatantan.com, DZ/ÜF um 650 DH; **Hôtel Dubai,** 6, av. Hassan II, Tel. 0528 87 97 33, www.dubai-tantan-plage.com, um 540 DH; **Hôtel La Belle Vue,** 8, av. Mohamed V, El Outia, Tel. 0528 87 91 33, DZ/ÜF um 360 DH; **Hôtel Canarias Sahara,** 66, av. Sid El Garne, El Ouatía Tel. 0528 87 90 90, um 220–280 DH.

Camping – sehr einfacher Campingplatz in Tan Tan Plage.

Infos

Flugzeug: Inlandsflüge etwa nach Laayoune, Agadir und Casablanca.

Bus: Der **Busbahnhof** von Tan Tan befindet sich auf dem rechteckigen Hauptplatz im Ortszentrum; häufige Verbindungen nach Laayoune–Dakhla und Guelmim–Tiznit–Agadir.

Sammeltaxis: Landrover-Sammeltaxis u. a. nach Tarfaya, Laayoune und Smara; seltene Verbindung nach Marrakesch (über Agadir).

Tarfaya ▸ H 12

Südwestlich von Tan Tan Plage geht die Hammada allmählich in ein nur noch von Kugelbüschen durchsetztes Wüstengebiet über. Landschaftlich eindrucksvoll sind die Dünen der Chebeika-Mündung, etwa 35 km südwestlich von Tan Tan Plage. Vor Tarfaya tauchen die ersten Nomadenzelte auf. Ein nahezu vegetationsloser Wüstenstreifen – ein Gelände aus Sand, Leere und Wind.

Das Fischerstädtchen Tarfaya (ca. 8000 Einwohner) am Cap Juby liegt nur 55 Seemeilen von der Ostküste Fuerteventuras entfernt. Die Einwohner leben vom Sardinenfang und der Viehzucht. In der Umgebung sind seit einigen Jahren Versuchsbohrungen nach Erdöl im Gange. Zwischen 1877 und 1884 von britischen Kaufleuten

Die Umgebung von Laayoune ist von Wüstenlandschaft geprägt

besiedelt, wurde die Stadt 1916 von Spanien besetzt. Bis 1958 gehörte die Region Tarfaya zum Südteil des spanischen Protektorats. Seitdem ist sie wieder marokkanisch. 1975 war das Städtchen Aufmarsch- und Basislager für die *marche verte* (s. S. 59). 1980 wurde der mit weiten Molen gesicherte, für Küstenfrachter ausgelegte Fischereihafen in Betrieb genommen. Die Reste der ehemaligen britischen Handelsniederlassung bilden heute als eine Art Souk-Karree das eigentliche Ortszentrum. An der Küste befinden sich die Ruinen der ehemaligen spanischen Befestigungen. Es gibt einen passablen Sandstrand. Tarfaya ist ein ärmliches, bisher von keiner touristischen Infrastruktur behelligtes Küstenstädtchen: versandete Gassen, hingeduckte Häusergevierte, ein paar Kaffeestuben.

Übernachten

Spartanische Herbergen in Ortsmitte.

Infos

Bus: Tarfaya liegt einige Kilometer abseits der N 1, entsprechend schlecht sind die Busverbindungen.
Sammeltaxi: Landrover-Sammeltaxis nach Laayoune.

Laayoune (El Aioun) ▸ G 13

Als Hauptstadt der 1976 nach dem Abzug der Spanier gegründeten gleichnamigen Provinz liegt Laayoune (ca. 250 000 Einwohner) etwa 25 km nordöstlich von Laayoune Plage mit seinem bedeutenden Handels-, Fischerei- und Phosphathafen am Süd-

ufer des Wüstenflusses Saguia el Hamra. Marokko hat Laayoune seit den 1980er-Jahren zu einer Art Schaufenster der West-Sahara ausgebaut. Die Provinzhauptstadt präsentiert sich als modernes Handels- und Verwaltungszentrum mit gut entwickelter Infrastruktur (asphaltierte Straßen in die Nachbarprovinzen, Inlandsflughafen, neue Schulen und Krankenhäuser). Gleichzeitig ist Laayoune ein logistisch wichtiges Militärcamp. Die Uniformierten in der Stadt sind Legion, große Armeekontingente patrouillieren, weitläufige Kasernenkomplexe liegen an den Stadträndern. Ein für Mirage-Bomber ausgelegter Militärflughafen wurde gebaut.

Geschichte

Laayoune, ehemals Hauptstadt der spanischen Überseeprovinz West-Sahara, wurde 1932 vom spanischen Oberst De Oro als Garnisonsstadt gegründet. Seit 1976 ist sie Hauptort der 39 360 km² umfassenden, von Marokko annektierten Provinz Laayoune. In den letzten Jahren bemüht man sich verstärkt, die in der Region festgestellten Phosphat-, Eisenerz- und Kohlelager auszubeuten. Probebohrungen nach Erdöl wurden im Gebiet zwischen Laayoune und Tarfaya vorgenommen. Seit Mitte der 1980er-Jahre versucht das marokkanische Tourismus-Ministerium, die Atlantikküste des West-Sahara-Raumes touristisch zu erschließen. In **Laayoune Plage** entstehen derzeit etliche Feriendörfer – ein Angebot auch für Kurzurlauber, die von den nahen Kanarischen Inseln aufs afrikanische Festland herüberkommen (Achtung: Schwimmen ist an manchen Stellen wegen der Haie gefährlich, Ba-

Vorsicht, Spitzel!
Modalitäten und Dauer der UNO-Mission sind so lange ungeklärt, wie der völkerrechtliche Status der West-Sahara ungewiss ist. Laayoune ist seit Jahren das bedeutendste Zentrum der Militärlogistik dieser Mission. Entsprechend dicht ist das Netz, das die – außerordentlich effektiven – marokkanischen Geheim- und Sicherheitsdienste über die Stadt gelegt haben. Die wenigen Touristen in Laayoune sind einer permanenten Ausspähung ausgesetzt. Man sollte sich dessen bewusst sein – und sich auf keine Debatten über die West-Sahara-Politik des Königshauses oder die Chancen des West-Sahara-Referendums einlassen.

degäste sollten sich bei der Délégation du Tourisme oder bei Einheimischen nach sicheren Stränden erkundigen). Im November 2010 kam es zu schweren Ausschreitungen mit zahlreichen Toten (s. S. 55), als marokkanisches Militär eine Zeltstadt der Saharouis gewaltsam räumte.

Unter- und Oberstadt

Laayoune ist eine Stadt mit mindestens zwei Gesichtern: Die **Unterstadt,** noch sehr spanisch geprägt mit ihren kleinen Läden, den ockerfarbenen Verwaltungsgebäuden und der weißen, dem heiligen Franz von Assisi geweihten Kirche, geht am Flussufer und gen Westen in erbärmliche Slumviertel über.

Die **Oberstadt** mit ihren hypermodernen Wohnvierteln wird beherrscht von einem weitläufigen, von vier Flutlichttürmen begrenzten Paradeplatz, dem **Mechouar.** An der Stirnseite des Platzes, nach Norden, befindet sich ein neues Konferenzgebäude, in dem 1985 eine außerordentliche Parlamentssitzung abgehalten wurde. An den Mechouar grenzt die 1978 fertig gestellte **Moschee Moulay Abd el Aziz,** einer der kostspieligsten Moschee-Neubauten Marokkos, inspiriert von den klassischen Moschee-Anlagen in Fès. Der aufwendige Innendekor bleibt Nicht-Muslimen verborgen. In den **Arkadengalerien** und **überkuppelten Läden** der Oberstadt, vor allem in den Geschäften gegenüber der Moschee Moulay Abd el Aziz, wird schwerer Gold- und Silberschmuck verkauft.

Übernachten

Seit Jahren sind die Luxushotels Parador, Al Massira und Nagjir meist komplett durch die hohen Kader der UNO-Funktionäre belegt, die im Zusammenhang mit der MINURSO-Friedensmission der UNO vor Ort stationiert sind. Dies schränkt die Zimmersuche auf die wenigen kleineren Hotels ein. Allerdings ist der Tourismus in der West-Sahara, allen Plänen des Tourismusministeriums spottend, derzeit kaum noch existent.

Gediegen – **Hôtel Lakouara:** Av. Hassan II, Unterstadt, Tel. 0528 89 33 78/79, www.hotellakouara.com, DZ 350 DH. Drei-Sterne-Haus, Restaurant.

Solide – **Hôtel El Alya:** Rue Kadi el Ghalaoui (Seitenstraße der Av. Hassan II), Tel. 0528 89 41 44, Fax 0528 89 19 55, DZ um 250 DH. Zwei-Sterne-Haus mit 40 Zimmern, Restaurant.

Zentral gelegen – **Hôtel Residencia:** Rue Prince Moulay Abdallah, Tel. 0528 89 38 29, DZ um 200 DH. Zwei-Sterne-Haus im Zentrum.

Einfach – **Hôtel Atlas:** 186, av. Mohamed S. Baida, Tel. 0528 89 47 97, DZ 150 DH. Einfache Unterkunft.

Spartanisch – **Hôtel Marhaba:** Av. Hassan II, DZ 100 DH. Einfache Unterkunft, Gemeinschaftsduschen.

Essen & Trinken

Einige À-la-carte-Restaurants finden sich in der Av. de la Mecque und der Rue Prince Moulay Abdallah, einfache Lokale in der Unterstadt, besonders in Souknähe.

Einkaufen

Schmuck – In den Arkadengalerien am großen **Mechouar** in der Oberstadt befindet sich eine Ladenzeile mit schönem Gold- und Silberschmuck – auf jeden Fall sollte man auch hier Qualität und Preise vergleichen und handeln.

Infos

Infos

Délégation du Tourisme: Rue de l'Islam/Av. Okba Ibn Nafi, BP 471, gelb getünchtes Häuschen gegenüber dem Hotel Parador, Tel. 0528 89 16 94, Fax 0528 89 16 95.

C.R.T.: Chambre de Commerce et d'Industrie de Laayoune, Av. Zerktouni, Hay Moulay Rachid, Tel. 0528 89 49 71, Fax 0528 89 49 72, crtlaay@menara.ma.

Verkehr

Flugzeug: Vom Flughafen Laayoune-Hassan I Verbindungen nach nach Agadir, Dakhla, Tan Tan und Casablanca; Auslandsflüge u. a. nach Las Palmas. **Royal-Air-Maroc-Büro:** 7, Place Bir Anzarane, Tel. 0528 89 40 71.

Bus/Sammeltaxi: **CTM-Busbahnhof** (80, Av. de la Mecque), **Fahrkartenschalter** im Gebäude der Massira Travel Agency. Tgl. Verbindungen nach Boujdour–Dakhla und Tan Tan–Guelmim–Bou-Izakarn–Tiznit–Agadir. **Sammeltaxistand** beim Souk Djemal. Landrover-Sammeltaxis u. a. nach Boujdour und Smara, mit der Compagnie Étoile du Sud u. a. nach Smara, Tarfaya und Tan Tan.

Schiff: Schiffsverbindungen von Laayoune Plage zu den Kanarischen Inseln.

Smara ▸ J 14

Smara ist die Hauptstadt (ca. 25 000 Einwohner) der 1976 gegründeten, 61 760 km² großen gleichnamigen West-Sahara-Provinz. An der Stelle des heutigen Ortes befand sich einst eine bedeutende Etappe für die Karawanen von Mauretanien nach Marokko. 1902 gründete der als Heiliger verehrte Korangelehrte Scheich Ma el Ainin (1831–1910) Smara als Residenzstadt. Mehrere Jahre lebte der Prediger in der Stadt, die in dieser Zeit als heilig galt. Bei der französischen Strafexpedition 1913 wurde die Moschee des Heiligtums zerstört.

Die typische, sandverwehte Wüstensiedlung bestimmen die großen Straßenachsen Avenue Mohamed V und Avenue Hassan II. Der Stadtkern ist weitgehend schachbrettartig angelegt: kleiner regionaler Markt, Arkadenläden, einstöckige Häuschen in verblichenem Ocker, etliche Neubauten. Der Sand nagt an den Ortsrändern und fegt durch die Straßen. Einzig die Ruinen des früheren heiligen Bezirks und die Zaouia sind die – mäßig interessanten – Sehenswürdigkeiten der Stadt.

Übernachten

Im Ortszentrum befinden sich einige Herbergen, die allerdings äußerst spartanisch sind.

Infos

Sammeltaxi: Es gibt recht viele Sammeltaxis nach Tan Tan und auch Landrover-Sammeltaxis nach Laayoune.

Sprachführer (Marokkanisches) Arabisch

Zur allgemeinen Verständigung in Marokko

Französischkenntnisse reichen für eine Verständigung in Marokko in der Regel völlig aus. Es wird aber stets einen guten Eindruck machen, wenn man einige arabische Worte – etwa die gängigen Grußformeln – beherrscht.
Die Transkription des Arabischen in die lateinische Schrift wird unterschiedlich gehandhabt. Die in diesem Buch gewählte Schreibweise entspricht der französischen Umschrift, da diese auch in Marokko verwendet wird (allerdings in verschiedenen Varianten). Im Norden des Landes wird gelegentlich noch die spanische Umschrift gebraucht.

Aussprache

sch	entspricht dem deutschen sch
dh	entspricht dem englischen th
e	am Ende wird nicht gesprochen
eu	entspricht dem deutschen ö
gue	und gui werden ge bzw. gi gesprochen
h	ist ein stark gehauchtes h, wird immer ausgesprochen
j	und dj werden wie in Journalist ausgesprochen
kh	wird etwa wie ch in Nacht ausgesprochen, nur stärker (ähnlich dem spanischen j)
ou	entspricht dem deutschen u
q	tief in der Kehle gesprochenes k
rh	oder gh wird als Zäpfchen-r gesprochen
r	ist ein Zungenspitzen-r
s	gesprochen als stimmloses s (wie in Essen)
w	entspricht dem englischen w
y	entspricht dem deutschen i
z	gesprochen als stimmhaftes s (wie in Süden)

Begrüßung und wichtige Redewendungen

Guten Tag, willkommen	marhaba
Gruß für alle Gelegenheiten (Friede):	salam
förmlicher:	assalam-eleikum
Guten Morgen	sebah el kheir
Guten Abend	msa el kheir
Gute Nacht	lila saida
Auf Wiedersehen	besslama
bitte	afak
danke	chukran
förmlich: (Allah segne dich)	barak allahu fik
Verzeihung	sahmani
Guten Appetit (im Namen Allahs)	bismillah
Herzlichen Glückwunsch	mabruk
Mein Name ist …	Ismi …
Wie heißt du?	Smitik?
ja	na'am
nein	la
Achtung	balek
Entschiedene Verneinung:	makash
gut	uakha
schön	mezian
schlecht	duni
Wie viel?	Ash-hal?
viel	ktir
zu viel	bezzaid
wenig	djuya
genug	barka oder ikfi
Geld	flus
Geh weg	sir
(sehr grob)	barra
Komm her	iallah oder aji
Herr	sidi
Frau	lalla
Deutscher	Almani
Österreicher	Nimsaoui
Schweizer	Swissri

Im Maghreb verwendet man – auch in arabischen Texten – meist die europäischen Ziffern (die wir als ›arabische‹ bezeichnen, da sie von diesen abgeleitet sind). Man muss sich die folgende Liste also nicht unbedingt einprägen.

Zahlen

1	wahed	17	sebatach
2	tnin	18	tmentach
3	tiata	19	tsatach
4	arba	20	achrin
5	khamsa	21	wahed u achrin
6	setta	30	tiatin
7	seba	40	arbain
8	tmenia	50	khamsin
9	tse'ud	60	settin
10	achra	70	sebain
11	hadach	80	tmanin
12	etnach	90	tsa'in
13	tiatach	100	mia
14	arbatach	200	mitin
15	khamstach	300	tiata mia
16	settach	1000	alef

Zeit

Abend/Morgen	achiya/sebah
Nacht	lil
Stunde	sa'a
heute/gestern	el yum/elbarah
gestern Abend	yamess
morgen/jetzt	ghedda/daba

Die Wochentage

Sonntag	el had
Montag	el tnin
Dienstag	el tlata
Mittwoch	el arba
Donnerstag	el khemis
Freitag	el djemaa
Samstag	es sebt

Die Monate

Januar	moharrem
Februar	safar
März	rebia el ouel
April	rebia el tani
Mai	djoumad el ouel
Juni	djoumad el tani
Juli	redjeb
August	chaban
September	ramadan
Oktober	choual
November	doul kada
Dezember	doul hidja

Unterwegs/Übernachten

Tankstelle	mahal lisence
Werkstatt	mahal mechanik
Landstraße	triq
Stadtstraße	derb, zankat
Eisenbahn	sekka
Hafen	marsa
Auto	tomobil
Bus	tobus
Polizei	poliss
Hotel (einfach/besser)	fondouk/hotel
Zimmer	bit
Doppelzimmer	oda bisriren
Gepäck	huaij
Wo?	feen?
Ist das der Weg nach …?	hadi trek …?
hier	hena
weit	ba'id
rechts/links	limin/lechmal
groß/klein	kebir/seghir

Im Notfall

Bauch	kirsch
Behandlung	âlasch
Durchfall	zrizra
Fieber	schana
Hilfe!	an-nadschda!
Krankenhaus	mustaschfa
Krankheit	mard
Magen	maâda
Medikament	dua
Schmerz	wuschuâ
verletzt	maschruh
Verletzung	scharha

Kulinarisches Lexikon

Grundbegriffe

arabisch	französisch	deutsch
khubz	pain	Brot
bayd	œufs	Eier
hut	poisson	Fisch
lahem	viande	Fleisch
zit	huile	Öl
lebzar	poivre	Pfeffer
schlata	salade	Salat
milha	sel	Salz
merga	sauce	Soße
sukar	sucre	Zucker
khudra	légumes	Gemüse
khel	vinaigre	Essig

Suppen, Salate und Gemüse

baisara	–	Erbsensuppe
harira	potage	dicke Suppe
schlata maghrebia	salade marocaine	gemischter Salat
batata	frites	Pommes frites
lubia	haricots	Bohnen
tomatim	tomates	Tomaten
salk	épinards	Spinat
basla	oignons	Zwiebeln

Hauptgerichte

tadjin lahem	tajine de viande	Fleischeintopf
tadjin el-hut	tajine des poissons	Fischeintopf
couscous baidawi	couscous (aux sept légumes)	Couscous (mit sieben Gemüsen)
djaja mahamara	–	Huhn gefüllt mit Mandeln, Grieß und Rosinen
kefta	boulettes de viande	Hackfleischbällchen
el-habra	bifteck	Steak
meschwi (mechoui)	agneau rôti	Lamm-Spießbraten
bastiya	pastilla	Taubenpastete

Fleisch, Geflügel und Fisch

djaj	poulet	Huhn
el-hemama	pigeon	Taube
qniya	lapin	Kaninchen
el-huli	mouton	Hammel
sardin	sardines	Sardinen
mirla	merlan	Merlan
qambri	crevettes	Krabben
–	langouste	Languste

Süßspeisen und Obst

qorn al-ghazala	cornes de gazelles	Hörnchen mit Marzipan
emhanscha	–	Teigröllchen mit Mandeln
–	briouates au miel	in Honig getauchte Teigröllchen
fekkas	–	süße Anisplätzchen
tamr	dattes	Datteln
kermus	figues	Feigen
lauz	amandes	Mandeln
banane	bananes	Bananen
frez	fraises	Erdbeeren
khaukh	pêches	Pfirsiche
laimun	oranges	Orangen
el-battikh	pastèque	Wassermelone
ainab	raisins	Weintrauben
tufah	pommes	Äpfel
mischmisch	abricots	Aprikosen
hendiya	figues de barbarie	Feigenkaktus

Getränke

el-ma (mazdini)	eau (minerale)	(Mineral-) Wasser
asir	jus	Saft
halib	lait	Milch
atay (dyäl nana)	thé (à la menthe)	Tee (mit Minze)
qahwa (hlib)	café (au lait)	(Milch-)Kaffee
bira	bière	Bier
schrab	vin	Wein

Typische Gerichte

Couscous: Das marokkanische Nationalgericht aus Hirse- oder Hartweizengries wird mit einer reichhaltigen Palette an Gemüse- und/oder Fleischbeilagen serviert (auch süße Varianten mit Rosinen, Zucker und Zimt).

Tajine: In Olivenöl geschmortes Eintopfgericht mit Fisch, Hammel- oder Rindfleisch; dazu oft diverse Gemüsebeilagen, sehr lecker auch mit Datteln, Pflaumen oder Mandeln. Die *tajine* selbst ist das oft lasierte Eintopfgeschirr: eine recht flache, runde Schüssel mit Rand, auf die ein nach oben spitz zulaufender Deckel aufgesetzt wird, der einige kleine Löcher aufweist, durch die der Dampf entweichen kann.

Kefta: Die marokkanische Frikadelle, zumeist in Olivenöl gebratene Hackfleischklößchen; wichtige Komponente der *tajine*-Gerichte, häufig mit harten Eiern kombiniert.

Mechoui: Gerösteter Hammel am Spieß, ein traditionelles Familienfestmahl. In Restaurants kann *mechoui* fast immer nur auf Vorbestellung geordert werden, zumeist muss die Bestellung mehrere Tage im Voraus ergangen sein.

Kebab: An den Essensständen meist als brochettes angebotene Fleischspießchen, überwiegend Rind-, Lamm- oder Hammelfleisch; ein Gastroklassiker in einfachen Lokalen oder Openair-Garküchen, häufig mit Pommes frites und kleinen Salaten kombiniert.

Harira: Suppe mit Linsen, Bohnen oder Erbsen, gelegentlich auch mit Fleischeinlage, traditionelles Entrée zu einem Menü, ein Nationalgericht, oft während des Ramadan als erste Speise zum Fastenbrechen im Familienkreis serviert. Tipp: Gerade mit einer *harira* kann man häufig die Qualität eines Restaurants ganz gut einschätzen: Wenn die *harira* etwas taugt, kann die übrige Küche eigentlich nie völlig enttäuschen!

Merguez: Bratwürste aus Hammel- oder Rindfleisch, pikant gewürzt.

Raibi: Köstlicher frischer Joghurt, in Cafés in Trinkgläsern angeboten (für den in Supermärkten angebotenen ›Chemiejoghurt‹ hat sich das Synonym Danone durchgesetzt).

Im Restaurant

Aschnu käyn …	Was haben Sie …
… fil-makla?	… zu essen?
… fil-maschruba?	… zu trinken?
Aschnu hada?	Was ist das?
Atini …	Geben Sie mir bitte…
… mus/	… ein Messer/
… furscheta/	… eine Gabel/
… malka/	… einen Löffel/
… tebsi/	… einen Teller/
… kass/	… ein Glas/
… l-fota?	… eine Serviette?
Schwiya/bila sukar	mit wenig/ohne Zucker
Bila lahem	ohne Fleisch
Hadi maschi hiya li tlubt!	Das habe ich nicht bestellt!
Hadi maschi tria/ n'qia!	Das ist nicht frisch/ sauber!
Hadi maschi mezyan!	Das ist (nicht) in Ordnung!
El-hesab minfadlik	Die Rechnung, bitte!
Minfadlik, uktubu li.	Schreiben Sie es bitte auf.

Regionalspezifische Begriffe (Glossar)

Adrar	Gebirge
Agadir	Speicherburg
Agdal	Obstgarten
Aguelmane	Bergsee
Ait	Die Söhne von ... (bei Berbern dem Stammesnamen vorangestellt)
Bab	Tor
Babouches	Pantoffelartige Schuhe
Bahr	Meer
Bajoud	Palmenkrankheit, Schlauchpilzbefall
Baraka	Heilige Kraft
Beni	Die Söhne von ... (wird bei Arabern dem Stammesnamen vorangestellt)
Bidonville	Slums (frz. für ›Kanisterstadt‹)
Bled	Land (im Gegensatz zur Stadt)
Borj	Festung
Burnus (selham)	Weites, schweres Übergewand
Cadi	Richter, Beamter
Caid	Stammesführer
Chech	Turban
Cheikh	Führer einer Stammesfraktion
Chergui	Heißer Wind aus der Sahara
Dahir	Erlass
Daiet	See
Dar	Haus
Derb	Gasse
Djebel	Berg
Djellabah	Langer Kapuzenmantel
Djihad	Heiliger Krieg (wörtlich übersetzt: sich einsetzen auf dem rechten Weg)
Djiin	Geist
Djemaa	Versammlung, auch Name für Freitag und die Freitagsmoschee
Douar	Zeltlager, Dorf
Dra	Weites Übergewand der Saharouis
Erg	Sandwüste
Fantasia	Reiterspiel
Fellah	Bauer
Foggara	Unterirdischer Bewässerungskanal
Fondouk	Herberge, einfaches Hotel
Foum	Enges Tal
Guedra	Frauentanz im Süden
Hadith	Überlieferte Worte oder Handlungen Mohammeds
Hadj	Mekka-Pilgerfahrt
Haik	Weites Frauengewand
Hammada	Geröllwüste
Hamam	Dampfbad
Haratin	Schwarze Oasenbewohner
Harem	Frauengemächer
Harira	Linseneintopf
Igouramen	Heilige Person bei Berbern
Imam	Vorbeter in der Moschee
Kaftan	Besticktes, wertvolles Kleid
Kasbah	Burg, auch Altstadtviertel arab. Städte

Khaima	Nomadenzelt
Khammes	Pächter, Kleinbauer ohne eigenes Land
Khamsa	Fünf, auch Bezeichnung für Silberamulett (›Hand der Fatima‹)
Kissaria	Schmuckläden (Gold und Silber) innerhalb der Souks
Koubba	Grabstätte
Ksar (Pl.: ksour)	Befestigtes Dorf
Lalla	Anrede für ein weibliches Mitglied der königlichen Familie
Makhzen	Regierung
Mahdi	Gottgesandter Glaubenskämpfer, Erlöser
Marabout	Heilige Person, auch Heiligengrab
Mechouar	Versammlungsort, Paradeplatz
Mechra	Furt
Medersa	Theologische Hochschule, Religionsschule
Medina	Altstadt
Mellah	Judenviertel
Mesdjid	Moschee
Mihrab	Gebetsnische
Minarett	Moscheeturm
Minbar	Gebetskanzel
Moulay	Titel für hochstehende Personen (besonders Angehörige des Königshauses)
Moussem	Fest für einen Lokalheiligen
Muezzin	Gebetsausrufer
Nana	Frische Minze
Oued	Fluss, Flussbett
Qibla	Gebetsmauer, nach Mekka gerichtet
Ramadan	Islam. Fastenmonat
Razu	Raubzug der Nomaden (davon abgeleitet dt.: ›Razzia‹)
Reguibat	Kamelzüchter-Nomaden der Sahara-Randzone
Riad	Innenhof/Garten
Ribat	befestigtes Kloster
Scharia	Das aus dem Koran abstrahierte religiöse Recht islam. Staaten
Scherif (Pl.: Schorfa)	Leiblicher Nachkomme des Propheten Mohammed
Sebkhah	Talsenke, oft ausgetrockneter Salzsee
Sidi	Herr (Anrede)
Souk	Markt, Marktstraße
Suren	Die einzelnen (114) Kapitel des Koran
Tadelakt	traditioneller Verputz
Takia	Baumwoll- oder Leinenkäppchen
Tajine	Schmorgericht, im Tontopf gegart
Talibes	Koranschüler
Tighremt	Speicherburg
Tizi	Bergpass
Transhumanten	Teilnomaden
Ulema (Sing.: Alem)	islamische Rechtsgelehrte
Zaouia	Sitz einer rel. Bruderschaft, auch Sekte
zelliges	kleine, farbig lasierte Kacheln, zu Mosaiken gefügt

Abbildungsnachweis

AWL-Images, Whitchurch (GB): Titelbild (Bottigelli)
Hartmut Buchholz, Bonn: S. 195 li., 220
DuMont Bildarchiv, Ostfildern: S. 140 li., 154 (Riehle)
f1-online, Frankfurt a. M.: S. 236/237 (Harding)
Glow Images, Hamburg: S. 273 (Peuckert)
Huber-Images, Garmisch-Partenkirchen: S. 8, 238 li., 266 (Grüner); 84 (Orient); 122 re., 134, 276/277 (Schmid); 122 li., 128/129 (Spila)
Andreas Kasack, Bonn: S. 6, 296
Bernd Kolb, Marrakesch (Marokko): S. 13 o. re., 178/179
Fritz Koring, Tinfou (Marokko): S. 12 u. li., 212/213
laif, Köln: S. 13 o. li., 194 li., 200, 223, 246/247 (Back); 256 (Bruhat); 272 (Bungert); 98/99 (contrasto/Zambardino); 109 (Hahn); 7, 12 u. re., 38, 208/209, 239 li., 260/261 (hemis.fr); 72/73 (hemis.fr/Frilet); 92 (Kaiser); 90 (Luider); 55 (Pool Bassignac/Benainou); 160 li., 167 (Rea/Denis); 68 (Ruiz/Treal); 218 (Serena); 168, 279 (Siepirnski); 13 u. re., 186/187 (Treal); 76 (Zenit/Langrock)
Look, München: S. 104/105, 106 re., 112, 161 li., 174, 184/185, 228, 244/245, 282/283 (age fotostock); 226 (Erber); 12 o. re., 192/193 (Fleisher); 82/83, 176, 194 re., 204, 269 (Stankiewicz)
Mauritius Images, Mittenwald: Umschlagklappe vorn, S. 48/49, 89 (age); 160 re., 171 (Breier); 107 li., 121 (bridge); 123 li., 132 (cubolimages); 56/57 (Flüeler); 65 (Harding); 238 re., 251 (Hiltmann); 79, 140 re., 146 (Mattes); 81 (photononstop); 45 (Superstock); 9, 188 (Warburton-Lee)
picture-alliance, Frankfurt a. M.: S. 59 , 96 (dpa)
Thomas Stankiewicz, München: S. 12 o. li., 13 u. li., 16/17, 22, 33, 106 li., 114, 119, 138/139, 141 li., 148/149, 152, 159, 234/235
www.trigon-film.org, Ennetbaden (Schweiz): S. 100

Kartografie

DuMont Reisekartografie, Fürstenfeldbruck

Quellennachweis

S. 78: Zitat aus Claude Ollier, »Marrakch Medina«, Schreibheft, Zeitschrift für Literatur, Band 28, © Rigodon Verlag, Essen 1986
S. 85–88, 112–113: Der Koran wurde zitiert nach: »Hartmut Bobzin, Der Koran«, © C. H. Beck, München
S. 96–99: Zitate aus Elias Canetti, Gesammelte Werke, Band 6: »Die Stimmen von Marrakesch.«, © Carl Hanser Verlag, München, 1995

Autor: Seit Hartmut Buchholz 1988 zum ersten Mal Marokko besuchte, beschäftigt ihn das Land immer wieder: als sinnliches Faszinosum, als Thema und als Erfahrung. Marokko wurde für ihn das Entrée in den afrikanischen Kontinent. Aufenthalte in West-, Zentral- und Ostafrika folgten, Reiseführer über Senegal, Gambia und Kenia. Ein Universum in einem einzigen Land – das Echo aller Reisen bleibt für den Journalisten und Buchautor die Einsicht: Je mehr einer über Marokko weiß, desto weniger hat er begriffen.

Für Najia

Der Autor dankt: Hamza Choufani, Honorarkonsul der Bundesrepublik Deutschland, Agadir; Condor Flugdienst GmbH, Kelsterbach; Jean-Pierre Datcharry, Ouarzazate; Wolfgang Dietz, Bonn; Radi Essmaoui, Globus Voyages Maroc, Agadir; Dr. Hans Hartje, Université de Pau; Andrea und Bernd Kolb, Marrakesch; Fritz Gerd Koring, Tinfou/Zagora; Sonja Ludwig, Marokkanisches Fremdenverkehrsamt, Düsseldorf; Sabine Zitzmann-Starz, Hohen Neuendorf/Berlin. Außerdem den Leihwagenfirmen Tiznit Cars und Najah Cars, Agadir.

Umschlagfotos
Titelbild: In der Altstadt von Fes
Umschlagklappe vorn: Gasse in der Kasbah des Oudaias in Rabat

Hinweis: Autor und Verlag haben alle Informationen mit größtmöglicher Sorgfalt geprüft. Gleichwohl erfolgen alle Angaben ohne Gewähr. Bitte schreiben Sie uns! Über Ihre Rückmeldung und Ihre Verbesserungsvorschläge freuen wir uns: **DuMont Reiseverlag,** Postfach 3151, 73751 Ostfildern, info@dumontreise.de, www.dumontreise.de

3., aktualisierte Auflage 2018

Redaktion/Lektorat: Sabine Zitzmann-Starz
Grafisches Konzept: Groschwitz/Blachnierek, Hamburg
Printed in China

FSC® www.fsc.org MIX Papier aus verantwortungsvollen Quellen FSC® C124385